SERMÕES

XI

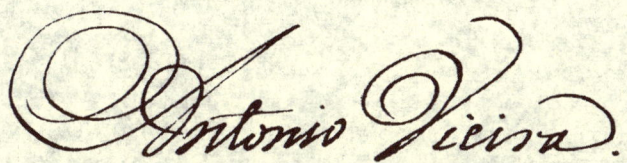

SERMÕES

XI

de acordo com as regras do novo *acordo ortográfico*
da língua portuguesa

Edições Loyola

Direção: † Pe. Gabriel C. Galache, SJ
Ryad Adib Bonduki
Editor: Joaquim Pereira
Assistente: Eliane da Costa Nunes Brito
Capa e Projeto gráfico: Maurélio Barbosa
Diagramação: Ronaldo Hideo Inoue
Revisão: Iranildo B. Lopes

Edições Loyola Jesuítas
Rua 1822, 341 – Ipiranga
04216-000 São Paulo, SP
T 55 11 3385 8500
F 55 11 2063 4275
editorial@loyola.com.br
vendas@loyola.com.br
www.loyola.com.br

Todos os direitos reservados. Nenhuma parte desta obra pode ser reproduzida ou transmitida por qualquer forma e/ou quaisquer meios (eletrônico ou mecânico, incluindo fotocópia e gravação) ou arquivada em qualquer sistema ou banco de dados sem permissão escrita da Editora.

ISBN 978-85-15-04130-5
© EDIÇÕES LOYOLA, São Paulo, Brasil, 2014

SUMÁRIO

Apresentação 7
Sermão de Santa Catarina, Virgem e Mártir 11
Sermão do Gloriosíssimo Patriarca S. José 33
Sermão da Primeira Sexta-Feira da Quaresma 49
Sermão de Santo Antônio 69
Sermão das Quarenta Horas 85
Sermão do Evangelista S. Lucas 103
Sermão do Beato Estanislau Kostka 125
Sermão do Demônio Mudo 141
Sermão Doméstico 161
Sermão de Santo Antônio 173
Sermão dos Bons Anos 201
Sermão da Quinta Dominga da Quaresma 219
Sermão das Dores da Sacratíssima Virgem Maria 239
Sermão de Ação de Graças 245
Sermão Gratulatório a S. Francisco Xavier 261
Sermão do Felicíssimo Nascimento da Sereníssima
    Infanta Teresa Francisca Josefa 275
Notas 287
Censuras 301
Licenças 305

APRESENTAÇÃO

Dois anos após a publicação do volume décimo,
saía o volume undécimo oferecido à Sereníssima Rainha da
Grã-Bretanha D. Catarina Henriqueta de Bragança (1638-1705),
por seu casamento com o rei Carlos II, da casa de Stuart.

Senhora.
 O mais antigo criado da Real Casa de V. Majestade, não sei por que destino, muitas vezes ressuscitado antes de morto, oferece ainda vivo à Soberana Grandeza de V. Majestade este pequeno volume de discursos vários, e no rosto dele, ao glorioso nome de Catarina, a roda da mesma santa superior a toda a variedade.
 Acerca desta grandeza e desta roda me lembra que em duas colunas da ponte triunfal por onde, dividindo o último passo entre a terra e o mar, se despediu V. Majestade da Pátria, fixei eu duas empresas, que o tempo depois mostrou não serem menos panegíricas que verdadeiras.
 Aludindo ao apelido da Grã-Bretanha, signifiquei quanto V. Majestade, sendo Rainha sua, lhe acrescentava a grandeza. Mostrava-se ela como ilha no meio do mar, tocando com uma ponta a Europa em Lisboa, com outra a África em Angola, com a terceira a Ásia em Goa, e com a última a América nesta Bahia. E, estendendo-se por este modo a Grã-Bretanha a toda a grandeza do mundo, emendava eu o verso do Príncipe dos poetas, demonstrando, como se via na pintura, que já os Ingleses não eram os apartados e divididos de todo o mundo, mas, por mercê da nova senhora, e Rainha sua, unidos a todo ele. A alma do que se via pintado se declarava nestas duas regras:
 "Permita-me dizer que os ingleses já não eram os divididos de todo o mundo
 Mas deste modo a Inglaterra se une a todo o mundo"[1].
 A segunda empresa, verdadeiramente real, era do Sereníssimo Esposo, el-rei Carlos, o qual, unindo a consonância das primeiras letras dos dois nomes Carlos e Catarina, em sinal do seu amor e estimação debaixo da mesma coroa, mandou entalhar dois CC. Cada uma destas letras significa cento, e, voltada uma para a outra, formam ambas um círculo perfeito, símbolo da eternidade. Aludindo, pois, a diferença da religião, e pintada, ou des-

crita esta segunda figura, igualmente coroada, defronte da primeira, em uma prognosticava a duração do reinado, em outra a conversão do rei, decifrando o pensamento de ambas estes dois versos:

"Auguro para os dois CC muitíssimos anos de Império,
E se voltarem a ser um alcançarão uma eternidade".

O que agora direi — como em matéria tão secreta — é por boca da fama, a qual publicou em Roma, assistindo eu nela, que acabara el-rei da Grã-Bretanha a vida com felicíssima morte, professando, pelos santos e eficazes conselhos de V. Majestade, a Religião Católica. Guardou a graça para o túmulo, o parto que negou a natureza ao tálamo, sendo V. Majestade mais altamente mãe do mesmo que havia de ser pai, pois, quando lhe não deu herdeiro para a coroa temporal da terra, o fez herdeiro da eterna no céu. Na volta circular daquele C foi mais venturosa a roda de V. Majestade que a de Santa Catarina, porque ela não o converteu ao imperador Maximino, que lhe oferecia as bodas, e V. Majestade, aceitando as de el-rei Carlos, e o seu império, lhe deu por ele o Empíreo.

Com este triunfo se restituiu V. Majestade à Pátria, como o sol ao mesmo ponto do horizonte donde tem saído, contente de no tempo da sua ausência ter alumiado os antípodas. Menos parece que diz o número singular na pessoa daquele rei, mas a de Constantino em Roma ensinou ao mundo que a majestade do exemplo real nunca sai a ele só, senão acompanhada de muitos. Catorze anos antes do nascimento de V. Majestade se tinha estampado em Lisboa, e recebido com aplausos de vaticínio, um prognóstico, que de toda a nação Inglesa — tão ilustre na fé e santidade antigamente — dizia:

"Por meio convertida de uma infanta
Nesta conquista irá da Terra Santa".

E como a terra, antes de nascer o que há de produzir, primeiro conserva e esconde em si o que nela se tem semeado — razão por que os espíritos apostólicos são chamados "Semeadores da eternidade" — não serão tão maravilhosos como grandes na Grã-Bretanha os efeitos das heroicas e religiosas virtudes, que lá admiravam e veneravam nas gloriosas ações da sua Rainha os mesmos que as não imitavam, quando, a seu tempo, como se espera, brotarem da mesma terra e saírem a luz os frutos delas.

Entretanto, logre Portugal a ventura de se ver tão rico, enobrecido com a real presença de V. Majestade, que todos invejamos de tão longe. E eu, como mais lembrado, não podendo dissimular a reflexão e a mágoa de que as saudades que V. Majestade embarcava, entregues ao mar e ao vento, não achassem já na Pátria aquela doce respiração de que uma e outra alma viviam. Dou, contudo, infinitas graças a Deus, que tendo nos levado para si ambas as Majestades, assim dos filhos, como das filhas, nos deixasse sua providência os dois últimos, para que os presentes logrem e os ausentes venerem por muitos anos, nestas duas cópias tão parecidas, os heroicos e gloriosos dois originais, a que devemos a liberdade, a coroa e a eterna memória.

Antônio Vieira

∾

Neste volume aparecem sete sermões em *Portugal*: em 1641, o Sermão dos Bons Anos; em 1642, os Sermões das Dores da Sacratíssima Virgem Maria, das Quarenta Horas, de Santo Antônio; em 1649, o Sermão da Primeira Sexta-Feira da Quaresma; em 1651, o Sermão do Demônio Mudo; em 1655, o Sermão da Quinta Dominga da Quaresma. No *Brasil*, são três os sermões: em 1639, o Sermão do Gloriosíssimo Patriarca S. José; em 1689, o Sermão Doméstico; em 1695, o Sermão de Ação de Graças pelo nascimento do infante D. Antônio. Na *Itália*, apenas um sermão: em 1674, o Sermão do Beato Estanislau Kostka. Estão sem data os sermões de Santa Catarina, do Evangelista S. Lucas e de Santo Antônio. Dois são sermões Gratulatórios: um a São Francisco Xavier pelo nascimento do infante D. João e outro pelo nascimento da infanta Teresa Francisca Josefa.

SERMÃO DE

Santa Catarina, Virgem e Mártir

*Em ocasião em que se festejava
em Lisboa uma grande vitória.*

"Para que não."
(Mt 25,9)

A ocasião é dada por Vieira: quando se festejava em Lisboa uma grande vitória contra os espanhóis, em 1644, chefiada por Matias de Albuquerque. A cláusula para o tema é breve, porém grande para o sermão. De prudentes e néscios se compõem toda a história do Evangelho. Os três troféus da vitória de Santa Catarina: a palma, a espada e a roda. Variamente pintaram os antigos a que eles chamaram fortuna. Facilmente se engana o juízo humano nas apreensões de qualquer sucesso próprio. A roda da fortuna e a roda do tempo. Numa guerra estima-se o vencer, assim como se deve temer a mesma vitória. O que devemos desprezar e temer em todas as voltas que à fortuna o mundo pode dar. O alegre e triste fim da história do Evangelho. As três aventuras de Catarina. No mesmo ano foi martirizada Santa Catarina, e no mesmo ano entrou a imperar Maximino e no mesmo ano começou a fatal ruína do Império Romano. Se formos agradecidos, Deus nos dará outras vitórias; se formos ingratos, a mercê recebida nos perderá a nós.

§ I

Breve cláusula para tema, porém grande para sermão! É tão grande e tão forte a significação deste "Para que não", que com ela se sustentam e são fortes todas as fortalezas; e as que não são fortes, nem se defendem, só por falta dela são fracas, só por falta dela se rendem e são vencidas. E que quer dizer "Para que não"? Quer dizer: para que não por algum caso, para que não por alguma desgraça, para que não por algum engano, para que não por alguma violência, para que não por algum descuido próprio, ou diligência e indústria alheia. É o "Para que não" um advérbio sempre vigilante, mas indeciso; é uma suspensão do que é, é uma dúvida do que será, é um cuidado solícito do que pode ser. É um receio temeroso do futuro, não esquecido do passado, nem divertido do presente, e, neste círculo de todos os tempos, acautelado para todos. Deriva-se a palavra "Para que não" daquela que o mundo chama fortuna, e é uma força tão poderosa e tão forte, que desarma a mesma fortuna de todos os seus poderes, porque, a quem estiver cuidadoso do que ela pode fazer ou desfazer, nunca lhe acontecerá que diga: não cuidei — que é a primeira máxima da prudência.

De prudentes e néscias se compõe toda a história do nosso Evangelho, gloriosa para umas, e trágica para outras. As prudentes foram as aventurosas, porque disseram: "Para que não"; as néscias as sem ventura, porque o não souberam dizer. As prudentes, com as alâmpadas acesas, entraram às bodas; as néscias às escuras, e com elas apagadas, ficaram de fora. Cuidaram as néscias que se lhes não apagariam as alâmpadas, cuidaram que seriam socorridas das companheiras, cuidaram que, ainda que chegassem tarde, se lhes abririam as portas; e depois de tanto cuidar, acharam que não tinham cuidado, porque não cuidaram quando e como convinha, nem souberam dizer a tempo "Para que não". Três vezes o disseram as prudentes: na consideração, na prevenção e na resolução. Na consideração, considerando que, por falta do sustento natural do óleo, se podia apagar o fogo e morrer a luz das alâmpadas; na prevenção, porque se preveniram de o levar nas redomas, para delas o suprir quando faltasse; na resolução, porque, faltando às companheiras, resolutamente lhes responderam que não as podiam socorrer, porque podia não bastar para todas: "Para que não suceda talvez faltar-nos ele a nós e a vós" (Mt 25,9).

Ó virgem fortíssima e prudentíssima, Catarina, que bem retratada vos vejo nas cinco prudentes do Evangelho, como Juno, pelo pincel de Zêuxis[1], as cinco escolhidas de Argentina! Ofereceu o imperador Maximino a Catarina[2] tudo o que podia dar neste mundo a fortuna, que eram as bodas e coroa imperial; mas porque a virgem prudentíssima, ainda com prudência humana, considerou nesta grande oferta, não o que era, senão o que podia ser, desprezou a coroa da terra, sujeita à roda da fortuna, e segurou a que hoje goza no céu, que a mesma fortuna nem pode dar nem tirar: "Para que não". Este será o argumento do meu discurso, tão próprio do tempo presente como das graças que devemos dar a Deus pelas fortunas do mesmo tempo. Mas, como para acertar a dar estas graças é necessário que o mesmo Deus nos assista com a sua, peçamo-la primeiro por intercessão da cheia de graça. *Ave Maria*.

§ II

"Para que não." Todos os títulos que nos obrigam a dar graças a Deus pelos triunfos do tempo presente, me parece que estou vendo copiados e divididos nas gloriosas insígnias daquela sagrada imagem. Está adornada a imagem de Santa Catarina com os três instrumentos ou troféus da sua vitória: uma palma, uma espada, uma roda. Os oradores Evangélicos, que, entre salvas, repiques e luminárias, celebraram até agora a felicidade de nossas armas na campanha deste ano, uns tomaram por assunto a palma, outros a espada: na palma, fazendo panegíricos à vitória; na espada, ao valor dos capitães e soldados. E porque nenhum até agora falou na roda, ela será o meu assunto. As palmas, que tem as raízes na terra, todas se podem secar ou murchar: só são perpetuamente verdes aquelas que viu S. João no seu Apocalipse: "E com palmas nas suas mãos" (Ap 7,9). — As Espadas também têm os seus reveses na terra, ainda que sejam descidas do céu. Do céu trouxe a alma do profeta Jeremias a espada que meteu na mão a Judas Macabeu; mas, depois de tantas vitórias, enfim, pôde dizer com Davi aquele valorosíssimo capitão: "A minha espada não me salvará" (Sl 43,7) — porque na trágica batalha contra Baquides e Alcimo não defendeu ao grande Macabeu a sua espada, e com ela caiu morto. Tudo isto são avisos às palmas, rebates às espadas, e desenganos a todo o vencedor, que no meio dos maiores triunfos podem temer a roda. Esta roda, pois, como prometi, será o meu argumento, o qual sobre os eixos dela se resolverá em dois discursos, quanto for possível, breves.

§ III

"*P*ara que não." Variamente pintaram os antigos a que eles chamaram fortuna. Uns lhe puseram na mão o mundo, outros uma cornucópia, outros um leme; uns a formaram de ouro, outros de vidro, e todos a fizeram cega, todos em figura de mulher, todos com asas nos pés e os pés sobre uma roda. Em muitas coisas erraram, como gentios, em outras acertaram, como experimentados e prudentes. Erraram no nome de Fortuna, que significa caso ou fado; erraram na cegueira dos olhos; erraram nas insígnias e poderes das mãos, porque o governo do mundo, significado no leme, e a distribuição de todas as coisas, significada na cornucópia, pertence somente à providência divina a qual, não cegamente, ou com os olhos tapados, mas com a perspicácia de sua sabedoria e com a balança de sua justiça na mão, é a que reparte a cada um e a todos o que, para os fins da mesma providência, com altíssimo conselho, tem ordenado e disposto. Acertaram, porém, os mesmos gentios na figura que lhe deram de mulher, pela inconstância; nas asas dos pés, pela velocidade com que se muda; e, sobretudo, em lhos porem sobre uma roda, porque nem no próspero nem no adverso, e muito menos no próspero, teve jamais firmeza. Dos que a fizeram de ouro diremos depois; o que agora somente me parece dizer é que os que a fingiram de vidro, pela fragilidade, fingiram e encareceram pouco porque, ainda que a formassem de bronze, nunca lhe podiam segurar a inconstância da roda.

Em uma das fábricas particulares e famosas do templo, diz o texto sagrado que fez Salomão dez bases de bronze, quadradas e iguais por todas as partes: "Fez dez bases de bronze, cada uma das quais tinha quatro côvados de comprido e quatro côvados de largo" (3Rs 7,27). — Diz mais — o que, se o não dissera, não se imaginara — que estas dez bases "as assentara cada uma sobre quatro rodas" (3Rs 7,33) — acrescentando, para maior clareza, que "as rodas eram propriamente como as das carroças, com seus eixos, raios e tudo o mais, fundido também do mesmo bronze" (Ibid.). — Toda esta miudeza foi necessário que se explicasse, para que se entendesse a obra, da qual, se não fora o autor Salomão, quem haveria que ao menos não estranhasse tal modo de arquitetura? As bases são o fundamento e firmeza de toda a fábrica; a figura quadrada, entre todas as figuras, a mais firme; o bronze, entre todos os metais, o mais forte. Pelo contrário, as rodas com eixos, e todos os outros instrumentos de se moverem, são entre todas as coisas a menos constante, a menos estável, a menos firme. Pois, por que assenta a sabedoria de Salomão toda a firmeza e fortaleza das suas bases sobre rodas? Assentadas as bases sobre rodas, ficam sendo as rodas bases das bases; e isto, que não faria, não digo eu Vitrúvio[3], senão o arquiteto mais imperito, que o fizesse Salomão? Sim, e com tanta arte como mistério. Aquela obra era o chamado mar Êneo, fabricado antes de espelhos e para espelho dos que nele se fossem ver e compor. Quis, pois, o mais sábio de todos os homens, que na mesma traça, disposição e ordem da fábrica, vissem e reconhecessem todos que não há nem pode haver neste mundo coisa alguma tão sólida, tão forte, tão firme, nem ainda tão santa — qual aquela era — que, como se estivera fundada sobre rodas, não esteja sempre sujeita às voltas, declinações e mudanças de qualquer impulso, impressão ou movimento contrário. Tudo o que se diz da fortuna e seus poderes é fingido e falso; só uma coisa há nela certa e verdadeira, que é a roda.

E para que nos vamos chegando ao nosso caso, deixados os vidros e bronzes, que são nomes metafóricos, falemos agora com o próprio do homem e de todas as coisas humanas, que é o barro. Mandou Deus, nosso Senhor, ao profeta Jeremias, que fosse à oficina de um oleiro, e que, depois de ver o que aquele homem fazia, lhe declararia o por que lá o mandava. Foi o profeta, e diz que achou o oleiro trabalhando sobre a sua roda: "E eis que ele estava fazendo a sua obra sobre a roda" (Jr 18,3). — E, notando então, com particular advertência, o que fazia, viu que ao princípio estava formando um vaso muito polido, o qual, como se lhe descompusesse e desmanchasse entre as mãos, desfê-lo e, como irado contra ele, tornou a amassar e pôr na roda o mesmo barro, e fez outro vaso muito diferente, como lhe veio à fantasia. Aqui falou então Deus ao profeta, e lhe disse desta maneira: — Assim como o oleiro tem nas suas mãos o barro, e dele faz uns vasos e desfaz outros, assim tenho eu nas minhas mãos o mundo e posso desfazer uns reinos e fazer outros ao meu arbítrio. E se ele, com a ponta de um pé, dá estas voltas à sua roda, julga tu, se o poderei fazer eu. Vai a Jerusalém, conta-lhe o que viste, e dize-lhe que o primeiro vaso tão polido que o oleiro fazia, é o reino de Israel, tão amado e favorecido da minha providência, o qual com a sua rebeldia se me descompõe entre as mãos; e que ainda estou aparelhado para lhe perdoar e me arrepender do que tenho determinado; mas que se ele se não quiser emendar, darei volta à roda, e do mesmo barro farei outro vaso. Jerusalém passará para Babilônia, e o reino, que aqui é de el-rei Joaquim, com liberdade, lá será de Nabucodonosor, com perpétuo cativeiro. E assim foi.

Oh! que facilmente se engana o juízo humano nas apreensões de qualquer sucesso próspero! Por isso disse sábia e prudentissimamente o grande senador romano, Severino Boécio, que "melhor e mais útil é ao homem a fortuna adversa que a próspera"[4]. — E dá a razão, por que a próspera mente, e a adversa desengana: "Pois aquela aparente felicidade, que parece agradável, mente; esta é sempre verdadeira, embora se mostre instável pelas mudanças. Aquela engana, esta instrui". — Quem se não quiser enganar com as lisonjas da fortuna próspera, olhe para a roda. Nela, e do mesmo barro, faz Deus reinos, e desfaz reinos: desfaz Jerusalém, e acrescenta Babilônias; cativa os livres, e restitui a liberdade aos cativos. Assim o fez a benignidade divina, dando outra volta à roda, e restituindo os cativos de Babilônia à liberdade, de que poucos já se lembravam, no fim de setenta anos, caso bem parecido ao nosso.

§ IV

Lá, depois de setenta anos; cá, depois de sessenta, uns e outros profetizados; mas nem por isso cuide alguém que para todas estas voltas da roda são necessários tantos espaços ou tantos vagares do tempo. As rodas do carro de Ezequiel, em que Deus se lhe mostrou governando todo este mundo, eram cada uma composta de duas, uma roda atravessada, e outra cruzada com ela pelo meio. Isso quer dizer: "Uma roda no meio de outra roda" (Ez 10,10). — E que rodas eram e são estas? Uma é a roda da fortuna, outra a roda do tempo. Mas de tal maneira unidas e travadas entre si, e tão independentes uma do curso da outra, que para a roda da fortuna dar uma volta inteira, não é necessário que a dê também inteira o tempo. As voltas da roda do tempo são as mesmas que as do sol. O sol dá uma volta maior cada ano, e uma menor cada dia. Porém, para a fortuna dar uma volta inteira aos maiores impérios, não são necessários anos nem dias.

O maior império e monarquia que tinha havido no mundo era a dos assírios e caldeus. E quantas horas houve mister a roda da fortuna para derrubar esta, e levantar sobre ela outra maior? Diga-o a Escritura Sagrada por boca de Daniel, que se achou presente: "Naquela mesma noite, foi morto Baltasar, rei dos Caldeus. E Dario Medo sucedeu-lhe no reino" (Dn 5,30s). Na mesma noite fatal, em que o rei, com mil magnates da sua monarquia, convidados para um solene banquete, estavam brindando aos seus deuses, foi morto — diz Daniel — Baltasar, rei Caldeu, e lhe sucedeu no império Dario, medo. — De sorte que tanto mais depressa deu volta a roda da fortuna que a roda do tempo, que, não tendo o tempo em ausência do sol andado um dia natural nem meio-dia, a fortuna, morto Baltasar, e sucedendo-lhe na coroa Dario, já tinha posto por terra a monarquia dos assírios e caldeus, e levantado até as nuvens a dos persas e medos.

Caiu a monarquia, mas não caiu a corte, porque ficaram em pé os famosos muros de Babilônia, com seus jardins cultivados no ar, por isso chamados hortos pensiles, onde, porém, até as flores não escaparam de ficar tristemente murchas e secas, servindo a mãos estranhas que as não tinham regado. E para que alguém não imagine da roda da fortuna que, não perdoando às coroas, ao menos dá quartel às pedras, passando do maior império da Ásia à melhor cidade da Europa, ouçamos em outra noite, não menos trágica, quão precipitada é a sua volta também em estas ruínas.

Fala Sêneca da antiga Lugduno, que, anoitecendo cidade, amanheceu cinza, e escreve assim[5]: — É lástima haver de afrontar com a tradução de qualquer outra língua a elegância destas palavras. — "Aqueles famosos edifícios" — diz Sêneca — "que, cada um deles pudera enobrecer e ilustrar uma cidade, todos igualou com a terra uma noite; e aconteceu na bela paz o que nem da mais furiosa guerra se pudera temer. Quem tal crera? Aquela Lugduno, que se mostrava por maravilha da Gália, busca-se nela, e não se acha. A todos os que a fortuna afligiu publicamente, permitiu que temessem o que haviam de padecer, e a nenhuma coisa grande deixou de dar o tempo algum espaço à sua própria ruína. Só nesta, entre a cidade máxima e o nada, não houve mais que uma noite. Ainda acabou mais depressa do que eu o escrevo". — Até aqui a narração e ponderação do grande filósofo. E como para as maiores voltas e mudanças da roda da fortuna não são necessários anos nem dias inteiros, e da ametade de um dia sobejam ainda horas, e essas as mais ocultas à vista, que segurança pode haver tão confiada que entre os braços mais lisonjeiros da felicidade não tema os seus reveses? E que reino ou república, que rei ou capitão prudente, que entre os maiores triunfos lhe não esteja sempre batendo às portas do coração aquela voz duvidosa: "Para que não"?

§ V

Não é minha tenção com este discurso querer que a muito nobre cidade de Lisboa entristeça a sua alegria, nem ponha silêncio aos seus aplausos, porque seria ser ingrata ao céu e negar os públicos pregões da fama aos que com o seu esforço e sangue tão honradamente lhos mereceram. O que só desejo é que toda esta monarquia de Portugal se não deixe tanto inchar do vento da fortuna, que se fie dela e a creia. Ouvi debaixo de um paradoxo o mais sisudo juízo da prudência militar. Como na guerra não há coisa mais para estimar que o vencer, assim não há outra mais para temer que a mesma vitória. Quando o sábio capitão se vir mais vitorioso e triunfante na carroça de Marte e da fortuna, então é que mais se deve temer da volta das suas rodas.

Vencedor Abraão de quatro reis que tinham vencido outros cinco e levado cativo, com parte deles, a Lot, seu sobrinho, fizeram mais famosa esta interpresa três circunstâncias notáveis: uma da parte dos reis vencidos, outra da parte de Abraão vencedor, e a terceira da parte de Deus, que neste acontecimento lhe apareceu e falou. Notável da parte dos reis vencidos, porque naquela mesma noite em que, contentes e divertidos, estavam brindando à sua vitória, deu sobre eles Abraão, com que a não chegaram a lograr quatro horas inteiras, bastando tão pouco espaço de tempo para dar volta à roda, e de vitoriosos e triunfantes se verem vencidos. Notável da parte de Abraão vencedor, porque, voltando triunfante com parabéns e aplausos de Melquisedec, rei de Salém, nenhuma demonstração fez de festejar o seu próprio triunfo. Não havia então salvas de artilharia, nem repiques, nem luminárias; mas, conforme o uso daquele tempo, pudera levantar troféus, que eram árvores, desgalhados os ramos e penduradas deles as armas e despojos dos inimigos, que Abraão desprezou generosamente. Notável, enfim, da parte de Deus, porque naquela mesma ocasião lhe apareceu o senhor dos exércitos, e lhe disse estas notáveis palavras: "Não temas, Abraão, sou o teu protetor" (Gn 15,1) — ou, como se lê no texto original: "Eu, o teu escudo". Não temas, Abraão, que eu sou o teu protetor e o teu escudo. — Aqui é o meu reparo e, primeiro que tudo, naquele "não temas". Não é este Abraão aquele mesmo que pouco há, tão animoso e destemido, com resolução quase temerária, se atreveu a acometer quatro reis vitoriosos e triunfantes só com trezentos e dezoito homens de sua casa? Não é aquele mesmo que com tanta arte, disposição e ordem militar soube repartir os seus, e de tal modo, e a tal tempo investiu os inimigos que, sem lugar de se defenderem, os pôs a todos em fugida? Pois, se antes não temeu a batalha, sendo tão arriscada, como agora teme, depois de a vencer e tão venturosamente? Dantes podia temer os inimigos por muitos e vitoriosos, mas agora, depois de desbaratados e vencidos, a quem teme ou de quem se teme? Teme-se da sua própria vitória. Por isso Deus, que para vencer a batalha lhe não deu a espada, para conservar e defender a vitória lhe promete o escudo: "Eu, o teu escudo".

Vede quanta razão e quantas razões tinha Abraão para temer e se temer da sua vitória: "Não temas". — Considerava Abraão que ele era um, e os reis que vencera quatro, e na comparação de um a muitos, que coração haverá tão agigantado que com os pés na campanha não tema? O gigante Golias coberto de ferro, e maior na sua soberba que na sua estatura, nunca se atreveu em quarenta dias a desafiar mais que a um: "Saia a bater-se comigo só por só" (1Rs 17,10). — De Hércules, cujas forças e façanhas é mais certo que foram fabulosas do que verdadeiras, é contudo verdadeiro o provérbio que: "Nem Hércules combate contra dois" — e posto que as de Judas Macabeu, canonizadas na Escritura Sagrada, não admitem dúvida, também a não há de que na última batalha, que teve quase vencida, acabou sem remédio nem resistência, não vencido no valor, mas oprimido da multidão. Considerava mais Abraão que o poder menor, competindo com o grandemente maior, ainda quando vence, sempre fica desigual; e é tal a diferença nesta desproporção defensiva, que o maior, ainda perdendo muitas batalhas, facilmente se conserva sempre na mesma grandeza, e o menor, tendo necessidade de muitas vitórias para se conservar, bastará perder só uma para se perder. Finalmente, temia Abraão a sua vitória, porque não olhava para ela só, senão juntamente para a dos mesmos inimigos a quem vencera. E se eles — dizia consigo — não lograram a sua vitória quatro horas inteiras, que segurança posso eu ter de me sustentar sempre na minha? Porventura pregou ela algum cravo na roda da fortuna, para que não dê aquelas voltas que continuamente está dando o mundo, sem jamais parar?

Oh! como pudera o mesmo Abraão confirmar este seu temor depois da vitória dos quatro reis com o exemplo de outros quatro do Egito, onde já no tempo de Abraão se começavam a coroar os homens! Sesóstris, rei do Egito, depois de vencer outros quatro reis vizinhos, se desvaneceu a tanta soberba, que em lugar de outros tantos cavalos mandou que os quatro reis vencidos tirassem pela sua carroça. Assim se fez. Em um dia, porém, de grande celebridade, advertiu que um dos reis vencidos de tal maneira caminhava ao compasso dos outros, que o rosto e os olhos sempre os levava voltados e postos no rodar da mesma carroça. E como Sesóstris[6] lhe perguntasse com que pensamento o fazia, respondeu: "Levo sempre postos os olhos nesta roda, porque vejo nela que, assim como esta parte, que agora está embaixo, esteve já em cima, assim a que está em cima, com meia volta só torna a estar embaixo". — Entendeu o mistério o rei vitorioso e soberbo, e mandou logo tirar do jugo aos vencidos. As vitórias próprias, vistas sem os olhos na roda, ensoberbecem; com os olhos nela, humilham. Com os olhos na roda, aos vencidos causam esperança, e aos vencedores temor. Por isso Abraão temia a sua vitória, e todos os grandes capitães temeram sempre as suas.

Ouvi isto mesmo admiravelmente discursado por Sêneca, o poeta, e com a mesma propriedade representado por el-rei Agamenon, rei e general do exército grego, depois de abrasada Troia: "Olhava para Troia vencida o vencedor Agamenon, e, porque a não podia ver toda de uma vez, lentamente, e pouco a pouco, ia medindo com os olhos sua grandeza"[7]. — A primeira coisa que deve fazer o prudente vencedor, é tomar bem as medidas ao país vencido: "E lentamente ia medindo com os olhos Troia". — E que se seguirá daqui? O que aconteceu a Agamenon: "E, ainda que Agamenon estava vendo vencida a Troia, não acaba de crer nem de se persuadir a si mesmo que ele a tivesse vencido". — Não se podia louvar mais nem encarecer melhor a grandeza da vitória. Na opinião invencível, aos olhos vencida. E, passando da terra à coroa, da metrópole ao rei, e de Troia a Príamo, a conclusão do juízo de Agamenon foi esta: "Tu, ó Príamo, me fazes soberbo, e tu me fazes tímido". — Quando vejo que venci um tão grande rei, como Príamo, monarca e senhor de toda a Ásia, vêm-me pensamentos de soberba: "Tu, ó Príamo, me fazes soberbo". — Mas quando no mesmo Príamo me vejo a mim, como em espelho, e quando considero e conheço que, assim como eu o venci a ele, outro me pode vencer a mim e, dando volta a fortuna, como hoje me vejo vencedor, amanhã me posso ver vencido, todos os ardores da soberba se convertem em frios de temor: "Tu, ó Príamo, me fazes soberbo, e tu me fazes tímido".

Este foi o juízo de Abraão em temer a sua vitória, e este o de Agamenon em temer a sua. E o meu, no nosso caso, qual será? Porque não me persuado a temer, nem quero persuadir temores, e, por outra parte, quisera prometer segurança às nossas vitórias, sujeitas todas aos reveses da roda da fortuna, só no escudo, que Deus prometeu a Abraão, que é círculo permanente, as acho. Escreve Plínio que em Roma, no pórtico de Pompeu, se via com admiração a pintura de um soldado, sem mais armas que um escudo, obra de Polignoto, famoso naquela arte; e o que nela se admirava era estar pintado o soldado em tal ação no meio de uma escada que "ninguém podia divisar se subia ou descia"[8]. — Toda a escada, senhores meus, ainda que em diferente figura, é também roda, porque pelos mesmos degraus se pode subir ou descer. No meio desta escada vejo aos nossos soldados armados também de escudo à defensiva, qual é a nossa guerra; e, posto que na presente vitória parece que estão em ação de subir, como igualmente é sem questão que podem descer, nesta dúvida ou contingência não lhes posso afirmar coisa certa. É verdade que estou vendo muitos arcos triunfais levantados; mas estes, ainda que não tiveram as bases na terra, não podem segurar firmeza ao que significam. Nas íris, ou arcos celestes, não só observaram os matemáticos, mas experimentaram os rústicos que, quando o sol sobe, os arcos descem, e quando o sol desce, os arcos sobem. E se nas voltas que dá o sol ao mundo se vê esta diferença naqueles espelhos, se quando os arcos se abatem é sinal que sobe o sol ao zênite, e quando os arcos crescem e se levantam é sinal que o mesmo príncipe dos planetas desce ao ocaso, que juízo se pode formar do aparente destes triunfais meteoros, para segurar o aumento das monarquias, ou sua declinação? A que hoje parece que sobe, amanhã pode descer, e a que hoje desce, amanhã pode subir; e só no escudo, que embraça o braço de Deus — e é círculo como dizia, permanente — se pode segurar o prudente temor, para que não diga: "Para que não".

§ VI

Temos satisfeito neste primeiro discurso ao Evangelho, ao tema, ao tempo e caso presente, e ao "Para que não" das virgens prudentes. Agora vejamos como a virgem prudentíssima, que nos deu a roda, com o exemplo e sucessos gloriosos das suas vitórias, nos ensina o que devemos desprezar, temer ou assegurar em todas as voltas que à da fortuna e à do próprio alvedrio pode dar o mundo.

Primeiramente, assim como é prudência nas coisas duvidosas e contingentes dizer "Para que não" — assim nas certas, e que não podem ter dúvida, dizer "Para que não" é a maior imprudência. A mais imprudente mulher — também virgem — que houve no mundo, foi a destruidora dele, Eva. E por quê? Porque sobre a verdade mais certa e à certeza mais infalível, da qual se não podia duvidar, disse: "Para que não". Tinha Deus notificado a Adão, e nele a Eva, que no dia em que comessem da árvore vedada ficariam sujeitos à morte. E, sendo as palavras expressas do preceito: "Em qualquer dia que comeres dele, morrerás de morte" (Gn 2,17). — Eva, respondendo à pergunta do demônio, e referindo o mesmo preceito, acrescentou-lhe um "Para que não": "Deus nos mandou que não comêssemos, nem a tocássemos, não suceda que morramos" (Gn 3,3). — E que se seguiu deste *ne forte* da virgem néscia do paraíso? Seguiu-se o erro que emendou o "Para que não": das virgens prudentes do Evangelho. O *ne forte* da néscia pôs dúvida onde não podia haver dúvida; o "Para que não": das Prudentes não admitiu dúvida onde podia haver muitas.

Podiam duvidar, sendo companheiras como eram, se seria contra as leis da verdadeira e fiel companhia não ser comum de todas o que era particular de algumas. Podiam duvidar, sendo amigas, se era obrigação em tal aperto oferecerem-lhes elas o óleo, ainda que o não pedissem, quanto mais não lho negar, tendo-o pedido. Podiam duvidar se, nas circunstâncias de um caso tão preciso, era lícito descomporem o acompanhamento, e desfazerem o aparato das bodas, para o qual foram escolhidas em tal número e para tantas parelhas. Podiam duvidar, se sentiriam, como era razão, o desar daquela falta o Esposo e Esposa, que eram os senhores a quem serviam, e de cujo agrado e favor dependia o seu bem e toda a sua esperança. Podiam duvidar, enfim, se era contra o primor, contra a cortesia, contra a nobreza, contra o crédito e reputação, e contra todos os outros respeitos e pontos de honra, que tão escrupulosamente observam nas ações públicas os que as fazem nos olhos do mundo e sujeitas aos seus juízos. Pois, se em dar ou não dar aquele socorro havia tantas dúvidas, como se resolveram as prudentes a o negar, principalmente sendo muito pouco o que haviam de despender, sabendo que o Esposo já vinha: "Eis aí vem o Esposo" (Mt 25,6)?

A razão deste tão bem fundado reparo é muito mal praticada nas cortes, e por isso necessário que a nossa, com quem falo, a ouça. O que importava à prevenção das virgens prudentes, e o que dependia de ela bastar ou não bastar para todas, não era menos infalivelmente que o entrar às bodas ou não entrar, o ganhar o céu ou perdê-lo, o salvar ou não salvar; e, em matéria de salvação, não se há de admitir dúvida nem contingência, por menor ou mínima que seja. Todos os pontos do primor, do crédito, da reputação e honra humana, em chegando a este ponto, são nada. Todas as obrigações e finezas da amizade e do amor, ainda que seja o que mais cega, que é o dos pais para com os filhos, a qualquer sombra deste perigo se devem converter em ódio; este só respeito há de vencer todos os respeitos, esta só dependência todas as dependências, este só interesse todos os interesses. Cuide o mundo, murmure a vaidade, diga a fama o que quiser, arrisque-se, enfim tudo o que se pode arriscar, perca-se tudo o que se pode perder, contanto que se não arrisque ou ponha em dúvida a salvação.

Tão sisudo e tão forte como isto foi o "Para que não" das virgens prudentes. Mas, por isso mesmo, não só parece desumano, senão contrário a toda a razão e proximidade. Se tanto reparo, e tanto escrúpulo fazeis neste ponto por ser da salvação, por que não reparais na de vossas companheiras? Não vedes que, seguindo o vosso conselho, vão arriscadas a se lhes fecharem as portas do céu, e o perderem, e se perderem para sempre? Assim o viam como sábias, e o sentiam como amigas. Mas esta é a obrigação precisa e indispensável, e este o privilégio soberaníssimo da salvação própria. Se a dúvida ou risco da minha salvação, em qualquer caso se encontra com a alheia, seja a alheia de quem for e de quantos for, sou obrigado a tratar tão unicamente da minha salvação, que me salve eu, ainda que se perca todo o mundo. Não é menos divino este tremendo documento que da boca da mesma Verdade: "Que lhe aproveita a um homem" — diz o Salvador dos homens — "salvar ele, ou que por seu meio se salvem todas as almas do mundo, se ele perder a sua?" (Mt 15,26). Aqui não há senão dar um ponto na boca. E este foi o fecho com que as prudentes acabaram de concluir, não a desculpa, senão a obrigação que tiveram de não acudir à salvação das companheiras, pois era com dúvida e risco da própria: "Para que não suceda talvez faltar-nos ele a nós e as vós" (Mt 25,9).

§ VII

Em confirmação desta notável verdade, que é bem saibam todos, para que nos fiemos das diligências próprias e não de dependências alheias, seguiu-se o alegre e triste fim da história do Evangelho. As prudentes entraram às bodas, as portas do céu tornaram a se fechar, e, posto que as néscias vieram e bateram, ficaram de fora. Cuidava eu que as virgens prudentes, vendo-se já dentro no céu, sem dúvida nem perigo da salvação própria, ao menos se lembrassem de interceder pelas companheiras, mas este foi o segundo e novo desengano, para que cada um se fie só de si. Lá vão chorando as tristes e miseráveis néscias, que nem na terra tiveram remédio, nem no céu o acharam. E que efeitos causaria esta lastimosa vista no coração, no zelo e no valor de Catarina? Com assombro dos outros santos, dos anjos e do mesmo Evangelho, resolve-se a fazer abrir outra vez as portas do céu, já fechadas, e que entrem também as néscias.

Já vejo que repararam os doutos na proposição; mas notem o sólido fundamento dela. As néscias do Evangelho são aquelas cujas alâmpadas se apagaram por falta de óleo, e por esta falta não entraram às bodas. E estas néscias, que somente o são em parábola e semelhança, em realidade e verdade significam aquelas almas a quem falta o lume da fé e o óleo da caridade, sem o qual, ainda que haja fé, é fé morta, e o lume da mesma fé apagado, sendo que só com ele ardente, e ela viva, se pode entrar no céu. Tais eram, e pela maior parte idólatras, os que habitavam a grande cidade de Alexandria, pátria da nossa santa, onde então residia o imperador Maximino[9], o maior inimigo de Cristo, e o mais cruel tirano e perseguidor dos cristãos. Estava ali Catarina cheia de fé entre infiéis, estava cheia de sabedoria entre ignorantes, estava cheia de luz entre cegos, estava cheia de piedade entre tiranos. E que fariam dentro daquele generoso coração, e como rebentando nele todas estas heroicas virtudes e cada uma delas? A fé o incitava a converter a infidelidade, a sabedoria a ensinar a ignorância, a luz a alumiar a cegueira, a piedade a abrandar e amansar a tirania e, sobretudo, o abrasava a vista da perdição de tantas almas. Se Catarina fora uma das dez virgens com dúvida e contingência da salvação, diria com as prudentes da parábola: "Para que não"; mas como, depois de o mesmo Cristo lhe dar o anel de Esposo, ela era a Esposa, que não podia deixar de entrar às bodas: "Saíram a receber o Esposo e a Esposa" (Mt 25,1) — por isso, em lugar de dizer: "Para que não" — notai muito em — lugar de dizer: "Para que não"; disse: "Se talvez".

"Se talvez", disse com novidade inaudita em lugar de "Para que não", e é bem que reparemos muito na diferença destes dois advérbios porque, em tão pequena mudança de letras, têm significação totalmente contrária. O "*ne forte*" significa: "para que não", como já vimos; o "Se talvez", quer dizer: "se porventura"; o "para que não" é advérbio seguro e frio, o "Se talvez", animoso e ardente; o "Para que não" fecha as portas ao temor; o "Se talvez" abre-as à esperança: o "*ne forte*" é freio para a cautela; o "Se talvez" é espora para a ousadia; o "Para que não" diz: não te arrisques; o "Se talvez" diz: aventura-te finalmente; o "Para que não" tem por efeito evitar o mal, que suspeita; e o "Se talvez" tem por objeto empreender e conseguir o bem, a que aspira. Mas este bem não há de ser qualquer bem ordinário e vulgar, senão grande, senão árduo, senão heroico, e que tenha mais graus de dificultoso que de possível. Para prova do "Para que não", basta o das virgens do Evangelho, que deixamos tão debatido. Para declaração e exemplo do "Se talvez", temos dois famosos no Testamento Velho, e tão medonhos como atrevidos.

Tendo os filisteus, com inumerável exército, posto em tal aperto os filhos de Israel, que para guarnecerem as vidas se escondiam pelas covas e grutas dos montes, veio ao pensamento de Jônatas, filho de el-rei Saul, que se ele rompesse as sentinelas na hora mais secreta do sono, o desacordo do mesmo sono e a escuridade da noite podia pôr os inimigos em tal confusão, que, sentindo-se ferir e matar, sem saber por quem, eles mesmos voltassem as armas uns contra os outros e se desbaratassem e fugissem. Assim o imaginou aquele príncipe, assim o executou e assim sucedeu, sendo os autores desta prodigiosa façanha o mesmo Jônatas e o seu pajem da lança somente. Mas com que motivo racional, em caso tão dificultoso? Sem outro motivo ou impulso mais que a ousadia de um animoso *si forte*. Assim o disse o mesmo Jônatas quando acometeu a empresa, deixando-a toda a Deus e à ventura: "Vem, passemos até o campo destes incircuncidados, talvez obrará o Senhor por nós" (1Rs 14,6). — O segundo exemplo ainda foi maior, se pode ser, porque não teve parte nele o socorro da noite. Quando Josué repartia as conquistas da Terra de Promissão, pediu-lhe seu antigo companheiro, Caleb, um sítio chamado o Monte dos Gigantes, em que eles se mantinham inexpugnavelmente fortificados: "Dá-me este monte, no qual estão os enacins, isto é, os gigantes, e onde há cidades grandes e fortes" (Js 14,12). — Mas, se os homens de ordinária estatura, em comparação dos gigantes são pigmeus, e os muros que defendiam as suas cidades eram tão agigantados como eles, com que confiança Caleb, que já contava oitenta e cinco anos de idade, se atreve a tão desigual e dificultosa conquista? Com a mesma confiança e impulsos de um intrépido e valoroso "Se talvez": "Porventura será o Senhor comigo, e eu poderei extingui-los" (Ibid.).

Tal era o fortíssimo *si forte*, de que estava armada a nossa valorosíssima aventureira para assaltar outro monte mais alto, e conquistar outras muralhas mais impenetráveis e abrir as portas do céu às néscias da sua pátria, tanto mais néscias e ignorantes que não sabiam chorar, nem ainda conhecer a miserável cegueira que as tinha fora dele então, e para sempre. Sendo tão grande a dificuldade da empresa, ainda a dificultou com outra maior, naquela mesma ocasião, a tirania do imperador Maximino. Lançou bando que todos os súditos do seu império, agradecidos às mercês com que os deuses imortais o favoreciam, lhe viessem oferecer sacrifício público, sob pena da vida e da sua indignação aos que assim o não obedecessem. A indignação do tirano significava os esquisitos tormentos, com que a morte, por si só terrível, se fazia muito mais formidável. E aqui se viu Catarina metida entre dois extremos, os mais repugnantes à natureza, e ainda à mesma graça. De uma parte o céu, da outra o inferno; de uma parte a morte temporal própria, da outra a eterna alheia; de uma parte a perdição, da outra a salvação de tantas almas. Mas naquele sublime espírito não foram necessários muitos discursos para a mais heroica deliberação. A morte — diz Catarina — é certa, a salvação duvidosa; mas a morte é minha, a salvação é dos próximos; aventure-se, pois, Catarina a conseguir a salvação alheia, e perca embora de contado a vida própria.

Em toda a Escritura Sagrada há só uma deliberação que tenha alguma semelhança com esta. Tinha passado el-rei Assuero um decreto, por indústria e vingança de seu grande privado Amã, para que em certo dia assinalado, nas cento e vinte e sete províncias sujeitas a seu império, morressem todos os hebreus que nelas se achavam. Teve esta notícia Ester, que também era hebreia, resolve-se a procurar a salvação do seu povo; porém, querendo falar ao rei, soube que havia outro novo e segundo decreto seu, em que proibia que nenhum homem nem mulher pudesse entrar à sua presença, sob pena de perder no mesmo instante a vida: "Se um homem ou uma mulher entrar, sem ser chamado, na câmara do rei, no mesmo ponto, sem recurso, é morto" (Est 4,11). — Tudo eram traças do mesmo Amã, para que a execução da morte universal dos hebreus se não pudesse revogar. E aqui temos a Ester metida entre as duas pontas de um fatal dilema, por ambas as partes mortal. Se não entra ao rei, executa-se o primeiro decreto, e morre o povo; se se atreve a entrar executa-se o segundo, e morre Ester. Que faria, pois, a generosa heroína, vendo-se expressamente compreendida nas palavras do decreto: "Se um homem ou uma mulher"? — Execute-se embora — diz — a morte em mim, contanto que nesse mesmo risco me aventure eu a conseguir a salvação do meu povo. Isto disse a famosa resolução de Ester, e nisto parece que se igualou o seu "Se talvez" com o "Se talvez" de Catarina. Mas não consinto eu tal igualdade, nem foi assim. Por quê? Porque no mesmo decreto se acrescentava esta condição: "Exceto somente o caso em que o rei estenda o cetro de ouro sobre quem entrar, em sinal de clemência" (Est 4,11). — De sorte que o "Se talvez" de Ester tinha por si o "para que não" de Assuero; porém o de Catarina era "Se talvez" sem "para que não". Aquele tinha por si a condicional do rei, este tinha contra si a condição do tirano; aquele tinha por si a clemência, este a crueldade inexorável; aquele o cetro de ouro, este não o cetro, senão a espada, não o ouro, senão o ferro, tantas vezes tinto no sangue cristão e insaciável dele. Em suma, que o bando era absoluto e sem exceção; a morte certa e sem dúvida; os tormentos esquisitos e iguais à sevícia e crueldade do tirano; e a tudo isto se ofereceu uma donzela, que ainda não tinha idade para chamar mulher, com a esperança incerta, à ventura e contingência de se poder ou não poder conseguir: "Se talvez".

§ VIII

Mas porque é mais fácil o desejar que o fazer, e menos difícil o resolver que o executar, passemos do pensamento às mãos, e vejamos como a nossa conquistadora do céu e das almas entra e se empenha bizarra nas suas aventuras. O primeiro tiro que fez foi à cabeça. Presenta-se ao imperador armada da sua eloquência, e acompanhada só de si mesma. Estranha-lhe a publicidade do bando, o terror das ameaças, o sacrilégio dos sacrifícios, a falsidade dos deuses com nome de imortais, sendo paus e pedras e, sobre este exórdio, passou à doutrina da verdadeira fé. Pasma Maximino de tal audácia e atrevimento na fraqueza daquele sexo e idade e, cumprindo-se no ímpio idólatra a discreta maldição de Davi, "que sejam semelhantes aos ídolos os que os adoram" (Sl 113,8) — ele ficou mais ídolo que idólatra. Os ídolos têm olhos, e não veem: ele ficou cego; os ídolos têm ouvidos, e não ouvem: ele ficou surdo; os ídolos têm língua, e não falam: ele ficou mudo; cego à luz, surdo à voz, mudo à força da razão, a que não podia resistir nem queria ceder.

Não há cabeças mais duras de penetrar e converter que as coroadas; e se o rei, ou tirano, por dentro é mau e vicioso, e por fora hipócrita e devoto, estas aparências de religião, com que se justificam, os endurecem e obstinam mais. Tais hão de ser as artes do anticristo na falsa introdução da sua divindade; e tais eram em Maximino, sem artifício, o zelo e veneração da que cria nos seus deuses, e negava e blasfemava em Cristo. Com tão pouca esperança de vencer, começou a primeira ventura de Catarina, o que ela não estranhou, porque na empresa do seu heroico "Se talvez", sempre levou os olhos postos nas duas faces da contingência, uma alegre, outra triste; uma próspera, outra adversa; uma vencedora, outra não. Contudo, depois que o imperador falou e ouviu, se não alcançou dele a inteira vitória, conseguiu parte dela. E qual foi? porque nem o mesmo imperador o entendeu. Foi que, se o não fez católico da nossa fé, fê-lo herege da sua. Alcançou dele modesta e sabiamente a santa que entre ela e seus filósofos se disputasse publicamente a questão da verdadeira ou falsa divindade dos deuses. E aqui fraqueou a astúcia do imperador e se viu a sutileza de Catarina, por que o que se põe em questão e disputa igualmente se põe em dúvida, e quem duvida da sua fé, qualquer que seja, já é herege dela.

Apareceram, enfim, os filósofos em uma sala, que era o teatro da famosa disputa, não menos em número que cinquenta, e tão vários cada um nos trajos e no mesmo aspecto como nas seitas. Não se viam ali armas, posto que todas as universidades tinham destinado àquela campanha os seus Aquiles. Afrontaram-se eles de haver de contender em letras com uma mulher, não desmaiando, porém ela de vencer a tantos homens de tanta fama e tanta presunção, que todos se estimavam banhados na lagoa Estígia. Assim tinha cada um por invulnerável a sua seita, e inexpugnável às outras. Para abreviar, pois, o conflito, e não ter suspensa a expectação dos circunstantes, todos se comprometeram na sabedoria de um, o mais velho e venerável, de mais celebrada opinião. Falou este, e com igual arrogância e eloquência ostentou por largo espaço quanto sabia. Mas Catarina, sem desprezar a pompa das palavras nem temer o estrondo dos argumentos, com modestas e vivas razões desfez e desbaratou tudo com tal evidência, que o filósofo compromissário do duelo, atônito e pasmado, se rendeu e, convencido, se lançou a seus pés. Os demais, já convencidos nele, com o mesmo assombro do que ouviram e ignoravam, não só reconheceram inteiramente a verdade, mas não podendo reprimir com silêncio os impulsos dela, sem pejo do imperador presente e de toda a Alexandria, e com afronta de todas as escolas da Grécia, confessaram publicamente a falsidade dos deuses e a única divindade do crucificado, Jesus Cristo.

Esta pública confissão foi o maior triunfo da vitória de Catarina, maior contra Demócritos e Diógenes, sem espada, que se fora contra Cipiões armados. As batalhas mais invencíveis são as do entendimento, porque, onde as feridas não tiram sangue, nem a fraqueza se vê pela cor, nenhum sábio se confessa vencido. Diz S. Paulo que "a ciência incha" (1Cor 8,1). — E não só é difícil, sem graça muito singular, ciência sem inchação, mas sempre a inchação é maior que a ciência. A maior ciência, e o maior entendimento que Deus criou entre homens e anjos, foi o de Lúcifer; mas ainda foi maior a sua inchação e soberba: "Serei semelhante ao Altíssimo" (Is 14,14). — Contra esta rebelião "se deu no céu aquela grande batalha de entendimentos" (Ap 12,7). — Saiu vencedor Miguel, ficou vencido Lúcifer, mas de que modo vencido? Com tal inchação e soberba do seu saber, e tão namorado do mesmo entendimento que o cegou, que antes quis cair do céu que descer se da sua opinião. Há mais de seis mil anos que arde no inferno Lúcifer, e há de arder por toda a eternidade só por não admitir um instante em que confesse que errou.

À vista desta desventura do céu, triunfa mais, ó Catarina, o "Se talvez" das vossas aventuras. Maiores circunstâncias teve esta vitória vossa que a do capitão-general de Deus na batalha do Empíreo. A sua partiu-se entre o céu e o inferno, a vossa inteiramente toda foi do céu. Na sua ficaram só no céu duas partes das três jerarquias, que foram as vencedoras, e a terceira, vencida, foi precipitada no inferno. Na vossa só foram cinquenta os que vieram à batalha, e todos cinquenta venceram, todos cinquenta vos seguiram, todos cinquenta pisaram o inferno e voaram ao céu, cujas portas vós lhes abristes, e nenhum ficou de fora. Mais ainda. Quando no céu à voz de Miguel — "Quem como Deus?" — se partiram os dois exércitos, um vitorioso, outro caído, houve anjos e arcanjos, houve principados e potestades, houve querubins e serafins, houve enfim em todos os nove coros dos espíritos celestiais, muitos que seguiram a seita de Lúcifer; porém, à voz de Catarina — que também foi contra os deuses falsos: — Quem como o Deus verdadeiro? — sendo tantas e tão várias as seitas dos filósofos como eles mesmos, nenhum houve — fineza não vista no céu — que não deixasse a própria. Antes se viu naquela uniforme conversão ou divina metamorfose uma singular maravilha ao entrar e ao sair do mesmo teatro. E foi que, ao entrar, uns filósofos eram platônicos, outros peripatéticos, outros acadêmicos, outros cínicos outros estoicos, outros pitagóricos, outros epicureus, outros gnósticos e os demais; e ao sair, pelo nome da nova escola e da nova mestra, todos eram e se podiam chamar catarinos. Tão forte, e de um só rosto, foi nesta segunda aventura, sem dúvida nem exceção, o seu glorioso "Se talvez".

§ IX

Afrontado Maximino pelo seu descrédito, e muito mais pela injúria e ignomínia dos seus deuses conhecidos por falsos, para se vingar da fraqueza dos filósofos e do valor da que os vencera, resolveu barbaramente matar a todos, mas não com a mesma morte: os filósofos à espada, Catarina à fome. Mandou-a meter ou sepultar em um cárcere subterrâneo, escuro e medonho, com cominação e pena capital às guardas, que ninguém lhe desse de comer. Tudo isto era acrescentar trombetas à fama, e novos aplausos à glória de Catarina. E desejando a mesma imperatriz conhecer e ver com seus olhos, antes que morresse uma mulher de tão sublimes espíritos, delibera-se a ir em pessoa e descer secretamente ao mesmo cárcere. — Mas reparai, senhora, no que fazeis, por que descer a essa masmorra não pode ser sem o mesmo perigo que o profeta Daniel no lago dos leões. Os leões de indústria estavam famintos, sem a razão ordinária, para que mais raivosa a sua natural fereza com a fome no mesmo instante remetessem ao profeta, e espedaçado o comessem. Sabei, pois, que essa mulher que quereis ver com fome não menos que de quase doze dias, como uma leoa esfaimada, se há de enviar a vós e comer-vos. Mas antes do sucesso, para que não pareça fábula ou quimera este dito, vejamos quão certo é.

Estando S. Pedro no porto de Jope em oração ao meio-dia, diz o evangelista S. Lucas "que teve fome" (At 10,10) — e enquanto se lhe punha a mesa na casa onde estava hóspede, viu descer subitamente do céu outra mesa, tão abundante de iguarias como maravilhosa e nova: abundante de iguarias, porque eram todas as aves do ar e animais da terra; e maravilhosa e nova, porque não vinham mortas ou guisadas, senão vivas. Vivas? E como as há de comer Pedro? Uma voz do céu lho disse: "Eia, Pedro, mata e come" (At 10,13). — Nestas duas palavras lhe descobriu Deus o mistério da visão, com semelhança e propriedade verdadeiramente divina. O animal, quando o mata o homem, deixa de ser o que é, e quando o come, converte-se no que não é: morto, deixa de ser bruto; comido, passa a ser homem. Da mesma maneira aqueles animais, de todos os gêneros, significavam os gentios de todas as nações, de todas as seitas e de todos os estados. E como Pedro era a cabeça da Igreja e da Cristandade, aquela voz: "Mata e come" — foi o mesmo — declara S. Jerônimo — que dizer-lhe o céu a Pedro que, matando-os e comendo-os, "os incorporasse na Igreja, e fizesse membros seus"[10]. — De sorte que, assim como o animal, matando o homem, deixa de ser bruto, e comendo-o se converte em homem, assim o gentio, por meio da doutrina evangélica, que tem a eficácia de matar e comer, morto deixa de ser gentio, e comido se converte em cristão e membro da Igreja. Esta era a fome de Pedro, a quem o mesmo S. Jerônimo compara neste passo ao leão, que só come o que mata, e esta a fome de Catarina, a quem eu comparei à leoa esfaimada, como quem tanta fome tinha da salvação das almas, e que, por isso, era certo que a imperatriz não escaparia de ser comida. E assim foi.

Desceu a imperatriz ao cárcere, imaginando que veria em Catarina a imagem da mesma fome, pálida, macilenta, seca e consumida, porém, a santa estava tão viva e tão a mesma nas forças, no vigor, na cor e na formosura como quando ali entrara. Mais desejo, creio, lhe viria então à imperatriz de a comer a ela, que medo de que ela a comesse. Assim diziam os que amavam muito a Jó: "Quem nos dará da sua carne para nos fartarmos dela?" (Jó 31,31). — Afeiçoada com este primeiro milagre e ouvida a celestial eloquência de Catarina, cada palavra sua lhe levava à imperatriz um bocado do coração, e de tal modo se deixou comer toda, que já não era gentia nem imperatriz, senão cristã e escrava de Cristo.

Sucedeu aqui a mútua transubstanciação que o mesmo Cristo afirma dos que comem seu corpo: "Esse fica em mim, e eu nele" (Jo 6,57). — A imperatriz, por fé transubstanciada em Catarina, e Catarina por doutrina transubstanciada na imperatriz. Por isso a mesma imperatriz teve resolução e constância para dali se ir apresentar a Maximino, declarando-lhe que era cristã, e exortando-o a que o fosse também. Oh! como se pudera então gloriar Catarina no seu cárcere que, se dantes lhe não pôde conquistar toda a alma ao imperador, agora lhe tinha conquistado ametade! Mas ele, porque todo o amor que devia a esta natural ametade, como esposa, era muito menor que o ódio que tinha a Cristo, como mau marido, a privou logo do tálamo, como mau imperador, da coroa, e como péssimo e crudelíssimo tirano, da vida. Morreu a imperatriz, trocou a sua coroa pela de mártir, abriram-se-lhe de par em par, como a tão grande princesa, as portas do céu, sendo, pouco antes, uma e a maior das néscias. Esta foi a terceira aventura do animosíssimo "se talvez", o qual eu considero tão admirado, como triunfante, reconhecendo por ventura maior a vitória que a sua mesma esperança.

Se a fome da salvação das almas não fora insaciável em Catarina, já ela se dera por satisfeita com ter ganhado para Cristo tantas, tão ilustres, e tão alheias de sua fé. Mas como tivesse cercado o seu cárcere um corpo da guarda de duzentos soldados romanos, governados por Porfírio, capitão do imperador, as muitas almas deste grande corpo lhe excitaram e animaram o fervoroso espírito a que também empreendesse sua salvação. Eu confesso que lhe não aconselhara tão duvidosa empresa, por que não pudesse acontecer que a natural inconstância do "se talvez", nunca segura, pusesse a última cláusula a proezas tão ilustres com algum fim menos glorioso. Muito mais dificultoso é haver de vencer soldados que ter convencido filósofos.

Os soldados não se vencem com argumentos de palavras, senão com silogismos de ferro. Para os mais sutis de entendimento, o capacete lhes defende a cabeça; e para os mais brandos de vontade, a malha e o arnês lhes endurecem o peito. Toda a força que tem o filósofo consiste na razão, e toda a razão do soldado consiste na força. Só à maior força, só à maior violência, só ao maior poder se abatem as bandeiras e rendem as armas. Alma e salvação são as duas coisas mais precisas, e por isso as que causam maior medo de se perderem; mas para quem tem piedade de uma e fé da outra; e do soldado diz o provérbio: "Nos homens que seguem os exércitos não há nem fé nem piedade". — Contudo, nenhuma destas considerações foram parte para que Catarina desistisse do seu pensamento, maior que todas elas. S. Paulo dizia que as suas prisões, ainda que o atavam a ele, não atavam nele a palavra: "Trabalho até estar em prisões; mas a palavra de Deus não está comigo atada" (2Tm 2,9). — Assim também Catarina. Ela estava presa, mas a palavra de Deus nela tão livre, tão eficaz e tão poderosa, que a todos os soldados que guardavam a sua prisão fez seus prisioneiros. O menos que eles fariam, era pôr a santa em sua liberdade; mas ela queria lhes abrir a eles as portas do céu, e não que eles lhe abrissem a do cárcere. Todos se salvaram, todos renunciaram o imperador da terra, todos se fizeram cristãos, maravilha que só se pode encarecer, ponderando que eram soldados e soldados romanos.

Todos os soldados que concorreram na Paixão de Cristo, eram da milícia romana, que presidiavam a Judeia. E que fizeram? No horto, "os soldados e cabo da escolta de Judas prenderam a Cristo, e, atado, o levaram a Anás" (Jo 18,12s). — No Pretório, "os soldados da guarda de Pilatos convocaram contra Cristo toda a esquadra" (Mt 27,27). — No Palácio de Herodes "os soldados do seu exército, e o mesmo rei, o desprezaram e afrontaram" (Lc 23,11). — Remetido outra vez a Pilatos, "os soldados lhe teceram a coroa de espinhos" (Jo 19,2), lhe vestiram a púrpura de escárnio e puseram o cetro de cana na mão, como aqueles que se prezam de ter nas suas as púrpuras, os cetros e as coroas dos reis. — No calvário, "os soldados crucificaram a Cristo" (Ibid. 23). — Os soldados o blasfemavam com os príncipes dos sacerdotes: "Insultavam-no também os soldados" (Lc 23,36). — Os soldados lhe repartiram os vestidos e jogaram a túnica, como gente que, para ter que jogar, despirá Cristo e os seus altares: "E disseram: Não a rasguemos, mas lancemos sorte sobre ela. E os soldados assim fizeram" (Jo 19,24). — Finalmente, depois de morto Cristo, o que se atreveu, sobre toda a desumanidade, "a lhe romper o peito com a lançada também foi um dos soldados" (Ibid. 34).

Isto foi o que obraram contra Cristo em Jerusalém a impiedade e perfídia dos soldados romanos, e desta infâmia os desafrontaram a eles e a si os soldados, também romanos, em Constantinopla. Em Jerusalém o crucificaram, em Constantinopla o adoraram; em Jerusalém negaram a Cristo, em Constantinopla o confessaram; em Jerusalém lhe derramaram o sangue, em Constantinopla derramaram o seu por ele; em Jerusalém lhe tiraram a vida, e em Constantinopla lhe sacrificaram, não uma, senão duzentas vidas. O maior dia que houve no mundo foi o da Paixão e morte de Cristo; e no dia em que manava das suas veias e corria por cinco fontes a salvação, de toda a milícia romana se converteu só o Centurião, que disse: "Na verdade este homem era Filho de Deus" (Mt 27,54). — Era capitão de uma companhia de cem soldados, que isso quer dizer "Centurião"; mas, de cem soldados, nem um só se converteu em tal dia. E honrou o mesmo Cristo tão admiravelmente, e quase incrivelmente, a morte de Catarina, que no dia em que ela morreu não só se converteu por seu meio Porfírio, capitão de duas centúrias, mas, sendo duzentos os seus soldados, todos receberam concordemente a doutrina da nossa fé; todos com o mesmo valor se sujeitaram ao martírio, sem vacilar nos tormentos todos, deixaram escrito com o próprio sangue o testemunho infalível da sua vitória; todos, enfim, sem faltar um só, se salvaram.

§ X

Esta foi a famosa história, parte natural e humana, parte sobrenatural e divina, que sobre o "para que não" do Evangelho nos motivou a roda de Santa Catarina. Só nos resta saber qual foi a mesma roda, e que volta deu. Atônito e raivoso Maximino das vitórias de Catarina, para se vingar, e as vingar nela, determinou inventar um novo gênero de martírio e tormento em que excedesse os de Nero e Diocleciano e os de todos os tiranos seus sucessores. Mandou, pois, fabricar a máquina de uma roda, armada por toda a circunferência de dentes, ou pontas de ferro agudas em forma de navalhas, as quais, movendo-se no mesmo tempo, executassem em qualquer volta o que os braços de muitos algozes não podiam. As primeiras voltas feririam com inumeráveis golpes o corpo da santa; as que se seguissem, depois que não houvesse nela parte sã, feririam as feridas, como fala São Cipriano; e as últimas, quando não restassem já mais que os ossos, os cortariam e desfariam, de sorte que de todo aquele formoso composto, mais de alabastro que de carne, nem ficasse a semelhança.

Oh! cegueira humana, grande em todos os homens, e nos tiranos e perseguidores dos bons, maior e mais rematada, pois não tem olhos para ver que onde maquinam a ruína alheia, fabricam a sua! Antigamente havia uma invenção ou artifício de arcos cujas setas, depois de despedidas, como se tivessem uso de razão, as suas penas voltavam com dobrada força as pontas e feriam a quem as atirava. Assim o supõe Davi, chamando a este instrumento arco pravo: "Eles se voltaram como um arco torcido" (Sl 77,57). — E assim contesta com ele Oseias, chamando-lhe arco doloso: "Fizeram-se como um arco doloso" (Os 7,16). — Eu não entendo a arte com que isto podia ser, posto que nas histórias eclesiásticas se leiam muitos milagres semelhantes; mas tenho para mim que é justa providência do governo divino que as traições e maldades sejam traidoras a seus próprios autores, e, voltando retrogradamente, vão buscar a cabeça que as maquinou e lhe deem a devida paga. O mesmo profeta rei tão exercitado em todo o gênero de armas, o disse: "A sua dor se voltará contra a sua cabeça, e sobre a sua mioleira recairá a sua iniquidade" (Sl 7,17). — Todos sabemos que a máquina da roda de Santa Catarina, com impulso superior e movimento contrário, desarmou sobre seus inimigos. E se quando a santa estava posta em uma roda, Maximino tivesse olhos para ver que estava em outra, pode ser que se não atrevesse à santa. Estava Catarina na roda do seu tirano, que era o imperador; estava o imperador na roda da sua tirana, que era a fortuna; e quando cuidou que a da santa lhe despedaçasse o corpo, a sua lhe despedaçou o império.

É esta uma observação que me admiro não fizessem aqui os historiadores na combinação dos tempos. Eu a farei — para que acabemos com a roda da fortuna como começamos — e é que no mesmo ano foi martirizada Santa Catarina, no mesmo ano entrou a imperar Maximino, e no mesmo ano começou a fatal declinação e ruína do império romano. Imperando Galério Maximiano em Roma, e, conhecendo por muitas experiências que uma monarquia tão vasta não podia ser bem governada por um só homem — o que tinha antevisto o mesmo Júlio César, seu fundador, quando lhe definiu certos limites — determinou dividi-la em duas partes e duas cabeças, como com efeito a dividiu em dois imperadores e dois impérios: um chamado Ocidental, de que continuou a ser cabeça Roma; outro chamado Oriental, de que começou a ser cabeça Constantinopla; e foram os dois novos imperadores, do Ocidente, Severo, e do Oriente, Maximino, ambos tiranos, mas com os nomes trocados, porque Maximino não só foi Severo, senão o extremo da severidade e da sevícia.

Por esta ocasião, a águia, insígnia das bandeiras romanas, que até então tinha uma só cabeça, começou a aparecer com duas, como hoje a vemos, posto que é mais fácil copiar o pintado que restaurar o verdadeiro. E como a divisão em todas as comunidades de homens e de coroas é indício fatal de declinação e ruína, assim o foi no império e águia romana a divisão daquelas duas cabeças. Já o profeta Daniel o tinha mostrado na mesma divisão, não das cabeças da águia, senão dos pés da estátua. Na estátua de Nabucodonosor, formada das quatro monarquias, ou impérios, que sucessivamente haviam de florescer no mundo: a cabeça de ouro significava o império dos assírios; o peito de prata, o império dos persas; o ventre de bronze, o império dos gregos; e o resto de ferro, até os pés, o império dos romanos. E por que bastou que tocasse os mesmos pés uma pedra, arrancada do monte sem mãos, para que caísse toda a estátua, e o mesmo império romano, e as outras monarquias que nele por sucessão se continuavam, ficassem convertidos em pó? Porque naqueles dois pés, divididos entre si, e cada pé dividido em cinco dedos, e cada dedo dividido em ferro e barro, teve o seu último complemento a divisão do império romano. E assim como nas duas cabeças da águia, em que começou a divisão do mesmo império, começou a sua declinação, assim na divisão dos dois pés da estátua, em que teve o último complemento a sua divisão, teve também o último fim a sua ruína. De sorte — reduzindo a conclusão aos termos da nossa metáfora — que a roda da fortuna do império romano, na divisão das duas cabeças da águia começou a voltar, e na divisão dos dois pés da estátua acabou a volta.

Agora havemos de ouvir a Plutarco, famoso filósofo grego, que não é dos que convenceu Santa Catarina, porque floresceu muito antes; mas eu o quero convencer a ele, digno de se ouvir neste caso. Excitando Plutarco, e disputando uma questão sobre a fortuna do império romano, diz assim: "A fortuna, depois de deixar os persas e assírios, depois de voar levemente pela Macedônia, e rejeitar Alexandre e os que no Egito lhe sucederam, depois de andar pela Síria, levantando e desfazendo reinos, e se deter, já próspera, já adversa, com os cartagineses, passando finalmente o Tibre, chegou ao capitólio romano, e ali arrancou dos ombros as asas maiores e descalçou dos pés as menores, ali se despojou e desarmou do globo, ou roda variável e inconstante, e ali, isto é, em Roma, fez o seu perpétuo assento, para nela perseverar, e morar sempre firme e sem mudança"[11]. — Isto é o que disse Plutarco, e isto o que criam os imperadores romanos, os quais, sobre esta fé fundaram de ouro uma estátua da sua fortuna, e a colocaram no mesmo aposento onde eles dormiam, como que pudessem dormir seguros, pois a fortuna lhes guardava o sono; e quando algum imperador morria, passava e era levada a mesma estátua ao sucessor, mostrando a vaidade e superstição dos que chegavam a alcançar a coroa romana que podiam testar da fortuna, como de patrimônio hereditário e próprio. Estava isto escrito nos seus anais, como oráculo dos deuses; isto celebravam os seus poetas: os bucólicos com frautas pastoris à sombra das faias; os heroicos com trombetas marciais em assombro das outras nações; e assim o cantou com elegante mentira o maior de todos, quando disse:

"Não lhes estabeleci limites nem para o tempo nem para os acontecimentos, dando-lhes um império sem fim"[12].

Agora pudera eu perguntar aos imperadores romanos, ou dormindo, ou acordados, onde está aquela sua fortuna de ouro ou o ouro daquela fortuna? Foi volta da mesma fortuna verdadeiramente lastimosa. Quando Alarico[13] sitiou a Roma, viram-se os romanos tão apertados que houveram de remir a dinheiro o levantar-se o sítio, e então, entre o ouro e prata das outras estátuas dos seus deuses, foi também batido em moeda o ouro da sua fortuna. Assim dormiam seguros os que se fiavam da fé de uma traidora, e da vigilância de uma cega.

Mas eu só quero confundir e envergonhar a Plutarco com as palavras da sua mesma lisonja. Diz que depôs a Fortuna ao pé do Capitólio a roda. E quantas vezes a tornou a tomar, e lhe deu tais voltas na Itália e dentro da mesma Roma, que meteu a que era cabeça do mundo debaixo dos pés de Átila e Totila[14], inundada de godos e hunos, de suevos e alanos, e de tantos outros bárbaros? Diz, do mesmo modo, que também depôs ali a fortuna as asas. E quantas vezes as tornou a tomar, e voou às Germânias, às Gálias e às Espanhas, que Roma imaginava pacificamente sujeitas com os presídios das suas legiões, contra as quais, porém, se levantaram então aquelas mesmas nações, como tão altivas e belicosas, não só restituindo-se cada uma ao que era seu, mas cortando às águias romanas as unhas com que lho tinham roubado? Diz mais, que em Roma fez a fortuna o seu assento, para nela morar perpetuamente. E se no interior da mesma Roma recorrermos às coisas de maior duração, quais são os mármores, quantos anos e quantos séculos há, que dos mesmos mármores, levantados em obeliscos e arcos triunfais, se veem só as miseráveis ruínas, ou meio sepultadas já, ou cobertas de hera? Finalmente, aquele império sem fim, a que a fortuna não pôs metas ou limites alguns, nem à grandeza, nem ao tempo, diga-nos a mesma fortuna onde está, e onde o tem escondido? Busque-se em todo o mundo o império romano, e não se achará dele mais que o nome, e este não em Roma, senão muito longe dela.

Acabaram-se as guerras e vitórias romanas, não só fechadas, mas quebrados para sempre os ferrolhos das portas de Jano; acabaram-se os capitólios, acabaram-se os consulados; acabaram-se as ditaduras; acabaram-se para os generais as ovações e os triunfos; acabaram-se para os capitães famosos as estátuas e inscrições; acabaram-se para os soldados as coroas cívicas, murais e rostratas; acabaram-se, enfim, com o império, os mesmos imperadores, e só vivem e reinam, ao revés da roda da fortuna, os que eles quiseram acabar. Acabou Nero, e vivem e reinam Pedro e Paulo; acabou Trajano, e vive e reina Clemente; acabou Marco Aurélio, e vive e reina Policarpo; acabou Vespasiano, e vive e reina Apolinar; acabou Valeriano, e vive e reina Lourenço; acabou enfim Maximino, e vive e reina Catarina; ele e os outros imperadores, porque se fiaram falsamente do império sem fim: "Dando-lhes um império sem fim" — e ela, com os seus e com os outros mártires, porque reinam e hão de reinar por toda a eternidade com Cristo, "no reino que verdadeiramente não há de ter fim".

§ XI

Bem acabava aqui o sermão, se nos não faltaram uma circunstância tão essencial de todo o assunto, como é a ação de graças. Não posso deixar de dizer sobre este ponto uma palavra, e será só uma, para emenda da brevidade mal observada que prometi ao princípio. Mas qual parte, ou qual pessoa da nossa história nos dará este documento? Para maior exemplo do agradecimento e maior horror da ingratidão, não quero que seja Santa Catarina, nem os filósofos ou soldados convertidos, nem a mesma imperatriz, senão de quem menos se podia esperar o imperador Maximino. Já vimos como o primeiro motivo desta gloriosa tragédia foi o bando e edito de Maximino, em que, sob pena da vida, mandou que todos os súditos do seu império, pelos benefícios com que os deuses o tinham favorecido e prosperado, lhes viessem dar graças e oferecer sacrifícios. E que diremos de tal edito? Enquanto ímpio, cruel e sacrílego foi de tirano, gentio, bárbaro e idólatra; mas enquanto reconhecido a uma mão superior e divina, de quem confessava haver recebido os benefícios, foi de homem racional, prudente e religioso, posto que enganado.

E seria bem que na ocasião da vitória presente se contentasse a nossa fé com as demonstrações e aplausos exteriores, sem dar muito de coração as devidas graças àquela soberana majestade, que, sendo senhor de todas as coisas, tomou por nome particular o de *Dominus exercituum* [Senhor dos exércitos]? — Oh! quanto importa em semelhantes casos o sermos agradecidos a Deus, e quanto se pode arriscar, se lhe formos ingratos! Quando os filhos de Israel da outra parte do mar Vermelho, nos despojos do exército de Faraó, que o mesmo mar lançava à ribeira, reconheceram a sua vitória e a segurança da sua liberdade, o que fez Moisés, com todos os homens, e Maria, irmã do mesmo Moisés, com todas as mulheres, foi, repartidos em dois coros, cantar publicamente a Deus os louvores de tamanha vitória, e dar-lhe as devidas graças e glórias como único autor dela. Ditosos eles, se assim perseveraram agradecidos! Mas indignos e inimigos da sua própria felicidade — porque pouco depois trocaram o verdadeiro agradecimento na mais ímpia, mais bárbara, e mais cega ingratidão — do mesmo ouro de que tinham despojado o Egito, fundiram o ídolo fatal do bezerro e, esquecidos do que pouco antes tinham visto e confessado, com novas festas e músicas, roubaram outra vez a Deus as graças e louvores que lhe tinham dado, atrevendo-se a dizer e apregoar sem nenhum pejo: "Estes são os deuses que te deram a vitória, e te libertaram do poder dos egípcios" (Ex 32,4). — E quantos hoje em Portugal — para que nos espantemos mais de nós — estão dando as graças desta vitória cada um ao seu ídolo? Uns à sua ciência militar, outros à sua disposição, outros ao seu conselho, outros ao seu valor, outros aos seus socorros, e, confirmando todos isto com certidões que, ainda que por uma parte não sejam falsas, por outra são blasfemas, pois é verdadeira blasfêmia tirar a Deus o que é de Deus. Dizia Jó que pelas mercês recebidas de Deus não se beijava a mão a si mesmo: "Beijei a minha mão" (Jó 31,27). — E quem beija as suas mãos, posto que tivessem muita parte na vitória, saiba que as mãos assim beijadas perdem, quando menos, o fruto dela, como perderam os filhos de Israel. Depois daquela vitória podiam chegar em poucos dias à Terra de Promissão; e porque a não atribuíram a Deus, cuja era, de seiscentos mil que saíram do Egito, só dois, que foram Josué e Caleb, conseguiram o fim da jornada; e todos os outros, em espaço de quarenta anos, ficaram sepultados no deserto. Se formos agradecidos a Deus, por esta vitória nos dará outras vitórias, "e por esta graça outras graças". — E se, pelo contrário, formos ingratos, não só perderemos a mercê recebida, mas ela, como diz S. Bernardo, nos perderá a nós: "Procurai antes atribuir vossa glória àquele de onde ela provém, se não quereis perdê-la, ou sem dúvida ser perdidos por ela"[15].

SERMÃO DO

Gloriosíssimo Patriarca S. José

Na Catedral da Bahia. Ano de 1639.

"Estando já Maria, sua mãe,
desposada com José."
(Mt 1,18)

Voltamos ao Brasil e encontramos Vieira ainda jovem na Catedral da Bahia. A São José o pregador pede uma serra, uma plaina e um compasso. A serra para dividir e apartar a verdade da opinião. Em primeiro lugar, São José foi verdadeiro filho, isto é, descendente de Davi. Em segundo lugar, o matrimônio de José com Maria foi verdadeiro, celebrado antes da Conceição do Verbo Divino. Assim, São José foi verdadeiro e legítimo pai de Cristo. Por que lhe acrescenta o evangelista ao nome próprio o de Cristo? Os testemunhos dos evangelistas. As três paternidades da Escritura: a natural, a legal e a adotiva. O testemunho da Virgem Maria. Com o compasso medirá as grandezas que da proposta se seguem ou sobre ela se levantam. Neste mundo, o sangue de José foi a maior nobreza; no outro, o merecimento de José é a maior valia, porque o Filho de Deus o reconhece por Pai.

§ I

Todos os pregadores neste dia, acomodando-se, como devem, à história do Evangelho, tratam dos zelos e dúvidas de São José meu senhor. Eu, como o menor de seus servos, pela obrigação com que devo zelar sua honra, não determino falar nas suas dúvidas, mas, quanto for possível à fraqueza do meu discurso, fazer indubitável e certo o que muitos até agora se não atreveram nem a duvidar. As bodas, já passadas, não de Maria, filha de Joaquim, mas de Maria, Mãe de Jesus, com José, refere com poderosa energia no texto que ouvimos cantar o evangelista S. Mateus: "Estando já Maria, sua mãe, desposada com José" (Mt 1,18). — Digo que as refere com poderosa energia, porque não haverá entendimento tão rude que não pasme, considerando um tal casamento e em tal casa. O casamento tão alto, que não é menos que da mãe do próprio Deus, e a casa tão humilde, como de um pobre oficial, que com o trabalho de suas mãos, e o suor de seu rosto, lavrando lenhos secos, e sem raízes, deles recolhia o duro pão com que sustentava a mesma casa. Para dizer, pois, o que entendo, é-me necessário entrar nesta mesma oficina, e tomar dela emprestado três instrumentos: uma serra, uma plaina e um compasso; a serra para dividir e apartar a verdade da opinião; a plaina, para aplainar todas as dificuldades que pode ter a mesma verdade; e o compasso, para medir a imensidade das grandezas de S. José, que nele estão encerradas. Este é o argumento do sermão, já dividido nas três mesmas partes. E posto que o Espírito Santo seja esposo da mesma Esposa de S. José, sem zelos nos favorecerá com a graça que lhe pedirmos por sua intercessão: *Ave Maria*.

§ II

O fim para que pedi a S. José o primeiro instrumento da sua oficina foi para cortar e meter a serra entre o falso e o verdadeiro, ou entre o sólido e o mal fundado da sua reputação, vária sempre, mas sempre mais crescida. Quando Cristo, Redentor nosso, vivia neste mundo, "foi reputado por filho de José" (Lc 3,23), como nota S. Lucas. — Uns diziam isto sem malícia, porque assim o entendiam; outros maliciosamente, por desprezo, e para abater e afrontar o Filho com o ofício do pai: "Porventura não é este o filho do oficial?" (Mt 13,55). — Depois, correndo o tempo, e dando o mundo as voltas que em todas as coisas costuma, esta mesma, que dantes se reputava por injúria de Cristo, chamando-lhe filho de José, se converteu em louvor do mesmo José, contando-se até hoje por uma das suas prerrogativas mais singulares. Assim o reza o hino do mesmo santo: "Chamado pai do senhor Jesus Cristo"[1]. — Porém, como este nome é contrário à sua própria significação, e em ser somente reputado por pai de Cristo, se supõe e afirma que o não era, que dirão os que sabem que a essência ou a energia e alma do louvor não consiste na opinião, ou nas vozes, senão na realidade sólida do que é ou não é? Chegados à precisão deste ponto, já sou obrigado a me declarar — e dizer o que sinto. Digo, pois, a este será o meu assunto — que S. José não só foi pai putativo, como dizem, senão verdadeiro e legítimo pai de Cristo.

§ III

Não faltará quem chame a esta proposição demasiada ousadia. Mas, se eu a provar, não há dúvida que será um grande louvor de meu senhor S. José, e, quando a não prove, servirá de consolação ao meu desejo e afeto, e a mesma ousadia morta merecerá o epitáfio de Faetonte: "Pelo menos pereceu vítima de uma grande coragem"[2]. — Para prova do que disse, suponho duas coisas. A primeira, que S. José foi verdadeiro e legítimo Filho, isto é, descendente de Davi. Consta autenticamente para todo o mundo, pelo livro da matrícula dos romanos, e para os que creem no Evangelho, pelo de S. Lucas, quando, por obedecer José ao edito de Augusto César, foi pagar o tributo a Belém, cidade de Davi: "Porque era da casa e família de Davi" (Lc 2,4) — porque era da casa e família de Davi. O mesmo evangelista, narrando a embaixada de S. Gabriel, diz que veio à cidade de Nazaré enviado por Deus (Lc 1,27): "a uma Virgem desposada com um varão da casa de Davi, por nome José". — E no nosso Evangelho, o anjo que revelou a S. José o mistério da Encarnação, ou fosse o mesmo ou outro, expressamente o nomeia por filho de Davi: "José, filho de Davi, não temas" (Mt 1,20).

A segunda coisa que suponho é que o matrimônio de S. José com a Virgem Maria, senhora nossa, foi verdadeiro e legítimo matrimônio, celebrado antes da conceição do Verbo divino. Esta última circunstância duvidaram alguns autores, fundados nas palavras do nosso texto: "Estando já Maria, mãe de Jesus, desposada com José" (Mt 1,18) — nas quais chamar-se a senhora desposada, parece que significa somente desposórios de futuro, e não consenso mútuo por palavras de presente, em que consiste a essência do matrimônio. Mas o contrário se declara e convence do mesmo texto, por duas cláusulas afirmativas, manifestas e expressas: uma, com que o evangelista S. Mateus no mesmo tempo dá a José o nome, não de esposo, senão de marido: "E José, seu esposo, como era justo" (Mt 1,19); e outra, com que o anjo nomeia a senhora com a palavra "esposo", que significa mulher legítima e casada: "Não temas receber a Maria, tua mulher" (Ibid. 20).

Não quero passar sem reparo o termo *accipere*, e dizer o anjo a S. José que não tema de receber a senhora, aludindo à deliberação em que "estava de a deixar ocultamente" (Mt 1,19). — Onde se vê que as bodas de S. José com a Virgem Maria foram como as de Jacó com Raquel, a qual ele recebeu duas vezes: uma vez, sem saber o que recebia, de que se lhe seguiu aquela sua grande tristeza; e outra vez, sabendo e vendo claramente que era Raquel, com os extremos de alegria e festa de que era merecedora. Do mesmo modo S. José. A primeira vez, estando já a senhora levantada sobre todas as criaturas à dignidade suprema de mãe de Deus, recebeu-a sem saber o que era, como filha de Joaquim; e posto que dotada de muitas graças, capaz, como mulher, de lhe causar as tristezas e angústias em que agora se via. Mas a segunda vez? Ó! homem mais venturoso e bem-aventurado de todos os nascidos! Recebeu-a a segunda vez com aquele assombro e pasmo de ter concebido em suas entranhas o Verbo Eterno, por virtude do Espírito Santo: "Porque o que nela se gerou é obra do Espírito Santo" (Ibid. 20) — e que, sendo ela tal, os mesmos anjos, que a adoravam como Rainha, lhe chamavam mulher sua: "Não temas receber a Maria, tua mulher".

Provada esta suposição, de ser verdadeiro e legítimo matrimônio o da Virgem Santíssima com S. José, e a primeira, de ser S. José verdadeiro e legítimo filho e descendente de Davi, sobre estas duas premissas passaremos à conclusão da nossa proposta. E só advirto, para que a equivocação dos nomes não faça dúvida, que sendo os próprios extremos do verdadeiro e legítimo matrimônio, mulher e marido, em que necessariamente havemos de falar, eu só usarei comumente da palavra esposo e esposa, assim para maior reverência de uma tão sagrada união, de ambas as partes virginal, como porque o evangelista S. Mateus, no texto do nosso tema, usou da mesma urbanidade, não dizendo "casada", ou "prometida", senão "desposada": "Estando já Maria, sua mãe, desposada com José".

§ IV

Chegando, pois, já à prova do nosso grande assunto — que, como medrosa, parece que tem tardado — digo assim: S. José foi verdadeiro e legítimo filho de Davi; o matrimônio de S. José foi verdadeiro e legítimo matrimônio: logo S. José foi verdadeiro e legítimo pai de Cristo. Para confirmação desta consequência não tenho menos autores que dois evangelistas, S. Mateus e S. Lucas. S. Mateus, assentando por primeiro fundamento do seu Evangelho a genealogia de Cristo, senhor nosso, diz: "Livro da geração de Jesus Cristo, Filho de David" (Mt 1,1). — E, depois de referir quarenta e uma gerações, todas de pai a filho, até José, fecha o mesmo livro com esta cláusula: "Jacó gerou a José, Esposo de Maria, da qual nasceu Jesus, que se chama Cristo" (Mt 1,16). Mas, se Jesus, que se chama Cristo, de tal sorte nasceu da Virgem Maria, que José não teve parte alguma na sua geração, como mete S. Mateus a José na genealogia de Cristo, e nomeadamente "como esposo de Maria"? A resposta deste fecho, que em outro tempo foi não pouco dificultosa, hoje é fácil, mas dependente de muitas circunstâncias e notícias.

A primeira, que a Virgem Maria era única herdeira da casa de seus pais; a segunda, que as herdeiras, assim únicas, eram obrigadas a casar com tal esposo, que fosse não só da sua tribo, senão da sua própria família; a terceira, que a exata derivação desta descendência se havia de fazer pela linha ou via masculina, e não pela feminina, como o evangelista fez a de S. José. E de toda esta junta e concurso de condições — que naquele tempo eram públicas — concluiu S. Mateus a verdade da sua proposta, que era a geração de Cristo Jesus, desta maneira: Jesus Cristo foi Filho de Maria; Maria foi da mesma tribo e família de José; José foi da tribo e família de Davi; logo, Jesus Cristo, que nasceu de Maria, foi Filho de Davi: "Livro da geração de Jesus Cristo, filho de Davi". — Disse que estas condições naquele tempo eram públicas, para dar a razão de S. Mateus as não referir, mas supor, reduzidas a três palavras: "José, esposo de Maria". — E a razão é por que S. Mateus escreveu em hebreu, e para os hebreus, entre os quais o ser Cristo Filho de Davi era coisa tão vulgar que a sabiam os meninos, os quais, quando entrou em Jerusalém, o receberam cantando: "Hosana ao filho de Davi" (Mt 21,9). — E não só os hebreus, senão também os gentios o não ignoravam, como a Cananeia: "Senhor, filho de Davi, tem compaixão de mim" (Mt 15,22). — E até os cegos, como o da estrada de Jericó, o qual, sentindo tropel de gente, perguntou quem era, e, respondendo-lhe que era Jesus Nazareno, chamando por ele, não disse Jesus Nazareno — senão: Filho de Davi: "Filho de Davi, tem misericórdia de mim" (Mc 10,47).

§ V

Até aqui não aparece ainda a minha consequência; mas há de ser também minha a dúvida. Reparo em não só dizer o evangelista: "Da qual nasceu Jesus" — mas acrescentar: "Que se chama Cristo". — Para declarar que Jesus era Filho da Virgem Maria, e a Virgem Maria Mãe sua, bastava dizer: "Da qual nasceu Jesus" — que era o seu próprio nome. Assim o nomeou o anjo à Virgem antes de ser concebido: "Pôr-lhe-ás o nome de Jesus" (Lc 1,31) — assim, depois de concebido, a S. José, pelas mesmas palavras: "Pôr-lhe-ás o nome de Jesus" (Mt 1,21). — E, finalmente, no dia da circuncisão, que andava junto com a imposição dos nomes: "Foi-lhe posto o nome de Jesus" (Lc 2,21). — Pois, se o seu nome próprio era Jesus, por que lhe acrescenta o evangelista S. Mateus o de Cristo: "Que se chama Cristo"? — Também aqui é necessária a serra, e dividir e distinguir em Jesus o ser Jesus e o ser Cristo; e, do mesmo modo, na Virgem o ser filha de Davi e o ser esposa de José, porque, para Cristo ser Jesus, bastou ser Filho de Maria: "Maria, da qual nasceu Jesus" (Mt 1,16) — mas, para Jesus ser Cristo, era necessário que "Maria fosse esposa de José". — Declaremos o que está encerrado nesta notável complicação. Cristo quer dizer ungido; e foi ungido, não só por rei, senão nomeadamente por rei do reino e cetro de Davi, o qual por isso, entre tantos outros reis desta genealogia, ele só se chama rei: "O rei Davi" (Mt 1,6). — A sucessão e herança deste reino foi o principal fim e intento do livro da geração, que escreveu o evangelista S. Mateus, não só do Filho de Davi, Jesus, senão do Filho de Davi Jesus e Cristo juntamente: "Livro da geração de Jesus Cristo, filho de Davi". — E porque esta sucessão e herança não pertencia à pessoa da Virgem Maria, senão à de S. José, sucessor e legítimo herdeiro do cetro de Davi — como dizem graves autores, e se infere eficazmente do mesmo texto — esta é a forçosa razão por que foi necessário o verdadeiro e legítimo matrimônio entre José e Maria, para que Cristo, como prole do mesmo matrimônio, pudesse ser herdeiro de José, como foi: "Jesus Nazareno, rei dos judeus" (Jo 19,19): rei, e pelo matrimônio de Nazaré. Donde se segue que, assim como o mesmo Cristo, por razão e benefício do matrimônio de sua mãe, teve legítimo direito filial para herdar a José, como seu filho, assim José reciprocamente teve o direito paterno, também legítimo, para o fazer seu herdeiro, como pai.

Entre agora o evangelista S. Lucas, e ponha admiravelmente o selo a esta consequência. Introduzindo S. Lucas a embaixada do anjo à Virgem, falou com esta formalidade de termos: "Foi mandado o anjo Gabriel por Deus a uma cidade de Galileia, por nome Nazaré, a uma Virgem desposada com um varão por nome José, da casa de Davi, e o nome da Virgem era Maria" (Lc 1,26). — Pois, se o evangelista foi tão exato em declarar o nome da província, da cidade, do varão e da Virgem, e ao nome do varão acrescentou a família e descendência, por que a não acrescentou também ao nome da Virgem? O varão e a Virgem ambos eram da família de Davi: por que não declarou, logo, que a Virgem era também da mesma família? Digo mais que havendo de declarar a família de um só dos dois contraentes, esta havia de ser a da Virgem, e não a do varão, porque só a Virgem havia de ser a mãe do filho anunciado, e o varão não: "Pois eu não conheço varão" (Lc 1,34). — Pois, outra vez, se o varão não havia de ter parte no filho, e todo havia de ser da Virgem, por que declara a família do varão, e a da Virgem não a declara? Porque tanto importava a S. Lucas, para a consequência da sua história, declarar uma, como não declarar outra. E qual foi a consequência? "E o Senhor Deus lhe dará o trono de seu pai Davi" (Lc 1,32). — Havia de dizer o anjo, como disse, à Virgem, que ao filho anunciado lhe daria Deus o trono e cetro de seu pai Davi; e como este cetro, e a herança dele, pertencia a Cristo, não pela descendência da Virgem, senão pela do varão, que era José: "O esposo de Maria" — por isso só ao nome de José ajuntou o da família de Davi: "Por nome José, da casa de Davi". — Como se dissera: O filho há de ser da mãe, mas o cetro há de ser do Pai; o Filho há de ser da Virgem, mas o cetro há de ser do varão; porque, pela herança do varão — "O esposo de Maria" — o Filho de Maria não só será Jesus, que quer dizer Salvador, senão Cristo, que quer dizer rei: "Jesus, que se chama Cristo" — e isto é o que quis provar S. Mateus no seu livro, quando disse: "Livro da geração" — não só "Jesus", senão "Cristo, filho de Davi".

§ VI

Aqui se devia notar que nenhum evangelista diz expressamente que a Virgem era descendente de Davi, e todos expressíssimamente, e em muitos lugares, o repetem de José, porque a ele direitamente pertencia o jus hereditário, e legítimo direito do reino de Davi. Mas, deixadas as consequências, vamos a testemunhos dos mesmos evangelistas, em que com evidência se prova ser o gloriosíssimo José verdadeiro e legítimo pai de Cristo.

Quando a Virgem Santíssima e seu esposo, S. José, levaram a Cristo Menino ao Templo de Jerusalém a ser apresentado, conforme a lei, diz o evangelista "que o introduziram seus pais" (Lc 2,27). — E quando refere que todos os anos pela Páscoa tornavam ao Templo, lhes chama segunda vez seus pais: "E seus pais iam todos os anos a Jerusalém no dia solene da Páscoa" (Lc 2,41). — E, depois que foi de idade de doze anos, na mesma jornada em que o perderam e não acharam, terceira vez lhes torna a dar o mesmo nome de pais seus: "Ficou o menino Jesus em Jerusalém sem que seus pais o advertissem" (Ibid. 43). — E se quisermos ver os dois santíssimos esposos até aqui compreendidos debaixo do nome comum de pais, distintos e divididos cada um com o seu próprio de pai e mãe, com esta distinção e propriedade os nomeia o mesmo evangelista, quando refere que, ouvindo a Simeão, se admiravam do que profetizava daquele Menino: "E seu pai e sua mãe estavam admirados daquelas coisas que dele se diziam" (Ibid. 33). — Agora pergunto, e haja quem me responda: Quando os evangelistas a um e a outro esposo lhes chamavam, ou em comum pais, ou em particular a José pai, e a Maria mãe de Cristo, em que sentido falavam? Porventura no sentido vulgar, em que o povo, ignorante do mistério, "reputava a José por pai de Cristo" (Lc 3,23) — e erradamente lhe dava este nome? De nenhum modo, porque no tal caso diriam os evangelistas uma coisa não só falsa — o que não pode ser — mas injuriosa à Virgem, a seu Filho, a seu Esposo, e à mesma verdade do Evangelho. É certo, logo, e infalível, que o sentido em que falavam os evangelistas era o verdadeiro e próprio, conforme a realidade do que as suas palavras significavam. E assim como estas eram próprias, certas e verdadeiras, quando chamavam a José "seu pai", assim José era próprio, certo e verdadeiro pai de Cristo.

Ainda temos outro testemunho mais qualificado, não na verdade, que não pode ser maior, mas maior sem comparação na autoridade e na dignidade. Quando a Virgem Santíssima, Senhora Nossa, e S. José, depois de haverem perdido o Menino de doze anos, o acharam no Templo, disse-lhe a Mãe Santíssima com palavras muito suas: "Filho, e que é isto, que nos fizestes? Eis aqui vosso pai e eu, que há muito vos andamos buscando com grande dor" (Lc 2,48). — De sorte que da mesma boca da Mãe de Cristo é José pai de Cristo: "Eis aqui vosso pai e eu". — Onde se deve notar muito que os três, entre os quais se repartia este colóquio, Jesus, Maria e José, todos sabiam o mistério e segredo da Encarnação de Cristo, para não ser necessário usar de alguma metáfora, ficção ou cautela: José sabia que não tinha parte alguma na conceição do filho; o filho sabia que todo unicamente era de sua mãe; a mãe sabia que fora concebido pelo Espírito Santo. E que a mesma mãe, falando com o mesmo Filho, chamasse a José seu pai: "Eis aqui vosso pai!". — Que é isto? É que S. José, sem concorrer, nem ter parte na geração natural de Cristo, não só podia ser, mas realmente era legítimo e verdadeiro pai do mesmo Cristo.

§ VII

E para tirar qualquer dúvida ou escrúpulo que possa ocorrer nesta verdade, tomemos a plaina, e façamos toda a dificuldade ou admiração desta grande matéria plaina, corrente e lisa. S. Mateus começou a geração de Cristo "desde Davi e desde Abraão". — Eu hei de ir buscar a sua primeira origem muito mais acima. Esta palavra "paternitas", que é paternidade, donde se deriva o ser e se significa o nome de pai, só uma vez se acha em toda a Escritura, que é o capítulo terceiro da Epístola aos Efésios: "Prostrado de joelhos" — diz S. Paulo — "dou graças ao Pai de nosso senhor Jesus Cristo, do qual se deriva toda a paternidade do céu e da terra" (Ef 3,14s). — De sorte que a primeira e originária fonte, donde mana toda a paternidade e todo o ser pai em todas as criaturas, é o Eterno Pai. E diz o apóstolo: "Toda a paternidade" — porque as paternidades que Deus fez e pode fazer, não são uma só, senão muitas, todas legítimas e verdadeiras, cada uma em seu gênero. A primeira, e natural, foi a de Adão e seus filhos. A segunda é a legal na lei velha, em que o irmão defunto sem filho, era pai legal do que nascia de seu irmão. A terceira é a adotiva, com que Deus nos fez filhos seus, e nós lhe chamamos verdadeiramente Pai nosso: "Que nos faz clamar: Abba! Papai!" (Rm 8,15). A quarta é a da geração espiritual, da qual propriamente falava S. Paulo, e a declarou aos coríntios: "Pois eu sou o que vos gerei em Jesus Cristo pelo Evangelho" (1Cor 4,15).

E quanto às paternidades que Deus pode fazer, baste o que disse S. João Batista mostrando as pedras do Jordão, onde batizava, que "daquelas pedras poderoso era Deus para fazer filhos de Abraão" (Mt 3,9). — A palavra "Abraão", no texto original, está em dativo (*Abrahae*). E se de uma pedra pode Deus dar filhos, e fazer pai a Abraão — qual era José — por que o não poderia fazer pai do filho de uma virgem? Faz Deus comumente os matrimônios de mulher fecunda, como o de Adão com Eva; fê-los muitas vezes de mulher estéril, como o de

Abraão com Sara, o de Zacarias com Isabel; e por que o não faria uma só vez de mulher virgem, como o da Virgem Maria, com seu esposo José? A primeira paternidade é natural; a segunda é milagrosa; a terceira é sobre toda a natureza, e sobre todo o milagre, mas nem por isso impossível. Torne o texto de S. Paulo, com o que nele é mais admirável: "Do qual se deriva toda a paternidade do céu e da terra" (Ef 3,15). — Diz o apóstolo que do Eterno Pai se deriva toda a paternidade, assim no céu como na terra. E no céu pode haver paternidade? A palavra "toda", e a palavra "do qual" excluem a paternidade do Pai Eterno; logo, no céu ficam só os anjos, que não são capazes de geração. Pois, se os anjos não são capazes de geração, como supõe S. Paulo neles paternidade? O como sabe-o Deus, e também o podia saber S. Paulo, que foi ao céu. O que a nós nos serve é que os virgens são como anjos; e em um matrimônio tão angélico, como o de José e Maria, em que ambos eram virgens, admirável coisa é, mas não impossível, haver a paternidade, com que S. José fosse pai, e com que foi pai de Cristo.

E para que vejamos quão verdadeira, quão legítima, quão própria e quão chegada à natural foi esta paternidade de S. José, ouçamos ao grande lume da Igreja, Santo Agostinho[3]: "Todos os bens, que têm as bodas, se acham no matrimônio dos pais de Cristo". — E, nomeando-os logo, diz: "a prole, a fidelidade, e o sacramento". — E, declarando qual é a prole, ou o filho deste matrimônio: "a prole" — diz o santo — "reconhecemos o Senhor Jesus Cristo". A prole e o filho deste matrimônio de José e Maria é o senhor Jesus Cristo. Vede o que diz e o que não diz Agostinho. Não diz que o senhor Jesus Cristo é prole e Filho da Virgem Maria, senão que é prole e Filho das bodas e do matrimônio da Virgem Maria com S. José. E por quê? Porque ser Filho de Maria é ser Filho da esposa, que é uma só pessoa, e essa mãe; porém, ser Filho do matrimônio, que consta de esposa e esposo, é ser filho de duas pessoas, e essas mãe e pai, qual foi José.

Esta é a razão evidente e manifesta, no texto sagrado, por que S. Lucas, antes da conceição de Cristo, e S. Mateus, depois do parto, ambos notaram que antes de nascido e concebido, já as bodas de Maria e José eram celebradas. S. Lucas: "A uma virgem desposada com um homem, cujo nome era José" (Lc 1,27). — E S. Mateus: "José, Esposo de Maria, da qual nasceu Jesus" (Mt 1,16) — porque, se fosse antes do matrimônio, seria o Filho só de Maria; mas, depois do matrimônio, como prole do mesmo matrimônio, era de ambos. Assim o tornou a notar o mesmo Santo Agostinho em outro lugar, como se comentasse o já referido. Dá a razão por que S. Mateus deduziu a genealogia de Cristo por S. José, e até S. José[4]: "Porque não era lícito apartar a José do matrimônio de Maria, a título de haver concebido a Cristo, sendo virgem, porque, ainda que ambos eram virgens, a ambos, sem mútua comunicação, podia nascer um filho, como verdadeiramente nasceu Cristo", não só a Maria, senão a Maria e a José. — Onde muito se deve notar aquela grande palavra: "Nascer a eles"; não só à Esposa, senão a ambos os esposos; não só a ela Maria; "da qual nasceu" — senão a ele, José, com quem estava desposada: "José, Esposo de Maria".

§ VIII

Só resta que vejamos praticamente como isto foi. Fez-se o Filho de Deus homem; mas a frase com que o diz o evangelista S. João é que se fez carne: "O Verbo se fez carne" (Jo 1,14). — E que carne era esta que uniu o Verbo a si, e de quem era? Era a carne puríssima e santíssima da Virgem Maria, senhora nossa. E era só sua? Se não fora desposada, sim. Mas, sendo desposada, como verdadeira e legitimamente o estava com José, pelo vínculo do legítimo matrimônio, tanto era dele como sua. Assim o definiu o soberano instituidor do mesmo matrimônio, por boca do primeiro que atou com ele: "Serão dois numa carne" (Gn 2,24). — E, se a carne de que se vestiu o Verbo, sendo de dois, era uma, não é contra a razão desta unidade, senão muito conforme a ela, que o filho que dela nasceu, sendo também um, pertença aos mesmos dois; a Maria, como esposa, com o nome de mãe, e a José, como esposo, com o de pai.

Grande texto em confirmação, com autoridade divina, e, sobre divina, jurada. "Jurou Deus a Davi uma verdade, cuja promessa infalivelmente se cumprirá, e não será frustrada" (Sl 131,11). — E que verdade, não só prometida, senão jurada pelo mesmo Deus é esta? "É que do fruto do ventre de Davi havia de pôr Deus sobre o seu trono um Filho, também seu" (Ibid.). — Assim se cumpriu em Cristo, Filho de Davi, e rei do seu próprio Reino. Mas, se o texto, com o mesmo sentido, podia dizer: "Do fruto do teu corpo" — por que disse: "Do fruto do teu ventre"? — A réplica é de Santo Agostinho[5], o qual responde com significação mais própria: "Disse: 'Do fruto do teu ventre', porque Cristo propriamente nasceu de mulher". — Bem. Mas, se nasceu de mulher, por que chama, ao ventre, ventre de Davi: "Do fruto do teu ventre"? — E que Davi era este, se quando Cristo nasceu do ventre santíssimo, havia vinte e oito gerações que Davi era morto? "Desde Davi até a transmigração de Babilônia, são catorze gerações; e desde a transmigração de Babilônia até Cristo, catorze gerações" (Mt 1,17). — O Davi, que então havia, era o último descendente de Davi, imediato antes de Cristo, S. José: "José, Esposo de Maria, da qual nasceu Jesus". — E o ventre desta mãe era deste Davi? Não só era seu, senão mais seu que da mesma mãe. Assim o diz S. Paulo, e é de fé, pelo vínculo e direito do legítimo matrimônio: "A mulher não tem poder no seu corpo, mas sim o marido" (1Cor 7,4). — Mas este poder em matrimônio virginal era só quanto ao domínio — em que se verifica "o teu ventre" — e não quanto ao uso, como bem nota Santo Tomás. E como o ventre de que nasceu Cristo era de Davi, e o Davi em que se verificou era José, vede se era José verdadeiro, legítimo e propriíssimo pai de Cristo.

Replicará alguém, que José de nenhum modo cooperou à geração do bendito fruto de sua Esposa, senão o Espírito Santo; logo, o fruto não podia ser seu. Nego a consequência, porque, ainda que a cooperação não foi sua, senão do Espírito Santo, a Esposa de quem nasceu o fruto, era verdadeiramente sua. Adão em dois estados era senhor de dois frutos muito diferentemente plantados. Enquanto esteve no Paraíso, eram seus os frutos que plantara Deus: "Ora, o Senhor Deus tinha plantado um paraíso ou jardim delicioso" (Gn 2,8). — Depois que esteve fora do Paraíso, eram seus os frutos que ele plantava: "Para que cultivasse a terra, de que tinha sido tomado" (Gn 3,23). Pois, se uns frutos eram plantados por Deus, em que Adão não teve parte, e os outros plantados por ele, com o trabalho de suas mãos e o suor de seu rosto, por que eram igualmente seus assim uns como os outros? Porque, segundo os diferentes estados da sua fortuna, uma e outra terra era sua. Porque era sua a terra do Paraíso, eram os frutos do Paraíso seus, ainda que não fosse ele, senão Deus o que os tinha plantado. O mesmo digo e se há de entender de S. José. Como a Esposa, de que nasceu o bendito fruto do seu ventre era sua: "Tua esposa" — ainda que ele não tivesse cooperação alguma na sua geração, e toda fosse do Espírito Santo, o fruto contudo era seu, porque o era o ventre: "Do fruto de teu ventre".

Falta ainda, ou pode haver mais prova? Não porque falte, mas para que sobeje, quero que o mesmo puríssimo ventre deste fruto nos diga que o fruto é de S. José. Mas, antes que a mãe Virgem no-lo afirme, é necessário que demos dois passos atrás. S. Jerônimo, buscando a razão por que a senhora primeiro houve de ser esposa de seu esposo, que mãe de seu Filho, achou-a natural na agricultura e no texto de Isaías: "Sairá uma vara do tronco de Jessé, e uma flor brotará da sua raiz" (Is 11,1). — As palavras do Doutor Máximo são estas: "Na árvore" — diz S. Jerônimo[6] — "primeiro nasceram as folhas para a sombra, depois a flor para o fruto. Logo, primeiro havia de estar a Virgem à sombra de José, do que ter a Cristo nos braços". — E que se segue daqui? Mais disse Jerônimo naquele "se cobre" do que quis dizer. Demos agora outro passo ao mistério da Encarnação. "A virtude do Altíssimo, ó Maria, vos fará sombra" (Lc 1,35); e o Filho que debaixo desta sombra conceberdes, será Filho de Deus: "Por isso o santo que nascerá de ti será chamado Filho de Deus" (Lc 1,35). — E se o Filho concebido à sombra de Deus é Filho de Deus, diremos também que o mesmo Filho concebido à sombra de José é Filho de José? Eu não me atrevo a afirmar a semelhança; mas, dando o último passo, ouçamos o que diz a mesma Virgem.

"Assentei-me à sombra daquele que eu tinha desejado, e o seu fruto foi para mim muito doce" (Ct 2,3). — E quem é aquele a quem a Virgem tinha desejado? Excelente perífrase de S. José! Quando a Virgem, tendo estado no Templo até idade competente, foi obrigada pelo divino oráculo a sair daquele recolhimento e tomar esposo; como esta obediência era contrária ao voto que tinha feito de perpétua virgindade, pediu a Deus que fosse tal o seu esposo, que tivesse a mesma virgindade por voto, ou ao menos por propósito firme. E tal foi José, de pureza tão virginal e constante como a sua. Assim o dizem os santos antigos, e doutores modernos. E porque Deus satisfez à senhora este seu desejo, por isso chama ao seu esposo aquele que ela tinha desejado: "Assentei-me à sombra daquele que eu tinha desejado". — Assentada, pois, à sombra do seu desejado José, então é que o Altíssimo a assistiu com o seu: "O poder do Altíssimo, a cobriu" — e nasceu o fruto bendito do seu ventre: "Por isso o santo que nascerá de ti". — Segue-se o ponto principal. E esse fruto, de quem diz a Virgem que é? Não diz que é seu, do que não se podia duvidar, mas diz que é do seu esposo, o que só podia ter dúvida: "E o fruto dele". De sorte que a sombra era do seu desejado: "Assentei-me à sombra daquele que eu tinha desejado"; e o fruto também do mesmo desejado: "E seu fruto foi para mim muito doce".

§ IX

Desfeitas assim, e satisfeitas, ou, como dizíamos, aplainadas as dificuldades que podiam ocorrer na nossa proposta, tempo é já de deixar a plaina, e tomar o compasso, para medir as grandezas que dela se seguem ou sobre ela se levantam. Cristiano Drutmaro, Pai antigo e eloquente, chamou a José, esposo da Virgem, equívoco de José, filho de Jacó: "O vosso equívoco foi achado casto e bom"[7]. — E pareceu tão bem a Alberto Magno este equívoco, que acrescentou ao de José do Egito o de José de Arimateia, um por casto, outro por pio: "O equívoco dos Padres ilustres é José: Do patriarca precedente e de José de Arimateia que o segue"[8]. — Mas nenhuma destas equivocações me parece digna de eu abrir o compasso, porque se levantam pouco da terra e porque eu não busco em José as parelhas do nome de José, senão as do nome de Pai. Abrindo o compasso, ponho uma ponta fixa dele na oficina de Nazaré, e com a outra, fazendo um meio círculo até o céu empíreo, no mais alto dele — que é o trono do Eterno Pai — acho o equívoco de José pai. E de que boca pronunciado? De uma parte pela mãe de Deus e da outra pela do Filho de Deus. Que disse Maria quando achou a seu Filho no Templo? "Sabe que teu pai e eu te andamos buscando cheios de aflição" (Lc 2,48). — E que respondeu o Filho? "A mim importa ocupar-me das coisas que são do serviço de meu Pai" (Ibid. 49). — De maneira que Maria, aludindo a José, diz a Cristo: "Teu pai" — e Cristo, aludindo ao Eterno Pai, diz a Maria: "Do meu pai". — De uma parte, a primeira pessoa da Santíssima Trindade Pai; da outra, a pessoa de José pai, e não de outro indiferente Filho, senão do mesmo Filho de Deus: "Do meu pai" — e do mesmo Filho de Maria: "Teu pai".

Só o mesmo Filho de Deus nos pode ponderar o altíssimo e profundíssimo encarecimento deste estupendo equívoco. Pregando Cristo, senhor nosso, em uma Sinagoga de Cafarnaum, e tendo diante de si aos seus discípulos, "deram-lhe recado que estava fora sua mãe e seus irmãos, e lhe queriam falar" (Mt 12,47). — Cristo não tinha irmãos, mas os hebreus chamavam irmãos aos parentes. E que respondeu o senhor ao recado? "Quem é a minha mãe, e quem são os meus irmãos?" (Ibid. 48). — E aqui estendeu a mão, e, apontando para os apóstolos, disse: "Eis ali minha mãe, e os meus irmãos" (Ibid. 49) — "porque todo aquele que fizer a vontade de meu Pai, que está no céu, esse é meu irmão, minha irmã, e minha mãe" (Ibid. 50). — O que nesta resposta noto e pergunto é: Assim como Cristo disse: O que fizer a vontade de meu Pai, é minha mãe — por que não disse também, é meu pai? Do mesmo texto se prova a paridade desta instância. Porque, quando disseram ao senhor que o buscavam seus irmãos, ele não só respondeu que os que faziam a vontade do seu Pai "eram seus irmãos, senão também as suas irmãs". — Logo, quando lhe disseram que o buscava sua mãe, não só havia de dizer — como disse — que os que faziam a vontade de seu Pai, eram sua mãe, mas, coerentemente, havia de acrescentar que eram sua mãe e seu pai. Pois, por que não disse do mesmo modo: "É a minha mãe e o meu pai"? — Porque ser pai de Cristo é uma grandeza tão superior a toda a esfera humana, que a nenhum homem a promete Cristo. A primeira e mais alta dignidade entre os homens é a dos apóstolos, como diz S. Paulo: "Primeiramente os apóstolos" (1Cor 12,28) — e a esses, apontando-os com o dedo, concede Cristo o nome de "irmãos seus e mãe sua"; mas o de pai seu, nem a Pedro, nem a outro concede tal coisa. João, que é o mais amado, seja filho de minha mãe: "Eis aí teu filho" (Jo 19,26) — mas pai meu, que é dignidade maior, só o Eterno Pai, e José.

Em outro gênero foi José também pai, como pai daquela família que em tão pequena casa habitava em Nazaré. Também aqui, e sem sair daqui, faz o compasso um círculo maior que o mundo. Todo o mundo habitado não igualava a grandeza que dentro daquelas quatro paredes tão estreitas estava encerrada. Aquela pequena família, de que José era cabeça, compunha-se de duas partes tão imensas que uma era o Filho de Deus, outra a mãe de Deus; e se esta era a majestade do corpo, qual seria a dignidade da cabeça? O Pai, o Filho e o Espírito Santo são a Trindade do céu; Jesus, Maria e José são a Trindade da terra. Mas na Trindade do céu nenhuma pessoa manda nem obedece, porque não há nem pode haver entre elas sujeição ou império. Na terra, porém, com assombro das jerarquias, uma manda, e duas obedecem; e, sendo Jesus e Maria as que obedecem, José é o que manda e governa.

Quando Josué mandou ao sol e à lua que parassem: "Sol detém-te sobre Gabaon, e tu, lua, para sobre o vale de Ajalon" (Js 10,12) — parece que foi aquela a maior delegação da onipotência. Mas que comparação tem mandar ao sol e a lua, com mandar a Jesus e a Maria? Josué — que como César escreveu as suas batalhas — atreveu-se a dizer que neste caso "obedeceu Deus à voz do homem" (Js 10,14). — Mas, para moderar a proposição, acrescentou ao "obedeceu Deus" — como tão grande soldado — "lutando por Israel" (Ibid.): que naquela ocasião Deus também pelejava pela parte de Israel. — Quando os reis se acham presentes nos exércitos, ao tempo de dar a batalha, costumam obedecer aos generais, e não se movem do lugar que eles lhes sinalam. E deste modo — com grande exemplo aos soldados — obedeceu aqui Deus. Apertando, porém, a propriedade deste "obedeceu Deus" — a obediência supõe no obediente duas coisas: ser inferior e ter vontade. O sol era inferior a Josué, mas não tinha vontade; Deus tinha vontade, mas não era inferior. E que fez então Deus? Assim como depois uniu duas naturezas — em cuja união foi capaz do que não era cada uma delas — assim nesta ocasião, unindo a vontade própria à sujeição e inferioridade alheia, com nome mais prodigioso que o mesmo milagre pode ser obediente: "Obedeceu Deus à voz do homem". — Mas quanto vai deste nome, ou desta obediência, à com que José era obedecido? Em Gabaon nem Deus era sol, nem o sol era Deus em Nazaré aquele Menino, maior que o mundo, que obedecia a José, tão verdadeiramente era homem como era Deus, e tão verdadeiramente era Deus como era homem.

Deixo de ponderar aqui que Josué foi obedecido em um só dia, uma só vez, e em uma só ação; e José em tantos dias, ou tantos milhares de dias quantos são necessários para compor o espaço de trinta anos; e cada dia tantas vezes, e em tantas ações — além das ordinárias e domésticas — quantas eram as que se multiplicavam no concurso do mesmo ofício, do mesmo trabalho e da mesma obra, sendo José o que, como Pai e como mestre, ordenava, e Cristo o que, como Filho e como discípulo, obedecia. Tudo isto, tão incompreensível na continuação e no número deixo, por ponderar, nesta obediência do Filho de Deus a José, unicamente um só ato e uma só circunstância, que pesa mais que tudo isto. Quando o Menino Jesus, sendo de doze anos, ficou em Jerusalém, não o manifestou a seus pais: "Sem que seus pais o advertissem" (Lc 2,43). — Quando o acharam no Templo, o lugar em que estava era entre os doutores, disputando com eles: "Ouvindo-os, e fazendo-lhes perguntas" (Ibid.

46). — E quando lhe perguntaram a razão do que tinha feito: "Por que usaste assim conosco?" (Ibid. 48). — respondeu que por importar assim ao serviço de seu Pai: "A mim importa ocupar-me das coisas que são do serviço de meu Pai" (Ibid. 49). — De sorte que neste caso o ditame do Menino, que sabia tanto como Deus, era emancipar-se e governar-se por si mesmo; a sua inclinação e devoção, estar em Jerusalém e no Templo; o seu gênio e engenho aplicar-se às letras e às ciências; sobretudo, o fim destes intentos a importância do maior serviço e honra de Deus.

E qual foi o fim deste parêntesis da sua vida e idade, tão contrário aos exercícios dela? Porventura ficou em Jerusalém? Ficou no Templo? Ficou entre os doutores? Ficou assistindo ao que era mais importante às conveniências de seu Pai? Não. Deixa Jerusalém, deixa o Templo, deixa os doutores, deixa as letras, deixa as assistências do serviço divino, e torna para a tenda de Nazaré e para os cavacos, só porque assim o julgou e entende e lho ordenou José. Então era de doze anos; depois destes se seguiram dezoito, até os trinta, e em todo este discurso e variedade de tempo e de idades, sem mostrar jamais outro movimento de inclinação e vontade própria, obediente sempre, e sujeito em tudo a José e sua mãe: "E estava à obediência deles" (Ibid. 51).

§ X

A esta sujeição de filho se segue em S. José outro título de pai, que é o da criação e sustento em cinco idades, desde a infância e puerícia até à de perfeito varão. Deste título e razão de Pai faz menção Hugo Cardeal, alegando o do mesmo S. José: "Em razão de ser nutriz, como Cristo foi Filho de José, a bem-aventurada Virgem disse: Eis o teu pai"[9]. — Deus é o que sustenta todas as coisas como quem as criou, e não sei se é mais admirável na sua majestade o querer ser sustentado, ou na de S. José — que não merece menor nome — o ser ele o que o sustentasse.

Naquela tão celebrada escada, chamada de Jacó, o que mostrava a pintura e a visão era o mesmo que no primeiro capítulo de S. Mateus dizem as letras e Escritura. Em uma e outra se significava o mistério da Encarnação e genealogia de Deus feito homem, e só havia de diferença que a escada era mais curta dois degraus, porque esta começava em Jacó, e S. Mateus em Abraão, seu avô. Subindo, pois, pela escada, de geração em geração, e de degrau em degrau, o último e o mais alto é S. José, porque nele se acaba o "gerou": "E Jacó gerou a José, esposo de Maria" (Mt 1,16). — Agora se segue na história desta visão de Jacó uma proposição digna de reparo: Jacó viu a Deus no sumo da escada, e diz o texto que "Deus estava sustentado nela" (Gn 28,13). — Parece que se havia de dizer ou ser o contrário, e que Deus estava sustentando a escada, para que estivesse firme em tanta altura, e não que Deus se sustentasse nela. A dúvida é de Ruperto Abade, e também a solução, por estas notáveis palavras: "O último e supremo degrau da escada é José, esposo da Virgem Maria, da qual nasceu Jesus. Mas como se pode verificar que este Jesus, este Deus e este senhor estivesse sustentado, e se estivesse sustentando naquele supremo degrau, que é José?"[10]. O modo e a razão é manifesta — diz o insigne doutor — porque, "como Deus feito homem nasceu neste mundo pupilo e órfão sem pai, José foi escolhido por Deus para que em lugar de Pai, e Pai ótimo, qual é Deus, o sustentasse como filho".

Tão anexo andou a S. José, e tão altamente confirmado desde o céu, pelo mesmo Deus, este terceiro título de pai de seu Filho, o qual ele exercitou com suma vigilância, amor e cuidado, não só enquanto Menino, senão em todas as idades, sustentando-o com o trabalho de suas mãos e suor de seu rosto, na pátria, no desterro, e em toda a parte. Mas, se a Elias o sustentou Deus por um anjo, a Daniel por um profeta, e a todo o povo de Israel, por espaço de quarenta anos, com o maná chovido do céu todos os dias, a seu Filho, por que lhe não proveu os alimentos, como diz Davi, das dispensas ocultas da sua onipotência, e a mesa que lhe pôs, e à que o pôs, foi a de um pobre oficial, ganhada com o trabalho e provida com o jornal de cada dia, e em que também o mesmo Filho tivesse a sua parte? A razão desta, não menor, mas muito maior providência, que Deus teve com seu Filho, foi aquela que deu S. Paulo quando disse: "Foi conveniente que ele se fizesse em tudo semelhante a seus irmãos" (Hb 2,17). — Como o Filho de Deus se tinha feito homem, era conveniente que em tudo se fizesse semelhante aos outros homens, aos quais tinha o mesmo Deus condenado, em Adão, a comer o seu pão com o suor de seu rosto. Este é o sustento e modo de os homens se sustentarem, o mais decente, o mais natural, o mais inocente, e o mais justo. Os reis sustentam-se dos tributos dos vassalos; mas quantas injustiças vão envoltas nesses tributos? Os grandes sustentam-se dos seus morgados; mas quantos, como o de Jacó, por astúcias e enganos, foram roubados a Esaú? Outros se sustentam pelas armas nas guerras, outros pelas letras nos tribunais, outros pelos governos nas províncias remotas e, sendo tanto o pão que ali se recolhe e que talvez não chega a se comer, qual é o que não seja amassado com as lágrimas e sangue dos inocentes?

Ó! ditosos, ó bem-aventurados — que com isto devia, e quero acabar — aqueles de quem cantou Davi: "Porque comerás dos trabalhos das tuas mãos, bem-aventurado és, e te irá bem" (Sl 127,2)! Aquele *es* e aquele *erit*, o que cada um é e o que há de ser; o que é nesta vida e o que há de ser na outra, são os dois cuidados maiores de todo o homem que tem fé e uso de razão; e ambos reduz o profeta à fortuna, tão pouco estimada neste mundo, dos que comem os trabalhos das suas mãos e se sustentarão delas. Estes, ou destes, são os que militam debaixo da bandeira de S. José, e vivem do honrado soldo da sua imitação nesta nobilíssima irmandade. De propósito lhe chamo nobilíssima, para desafrontar o nome com que os ignorantes queriam afrontar a Cristo pelo ofício de seu pai: "Filho do oficial" (Mt 13,55). — O primeiro fabro que houve no mundo, diz Santo Ambrósio, foi Deus, que fabricou o mesmo mundo, que ensinou a Noé a fabricar a arca, a Moisés a fabricar o tabernáculo, a Salomão a fabricar o templo, com todas as medidas, com todas as proporções e com todos os primores donde depois os tomou e aprendeu a arte. Mas, deixado o fabro divino, que era o Pai de Cristo no céu, vamos ao fabro da terra, que, se o nosso discurso provou alguma coisa, já não haverá quem lhe duvide ser seu legítimo e verdadeiro pai. Para que acabemos por onde começamos, pergunto: Qual é o mais nobre homem, e de mais alta e qualificada nobreza que houve neste mundo? Porventura o primeiro César entre os romanos, ou o último Alexandre entre os gregos? Não. Pois quem? Aquele humilde oficial chamado José, que em uma nobre tenda de Nazaré, com um dos instrumentos da sua arte, estava cortando ou acepilhando um madeiro. Os padrões desta nobreza são os livros dos evangelistas S. Mateus e S. Lucas. E todas as outras nobrezas, por mais que se chamem reais ou imperiais, é certo que não são Evangelho. Em S. Mateus conto a S. José, até el-rei Davi, vinte e oito avós, e até Abraão quarenta e dois. E em S. Lucas, subindo a ascendência do mesmo José mais acima, e contando de pais a filhos setenta e quatro avós, não só chega até Adão, mas passa a Deus: "Que foi filho de Adão, que foi criado por Deus" (Lc 3,38). — Blasonai agora lá das vossas ascendências, que a melhor coisa que podem ter é não se saber donde começaram. E tudo isto o ordenou assim a providência divina, para quê? Para abater e confundir a soberba humana. Davi, do cajado subiu ao cetro, e é mais fácil o descer que o subir. E quantos governaram reinos e monarquias, cujos descendentes estão hoje vivendo ou do remo no mar, ou do arado na terra? Ninguém se estime a si, nem despreze a outro pelo que pode dar ou tirar a fortuna. Ditosos os que, contentes com a sua, imitam e servem a S. José! Neste mundo, o sangue de José foi a maior nobreza; no outro, o merecimento de José é a maior valia, porque o Filho de Deus em toda a parte o reconhece por Pai; e como na terra lhe obedeceu em tudo, assim no céu lhe concede tudo. Ditosos, pois, outra vez os que, na confiança de imitar a tão humilde oficial e servir a tão grande príncipe, nele, por ele e como ele, esperam de seus trabalhos o prêmio eterno. Amém.

SERMÃO DA

Primeira Sexta-Feira da Quaresma

Em Lisboa, na Capela Real. Ano de 1649.

*"Mas eu vos digo: Amai a vossos inimigos,
fazei bem aos que vos têm ódio, para serdes
filhos de vosso Pai, que está nos céus."*
(Mt 5,44s)

Iniciando a Quaresma de 1649, em Lisboa, Vieira vê no texto evangélico um difícil preceito (Amais os vossos inimigos), um não menos difícil motivo (Eu vos digo) e finalmente um dificílimo exemplo (Para serdes filhos de vosso Pai). A dificuldade do preceito. Em todas as leis o repugnaram os homens e se armaram contra essa lei. Quem não tem bens não tem inimigos. Não ter inimigos é indício certo de outra desgraça muito maior. A quem havemos de pagar a pensão dos benefícios que recebemos de Deus e em quê? Ana e Fenema. A dificuldade do motivo: um só motivo é dado, Eu vos digo. A onipotência daquele Eu vos digo. A criação. Os motivos da fé e da caridade. Labão e Jacó. Os Recabitas e Jeremias. A dificuldade do exemplo: nem Deus pode ser exemplo ao homem, nem o homem pode imitar Deus no amor dos inimigos. Os ódios de Deus. Assim como Deus é melhor exemplar do amor aos amigos, assim o é do amor dos inimigos. Esaú e Jacó. Concluindo: aos amigos de quem formos mais ofendidos, esses amemos mais. O rico avarento e Lázaro.

§ I

Dificultoso preceito! Dificultoso motivo! Dificultoso exemplo! Dificultoso preceito: "Amai a vossos inimigos" (Ibid.). — Dificultoso motivo: "Mas eu vos digo" (Ibid.). — Dificultoso exemplo: "Para serdes filhos de vosso Pai" (Ibid.). — Negar ou desprezar a dificuldade não é arte, nem valor, nem razão. Reconhecê-la e impugná-la, confessá-la e convencê-la, sim. Isto é o que pretendo fazer hoje; por isso à dificuldade do preceito ajuntei a do motivo e do exemplo. Estas três dificuldades, todas grandes e cada uma maior, primeiro propostas e encarecidas, depois impugnadas e convencidas, serão, com a graça divina, as três partes do meu discurso. Ouçam-me com atenção os maiores e os melhores, porque esses são os que têm mais inimigos.

§ II

Começando pela primeira parte, é tão dificultoso preceito o de amar os inimigos, que em todas as leis o repugnaram os homens e se armaram contra esta lei. Na lei da natureza a abominaram os gentios; na lei escrita a descompuseram os judeus; na lei da graça a desprezam e têm por afronta os cristãos. Abominaram tanto este preceito os gentios, que o lançavam em rosto aos cristãos, como escreve S. Justino, e diziam que era lei bárbara, irracional e impossível[1]. É verdade que na mesma lei da natureza a observou Jó, idumeu e gentio; mas era Jó o que a observou: "Se eu folguei com a ruína daquele que me tinha ódio, e se eu exultei com o mal que lhe sobreveio" (Jó 31,29). — Outros exemplos se acham deste amor nos escritores gentílicos; mas, como bem os argui S. Gregório Nazianzeno, nos históricos foi mentira, nos oradores lisonja, e nos filósofos vaidade. Assim o supôs o mesmo Cristo hoje, quando disse: "Porque se vós não amais senão os que vos amam, não fazem também assim os gentios?" (Mt 5,46s).

Os judeus também tinham expressa esta lei, como parte da natural e moral. No capítulo vinte e três do Êxodo: "Se encontrares o boi do teu inimigo, ou o seu jumento, desgarrados, leva-lhos" (Ex 23,4). — E no capítulo vinte e cinco dos Provérbios: "Se teu inimigo tiver fome, dá-lhe de comer" (Pr 25,21). — Mas foi tanto o horror que concebeu aquela gente, tanta a violência que experimentou e tanto o ódio com que aborreceu este amor que, sem respeito a Moisés nem a Deus, para mais coradamente quererem mal a seus inimigos, se fizeram inimigos da mesma lei. Conservaram o texto, mas adulteraram e romperam o sentido. Esta foi aquela glosa sem nome, que Cristo hoje emendou, tão antiga como ímpia: "Ouvistes que foi dito aos antigos: Amarás ao teu próximo, e aborrecerás a teu inimigo" (Mt 5,33.43).

Finalmente, nós, os cristãos, que professamos, cremos e adoramos o Evangelho, como o observamos nesta parte? Os ódios públicos o dizem, e os ocultos não o calam. Conosco falou Cristo quando disse: "Mas eu vos digo" — porque então pregou a sua lei e ensinou a todos a ser cristãos. Mas tem chegado a tal extremo de insânia o desprezo deste ponto que, honrando-nos da lei, fazemos honra de a não guardar. Se fôramos verdadeiros cristãos, cessava entre nós este preceito, porque não havia de haver inimigos a quem amar. Assim o presumiu Tertuliano quando disse: "O cristão de ninguém é inimigo"[2]. — Disse que nenhum cristão é inimigo; melhor dissera, que nenhum inimigo é cristão. Porém, Cristo, que tão interiormente conhecia a perversa inclinação da natureza humana, e tão experimentavelmente começava já a padecer em si mesmo a repugnância e dificuldade do que mandava, por isso supôs que sempre havia de haver inimigos: "Amai a vossos inimigos".

Temos posto em campo, contra a verdade e equidade deste famoso preceito, divididos em três esquadrões, porém unidos no mesmo parecer, debaixo da bandeira da lei da natureza, os gentios; debaixo das tábuas da lei escrita, os judeus; debaixo da cruz e lei da graça os cristãos; em suma, o gênero humano todo. E na testa deste imenso exército, como o gigante Golias no dos filisteus, desafiando a parte contrária, e blasonando e defendendo a sua, quem? Não menos que a mesma razão natural e humana, armada no peito de dificuldades e na cabeça de impossíveis, e arguindo e declamando fortemente assim: Vede se, sendo eu o que hei de responder, lhe enfraqueço alguma força, ou encubro e dissimulo algum argumento dos que podem apertar e encarecer.

E possível — diz a razão revestida em cada um de nós, ou cada um de nós nela — é possível que haja eu de amar a quem me aborreça, desejar bem a quem me faz todo o mal que pode, honrar a quem me calunia, interceder por quem me persegue, e não me desafrontar de quem me afronta? E que tudo isto há de caber em um coração de barro? Abalam-se e rebentam os montes, sai de si o mar, enfurecem-se os ventos, fulminam as nuvens, escurece-se e descompõe-se o céu, nem cabe em si mesmo o mundo com quatro vapores insensíveis, que se levantam da terra; e que em um vaso tão estreito e tão sensitivo como o coração humano, hajam de caber juntas e estar em paz todas estas contrariedades? Alma, corpo, que dizeis a este preceito? Ajunte-se a república interior e exterior do homem, chame a cortes ou a conselho todas suas potências, todos seus sentidos, e sejam ouvidos nesta causa todos, pois toca a todos. Que é o que dizem? Todos repugnam, todos reclamam, todos se alteram, todos se unem e conjuram em ódio e ruína do inimigo. A memória, sem jamais se esquecer, representa o agravo; o entendimento pondera a ofensa; a fantasia afeia a injúria; a vontade implora e impera a vingança. Salta o coração, bate o peito, mudam-se as cores, chamejam os olhos, desfazem-se os dentes, escuma a boca, morde-se a língua, arde a cólera, ferve o sangue, fumegam os espíritos; os pés, as mãos, os braços, tudo é ira, tudo fogo, tudo veneno.

Acende e provoca esta batalha a trombeta da fama, dizendo e bradando que é honra; põe-se da parte do ódio e da vingança o mundo todo, que assim o manda, que assim o julga, que assim o aplaude, que assim o tem estabelecido por lei. Sobretudo, o tribunal supremo da razão assim o prova, porque amigo de amigos e inimigo de inimigos, é voz que soa justiça, merecimento, proporção, igualdade. Finalmente, o mesmo Deus condena a meu inimigo, porque é meu inimigo: pois, se Deus o condena e aborrece, por que o hei de amar eu? Deus, que isto manda, não é o autor da natureza? E que faz a mesma natureza toda movida e governada pelo mesmo Deus? Vingam-se por instinto natural as feras na terra; vingam-se as aves no ar; vingam-se os peixes no mar; vinga-se a mansidão dos animais domésticos; vinga-se e cabe ira em uma formiga; e basta que a natureza viva naqueles átomos, para que neles ofendida se doa, neles agravada morda, neles tome satisfação da sua injúria. E se a natureza, onde é incapaz de razão, não é capaz de sofrer sem razões; que o homem, criatura racional, a mais nobre, a mais viva e a mais sensitiva de todas, com a balança da mesma razão no juízo, não haja de pesar agravos, antes, contra a força e violência do mesmo peso haja de pagar ódios com amor: "Amai a vossos inimigos" (Mt 5,44)? Não é homem quem aqui não pasma ou não diga, olhando para si: Não posso.

§ III

Estas são as dificuldades que todos reconhecem e chamam grandes neste preceito, que verdadeiramente é o grande. Mas, com estarem tão declaradas e porventura encarecidas, eu espero mostrar e demonstrar que não só não é tão dificultoso como parece o amor aos inimigos, senão muito fácil e natural ao homem, e tanto mais quanto for mais homem. Primeiramente, isto de ter inimigos é uma sem-razão ou injúria tão honrada, que ninguém se deve doer ou ofender dela. Quem a não aceita como adulação e lisonja de sua mesma fortuna, ou tem pequeno coração ou pouco juízo. Se o ter inimigos é tentação, antes é tentação de vaidade que de vingança. É motivo de dar graças a Deus, e não de lhes ter ódio a eles. Sabeis por que vos querem mal vossos inimigos? Ordinariamente é porque veem em vós algum bem que eles quiseram ter, e lhes falta. A quem não tem bens, ninguém lhe quer mal. No nosso mesmo texto o temos. Não só diz Cristo que "amemos a nossos inimigos, senão também que lhes façamos bem aos que nos odiaram". — Esta segunda parte parece mais dificultosa que a primeira, e talvez não só dificultosa, senão impossível, porque para amar basta a vontade; para fazer bem é necessário ter com que o fazer. E se eu acaso for tão pobre e miserável que não tenha bem algum, como posso fazer bem a meus inimigos? Enganais-vos. Ninguém tem inimigos que lhes não possa fazer bem, porque quem não tem bens não tem inimigos. Tendes inimigos? Pois algum bem tendes vós, porque eles vos querem mal. E porque esta suposição universalmente é certa, por isso Cristo manda a todos os que tiverem inimigos que não só os amem, senão que lhes façam bem: "E façamos bem aos que nos odiaram". — Quem tem bens, assim como é certo que há de ter inimigos, assim é certo que pode fazer bem.

O primeiro inimigo que houve neste mundo foi Lúcifer. Ele o primeiro traidor, que se revestiu da serpente, ele o primeiro falsário, que enganou a Eva, ele o primeiro ladrão e homicida, que não só roubou a Adão quanto possuía, mas até o despojou da mesma imortalidade. E por que quis tanto mal Lúcifer a Adão, que lhe não tinha feito nenhum mal? Porque tinha Deus revelado ao mesmo Lúcifer que se havia de fazer homem e não anjo. Bem se viu na promessa da divindade: "Sereis como uns deuses" (Gn 3,5) — que essa era a espinha que ele trazia atravessada na garganta, e como Adão teve aquela fortuna que Lúcifer pretendeu, e não pôde alcançar, claro está que havia de ser seu inimigo. O primeiro inimigo também que houve entre os homens foi Caim; e por que teve tanto ódio Caim a Abel, sendo seu irmão? Porque ele só podia ofertar hortaliças, e Abel sacrificava cordeiros. Isto, e não a graça de Deus, era o que mais lhe doía e quebrava os olhos, como cavador enfim, que os não levantava da terra. O mesmo Caim se declarou quando disse: "Eis aí me lanças tu hoje da face da terra, e eu me irei esconder da tua face"

(Gn 4,14). — E não debalde, para executar o homicídio, levou o irmão ao campo: "Saiamos fora" (Ibid. 8) — para que no mesmo lugar onde pastavam os rebanhos, causa do ódio, ali desafrontasse a sua inveja. Também José padeceu os ódios, não de um, mas de dez irmãos, entre os quais, antes de o venderem, sempre andou vendido. E por que causa? Porque ele só valia mais que todos eles. Por isso era mais estimado do pai, e o trazia mais bem vestido que todos. Grande caso que, porque o seu pelote não era de pano da serra, como o dos outros, se resolvessem, sendo irmãos, a lho tingir no próprio sangue?

Se cavarmos bem ao pé de todas as inimizades e ódios do mundo, acharemos que estas são as raízes. Assim como o motivo de amar é o bem próprio, assim o de aborrecer são os bens alheios. Nem Saul havia de aborrecer a Davi, se não fora mais valente; nem Abimeleque a Isac se não fora mais rico; nem os sátrapas a Daniel, se não fora mais sábio. Quando el-rei Assuero nomeou a Amã por primeiro-ministro de todo o império, diz o texto original que o exaltou e levantou o seu sólio sobre todos os grandes da corte: "Exaltou a Amã, e pôs o seu assento sobre todos os príncipes" (Est 3,1). — E que se seguiu a esta exaltação e preferência, superior aos demais? Coisa maravilhosa! O mesmo Espírito Santo quis que soubéssemos o que logo foram por dentro os que nesta eleição ficaram de fora. Em lugar das palavras referidas, tresladaram os Setenta Intérpretes, também com autoridade divina: "Exaltou-o e o fez sentar antes de todos seus inimigos". — Lá diz o texto que o exaltou sobre todos os grandes da corte; e cá diz a interpretação que sobre todos seus inimigos. De maneira que nomear Assuero a Amã por maior que todos os outros foi fazer que todos os outros fossem inimigos de Amã. Pela portaria das mercês entraram logo os ódios, e ao pé das provisões se assinaram todos os seus inimigos, não porque Amã lhes fizesse algum mal para lhe quererem mal, mas porque o rei e a fortuna lhe quis mais bem, e fez mais bem que a eles.

Se passarmos dos sólios aos estrados, também acharemos nos toucados estes malmequeres. Nenhuma gentileza há tão confiada, a que não piquem os alfinetes de ver a outrem mais bem prendida. Também o exemplo é de duas irmãs da mesma confraria. Raquel não era amiga de Lia, nem Lia de Raquel. E por quê? Porque a cada uma delas faltava o bem que lograva a outra. A Lia não lhe parecia bem Raquel, porque era formosa; e Raquel não gostava de Lia, porque era fecunda. Deus repartia entre as duas irmãs os dois bens que elas mais estimavam, e elas, em lugar de se darem os parabéns, tomaram deles ocasião para não se quererem bem.

Todos os bens, ou sejam da natureza, ou da fortuna, ou da graça, são benefícios de Deus, e a ninguém concedeu Deus esses benefícios sem a pensão de ter inimigos. Mofino e miserável aquele que os não teve. Ter inimigos parece um gênero de desgraça, mas não os ter, é indício certo de outra muito maior. Ouçamos a Sêneca, não como mestre da Estoica, mas como estoico da corte romana. Uma das mais notáveis sentenças deste grande filósofo é: "Eu te julgo por infeliz e desgraçado, porque nunca o foste"[3]. — Este porquê, antes de explicado, é dificultoso; mas depois de explicado, muito mais. Como pode um homem ser desgraçado porque o não é? Porque há desgraças tão honradas, que tê-las, ou padecê-las é ventura; não as ter, nem as padecer é desgraça. E esta, de que falava Sêneca, qual era?

Ele se explicou: Foste tão mofino que "passaste toda a vida sem ter inimigo". — Não ter inimigos, tem-se por felicidade; mas é uma tal felicidade que é melhor a desgraça de os ter que a ventura de os não ter. Pode haver maior desgraça que não ter um homem bem algum digno de inveja? Pois, isso é o que se argui de não ter inimigos: "Eu te julgo miserável porque não foste pobre: passaste toda a vida sem ter inimigo". — Temístocles, em seus primeiros anos, andava muito triste; perguntado pela causa, sendo amado e estimado como era de toda a Grécia, respondeu: — Por isso mesmo. Sinal é, o ver-me amado de todos, que ainda não tenho feito ação tão honrada que me granjeasse inimigos. — Assim foi. Cresceu Temístocles, e com ele a fama de suas vitórias; e não destruía tantos exércitos de inimigos na campanha quantos se levantavam contra ele na Pátria. Para que vejam os odiados ou pensionados do ódio se se devem prezar ou ofender de ter inimigos. Aqueles inimigos eram as trombetas da fama de Temístocles; e os vossos são testemunhas em causa própria de vos ter dado Deus os bens que lhes negou a eles.

§ IV

Suposto, pois, que o ter inimigos é pensão dos benefícios que recebemos de Deus, segue-se saber a quem havemos de pagar esta pensão, e em quê. A pensão havemo-la de pagar a Deus, que nos fez o benefício; e a paga há de ser em amor dos inimigos, que o mesmo Deus nos manda amar: "Amai a vossos inimigos". — Eles querem-vos mal pelos bens em que Deus vos avantajou a eles? Pois vós haveis de pagar a pensão desses bens a Deus em querer e fazer bem aos que vos querem mal. Um dos homens mais beneficiados de Deus que houve neste mundo foi Davi; e uma das mais famosas ações de Davi foi o desafio seu com o gigante, e a vitória que alcançou dele. E que se seguiu de uma façanha tão notável, e tão importante à honra, à liberdade e à conservação do reino de Israel? Da parte de el-rei Saul foi a inveja e ódio mortal contra Davi; e da parte de Davi o amor e respeito com que sempre guardou e perdoou a vida a Saul. Tinha Deus dado licença a Davi para que tirasse a vida a Saul, a quem havia de suceder na coroa; e ele que fez, tendo-o muitas vezes debaixo da lança? Sempre lhe guardou a vida muito melhor que os capitães e soldados da sua guarda (1Rs 26,7.14). Assim se viu naquela noite em que, estando Saul em campanha, Davi ocultamente entrou na tenda real, e, dormindo ele, lhe tomou da cabeceira a lança e com ela na mão bradou de fora ao general Abner que guardasse melhor ao seu rei. Esta ação antepõe S. João Crisóstomo justamente à do sacrifício de Abraão, porque maior valor e maior bizarria é não tirar um homem a vida a seu inimigo, tendo licença de Deus, que tirar a vida a seu filho, sendo mandado por Deus.

Pois, se Deus tinha dado esta licença a Davi, por que não usa dela? Porque o mesmo Deus, que por uma parte lhe dava licença que matasse a seu inimigo, por outra lhe atava as mãos para que o não fizesse. A licença de matar o inimigo era privilégio; o não o matar, antes amá-lo e fazer-lhe bem, era lei geral; e Davi teve por melhor guardar a lei sem obrigação que usar do privilégio porque, se o privilégio o desobrigava de se não vingar do ódio de seu inimigo, a pensão de pagar e agradecer a Deus a causa do mesmo ódio era nova circunstância da mesma lei, que mais nobre e mais apertadamente o obrigava a o amar e lhe querer bem. Como se dissera Davi: Qual foi a causa da inveja e ódio com que me persegue Saul? Foi aquela singular mercê que Deus me fez na vitória que em seu nome alcancei do gigante; pois já que Saul é tão ingrato, que me paga um tão grande serviço com me querer mal, eu hei de ser tão agradecido a Deus, e à causa dessa mesma ingratidão, que a hei de pagar com lhe fazer bem. "Agradecido por um mau serviço" — disse com profunda elegância S. Zeno Veronense[4].

Julgue agora todo o homem — e tanto mais quanto for mais homem — se é coisa dificultosa e impossível, antes muito fácil e natural amar os inimigos, sendo este amor pensão dos benefícios de Deus e os mesmos benefícios ocasião desse ódio. Pergunto — e haja quem me responda: — Esses bens por que vos não querem bem vossos inimigos, quem vo-los deu? Deus. — Pergunto mais: E esse preceito de amar os mesmos inimigos, quem vo-lo pôs? — Também Deus. — Pois, se vossos inimigos não vos amam, por amor dos bens que Deus vos deu, por que não amareis vós a esses inimigos por amor do Deus que vos deu os bens? Se esses bens são poderosos para causar ódio em quem os inveja, por que não serão poderosos para causar amor em quem os logra? Lograi-os, e não os queirais perder, porque quem não paga a pensão merece que o privem do benefício. O mesmo Davi o disse assim, e confessou diante de Deus: "Se fiz acaso mal ao meu amigo e despojei com dolo o adversário, atinja-me justamente o inimigo ao perseguir-me" (Sl 7,5). Se eu, senhor, não dei a meus inimigos bem por mal, senão mal por mal, justamente me derrubareis do estado em que me tendes posto, e me privareis e despojareis de todos os bens que me tendes dado: "Atinja-me justamente o inimigo ao perseguir-me". — Reparemos muito naquele "justamente". E qual é o fundamento dessa justiça? É a lei do amor dos inimigos e de querer e fazer bem aos que nos querem mal. E como Deus nos dá os bens com esta pensão e com esta obrigação, justamente são privados do benefício os que não guardam a obrigação e pensão com que lhes foi dado.

Pelo contrário — notai muito o que quero dizer — pelo contrário, se guardardes a lei de amar os inimigos, não só vos não tirará Deus os bens porque eles vos querem mal, senão que de tal sorte vos acrescentará os mesmos bens, que a vós serão prêmio do vosso amor e a eles castigo do seu ódio. Lembra-me a este propósito um discreto e galante memorial presentado ao imperador Domiciano, o qual dizia assim: Diz Marcial que ele tem em Roma um inimigo, o qual se dói muito das mercês que Vossa Majestade lhe faz; pede a Vossa Majestade lhas faça maiores, para que o dito seu inimigo se doa mais: "Dá a Cesar coisas maiores, para que o inimigo se doa mais"[5]. — Isto mesmo faz a justiça e liberalidade divina. Acrescenta os bens ao invejado, para maior castigo e maior dor do inimigo invejoso. Para que a prova mostrasse a coerência e consequência natural deste discurso, quis que no-la desse o mesmo Davi, e no mesmo Saul. Mas, vindo à combinação do caso, achei que ainda prova mais do que eu tinha prometido, porque não só prova que acrescenta Deus os bens ao invejado, para maior castigo e dor do invejoso, mas que diminui e tira também ao invejoso, para maior honra e vingança do invejado. Seja, pois, isto o que digo.

Quando Davi, dentro da mesma cova em que tinha a Saul já sepultado antes de morto, lhe perdoou a vida, disse-lhe Saul que então conheceu e soube decerto que ele havia de reinar, e Deus lhe havia de dar a sua coroa: "Agora acabei de entender certissimamente que tu, e não eu, hás de ser o rei" (1Rs 24,21). E donde colheu Saul esta consequência tão certa? De duas premissas: uma da sua parte, outra da parte de Davi. Da sua parte, porque Saul dava mal por bem a Davi; e da parte de Davi, porque ele dava bem por mal a Saul. E não podia haver mais justo prêmio para um, nem mais justo castigo para outro, que acrescentar os bens ao invejado, para maior dor do invejoso, e tirar os bens ao invejoso para maior vingança do invejado. Não é isto interpretação de doutores, senão texto expresso da Escritura Sagrada, no capítulo terceiro do Segundo Livro dos Reis: "Houve grande competência entre a casa de Saul e a casa de Davi" (2Rs 3,1). — "Davi e a sua casa sempre crescendo, e cada dia mais forte" (Ibid.). — "E a casa de Saul sempre diminuindo, e cada dia mais fraca" (Ibid.). — Para que vejam os que se amam a si, e desejam o seu aumento e das suas casas, se é melhor ser inimigo, como Saul, ou amar os inimigos, como Davi.

E para que também neste exemplo passemos dos sólios aos estrados, onde não são menores os ódios e as invejas, Elcana, príncipe do povo de Israel, ao uso daqueles tempos, tinha duas mulheres, uma chamada Ana, estéril como Raquel, outra chamada Fenena, fecunda como Lia. Ana, triste pela sua desgraça, encomendava-se a Deus, mas não queria mal a Fenena; Fenena, soberba com a sua fortuna, desprezava e tratava mal a Ana. E qual foi o sucesso de ambas? Também é texto expresso: "Até que a estéril teve muitos filhos, e a que tinha muitos se impossibilitou de os ter" (1Rs 2,5). — Trocou as mãos a divina justiça, e a Fenena tirou-lhe os filhos que tinha, e a Ana deu-lhe os que não tinha, mas com tal proporção e energia da divina justiça, diz a tradição dos hebreus, que cada filho que nascia a Ana, morriam dois a Fenena. Concorda com esta tradição muito ajustadamente a mesma História Sagrada, porque dela consta que os filhos que tinha Fenena, eram dez, e os que depois teve Ana foram cinco. De sorte que, ao mesmo compasso com que Deus ia favorecendo e levantando a Ana, que não queria mal a Fenena, ia justamente castigando e abatendo a Fenena, que tratava mal a Ana: até aqui a que carecia de filhos teve muitos, e a que contava tantos ficou sem nenhum: "Até que a estéril teve muitos filhos, e a que tinha muitos se impossibilitou de os ter".

Finalmente que, de todo este discurso — mais largo do que eu pretendia — deve colher e entender a natureza humana, em um e outro sexo, contra a razão enganada nas suas falsas balanças, contra o mundo louco nas suas leis ignorantes e vis, e contra o exemplo brutal e indigno dos animais, se é mais natural, mais útil, mais fácil, mais generoso, mais honrado e descansado conselho, ou querer e fazer mal aos que nos querem mal, ou querer e fazer bem, e amar de coração e de obras, como manda o preceito de Cristo, a nossos inimigos: "Amai a vossos inimigos, fazei bem aos que vos têm ódio".

§ V

A esta primeira dificuldade, do preceito, segue-se a segunda, do motivo: "Mas eu vos digo". — Os antigos disseram: Sê amigo de teus amigos, e inimigo de teus inimigos; porém eu — diz Cristo — digo o contrário. — E em dizer Cristo o contrário absoluta e nuamente, sem dar a razão do seu dito, aqui está a dificuldade. Se o Divino Mestre refuta e condena uma opinião tão antiga e recebida, por que não dá a razão? Se o faz como legislador, os legisladores põem a lei, e dão a razão da lei, principalmente quando revogam uma, e promulgam e introduzem outra. Pois, se a lei de amar os próprios inimigos era tão nova, e se reputava por tão repugnante e dificultosa a sua observância, por que não declara Cristo a razão ou razões da justiça, da conveniência, da importância, da necessidade, e não dá outro motivo do que diz, senão: Eu digo: "Mas eu vos digo"?

Infinitas são as razões e motivos que o senhor pudera dar para persuadir o que mandava. Ama a teu inimigo — pudera dizer — para que ele também te ame, porque não há modo, nem meio, nem diligência, nem feitiço mais eficaz para ser amado que amar. — Ama a teu inimigo, porque, amando a ele, me amas a mim; e se ele te não merece que o ames, mereço-te eu que me ames nele. Ama a teu inimigo, porque, se ele te ofende com o seu ódio, mais te ofendes tu com o teu: o teu te mete no inferno, e o seu não. Ama a teu inimigo, porque amigos já os não há, e, se não amares os inimigos, estará ociosa a tua vontade, que é a mais nobre potência, e privarás o teu coração do exercício mais natural, mais doce e mais suave, que é o amor. Ama a teu inimigo, por que o não ajudes contra ti, e tenhas dois inimigos: um que te queira mal, e outro que te faça o maior de todos. Ama a teu inimigo, porque, se ele o faz com razão, deves emendar-te; e se contra razão, emendá-lo. Ama a teu inimigo, porque, se o seu ódio vil é filho da inveja, mostre o teu amor generoso que por isso não é digno de vingança, senão de compaixão.

Ama a teu inimigo, porque, ou ele é executor da divina justiça, para castigar a tua soberba, ou ministro da sua providência, para exercitar a tua paciência e coroar a tua constância. Ama a teu inimigo, porque Deus perdoa a quem perdoa, e mais nos perdoa ele na menor ofensa, do que nós ao ódio de todo o mundo nos maiores agravos. Ama a teu inimigo, porque as setas do seu ódio, se as recebes com outro ódio, são de ferro, e, se lhe respondes com amor, são de ouro. Ama a teu inimigo, porque melhor é a paz que a guerra, e nesta guerra a vitória é fraqueza, e o ficar vencido, triunfo. Ama a teu inimigo, porque ele, em te querer mal, imita o demônio, e tu, em lhe querer bem, pareceste com Deus. Ama a teu inimigo, porque esse mesmo inimigo, se bem o consideras, é mais verdadeiro amigo teu que os teus amigos; ele estranha e condena os teus defeitos, e eles os adulam e lisonjeiam. Ama a teu inimigo, porque, se o não queres amar porque é inimigo, deve-lo amar porque é homem. Ama a teu inimigo, porque, se ele te parece mal, amando-o tu, não serás como ele. Ama a teu inimigo, porque as maiores inimizades cura-as o tempo, e melhor é que seja o médico a razão que o esquecimento. Ama a teu inimigo, porque os mais empenhados inimigos dão-se as mãos, se o manda o rei; e o que se faz sem descrédito, porque o manda o rei, por que se não fará porque o manda Deus? Finalmente, sem subir tão alto, ama a teu inimigo, porque, ou ele é mais poderoso que tu, ou menos: se é menos poderoso, perdoa-lhe a ele; se é mais poderoso, perdoa-te a ti.

Esta última razão é de um filósofo gentio, Sêneca, e de outro também filósofo e gentio, e não menos discreto que ele, antes muito mais, e mais sólido. O grande Plutarco[6] escreveu um famoso e doutíssimo tratado dos bens e utilidades que o homem pode tirar do ódio de seus inimigos. Se das feras e das serpentes tiraram tantas utilidades os homens, por que as não tirará a mansidão de uns da fereza dos outros? Hércules, da pele do leão fez a sua maior gala; Salomão, dos dentes do elefante fez o seu trono; a medicina, da cabeça da víbora fez a melhor triaga; e não há veneno tão mortal, que, calcinado e temperado como convém, não se converta em antídoto. Pois, se a divindade e humanidade de Cristo tinha tantos motivos, ou conformes à natureza ou superiores a ela, com que menos persuadir o amor dos inimigos, por que, deixados todos, só disse: "Mas eu vos digo"? — Porque ele é o mais forte, o mais poderoso e o mais eficaz motivo de todos. Ajuntem-se todos os filósofos de Atenas, todos os oradores de Roma, e, o que é mais, todos os profetas de Jerusalém; façam discursos, inventem razões, excogitem argumentos, formem silogismos, demonstrações e evidências para persuadir um homem a que ame seus inimigos; todos estes motivos comparados com um "eu vos digo" de Cristo não pesam um átomo.

§ VI

Pesemos e consideremos bem o poder ou a onipotência infinita e imensa daquele "eu digo". Antes da criação do mundo não havia nada. Apareceu subitamente esta grande máquina que vemos. E quem a fez? A metade do nosso texto: "Eu digo". — O *vobis* ainda o não havia, porque não havia nada. E se não havia nada, como se fez tudo isto? Porque Deus o disse: "Ele disse, e foram feitas as coisas" (Sl 148,5). — Não havia céu. Disse Deus: Faça-se o céu, e fez-se o céu. Não havia terra. Disse Deus: Faça-se a terra — e fez-se a terra. Estava tudo às escuras. Disse Deus: Faça-se a luz — e fez-se a luz. Pois, se o dizer de Deus é tão poderoso que de nada fez tudo, e do não ser tirou o ser de todas as coisas, que motivo podia nem pode haver tão poderoso para que de não ser amigos nos fizesse ser amigos, com o "Eu digo"? Quem é este "Eu"? É Deus, infinito Ser. Quem é este "Eu"? É Deus, infinita sabedoria. Quem é este "Eu"? É Deus, infinita Onipotência. Quem é este "Eu"? É Deus, infinita Verdade. Pois, se um só dizer deste "Ele disse" — bastou para dar todo o ser ao não ser, por que não bastará para que sejamos o que ele quer, depois de ele nos dar o ser que temos?

Vede o que fizeram todas as criaturas depois de Deus lhes dar o ser, bastando, para que o fizessem, outro dizer somente do mesmo Deus. Aqui entra já todo o nosso texto: "Eu vos digo". — Disse Deus à terra que produzisse as plantas, sem outra semente ou água que a regasse mais que a mesma palavra; e no mesmo ponto os montes, os vales, os campos se vestiram todos de verde, nasceram as ervas, brotaram as flores, levantaram-se as árvores com os ramos cobertos e sombrios de folhas, e carregados de tanta variedade de frutos. Disse ao elemento da água que produzisse os peixes e as aves; e logo começaram a nadar nas mesmas águas o vulgo dos peixes menores, em cardumes de tão diversas cores e figuras, uns lisos, outros encrespados de escamas, e, no pego mais profundo, as baleias e os outros gigantes e monstros do mar, como galeaças da natureza, remando com as barbatanas, e batendo ou açoitando as ondas, como senhoras delas. As aves, ou pintadas de diversas cores, ou vestidas de uma só, com liberdade de vagar por três elementos; umas, mais afetas à pátria onde nasceram, habitaram as ribeiras, os rios, os lagos; outras fabricaram seus ninhos entre a frescura das árvores, outras nos cerros mais altos, enquanto não havia torres, e todas reconheceram por rainha a águia, porque ela só voa e sobe direita até se esconder nas nuvens. As feras, que povoaram os bosques, as serpentes, que arrastando saíram das covas, e os rebanhos inocentes e pacíficos, que cobriram e fecundaram os prados, também foram partos de um só dizer de Deus à terra.

Mas, se a terra e a água, os dois mais baixos e grosseiros elementos, produziram tantos e tão vários e tão admiráveis efeitos, o elemento do ar e do fogo, e, sobretudo, os orbes celestes, tanto mais altos e mais nobres, por que não produziriam coisa alguma? Porque Deus lho não disse. Se Deus dissera aos céus que produzissem as estrelas, eles as produziram; mas não as produziram, porque o mesmo Deus, que já as tinha criado do nada, quando criou a luz, as pôs e repartiu pelo firmamento: "Pô-las no firmamento do céu" (Gn 1,17). — O mesmo se há de entender dos dois elementos, ar e fogo. Eles estéreis, sem nada, os outros fecundos, com tantas criaturas; porque o nada, e o que tem ser, tudo depende unicamente do dizer ou não dizer de Deus. Admiravelmente o evangelista S. João. Tanto que no princípio nomeou o Verbo Divino, que é a palavra de Deus: "O Verbo estava com Deus" (Jo 1,1) — logo acrescentou: "Tudo o que se fez, e o nada que se não fez, uma e outra coisa dependeu totalmente do dizer ou não dizer de Deus" (Jo 1,3). — Se Deus disse, por meio de sua palavra se fez tudo: "Tudo foi feito por ele"; e se Deus não disse, por que faltou a sua palavra, se não fez nada: "E sem ele nada foi feito". — E como do dizer ou não dizer de Deus, dependem as existências e as negações, o tudo e o nada, o ser e o não ser das coisas, para os homens amarem a seus inimigos, como Cristo lhes mandava: "Amai a vossos inimigos" — e para lhes não terem ódio, como dizia a tradição dos antigos: "Odiarás o teu inimigo"[7]: para o tudo deste amor e para o nada daquele ódio, nenhuma razão ou motivo podia Cristo alegar nem mais eficaz, nem mais forte, nem mais irrefragável que dizer: Eu o digo: "Mas eu vos digo".

Houve-se Cristo — notai muito — com as nossas vontades para o amor dos inimigos, como se há com os nossos entendimentos para os mistérios da fé. Se perguntarmos aos teólogos, qual é o motivo por que cremos os mistérios da fé sem nenhuma dúvida, respondem todos com S. Paulo que o motivo — a que eles chamam objeto formal — é "Porque Deus o disse". — Todas as outras razões — que também se chamam manuduções — bastam para conhecer o entendimento com evidência que os mistérios da fé não são incríveis, antes que evidentemente são mais críveis que tudo o que propõem as seitas e erros contrários; mas, para fazer um ato verdadeiro e sobrenatural de fé, não há nem pode haver outro motivo, senão "porque Deus o disse". De maneira que, quando Cristo, para persuadir o amor dos inimigos, disse somente: "Mas eu vos digo" — quis por modo altíssimo e verdadeiramente divino que o que é único motivo da fé fosse também único motivo da caridade, e que a mesma caridade, nas repugnâncias deste amor, nos cativasse as vontades, assim como a fé, nas dificuldades dos seus mistérios, nos cativa os entendimentos: "Reduzindo a cativeiro todo o entendimento, para que obedeça a Cristo" (2Cor 10,5).

Uma das maiores dificuldades da nossa fé é o mistério altíssimo e profundíssimo da Santíssima Trindade, em que confessamos a Deus por trino e uno. Creio que o Pai é Deus, creio que o Filho é Deus, creio que o Espírito Santo é Deus, e, crendo juntamente que estas três pessoas são realmente distintas, creio outra vez, e mil vezes, que a pessoa do Pai Deus, e a Pessoa do Filho Deus, e a Pessoa do Espírito Santo Deus não são três deuses, senão um só Deus. E alcança ou compreende o meu entendimento como isto é ou pode ser? Não. Pois, se o não entendo nem o alcanço, como o creio, e com tal certeza que darei por ela a vida? *Quia Deus dixit*: Porque Deus o disse: "Porque três são os que dão testemunho no céu: o Pai, o Verbo e o Espírito Santo, e estes três são uma mesma coisa" (1Jo 5,7). — Outra grande dificuldade da fé, e mais sensível ainda, é o mistério ocultíssimo e patente do Santíssimo Sacramento do altar. A vista diz que vê pão, o olfato que cheira pão, o gosto que gosta pão, o tato que apalpa pão, e até o ouvido, quando se parte a hóstia, que ouve pão; e eu, rindo-me dos meus próprios sentidos e do testemunho conteste de todos cinco, creio que ali não há substância de pão, e que a substância que debaixo daqueles acidentes se oculta, inteira e perfeita em qualquer parte mínima deles, é todo o corpo de Cristo. E por que creio firmissimamente tudo isto, que não vejo nem sinto, contra o que parece que estou sentindo e vendo? Porque o mesmo Cristo o disse: "Este é o meu corpo" (Mt 26,26). — Pois, assim como este único dizer de Cristo é uma razão sobre todas as razões, um motivo mais poderoso que todos os motivos, e uma escuridade mais clara que a luz do sol, para eu crer e defender até à morte o que ele disse, assim o mesmo senhor e legislador divino, para persuadir e estabelecer nos corações dos homens o amor dos inimigos, contra todas as dificuldades, repugnâncias e rebeldias da nossa inclinação, não podia, nem devia alegar outras razões, outros motivos ou outras evidências mais fortes que dizer: amai a vossos inimigos, porque eu sou o que digo: "Mas eu vos digo".

§ VII

Agora, para confusão e afronta dos que, com nome de cristãos, não obedecem à fé deste heroico motivo, ouçam o que porventura não ouviram. Fugiu Jacó ocultamente da casa de Labão, seu sogro, com as suas duas filhas, e tudo o que em seu serviço, favorecido de Deus, tinha em tantos anos adquirido. Chegou esta notícia a Labão, que estava ausente, e, tendo o secreto da partida por traição e o que levava consigo Jacó por roubo, ajuntando uma grande tropa de parentes e criados, partiu em seguimento dele, com ânimo de o despojar de quanto levava e ainda da mesma vida; mas quando chegou subitamente à sua presença, que foi ao sétimo dia, todo o susto de tão repentina e estrondosa tempestade se resolveu nestas palavras: "Bem vês, ó Jacó" — lhe disse Labão — "que tu, fugitivo, e eu, tão poderosamente armado neste deserto, te pudera fazer todo o mal que quisesse e tu me merecias; mas não o faço, porque o Deus de teus pais me disse ontem que nem por obra, nem por palavra te desgostasse" (Gn 31,29). — Já estou vendo que todos têm reparado muito, não tanto nesta mudança tão súbita de Labão, quanto naquela palavra "o Deus de teus pais". Não diz que não fazia mal a Jacó porque lho disse Deus, senão porque lho disse o Deus de seus pais. E a razão desta diferença é porque o Deus, em que cria Labão não era o Deus verdadeiro em que cria Jacó, senão os seus ídolos; por sinal que essa era uma das suas queixas, dizendo que Jacó lhos levava roubados: "Por que me furtaste os meus deuses?" (Gn 31,30). — E não era Jacó, senão sua filha Raquel a que lhos roubara. Pois, se Labão era gentio e idólatra, e não cria no Deus de Jacó, como fez tanto caso do que esse Deus não crido lhe disse: "O Deus de teus pais me disse"? — Ide comparando este "me disse" com o "Vos digo". Mas ainda teve outra grande circunstância este caso.

O modo com que Deus disse a Labão que não ofendesse a Jacó foi em sonhos. Assim o afirma o texto: "Mas em sonhos viu Labão a Deus, que lhe dizia: Guarda-te, não digas a Jacó coisa que o ofenda" (Ibid. 24). — Pois, se o dito era dito sonhado e o Deus era Deus não crido, como fez tanto caso Labão do Deus e do dito? Aqui vereis quanto pode e quanta reverência merece um "me disse" de Deus. Pergunto: Este homem, Cristo Jesus, que disse: "Mas eu vos digo" — cremos de fé que é verdadeiro Deus? — Sim. — E estas mesmas palavras: "Eu vos digo" — cremos também de fé que esse Deus as disse? Também. Pois, se a um gentio idólatra ofendido, poderoso, irado e empenhado na vingança, um dito sonhado de um Deus não crido bastou para lhe refrear a paixão, amansar a ira e atar as mãos, para que, podendo, se não vingasse, nem dissesse uma palavra áspera contra quem lhe tinha feito tantos agravos, e tudo isto pelo respeito somente de um "me disse" — como pode tão pouco com a nossa fé e com as nossas inimizades o "Eu vos digo", não só do Deus verdadeiro, mas do Deus que deu a vida por seus inimigos?

Já eu me contentara com deixar à nossa consideração esta vergonhosa consequência, por lhe não chamar ímpia; mas pois Deus e a sua palavra é o ofendido, seja também ele o que se queixe. Quando Nabucodonosor veio sitiar a cidade de Jerusalém em tempo de el-rei Joaquim, havia trezentos anos que nos desertos vizinhos habitavam como ermitães uns pastores chamados recabitas, os quais, por temor dos inimigos, se recolheram à cidade. Então falou Deus ao profeta Jeremias e lhe disse que hospedasse um dia aos recabitas em um cenáculo do Templo, e, quando estivessem à mesa, lhes dissesse que bebessem do vinho que nela lhes teria preparado. Fê-lo assim o profeta; mas eles responderam "que não podiam nem haviam de beber vinho, porque Jonadab, filho de Recab, de quem traziam o nome e a origem, lho tinha proibido: 'Não bebereis vinho, vós e os vossos filhos, para sempre'" (Jr 35,6). — Ouvida a resposta, esperava Jeremias o mistério e fim com que Deus lhe mandara fazer aquela experiência. E a declaração do enigma, ou a segunda parte da parábola, foi que o mesmo Jeremias mandasse chamar os magistrados da cidade, e que, com aquele exemplo à vista, lhes notificasse a grande razão com que Deus tinha chamado o exército de Nabuco, executor de sua justiça, para a destruição e cativeiro de Jerusalém. As palavras da consequência e cominação divina foram estas: "Porventura não aceitareis a correção, escutando minhas palavras? Oráculo de Javé" (Jr 35,13). É possível — diz Deus — que tão pouco respeito e tão pouca obediência se há de guardar em Jerusalém ao que eu digo? — "Foram executadas as ordens de Jonadab, filho de Recab, que proibiu aos seus filhos de tomar vinho. Eles, de fato, não o tomaram até hoje. E eu vos falei infatigavelmente, e não me escutastes" (Ibid. 14). Com os filhos de Recab, moabitas e gentios puderam tanto as palavras de Jonadab, que, proibindo-lhes uma coisa que é lícita a todos os homens, haverá tantos centos de anos a observam sempre até hoje; e que eu — diz Deus — falando aos filhos de Israel, desde pela manhã até à noite, e proibindo-lhes o que não é lícito a nenhum homem, nenhum caso façam do que lhes digo? — Tanto respeito ao que diz Jonadab e tão pouco ao que diz Deus? Vede se o "eu vos falei", é o mesmo que "Mas eu vos digo".

Assim como os ninivitas se hão de levantar no dia do juízo contra os judeus, porque eles creram ao que disse Jonas, e os judeus não criam o que dizia Cristo, assim os recabitas se hão de levantar naquele dia contra Jerusalém, porque eles creram e observaram o que lhes disse Jonadab, e Jerusalém não cria nem observava o que dizia Deus. E contra nós os cristãos, quem se levantará? Os turcos. O mesmo preceito de não beber vinho, que pôs Jonadab aos recabitas, pôs Mafoma aos seus sequazes. E que maior afronta e vergonha da cristandade que resistir o turco ao seu apetite e à sua sede, porque o manda o Alcorão e o disse Mafoma, e não mortificar o cristão a sua paixão e o seu ódio, porque o prega o Evangelho e o diz Cristo? Mas não é necessário ir tão longe nem sair de casa. Sabeis quem se há de levantar contra nós no dia do Juízo? Nós mesmos. Dizei-me: E se estais tão ofendido e tão agravado de vosso inimigo, por que vos não vingais? — Por me não perder. — Bem. E por que beijais aquela mão que desejais ver cortada? — Porque dependo dela. — Melhor. E por que lisonjeais com a boca este e aquele, que aborreceis com o coração? Porque assim importa às minhas conveniências. Pois, o que fazeis por essa política vil, baixa e infame, não o fareis porque o manda Cristo? Desengane-se qualquer outro amor dos inimigos, ainda que fosse verdadeiro por outras causas, que todo é hipocrisia e vileza. Só é racional, virtuoso e cristão o que não tem outro motivo nem outro porquê, senão porque Cristo o disse: "Mas eu vos digo".

§ VIII

Vencida a dificuldade do preceito e do motivo, resta só a terceira e última, e a mais difícil de todas, que é o exemplo. O exemplo para imitar o amor dos inimigos com que o divino Mestre conclui a sua doutrina, não é outro, nem menor, que o do mesmo Deus, seu Pai e nosso: "Para serdes filhos de vosso Pai, que está nos céus" (Mt 5,45). — Mas esta mesma soberania e divindade do exemplo é a que o faz mais dificultoso, não por ser tão alto e sublime, mas porque é totalmente contrário e repugnante à própria imitação que persuade. A imitação há de ser tão parecida ao exemplo, e o exemplo tão semelhante à imitação, como a ideia e o ideado, o original e a cópia, a representação e a coisa representada. E entre o amor dos inimigos, a que Deus obriga o homem, há tanta diferença da parte do homem e tanta repugnância da parte de Deus, não quanta pode haver entre um amor e outro amor, senão quanta há, com toda a propriedade, entre o verdadeiro amor e o verdadeiro ódio. Logo, nem Deus pode ser exemplo ao homem, nem o homem pode imitar a Deus no amor dos inimigos. Os inimigos de Deus são os que estão em pecado e fora da sua graça; e assim como Deus ama aos seus amigos: "Eu amo aos que me amam" (Pr 8,17) — assim não ama a seus inimigos, antes os aborrece e lhes tem ódio: "O Altíssimo aborrece os pecadores" (Eclo 12,3) — diz o Eclesiástico, e o Salmista: "Aborreces a todos os que obram a iniquidade" (Sl 5,7). — Logo, se Deus não ama a seus inimigos, antes os aborrece e lhes tem ódio, como pode dar exemplo, nem ser exemplo aos homens de como hão de amar a seus inimigos? Esta é a grande dificuldade do exemplo que a divina sabedoria de Cristo nos propõe, a que eu antes quisera ouvir a resposta, que ter obrigação de a dar. Mas, a grande reparo grande solução.

Digo primeiramente que nos propõe Cristo por exemplo a Deus, que não ama a seus inimigos, quando nos manda que os amemos, porque é tal a bondade de Deus que pode o seu ódio servir de exemplo ao nosso amor. Assaz fará o nosso amor se chegar a se parecer com o seu aborrecimento. De maneira que a força, a energia, e alma desta razão vem a ser: Sede amigo dos vossos inimigos assim como Deus é inimigo dos seus. — Considerai a Deus não com amor, senão com ódio aos homens, e quando o vosso amor imitar o seu ódio, então satisfareis ao meu preceito, porque, se tratardes a vossos inimigos como Deus trata aos seus, amareis mais finamente os vossos inimigos do que amais a vossos amigos. Esta é a minha resposta. E se não tenho bem declarado a força do exemplo de Cristo, outro exemplo de Deus com ódio e dos homens com amor o declarará melhor.

Libertados os filhos de Israel do cativeiro do Egito, fundiram e adoraram no deserto o ídolo do bezerro; e ofendeu-se Deus tanto, não só da cegueira, mas da ingratidão de tão abominável gente, que se resolveu a lhes tirar a vida a todos e os sepultar naquele mesmo deserto. Deu parte da sua resolução a Moisés, que estava com o mesmo senhor no monte, revelando-lhe o que em sua ausência tinham cometido; porém, Moisés, pondo-se da parte do povo, resistiu à sentença de Deus com tais réplicas e instâncias de uma e outra parte, como se entre os dois se dera uma bem jogada batalha. Deus dizia que havia de castigar, Moisés replicava que não; Deus alegava pela sua afronta, Moisés alegava pelo crédito e fama do nome de Deus; Deus prometia acrescentar a Moisés, Moisés instava que não se havia de diminuir o povo; Deus, falando com Moisés, chamava-lhe o povo teu, como quem o lançava de si, e Moisés, falando com Deus, chama-lhe senhor, o povo vosso, como quem o queria interessar no perdão e conservação de coisa sua; finalmente, a contenda se acendeu de parte a parte de tal sorte, que nas palavras, e no que disseram Deus e Moisés, Deus parece que excedeu os termos do seu próprio decoro, e Moisés os da sua sujeição e obediência, e ainda os da estimação que fazia da graça de Deus. E como ou por que termos? Porque Deus, como se fora homem em cujo peito tivesse lugar a paixão, e ela o fizesse sair fora de si, disse a Moisés: "Deixa-me, que quero desta vez desafogar a minha ira e o meu furor" (Ex 32,10). — E Moisés, tão grande privado de Deus, como se estimara mais o perdão do povo que a privança e graça do mesmo Deus, disse: "Ou haveis de perdoar ao povo este pecado, ou, quando não, riscar-me dos vossos livros, em que tendes escrito o meu nome" (Ibid. 31s).

Este foi, no Monte Sinai, o processo da batalha ao som de trombetas, de trovões e raios, de que só foram testemunhas os anjos. E qual foi o fim? Da parte de Deus não podia haver maiores demonstrações de ira, de aborrecimento, de ódio; da parte de Moisés, pelo contrário, os empenhos da piedade, da benevolência e do amor também não podiam ser maiores nem mais encarecidos. E o fim destes dois extremos tão encontrados quais foram? Foram tais que se não puderam crer nem imaginar, se a verdade infalível do texto sagrado não declarara o sucesso. Deus, com todo aquele ódio, perdoou a todos: "Então se aplacou o Senhor, para não fazer contra o seu povo o mal que tinha dito" (Ex 32,14). — E Moisés, com todo aquele amor, desce do monte, convoca os levitas, tira pela espada, e matou naquele mesmo dia vinte e três mil homens do mesmo povo: "E foram quase vinte e três mil homens os que caíram mortos naquele dia" (Ibid. 28). — Há tal fim? Há tal caso? Há tal mudança? Mudou-se Deus? Mudou-se Moisés? Ou são os mesmos? Os mesmos são, não se mudaram; mas estes são os ódios de Deus, e estes os amores dos homens. Este é Deus, quando mais inimigo, e estes os homens quando mais amigos. Pela experiência desta formosa verdade, e em confirmação dela disse, com profundo juízo, S. João Crisóstomo: "Que melhor é para os homens, e mais útil, Deus irado, que o homem propício"[8]; Deus com ódio, que o homem com amor. E como o ódio de Deus, quando mais empenhado, tem tanto melhores efeitos que o amor dos homens, por isso a divina sabedoria de Cristo, quando nos manda amar aos inimigos, nos põe por exemplo a Deus quando não ama, porque quando chegarmos a ser inimigos como Deus, seremos mais que amigos como homens.

§ IX

Esta foi a súbita apreensão da minha resposta e do exemplo dela. Mas ouçamos a do divino Mestre, que não só se ouve, mas se vê com os olhos. Definiu Cristo, senhor nosso, o amor, não com Aristóteles, pela vontade de querer o bem, senão pela obra e verdade de o fazer: "Fazei o bem". — A escola de Aristóteles diz: "Amar é desejar o bem para alguém"[9] — e a escola de Cristo, por boca do melhor discípulo dela: "Amemos por obra e em verdade" (1Jo 3,18). — Daqui se segue que, assim como Deus é o melhor exemplar do amor dos amigos, assim é o melhor e mais verdadeiro exemplo do amor dos inimigos. Agora entra o alegado por Cristo, tão claro como a luz do sol, e como o elemento mais claro: "O qual faz nascer o sol sobre os bons e sobre os maus, e descer a sua chuva sobre os justos e sobre os injustos" (Mt 5,45). — Amai e fazei bem a vossos inimigos — diz o soberano Legislador — para que sejais filhos de vosso Pai, que está no céu, o qual faz nascer o sol sobre os bons e sobre os maus, e descer a sua chuva sobre os justos e sobre os injustos. — Os bons e os justos são os amigos de Deus, os maus e os injustos são os seus inimigos; e é tal a bondade e beneficência do mesmo Deus, ou com amor, ou com ódio, que aos amigos e inimigos, sem diferença, comunica igualmente os seus tesouros. Se nasce o seu sol, para todos nasce; se desce a sua chuva, para todos desce. Bem pudera Deus fazer que só para os bons e justos houvesse luz, e para os maus e injustos trevas, como no Egito os hebreus estavam alumiados, e os egípcios às escuras. E do mesmo modo, como lhe pedia o real profeta Davi, bem pudera negar a chuva aos montes de Gelboé, e dá-la abundantemente aos outros montes. Mas, posto que os bons e os justos sejam os seus amigos, e os maus e os injustos os seus inimigos, sobre o que lhe merecem uns, e sobre o que lhe desmerecem os outros, quer que assentem igualmente os seus benefícios.

Deixado, porém, o sol no céu, e a chuva nas nuvens, passemos à terra, e a toda a terra, onde moram os inimigos de Deus, e onde se veem mais vária e opulentamente beneficiados de sua mão. Em todo este mundo, quantos são os amigos de Deus, e quantos os seus inimigos? Os amigos são muito poucos, e os que se conservam sempre em sua amizade e graça, sem cair em seu ódio, raríssimos. Pelo contrário, os inimigos de Deus, e os que vivem perpetuamente em seu ódio, não têm número. Estes são os hereges e os cismáticos, estes os maometanos e os judeus, estes os gentios e os ateus, estes os apóstatas e maus cristãos. E a insolência de todos estes, armados do ódio que têm ao supremo e eterno Deus, está sempre subindo e fazendo guerra ao céu, à escala vista, com as suas ingratidões, com as suas injúrias, com as suas afrontas, com as suas blasfêmias de pensamento, de palavra, de obra: "A soberba daqueles que te aborrecem sobe continuamente" (Sl 73,23). — E quem é o que lá desfaz ou suspende estas tremendas exalações e vapores, para que não desçam sobre o mundo em raios, senão o braço ou coração do mesmo Deus, com as indulgências do seu ódio? Ele é o que os sofre, ele é o que os dissimula, ele é o que tem mão em si e na sua justa ira. Mas não para aqui. Esse mesmo Deus, que aos seus inimigos deu o ser antes de o poderem ter merecido, lhes dá a vida, lhes conserva a saúde, lhes acrescenta as riquezas, as honras, os estados, os reinos e os impérios, como se para a distribuição dos bens, ou da natureza, ou da fortuna — sendo ele senhor de ambas — os bons e os maus todos foram bons, os justos e os injustos todos foram justos, e os amigos e inimigos todos foram amigos. É verdade que nos afetos do ódio ou amor de Deus há a diferença de amados ou aborrecidos; mas nos efeitos de beneficência do mesmo Deus, tão favorecidos e tão mimosos uns e os outros, como se os amados e aborrecidos todos foram amados.

Já nesta geral indiferença, com que Deus faz bem igualmente aos amigos, que estão em sua graça, e aos inimigos, que estão em seu ódio, ficava bem demonstrada a verdade e excelência do soberano exemplar que o Filho de Deus propõe no mesmo Deus aos homens, para que, imitando-o como bons filhos a tal Pai: "Para que sejais filhos de vosso Pai" — saibam com efeito amar e amem a seus inimigos. Mas como o amor dos inimigos é mais alto e ele só heroico — para que vejamos quem é Deus — e quais nós devemos ser neste ponto — atrevo-me a dizer que, posto Deus entre amigos e inimigos, de uma parte os que estão em seu amor e da outra os que estão em seu ódio, se tomarmos bem as medidas aos seus favores, maiores são os que faz, sem embargo do seu ódio, aos inimigos, que sem respeito do seu amor aos amigos. Não me atrevera a dizer tanto se não falara em próprios termos pela boca de um profeta, e pela pena de um apóstolo.

O profeta Malaquias, falando em nome de Deus, ou Deus falando por boca do mesmo profeta, diz: "Eu amei a Jacó e tive ódio a Esaú" (Ml 1,2s). — E S. Paulo, escrevendo aos romanos, e falando Deus pela sua pena, repete a mesma sentença pelas mesmas palavras: "Eu amei a Jacó e tive ódio a Esaú" (Rm 9,13). — De sorte que em dois textos, um do Testamento Velho, e outro do novo, temos expresso o ódio de Deus e o amor de Deus; e as pessoas, uma amada, outra aborrecida, não ocultas, senão declaradas por seu próprio nome, Jacó e Esaú. Agora vamos à História Sagrada, e vejamos o que fez Deus a Esaú com ódio de Esaú, e o que fez a Jacó com amor de Jacó.

O que mais estima a felicidade humana, é vida, riqueza, honra. Quanto à vida, assim como Jacó e Esaú nasceram na mesma hora, assim acabaram a vida da mesma idade, e essa tão estendida que não se podiam queixar das parcas, porque Jacó consta que morreu de cento e quarenta e cinco anos. Quanto à riqueza, ambos cresceram tanto na multiplicação e fecundidade dos gados que criavam os seus pastores, e eram as minas e tesouros daquele bom tempo, que, por não caberem nos campos, foi necessário que as duas poderosas famílias se dividissem, como dividiram, habitando e dominando

Jacó as terras de Canaã, e Esaú as de Edom e Seir. Até aqui, nem o ódio nem o amor de Deus se distinguiram nos efeitos, e o odiado e o amado continuaram a sua peregrinação — que assim lhe chama a Escritura — tão irmãos na fortuna como no sangue.

Mas, vindo ao ponto da honra, que é o de maior estimação e reparo, tendo já as duas famílias crescido a ser duas nações ou duas gentes — como Deus revelou à mãe de ambos, quando ainda os trazia no ventre: "Duas gentes estão no teu ventre" (Gn 25,23) — foi muito notável a grandeza e majestade com que a descendência de Esaú se avantajou à de Jacó. Trocando o nome de Edom, chamaram-se os descendentes de Esaú idumeus, e, governando-se toda a nação umas vezes como república, outras como monarquia, sempre os descendentes e netos de Esaú foram os príncipes soberanos dela, ou na república, com título de duques, ou na monarquia, com majestade e coroa de reis. E, posto que em semelhantes sucessões costuma haver muitas mudanças e quebras, esta foi tão continuada de pais a filhos, sempre no mesmo domínio, que quando Moisés a escreveu, no capítulo trinta e seis do Gênesis, já o número dos duques tinha sido onze, e o dos reis coroados nove. E o que de nenhum modo se deve passar em silêncio é que o segundo destes reis, e bisneto de Esaú, ainda em sua vida, foi o famosíssimo Jó, que tanto pela constância na adversa fortuna, como pela moderação na próspera, podia fazer insigne e memorável qualquer reino dos maiores do mundo. Em quem pudera esperar nem imaginar tais excessos de felicidade na pessoa e descendência de um homem, do qual disse o mesmo Deus que lhe tinha ódio: "Tive ódio a Esaú"?

O reparo, porém, mais notável e digno de admiração nesta mesma história é a advertência e reflexão com que a Escritura Sagrada começa a escrever o catálogo dos reis descendentes de Esaú: "Estes foram os reis filhos de Esaú, antes que os filhos de Jacó tivessem rei" (Gn 36,31). — Porventura que não há outra semelhante reflexão em toda a História Sagrada. Primeiramente, Moisés não podia notar esta diferença sem particular revelação de Deus, porque, quando os filhos de Jacó tiveram o primeiro rei, que foi Saul, havia de ser mais de quinhentos anos depois deste tempo. Pois, por que razão ou com que mistério fez Deus esta revelação a Moisés, e lhe mandou fazer esta reflexão, e notar esta grande diferença entre os filhos de Esaú e os filhos de Jacó, em matéria tão relevante nas gerações do mundo, qual é ter reis, ou não ter reis? Para que entendessem os que isto haviam de ler, que o ódio de Deus é tão benéfico, tão generoso, tão heroico e tão inclinado a fazer bem a seus inimigos que não só pode competir com o amor do mesmo Deus, em respeito de seus amigos, mas adiantar-se e vencê-lo em matérias de tanto preço e tanto peso, como foram neste caso a dignidade real e o tempo dela.

O tempo, quanto vai de quinhentos anos antes ou quinhentos depois; a dignidade, quanto vai de ter reis, e tantos reis, ou não ter rei. Isto é o que o ódio de Deus a Esaú fez a Esaú, e isto o que o amor de Deus a Jacó não fez a Jacó, para que se veja quão mal fundada era a dificuldade de não poder Deus, com o seu exemplo, ensinar o amor dos inimigos, pois ele os não ama, antes lhes tem ódio. É verdade que Deus tem ódio a seus inimigos, mas é um ódio que dá largas vidas, é um ódio que dá imensas riquezas, é um ódio que dá cetros e coroas aos que não ama. Faz isto algum, não digo ódio, senão do que entre os homens se chama amor? O amor mais natural e mais devido é o dos pais aos filhos e o dos filhos aos pais; e Davi, sendo pai, tirou o reino a seu filho Adonias; e Absalão, sendo filho, tirou o reino a Davi, seu pai. Estes foram os segundos reis da descendência de Jacó, os quais só conservaram o reino inteiro até a terceira geração, conservando-se os da descendência de Esaú, não só em tantas outras gerações, como as do catálogo de Moisés, senão em muitas outras, que depois delas se continuaram e seguiram.

§ X

Tão heroica é a beneficência de Deus em preferir os inimigos aos amigos, ainda sobre a confissão expressa do amor que lhe merecem os amigos, e do ódio que tem aos inimigos: a Jacó — "Amei" — a Esaú: "Tive ódio". — E porque nós não podemos imitar o exemplar de Deus, como neste caso, em dar cetros e coroas, coroemos o nosso discurso com outro ato não menos heroico nem menos generoso, senão mais. E qual é ou pode ser este ato? Que aos inimigos, de quem formos mais ofendidos, esses amemos mais. Atenção.

É teologia certa que Deus podia remir o gênero humano por um homem ou por um anjo; e por que se deliberou e decretou no consistório divino que o remisse Deus por si mesmo? Porque o pecado de Adão na desobediência não só ofendeu a soberania de Deus, senão que direita e mais formalmente ofendeu a sua divindade, querendo e crendo que podia ser como Deus: "Sereis como uns deuses" (Gn 3,5) — e como a divindade naquele caso foi a mais ofendida, à mesma divindade pertencia o perdão e o remédio do inimigo que o ofendera, e por isso o mesmo Deus foi o redentor. Assim o resolve e ensina toda a mesma teologia, com o Doutor Angélico, Santo Tomás. Mas, ainda aqui não está totalmente satisfeita a fineza do divino exemplar. Na divindade o Pai é Deus, o Filho é Deus e o Espírito Santo é Deus; e tão ofendido foi Deus no Pai como no Filho, tão ofendido no Filho como no Espírito Santo, e tão ofendido no Espírito Santo como no Pai. Por que foi logo o redentor, não a pessoa do Pai, nem a do Espírito Santo, senão a do Filho? Pela mesma razão.

O atributo em que Adão quis ser semelhante a Deus foi na sabedoria de todas as coisas: "Sereis como uns deuses, conhecendo o bem e o mal" (Gn 3,5). — Assim o disse o demônio, e assim o creu e quis Adão. Ao ponto agora. Nas três pessoas divinas da Santíssima Trindade, ao Pai atribui-se a onipotência, ao Filho a sabedoria, ao Espírito Santo a bondade; e como na pessoa do Filho, a que se atribui a sabedoria, foi maior e dobrada a ofensa do pecado de Adão, uma vez ofendido na divindade: "Sereis como uns deuses" — outra vez ofendido na sabedoria: "Conhecendo o bem e o mal" — por isso foi também no mesmo Filho maior e dobrada a obrigação de ser ele, e não outra Pessoa divina, o que procurasse o perdão, o remédio e todo o bem do mesmo Adão que o ofendera. Finalmente, porque este exemplo de havermos de amar e fazer bem aos inimigos quanto mais ofendidos deles, se acabe de verificar em Deus na Pessoa do Filho, esse foi o altíssimo mistério com que o mesmo Filho, enquanto homem, pondo-nos por exemplo a Deus, acrescentou que o havíamos de imitar como filhos do mesmo Pai, que é o que a pessoa do mesmo Filho fez: "Para serdes filhos de vosso Pai, que está nos céus" (Mt 5,45).

Vejo, porém, que, pegando nesta última cláusula: "Que está nos céus" — não faltará quem diga que estas divindades e finezas de amor são lá para o céu, e não para a terra, onde os nossos afetos, e ainda os nossos pensamentos, são tão grosseiros como ela. Mas, para confusão da mesma terra, e dos que, parece, não nasceram para o céu, acabo com lhes mostrar que o ditame de pertencer aos mais ofendidos serem eles os que amem, e façam bem aos que os ofenderam, é tão conforme à razão em toda a parte, que até no inferno se entende assim. Ardendo no inferno o rico avarento, olhou para cima, e, vendo a Lázaro entre os outros moradores daquele arrabalde do céu, chamado seio de Abraão, disse desta maneira, falando com ele: "Pai Abraão, mandai a Lázaro que me venha refrigerar a língua, ao menos com um dedo molhado na água, porque me atormenta muito este fogo" (Lc 16,24). — Cada palavra destas podia ser meditação de uma eternidade. Só reparo naquele "mandai a Lázaro". — Em todo o seio de Abraão não havia pessoa de quem menos devesse esperar o rico avarento este socorro e obra de caridade do que de Lázaro, porque Lázaro era aquele pobre coberto de chagas que jazia à sua porta, morto de fome, a quem o rico avarento tantas vezes ofendia todos os dias quantas se assentava à mesa, sem lhe permitir as migalhas que dela caíam, quantas saía ou entrava pela sua porta, quantas via as suas chagas, quantas ouvia os seus gemidos, e quantas sabia que os seus cães lhe lambiam as feridas.

Pois, se tantos outros homens havia no seio de Abraão, de cuja piedade podia esperar o rico avarento aquele socorro, e só Lázaro era o que tantas vezes e continuamente tinha a sua crueldade ofendido, por que só a ele nomeia e só dele confia o remédio e alívio que pede? Porque entendeu aquele homem, posto no inferno, e posto que condenado, que o amar e fazer bem aos inimigos pertence aos que maiores ofensas têm recebido deles; e como Lázaro, entre todos, era o mais ofendido, ele era o que na ocasião se havia de mostrar mais amigo. Este exemplo do inferno não teve efeito, porque lá todos os desejos os convertem em desesperações. O que importa é que os que lá não quiserem ir acabar de entender os desenganos desta verdade, levantem os olhos ao céu, onde está aquele Pai, cujo exemplo nos manda Cristo imitar, tendo por certo que, se imitarmos o amor, ou amoroso ódio com que Deus não faz mal, senão bem a seus inimigos, na terra seremos seus Filhos por graça, e no céu por glória: "Para serdes filhos de vosso Pai, que está nos céus" (Mt 5,45).

SERMÃO DE

Santo Antônio

*Na festa que se fez ao santo na Igreja das
Chagas de Lisboa, aos catorze de setembro de 1642,
tendo-se publicado as cortes para o dia seguinte.*

∽

"Vós sois o sal da terra."
(Mt 5,13)

Santo Antônio é festejado hoje, em Lisboa, na centenária Igreja das Chagas, fundada no ano de 1542 por pilotos e mestres da carreira das Índias. E o Parlamento, convocado para o dia seguinte, se reunirá na Livraria do Convento de São Francisco da cidade, fundado em 1257. Então, criou-se o Conselho Ultramarino, e Portugal concedeu à Inglaterra a posição de "nação mais favorecida" podendo os comerciantes ingleses ter maior acesso ao comércio colonial. Tudo isso é muito novo para Vieira, que há apenas um ano está em Lisboa. Elege Santo Antônio procurador dos céus à Corte de Lisboa. Que dirá o santo como procurador do céu a respeito da conservação do reino? Esta é a matéria do sermão. O primeiro fundamento é supor que devemos e havemos de tratar de nossa conservação. Nas primeiras cortes, tratou-se de remediar o reino; nestas trata-se de remediar os remédios: dificultosa empresa. Os remédios devem ser conservativos, mas desabridos não. Cristo ensinou moderação na matéria dos tributos. A diferença entre os tributos suaves e os violentos. Que indústria poderá haver para que os tributos sejam suaves e fáceis de levar? Repartam-se por todos a exemplo do tributo da morte. Como se podem igualar extremos que têm a essência na mesma igualdade? Os três estados da República: o eclesiástico, a nobreza e o terceiro estado. E Santo Antônio? As propriedades do sal e as virtudes do santo.

§ I

À Arca do Testamento — que assim lhe chamou Gregório IX[1] — ao Martelo das Heresias — que este nome lhe deu o mundo — ao defensor da fé, ao lume da Igreja, à maravilha de Itália, à honra de Espanha, à glória de Portugal, ao melhor filho de Lisboa, ao querubim mais eminente da religião seráfica, celebramos festa hoje. Necessário foi que o advertíssemos, pois, o dia o não supõe, antes parece que diz outra coisa. Celebramos festa hoje, como dizia, ao nosso português Santo Antônio; e, se havemos de reparar em circunstâncias de tempo, não é a menor dificuldade da festa o celebrar-se hoje. Hoje? Em catorze de setembro, Santo Antônio? Se já celebramos universalmente suas sagradas memórias em treze de junho, como torna agora em catorze de setembro? Entendo que não vem Santo Antônio hoje por hoje, senão por amanhã. Estavam publicadas as cortes do reino para quinze de setembro; vem Santo Antônio aos catorze, porque vem às cortes. Como há dias que o céu está pela coroa de Portugal, manda também seu procurador o céu às cortes do reino. Algumas sombras disto havemos de achar entre as luzes do Evangelho. Com três semelhanças é comparado Santo Antônio, ou com três nomes é chamado neste Evangelho. É chamado sal da terra: "Vós sois o sal da terra"; é chamado luz do mundo: "Vós sois a luz do mundo" (Mt 5,14); é chamado cidade sobre o monte: "Não pode esconder-se uma cidade que está situada sobre um monte" (Ibid.). — Esta última semelhança me faz dificuldade.

Que Santo Antônio se chame sal da terra, sua grande sabedoria o merece; que se chame luz do mundo, os raios de sua doutrina, os resplandores de seus milagres o aprovam; mas chamar-se cidade Santo Antônio: "Não pode esconder-se uma cidade"! — Um santo chamar-se uma cidade? Sim. Em outro dia fora mais dificultosa a resposta; mas hoje, e no nosso pensamento, é muito fácil. Chama-se cidade Santo Antônio, porque os procuradores de cortes são cidades pela representação; e assim dizemos que vêm às cortes as cidades do reino, e não vêm elas, senão seus procuradores. E como os procuradores de cortes são cidades por esta maneira, muito a propósito vem Santo Antônio hoje representado em uma cidade, porque é cidade por representação. Mas que cidade? "Cidade posta em cima, ou acima dos montes". — Clara está a descrição, se a interpretamos misticamente. Cidade acima dos montes, não há outra senão a Jerusalém do céu, a cidade da glória: "Coisas gloriosas se dizem de ti, cidade de Deus" — comenta Hugo Cardeal[2]. E por parte desta cidade do céu temos hoje na terra a Santo Antônio.

Na Igreja de Santo Antônio se costumam cá fazer as eleições dos procuradores de cortes, e também no céu se fez a eleição na pessoa de Santo Antônio. E foi a eleição do céu, com toda a propriedade, porque, ainda humanamente falando, e pondo Santo Antônio de parte o hábito e o cordão, parece que concorrem nele com eminência as partes e qualidades necessárias para este ofício público. As qualidades que constituem um perfeito procurador de cortes são duas: ser fiel e ser estadista. E quem se podia presumir mais fiel, e ainda mais estadista que Santo Antônio? Fiel, como português, Santo Antônio de Lisboa; estadista, como italiano, Santo Antônio de Pádua. Deu-lhe a fidelidade a terra própria, a razão de Estado as estranhas. Isto de razão de Estado, com ser tão necessária aos reinos, nunca se deu muito no nosso — culpa de seu demasiado valor — e os portugueses, que a usam e praticam com perfeição, mais a devem à experiência das terras alheias que às influências da própria. E como Santo Antônio andou tantas e tão políticas em sua vida, Espanha, França, Itália, ainda nesta parte ficava mui acertada a eleição de sua pessoa, quanto mais crescendo sobre estes talentos os outros maiores de seu zelo, de sua sabedoria, de sua santidade.

Só fará escrúpulo nesta matéria o gênio tão conhecido de Santo Antônio, segundo o qual parece que era mais conveniente sua assistência em cortes que se fizessem em Castela, que nestas que celebramos em Portugal. Os intentos de Castela, são recuperar o perdido; os intentos de Portugal, são conservar o recuperado. E como deparar coisas perdidas é o gênio e a graça particular de Santo Antônio, a Castela parece que convinha a assistência de seu patrocínio, que a nós por agora não. Quem nos ajude a conservar o ganhado, é o que havemos mister. Ora, senhores, ainda não conhecemos bem a Santo Antônio? Santo Antônio, para os estranhos, é recuperador do perdido; para com os seus é conservador do que se pode perder. Caminhava o pai de Santo Antônio a degolar — assim o dizem muitas histórias, ainda que alguma nos fale menos nobremente — e chegando já às portas da sé e às suas, eis que apareceu o santo milagrosamente, fez parar os ministros da justiça, ressuscita o morto, declara-se a inocência do condenado e fica livre. Pergunto: Por que não esperou Santo Antônio que morresse seu pai, e depois de morto lhe restituiu a vida? Não é menos fundada a dúvida que no exemplo de Cristo, Senhor nosso, de quem diz o texto de S. João que, avisado da enfermidade de Lázaro, "de propósito se deteve e o deixou morrer, para depois o ressuscitar" — ponderou o Crisólogo[3]: que lhe dilatou a saúde porque lhe quis ressuscitar a vida. Pois, se é mais gloriosa ação, e mais de Cristo, ressuscitar uma vida que impedir uma morte, por que não fez assim Santo Antônio?

Não fora maior milagre, não fora mais bizarra maravilha acabar o verdugo de passar o cutelo pela garganta do pai, e no mesmo ponto aparecer sobre o teatro o filho, ajuntar a cabeça ao tronco, levantar-se o morto vivo, pasmarem todos, e não crerem que o viam, ficando só da ferida um fio, sutilmente vermelho, para fiador do milagre? Pois, por que o não fez Santo Antônio assim? Se tinha virtude milagrosa para ressuscitar, se ressuscitou ali um morto, se ressuscitou outros muitos em diversas ocasiões, por que não esperou um pouco para ressuscitar também o seu pai? Por quê? Porque era seu pai. Aos estranhos ressuscitou-os depois de perderem a vida, a seu pai defendeu-lhe a vida, para que não chegasse a perdê-la; aos estranhos remedeia, mas ao seu sangue preserva. Cristo, Senhor nosso, foi redentor universal do gênero humano, mas com diferença grande. A todos os homens geralmente livrou-os da morte do pecado, depois de incorrerem nele, mas a sua Mãe preservou-a, para que não incorresse: aos outros deu-lhes a mão, depois de caírem: a sua Mãe teve-a mão, para que não caísse; dos outros foi redentor por resgate, de sua Mãe por preservação. Assim também Santo Antônio. Aos estranhos ressuscitou-os depois de mortos, a seu pai conservou-lhe a vida, para que não morresse, que essa diferença faz o divino português dos seus aos estranhos. Para com os estranhos é recuperador das coisas perdidas, para com os seus é também preservador de que se não percam. Por isso, com bem ocasionada propriedade, se compara hoje no Evangelho ao sal: "Vós sois o sal da terra". O sal é remédio da corrupção, mas remédio preservativo; não remedeia o que se perdeu, mas conserva o que se pudera perder, que é o de que temos necessidade.

Suposto isto, nenhuma parte lhe falta a Santo Antônio, antes todas estão nele em sua perfeição, para o ofício que lhe consideramos de procurador do céu nas nossas cortes. Como tal dirá o santo hoje seu parecer a respeito da conservação do reino, e esta será a matéria do sermão. Santo Antônio é o que há de pregar, e não eu. E cuido que desta maneira ficará o sermão mais de Santo Antônio, que nenhum outro, porque nos outros tratamos nós dele, neste trata ele de nós. Mas como eu sou o que hei de falar, para que o discurso pareça de Santo Antônio cujo é, e não meu, muita graça me é necessária. *Ave Maria.*

§ II

"Vós sois o sal da terra."
Já Santo Antônio tem dito seu parecer. Nestas quatro palavras breves, nestas seis sílabas compendiosas: "Vos-es-tis-sal-ter-rae" — se resume todo o arrazoado de Santo Antônio, em ordem ao bem e conservação do reino. E ninguém me diga que disse estas palavras Cristo a Santo Antônio, e não Santo Antônio a nós, porque, como a retórica dos do outro mundo são os exemplos, e o que obraram em vida é o que nos dizem depois da morte, dizer Cristo a Santo Antônio o que foi, é dizer-nos Santo Antônio o que devemos ser. "Vós sois o sal da terra" — disse Cristo a Santo Antônio por palavra. — "Vós sois o sal da terra", diz Santo Antônio aos portugueses por exemplo. Entendamos bem estas quatro palavras, que estas, bem entendidas, nos bastam.

"Vós sois o sal da terra." O primeiro fundamento que toma para seu discurso Santo Antônio é supor que devemos e havemos de tratar de nossa conservação. Isso quer dizer — conforme a exposição de todos os doutores — "Vós sois o sal da terra". — Quem diz sal diz conservação, e a que Cristo encomendava no original destas palavras tem grandes circunstâncias da nossa. Muito tenho reparado em que primeiro chamou Cristo aos apóstolos pescadores, e ao depois chamou-lhes sal: "Eu vos farei pescadores de homens" (Mc 1,17). "Vós sois o sal da terra." — Se pescadores, por que sal juntamente? Porque importa pouco o ter tomado, se se não conservar o que se tomou. Chamar-lhes pescadores, foi encomendar-lhes a pescaria; chamar-lhes sal, foi encarregar-lhes a conservação. Sois pescadores, apóstolos meus, porque quero que vades pescar por esse mar do mundo; mas advirto-vos que sois também sal, porque quero que pesqueis, não para comer, senão para conservar. Senhores meus, já fomos pescadores; ser agora sal é o que resta. Fomos pescadores astutos, fomos pescadores venturosos, aproveitamo-nos da água envolta, lançamos as redes a tempo, e ainda que tomamos somente um peixe rei, foi o mais formoso lanço que se fez nunca, não digo nas ribeiras do Tejo, mas em quantas rodeiam as praias do Oceano. Pescou Portugal o seu reino, pescou Portugal a sua coroa; advirta agora Portugal que não pescou para a comer, senão para a conservar. Foi pescador, seja sal. Mas isto não se discorre, supõe-se.

Porém, "Se o sal perder a sua força, com que poderá recuperá-lo?" (Mt 5,13). Se o sal não for efetivo, se os meios que se tomarem para a conservação saírem vãos e ineficazes, que remédio? — Esta é a razão de se repetirem e esta é a maior dificuldade destas segundas cortes. As primeiras cortes foram de boas vontades; estas segundas podem ser de bons entendimentos. Nas primeiras tratou-se de remediar o reino, nestas trata-se de remediar os remédios. Dificultosa empresa, mas importantíssima. Quando os remédios não têm bastante eficácia para curar a enfermidade, é necessário curar os remédios, para que os remédios curem ao enfermo. Assim o fez o mesmo Cristo Deus e Senhor nosso, sem dispêndio de sua sabedoria nem erro de sua providência. Não se pode acertar tudo da primeira vez. Trabalhava Cristo por sarar e converter o seu povo com os remédios ordinários da doutrina e pregação evangélica e, vendo que se não seguia a desejada saúde, que fez? Tratou de remediar os remédios, para que os remédios remediassem os enfermos. Em próprios termos o disse Santo Astério[4], falando da ressurreição da filha de Jairo: "Quando viu que os judeus não atingiam as suas palavras, ajuntou às palavras obras, e assim aplicou um remédio a outro remédio". Vendo Cristo que estava a enfermidade rebelde e os ouvintes surdos a seus sermões, ajuntou às palavras obras, ajuntou à doutrina milagres, e tomou por arbítrio melhorar os remédios para que os remédios melhorassem os enfermos: "Aplicou um remédio a outro remédio". — Aplicou umas medicinas a outras medicinas, para que os que eram remédios fracos fossem valentes remédios. Este é o fim de se repetirem cortes em Portugal. Arbitraram-se nas passadas vários modos de tributos para remédio da conservação do reino, mas, como estes tributos não foram efetivos, como estes remédios saíram ineficazes, importa agora remediar os remédios.

§ III

Mas perguntar-me-á alguém, ou perguntara eu a Santo Antônio: Que remédio teremos nós para remediar os remédios? Muito fácil, diz Santo Antônio: "Vós sois o sal da terra". — Para se curar uma enfermidade, vê-se em que peca a enfermidade: para se curarem os remédios, veja-se em que pecaram os remédios. Os remédios, como diz a queixa pública, pecaram na violência: muitos arbítrios, mas violentos muito. Pois modere-se a violência com a suavidade: ficarão os remédios remediados. Foram ineficazes os tributos por violentos; sejam suaves e serão efetivos: "Vós sois o sal da terra". Duas propriedades tem o sal — diz aqui Santo Hilário[5]: — conserva e mais tempera; é o antídoto da corrupção e lisonja do gosto; é o preservativo dos preservativos e o sabor dos sabores: "O sal não permite que os corpos se corrompam e é muito apto para temperar o sabor dos alimentos". — Tais como isto devem ser os remédios com que se hão de conservar as repúblicas. Conservativos sim, mas desabridos não. Obrar a conservação e saborear, ou, ao menos, não ofender o gosto, é o primor dos remédios. Não tem bons efeitos o sal, quando aquilo que se salga fica sentido. De tal maneira se há de conseguir a conservação que se escuse quanto for possível o sentimento. Tirou Deus uma costa a Adão para a fábrica de Eva; mas como lha tirou? Diz o texto sagrado: "Fez Deus adormecer a Adão" (Gn 2,21) e assim dormindo lhe tirou a costa.

Pois, por que razão dormindo, e não acordado? Disse-o advertidamente o nosso português Oleastro[6], e é o pensamento tão tirado da costa de Adão como das entranhas dos portugueses: A costa de que se havia de formar Eva, tirou-a Deus a Adão dormindo, e não acordado, "para mostrar quão dificultosamente se tira aos homens e com quanta suavidade se deve tirar, ainda o que é para seu proveito". — Da criação e fábrica de Eva dependia não menos que a conservação e propagação do gênero humano; mas repugnam tanto os homens a deixar arrancar de si aquilo que se lhes tem convertido em carne e sangue, ainda que seja para bem de sua casa de seus filhos, que para isso traçou Deus tirar a costa a Adão, não acordado, senão dormindo: adormeceu-lhe os sentidos para lhe escusar o sentimento. Com tanta suavidade como isto se há de tirar aos homens o que é necessário para sua conservação. Se é necessário para a conservação da pátria, tire-se a carne, tire-se o sangue, tirem-se os ossos, que assim é razão que seja; mas tire-se com tal modo, com tal indústria, com tal suavidade, que os homens não o sintam nem quase o vejam. Deus tirou a costa a Adão, mas ele não o viu nem o sentiu e, se o soube, foi por revelação. Assim aconteceu aos bem governados vassalos do imperador Teodorico[7], dos quais, por grande glória sua, dizia ele: "Os impostos nós os sentimos aumentados, vós não sabeis porque não os sentis diminuídos". Eu sei que há tributos, porque vejo as minhas rendas acrescentadas; vós não sabeis se os há, porque não sentis as vossas diminuídas. — Razão é que por todas as vias se acuda à conservação; mas como somos compostos de carne e sangue, obre de tal maneira o racional que tenha sempre respeito ao sensitivo. Tão ásperos podem ser os remédios, que seja menos feia a morte que a saúde. Que me importa a mim sarar do remédio, se hei de morrer do tormento?

Divina doutrina nos deixou Cristo desta moderação na sujeita matéria dos tributos. Mandou Cristo a S. Pedro que pagasse o tributo a César, e disse-lhe que fosse pescar e que na boca do primeiro peixe acharia uma moeda de prata, com que pagasse. Duas ponderações demos a este lugar o dia passado; hoje lhe daremos sete a diferentes intentos. Se Deus não faz milagres sem necessidade, por que o fez Cristo nesta ocasião, sendo ao parecer supérfluo? Pudera o Senhor dizer a Pedro que fosse pescar, e que do preço do que pescasse pagaria tributo. Pois, por que dispõe que se pague o tributo não do preço, senão da moeda que se achar na boca do peixe? Quis o Senhor que pagasse S. Pedro o tributo, e mais que lhe ficasse em casa o fruto de seu trabalho, que este é o suave modo de pagar tributos. Pague Pedro o tributo sim, mas seja com tal suavidade e com tão pouco dispêndio seu que, satisfazendo às obrigações de tributário, não perca os interesses de pescador. Coma o seu peixe, como dantes comia, e mais pague o tributo que dantes não pagava. Por isso tira a moeda, não do preço, senão da boca do peixe: "Abrindo-lhe a boca, acharás dentro um estáter" (Mt 17,26). — "Abrindo-lhe a boca": notai. Da boca do peixe se tirou o dinheiro do tributo, porque é bem que para o tributo se tire da boca. Mas esta diferença há entre os tributos suaves e os violentos: que os suaves tiramse da boca do peixe, os violentos da boca do pescador. Hão-se de tirar os tributos com tal traça, com tal indústria, com tal invenção: "Acharás dentro um estáter" — que pareça o dinheiro achado, e não perdido; dado por mercê da ventura, e não tirado à força da violência. Assim o fez Deus com Adão, assim o fez Cristo com S. Pedro e, para que não diga alguém que são milagres a nós impossíveis, assim o fez Teodorico, com seus vassalos. A boa indústria é suplemento da onipotência, e o que faz Deus por todo-poderoso, fazem os homens por muito industriosos.

§ IV

Sim. Mas que indústria poderá haver para que os tributos se não sintam, para que sejam suaves e fáceis de levar? Que indústria? "Vós sois o sal da terra." — Não se mete Santo Antônio a discursar arbítrios particulares, que seria coisa larga e menos própria deste lugar, posto que não dificultosa; um só meio aponta o santo nestas palavras, que transcende universalmente por todos os que se arbitrarem, com que qualquer tributo, se for justo será mais justo, e, se fácil, muito mais fácil e mais suave: "Vós sois o sal da terra." — Nota aqui S. João Crisóstomo a generalidade com que falou Cristo aos discípulos. Não lhes chamou sal de uma casa, ou de uma família, ou de uma cidade, ou de uma nação, senão sal de todo o mundo, sem excetuar a ninguém. — "Vós sois o sal da terra, não para uma nação, mas para todo o mundo" — comenta o santo Padre[8]. — Queremos, senhores, que o sal, qualquer que for, não seja desabrido? Queremos que os meios da conservação pareçam suaves? "Não sejam os remédios particulares, sejam universais"; não carreguem os tributos somente sobre uns, carreguem sobre todos. Não se trate de salgar só um gênero de gente: "Não para uma nação" — reparta-se e alcance o sal a terra: "Vós sois o sal da terra". — Convida Cristo aos homens para a aceitação e observância de sua lei, e diz assim: "Vinde a mim todos que tão cansados e molestados vos traz o mundo, e eu vos aliviarei" (Mt 11,28). — "Tomai o meu jugo sobre vós, e achareis descanso para a vida" (Ibid. 29). "Porque o jugo de minha lei é suave e o peso de meus preceitos é leve" (Ibid. 30).

Ora, se tomarmos bem o peso à lei de Cristo, havemos de achar que tem alguns preceitos pesados e, segundo a natureza, assaz violentos. Haver de amar aos inimigos, confessar um homem suas fraquezas a outro homem, bastar um pensamento para ofender gravemente a Deus e ir ao inferno, estes e outros semelhantes preceitos não há dúvida que são pesados e dificultosos, e por tais os estimou o mesmo Senhor, quando lhes chamou cruz nossa: "Tome a sua cruz, e siga-me" (Mt 16,24). — Pois, se os preceitos da lei de Cristo, ao menos alguns, são cruz pesada, como lhes chama o Senhor jugo suave e carga leve: "Porque o jugo de minha lei é suave e o peso de meus preceitos é leve"? — Antes de o Senhor lhes chamar assim, já tinha dito a causa: "Vinde a mim todos" (Mt 11,28). — A lei de Cristo é uma lei que se estende a todos com igualdade, e que obriga a todos sem privilégio: ao grande e ao pequeno, ao alto e ao baixo, ao rico e ao pobre, a todos mede pela mesma medida. E como a lei é comum sem exceção de pessoas, e igual sem diferença de preceito, modera-se tanto o pesado no comum e o violento no igual que, ainda que a lei seja rigorosa, é jugo suave; ainda que tenha preceitos dificultosos, é carga leve:): "Porque o jugo de minha lei é suave e o peso de meus preceitos é leve". — É verdade que é jugo, é verdade que é peso, nem Cristo o nega; mas como é jugo que a todos iguala, o exemplo o faz suave; como é peso que sobre todos carrega, a companhia o faz leve. Clemente Alexandrino: "Não se deve exagerar a igualdade que diz respeito às distribuições honrando a justiça; por isso o Senhor disse: Tomai o jugo da minha lei que é suave e o peso dos meus preceitos que é leve"[9].

O maior jugo de um reino, a mais pesada carga de uma república, são os imoderados tributos. Se queremos que sejam leves, se queremos que sejam suaves, repartam-se por todos. Não há tributo mais pesado que o da morte e, contudo, todos o pagam e ninguém se queixa, porque é tributo de todos. Se uns homens morreram e outros não, quem levara em paciência esta rigorosa pensão da mortalidade? Mas a mesma razão que a estende a facilita, e, porque não há privilegiados, não há queixosos. Imitem as resoluções políticas o governo natural do Criador: "O qual faz nascer o seu sol sobre bons e maus, e vir chuva sobre justos e injustos" (Mt 5,45). — Se amanhece o sol, a todos aquenta, e se chove o céu, a todos molha. Se toda a luz caíra a uma parte e toda a tempestade a outra, quem o sofrera? Mas não sei que injusta condição é a deste elemento grosseiro em que vivemos, que as mesmas igualdades do céu, em chegando à terra, logo se desigualam. Chove o céu com aquela igualdade distributiva que vemos; mas, em a água chegando à terra, os montes ficam enxutos e os vales afogando-se; os montes escoam o peso da água de si, e toda a força da corrente desce a alargar os vales, e queira Deus que não seja teatro de recreação, para os que estão olhando do alto, ver nadar as cabanas dos pastores sobre os dilúvios de suas ruínas. Ora, guardemo-nos de algum dilúvio universal que, quando Deus iguala desigualdades, até os mais altos montes ficam debaixo da água. O que importa é que os montes se igualem com os vales, pois os montes são a quem principalmente ameaçam os raios, e reparta-se por todos o peso, para que fique leve a todos. Os mesmos animais de carga, se lha deitam toda a uma parte, caem com ela; e a muitos navios meteu nas mãos dos piratas a carga, não por muita, mas por descompassada. Se se repartir o peso com igualdade de justiça, todos o levarão com igualdade de ânimo: "Porque ninguém toma pesadamente o peso que se lhe distribuiu com igualdade" — disse o político Cassiodoro[10].

§ V

Boa doutrina estava esta, se não fora dificultosa e, ao que parece, impraticável. Bom era que nos igualáramos todos; mas como se podem igualar extremos que têm a essência na mesma desigualdade? Quem compõe os três estados do reino é a desigualdade das pessoas. Pois, como se hão de igualar os três estados, se são estados porque são desiguais? Como? Já se sabe que há de ser: "Vós sois o sal da terra". — O que aqui pondero é que não diz Cristo aos apóstolos: Vós sois semelhantes ao sal — senão "Vós sois" sal. — Não é necessária filosofia para saber que um indivíduo não pode ter duas essências. Pois, se os apóstolos eram homens, se eram indivíduos da natureza humana, como lhes diz Cristo que são sal: "Vós sois o sal"? Alta doutrina de estado. Quis-nos ensinar Cristo, Senhor nosso, que pelas conveniências do bem comum se hão de transformar os homens, e que hão de deixar de ser o que são por natureza para serem o que devem ser por obrigação. Por isso, tendo Cristo constituído aos apóstolos ministros da redenção e conservadores do mundo, não os considera sal por semelhança, senão sal por realidade: "Vós sois o sal" — porque o ofício há-se de transformar em natureza, a obrigação há-se de converter em essência, e devem os homens deixar de ser o que são para chegarem a ser o que devem. Assim o fazia o Batista, que perguntado quem era, respondeu: "Eu sou uma voz" (Jo 1,23). — Calou o nome da pessoa e disse o nome do ofício, porque cada um é o que deve ser, e, se não, não é o que deve. Se os três estados do reino, atendendo a suas preeminências, são desiguais, atendam a nossas conveniências, e não o sejam. Deixem de ser o que são para serem o que é necessário, e iguale a necessidade os que desigualou a fortuna.

A mesma formação do sal nos porá em prática esta doutrina. Aristóteles e Plínio reconhecem na composição do sal o elemento da água e do fogo: "O sal tem a natureza de fogo e de água, contendo os dois elementos, água e fogo" — diz Plínio[11]. — A glosa ordinária, e S. Cromácio, acrescentam o terceiro elemento do ar — prova seja a grande umidade deste misto — e diz assim S. Cromácio: "A matéria, ou natureza do sal, são três elementos transformados, os quais, tendo sido fogo, ar e água, se uniram em uma diferente espécie e se converteram em sal"[12]. — Grande exemplo da nossa doutrina! Assim como o sal é uma junta de três elementos, fogo, ar e água, assim a república é uma união de três estados, eclesiástico, nobreza e povo. O elemento do fogo representa o estado eclesiástico, elemento mais levantado que todos, mais chegado ao céu e apartado da terra; elemento a quem todos os outros sustentam, isento ele de sustentar a ninguém. O elemento do ar representa o estado da nobreza, não por ser a esfera da vaidade, mas por ser o elemento da respiração, porque os fidalgos de Portugal foram o instrumento felicíssimo por que respiramos, devendo este reino eternamente à resolução de sua nobreza os alentos com que vive, os espíritos com que se sustenta.

Finalmente, o elemento da água representa o estado do povo: — "As águas são os povos" (Ap 17,15) — diz um texto do Apocalipse — e não como dizem os críticos, por ser elemento inquieto e indômito, que à variedade de qualquer vento se muda, mas por servir o mar de muitos e mui proveitosos usos à terra, conservando os comércios, enriquecendo as cidades, e sendo o melhor vizinho que a natureza deu às que amou mais. Estes são os elementos de que se compõe a república. Da maneira, pois, que aqueles três elementos naturais deixam de ser o que eram, para se converterem em uma espécie conservadora das coisas: "Deixaram de ser o que eram, para se converterem em outra espécie" — assim estes três elementos políticos hão de deixar de ser o que são para se reduzirem unidos a um estado que mais convenha à conservação do reino. O estado eclesiástico deixe de ser o que é por imunidade e anime-se a assistir com o que não deve. O estado da nobreza deixe de ser o que é por privilégio e alente-se a concorrer com o que não usa. O estado do povo deixe de ser o que é por possibilidade e esforce-se a contribuir com o que pode, e desta maneira, deixando cada um de ser o que foi, alcançarão todos juntos a ser o que devem, sendo esta concorde união dos três elementos eficaz conservadora do quarto: "Vós sois o sal da terra".

§ VI

Amplifiquemos este ponto como tão essencial, e falemos particularmente com cada um dos três estados. Primeiramente, o estado eclesiástico deixe de ser o que é por imunidade e seja o que convém à necessidade comum. Serem isentas de pagar tributo as pessoas e bens eclesiásticos, o direito humano o dispõe assim, e alguns querem que também o divino. No nosso passo o temos. Indo propor S. Pedro a Cristo que os ministros reais lhe pediam o tributo, respondeu o Senhor que fosse pescar, como dissemos, e que na boca do primeiro peixe acharia o didracma, ou moeda. Dificulto. Suposto que o tributo se havia de pagar do dinheiro milagroso, e não do preço do peixe, para que vai pescar S. Pedro? Não era mais barato dizer-lhe Cristo que metesse a mão na algibeira e que aí acharia com que pagar? Para Cristo tão fácil era uma coisa como a outra; para S. Pedro, mais fácil esta segunda. Pois, por que lhe manda que vá ao mar, que pesque, e que do dinheiro que achar por esta indústria pague o tributo? A razão foi porque quis Cristo contemporizar com o tributo de César e mais conservar em seu ponto a imunidade eclesiástica. Pague Pedro — como se dissera Cristo — mas pague como pescador, não pague como apóstolo; pague como oficial do povo, e não como ministro da Igreja. Deixe Pedro, por representação, de ser o que é, e torne por representação a ser o que foi; deixe de ser eclesiástico, e torne a ser pescador; e então pague, por obrigação do ofício, o que não deve pagar por privilégio da dignidade. "Cristo quis pagar o tributo para não ofender aos publicanos nem perder o seu privilégio" — diz o doutíssimo Maldonado[13], de sentença de S. Crisóstomo e de Eutímio. A sua razão é: "Porque pagou do dinheiro achado, e não do seu".

Mas a mim mais fácil me parece distinguir na mesma pessoa diferentes representações, que admitir, receber e dar sem consideração de domínio. O pensamento é o mesmo; escolha cada um das duas razões a que mais lhe contentar. E como a matéria era de tanta importância, ainda por outra cláusula a confirmou e ratificou o Senhor, para que este exemplo lhe não prejudicasse: "Dai, Pedro, por mim e por vós" (Mt 17,26). — "Dai": aqui reparo. Quando lhe vieram perguntar a Cristo se era lícito pagar o tributo a César, respondeu o Senhor: "Pagai o de César a César, e o de Deus a Deus" (Mt 22,21). — Pergunta Teofilato[14]: "Porque pagai e não dai?" Por que diz Cristo pagai, e não diz dai? — A mesma questão faço eu aqui: "Dai, por mim e por vós. Por que diz dai, e não diz pagai?". — Se lá diz Cristo: pagai, e não dai — por que cá diz o mesmo Senhor dai, e não pagai? A razão é porque lá falava Cristo com os seculares, cá falava com os eclesiásticos; e quando uns e outros concorrem para os tributos, os seculares pagam, e os eclesiásticos dão. Os seculares pagam, porque dão o que devem; os eclesiásticos dão, porque pagam o que não devem. Por isso Cristo usou da cláusula "Daí" com grande providência, para que este ato, tão contrário à imunidade eclesiástica, não cedesse em prejuízo dela, declarando que o tributo que um e outro estado paga promiscuamente, nos seculares é justiça, nos eclesiásticos é liberalidade; nos seculares é dívida, nos eclesiásticos é dádiva: "Dai: Pagai".

Tanta é a imunidade das pessoas e bens eclesiásticos; mas estamos em tempo em que é necessário cederem de sua imunidade para socorrerem a nossa necessidade. Não digo que paguem os eclesiásticos, mas digo que deem; não digo "Pagai", mas digo "Daí". Liberalidade peço, e não justiça, ainda que a ocasião presente é tão forçosa, que justiça vem a ser a liberalidade. Com nenhum doutor alegarei nesta matéria que não seja ou sumo pontífice ou cardeal ou bispo para que, com o desinteresse em causa própria, se qualifique ainda mais a autoridade maior. Quando el-rei de Israel, Saul, tratava de tirar a vida de Davi, rei também de Israel — que havia naquele tempo dois que se intitulavam reis do mesmo reino; um rei injusto, outro santo; um, rei escolhido por Deus, outro, reprovado por ele — neste tempo — que parece neste tempo — foi ter Davi com o sacerdote Aquimelec, ou Abiatar, e, com licença sua, tomou do altar os pães da proposição e repartiu-os a seus soldados. Ação foi esta, que tem contra si um texto expresso no capítulo vinte e quatro do Levítico, desta maneira: "Os pães da proposição seriam perpetuamente de Arão e seus descendentes, e que os comeriam os sacerdotes, e não outrem, por ser pão santo e consagrado a Deus". — Esta é a verdadeira inteligência do texto, conforme uma glosa de fé, no capítulo sexto de S. Lucas. Pois, se os pães da proposição eram próprios dos sacerdotes, e nenhum homem secular podia comer deles licitamente, como os deu a Davi um Sacerdote tão zeloso como Aquimelec, e como os tomou para seus soldados um rei tão santo como Davi?

Não temos menor intérprete ao lugar que o Sumo Pontífice Cristo, autor e expositor de sua mesma lei. Aprova Cristo esta ação de Davi no capítulo segundo de S. Marcos, e diz assim: "Nunca lestes o que fez Davi, quando teve necessidade, como entrou no templo de Deus, como tomou os pães, que não era lícito comer, senão aos sacerdotes, e os deu a seus soldados?" (Mc 2,25s). — De maneira que a total razão por que aprova Cristo entrar Davi no templo, e tomar o pão dos sacerdotes, é porque o fez o rei "quando teve necessidade" — porque, quando estão em necessidade os reis, é bem que os bens eclesiásticos os socorram, e que tirem os sacerdotes o pão da boca para o sustentarem a ele e a seus soldados. Assim declara Cristo que precede o direito natural ao positivo, e que pode ser lícito, pelas circunstâncias do tempo, o que pelas leis e cânones é proibido.

E verdadeiramente que, quando a nenhum rei deveram os eclesiásticos esta correspondência, os reis de Portugal a mereciam porque, se atentamente se lerem as nossas crônicas, apenas se achará templo, ou mosteiro em todo Portugal, que os reis portugueses, com seu piedoso zelo, ou não fundassem totalmente, ou não dotassem de grossas rendas, ou não enriquecessem com preciosíssimas dádivas. Impossível coisa fora deter-me em matéria tão larga e inútil, e tão sabida. Concorram pois as Igrejas a socorrer a seus fundadores, a sustentar a quem as enriqueceu e a oferecer parte de suas rendas às mãos de cuja realeza receberam todas. Mais é isto justiça que liberalidade, mais é obrigação que benevolência, mais é restituição que dádiva.

Tirou el-rei Ezequias do templo, para se socorrer em uma guerra, os tesouros sagrados, e as mesmas lâminas de ouro com que estavam chapeadas as portas, e justificam muito esta resolução assim o texto como os doutores, por três razões: de necessidade, em respeito do reino; de conveniência, em respeito do templo; de obrigação, em respeito do rei. Por razão de necessidade em respeito do reino — diz o cardeal Caetano: "Quando o reino tinha chegado a termos que se não podiam conservar nem defender de outra maneira, justo era que, em falta dos tesouros profanos, substituíssem os sagrados, e que se empenhassem e vendessem as joias da Igreja para remir a liberdade pública"[15]. — Por razão de conveniência, em respeito do templo — diz o bispo S. Teodoreto: "Mais convinha ao templo conservar-se pobre que não se conservar, e é certo que na perda ou defesa da cidade consistia juntamente a sua, porque, fazendo-se senhor da cidade Senaqueribe, também arderia com a cidade o templo"[16]. — Finalmente, por razão de obrigação em respeito do mesmo rei, porque — como nota o texto — "Cortou Ezequias o ouro das portas do templo do Senhor e das ombreiras que ele mesmo as tinha forrado" (4Rs 18,16).

As lâminas de ouro, que Ezequias arrancou das portas do templo, ele mesmo as tinha dado; e era justa correspondência que em tal ocasião as portas se despissem de suas joias, e restituíssem generosamente o seu ouro a um rei, que com tanta liberalidade as enriquecera. Os templos são armazéns das necessidades, e os reis, que oferecem votos, depositam socorros. Quando Davi se viu no deserto desarmado e perseguido, nenhum socorro achou senão a espada do gigante, que consagrara a Deus no templo — que as dádivas que dedicaram aos templos os reis vitoriosos, bem é que as restituam os templos aos reis necessitados. Isto é o que deve fazer o estado eclesiástico de Portugal, e em primeiro lugar os primeiros dele, que por isso pagou o tributo não outro dos apóstolos, senão S. Pedro.

§ VII

O estado da nobreza também é isento por seus privilégios de pagar tributos: "São os mais pobres que pagam tributos" disse lá Tertuliano[17]; donde Jeremias, falando de Jerusalém: "A princesa das províncias ficou sujeita ao tributo" (Lm 1,1) — contrapôs o tributo à nobreza, e exagerou a Jerusalém senhora, para a lamentar tributária. No passo que nos fez o gasto temos também isto. Quando os ministros de César pediram o tributo a S. Pedro, perguntou-lhe Cristo: "Que vos parece, Pedro, neste caso?" (Mt 17,24). — "Os reis da terra, de quem recebem tributo? Dos filhos, ou dos estranhos?" (Ibid.). — "Dos estranhos" (Ibid. 25) — respondeu S. Pedro. — "Logo, isentos somos nós de pagar tributos?" (Ibid.) — diz Cristo. — Eu, porque sou Filho do Rei dos reis, e vós, porque sois domésticos e criados de minha casa, que os que têm foro ou filiação na casa real, isentos e privilegiados são de pagar tributos. — "Este exemplo prova" — diz o doutíssimo Tanero[18] — "que também os familiares do mesmo Cristo eram livres de pagar tributo, uma vez que na praxe humana não somente o filho do rei, mas também a sua família costuma ser livre dos tributos". — Isto resolveu Cristo *de jure*. Mas *de facto*, que resolveu? "Para que não os escandalizemos, vai e dá a eles por mim e por ti" (Ibid. 26). — Resolveu que, sem embargo de serem privilegiados, pagassem o tributo, porque seria matéria de escândalo que, quando pagavam todos, não pagassem eles. — Pois, se nos casos comuns lhe parece bem a Cristo que paguem tributos os nobres, a quem isentam as leis, quanto mais em um caso tão extraordinário e maior que pode acontecer em um reino, em que se arrisca a conservação do mesmo reino, do mesmo rei e a mesma nobreza?

Por duas razões principalmente me parece que corre grande obrigação à nobreza de Portugal de concorrerem com muita liberalidade para os subsídios e contribuições do reino. A primeira razão é porque as comendas e rendas da coroa, os fidalgos deste reino são os que as logram e logrãrão sempre, e é justo que os que se sustentam dos bens da coroa não faltem à mesma coroa com seus próprios bens: "Demos-te o que recebemos de tuas mãos". — Não há tributo mais bem pago no mundo que o que pagam os rios ao mar. Continuamente estão pagando este tributo, ou em desatados cristais, ou em prata sucessiva — como dizem os cultos — e vemos que, para não faltarem a esta dívida, se desentranham as fontes e se despenham as águas. Pois, quem deu tanta pontualidade a um elemento bruto? Por que se despendem com tanto primor umas águas irracionais? Por quê? Porque é justo que tornem ao mar águas que do mar saíram. Não é o pensamento de quem cuidais, senão de Salomão. "Do lugar de onde saem os rios a ele voltam" (Ecl 1,7). Tornam os rios perpetuamente ao mar — e em tempos tempestuosos com mais pressa e muito tributo — porque, mais ou menos grossas, do mar recebem todos suas correntes. Que injustiça fora da natureza e que escândalo do universo se, crescendo caudalosos os rios e fazendo-se alguns navegáveis com a liberalidade do mar, represaram avarentos suas águas e lhe negaram o devido tributo? Tal seria, se a nobreza faltasse à coroa com o ouro que dela recebe. E é muito de advertir aqui uma lição que a terra nos dá, se já não for repreensão, com seu exemplo. A água que recebe a terra é salgada, a que torna ao mar é doce. O que recebe em ondas amargosas, restitui-o em doces tributos. Assim havia de ser, senhores, mas não sei se acontece pelo contrário. A todos é coisa muito doce o receber; mas, tanto que se fala em dar, grandes amarguras! Pois, consideremos a razão, e parecer-nos-á imitável o exemplo. A razão por que as águas amargosas do mar se convertem em tributos doces é porque a terra, por onde passam, recebe o sal em si. "Vós sois o sal da terra." — Portugueses, entranhe-se na terra o sal, entenda-se que o que se dá é o sal e conservação da terra, e logo serão os tributos doces, ainda que pareçam amargosas as águas.

A segunda razão por que a nobreza de Portugal deve servir com sua fazenda a el-rei, nosso senhor, que Deus guarde, mais que nenhuma outra nobreza a outro rei, é porque ela o fez. Já que a fidalguia de Portugal saiu com a glória de levantar o rei, não deve querer que a leve outrem de o conservar e sustentar no reino. Fazer, e não conservar, é insuficiência de causas segundas inferiores: os efeitos das causas primeiras dependem delas "No fazer e no conservar". É verdade que muitas vezes tem maiores dificuldades o conservar que o fazer; mas quem se gloria da feitura não deve recusar o peso da conservação. Pecou Adão, decretou o Eterno Pai que não havia de aceitar menor satisfação que o sangue de seu Unigênito Filho. Notificou-se este decreto ao Verbo — digamo-lo assim — e que vos parece que responderia? "Eu o fiz, eu o sustentarei" (Is 46,4) — diz por Isaías. A razão com que o Filho de Deus se animou à conservação tão dificultosa e tão penosa de Adão, foi com se lembrar que ele o fizera: "Eu o fiz, eu o sustentarei". — Para se persuadir a ser redentor, lembrou-se que fora criador; e para conservar a Adão com todo o sangue, lembrou-se que o fizera com uma palavra. Nobreza de Portugal, já fizestes ao rei: conservá-lo agora é o que resta, ainda que custe: "Eu o fiz, eu o sustentarei". — Muito foi fazer um rei com uma palavra; mas conservá-lo com todo o sangue das veias, será a coroa de tão grande façanha. Sangue e vida é o que peço, que a tão ilustres e generosos ânimos, petição fora injuriosa falar em fazenda.

§ VIII

Resta que obrigação absoluta de pagar tributos só o terceiro estado a tenha. E assim o diz o nosso passo que, como até agora nos acompanhou, ainda aqui nos não falta. Da boca do peixe tirou S. Pedro a moeda para o tributo; mas perguntará algum curioso que peixe era este, ou como se chamava? Poucos dias há que eu me não atrevera a satisfazer à dúvida; mas fui-a achar decidida em um autor estrangeiro de nossa companhia, chamado Adamus Conthzem[19], pode ser que seja mais conhecido dos políticos que dos escriturários, mas em uma e outra coisa é muito douto. Diz este autor, falando do nosso peixe: "Para Plínio este peixe se chama Faber, e para os cristãos esse peixe chama-se São Pedro". Que é este um peixe a que hoje os cristãos chamam peixe de S. Pedro, e Plínio, na sua História Natural, lhe chama *faber*. — Notável coisa! *Faber* quer dizer o oficial. De sorte que, ainda no mar, quando se há de pagar um tributo, não o pagam os outros peixes, senão o peixe oficial. Não pagou o tributo um peixe fidalgo, senão um peixe mecânico. Não o pagou um peixe que se chamasse rei, ou delfim, ou outro nome menor de nobreza, senão um peixe que se chamava oficial: *faber*. Sobre os oficiais, sobre os que menos podem, caem de ordinário os tributos; não sei se por lei, se por infelicidade, e melhor é não saber por quê.

Seguia-se agora, segundo a ordem que levamos, exortar o povo aos tributos, mas não cometerei eu tão grande crime. Pedir perdão aos que chamei povo, isso sim. Em Lisboa não há povo. Em Lisboa não há mais que dois estados — eclesiástico e nobreza. Vassalos, que com tanta liberalidade despendem o que têm e ainda o que não têm, por seu rei, não são povo. Vai louvando o Esposo divino as perfeições da Igreja em figura de esposa, e, admirando o ar, garbo e bizarria com que punha os pés no chão, chama-lhe filha de príncipe: "Que airosos são os teus passos, ó filha do príncipe, no calçado que trazes" (Ct 7,1)! — Não há dúvida que no corpo político de qualquer monarquia os pés, como parte inferior, significam o povo. Pois, se o Esposo louva o povo da monarquia da Igreja, com que pensamento, ou com que energia lhe chama neste louvor "filha de príncipe"? — A versão hebreia o declarou ajustadamente: "Filha de príncipe, isto é, filha do povo que oferece voluntariamente". — Onde a Vulgata diz filha de príncipe, tem a raiz hebreia: filha do povo, què oferece voluntária e liberalmente. E povo que oferece com vontade e liberalidade não é povo, é príncipe: "Filha do povo que oferece voluntariamente: Filha de príncipe". — Bem dizia eu, logo, que em Lisboa não há três estados, senão dois: eclesiástico e nobreza. E se quisermos dizer que há três, não são eclesiástico, nobreza e povo, senão eclesiástico, nobreza e príncipes. E a príncipes, quem os há de exortar em matéria de liberalidade?

Só digo, por conclusão, e em nome da pátria o encareço muito a todos, que ninguém repare em dar com generoso ânimo tudo o que se pedir — que não será mais do necessário — ainda que para isso se desfaça a fazenda, a casa, o estado e as mesmas pessoas, porque, se pelo outro caminho deixarem de ser o que são, por este tornarão a ser o que eram: "Vós sois o sal da terra". A água, deixando de ser água, faz-se sal, e o sal, desfazendo-se do que é, torna a ser água. Neste círculo perfeito consiste a nossa conservação e restauração. Deixem todos de ser o que eram para se fazerem o que devem; desfaçam-se todos como devem, tornarão a ser o que eram. Este é, em suma, o espírito das nossas quatro palavras: "Vós sois o sal da terra".

§ IX

Temos acabado o sermão. E Santo Antônio? Parece que nos esquecemos dele, mas nunca falamos de outra coisa. Tudo o que dissemos neste discurso foram louvores de Santo Antônio, posto que desconhecidos, por irem com o nome mudado. Chamamos-lhe propriedade do sal, e eram virtudes do santo. E se não, arribemos brevemente sobre elas e vamo-las discorrendo. Se a primeira propriedade do sal é preservar da corrupção, que espírito apostólico houve que mais trabalhasse por conservar incorrupta a fé católica com a verdade de sua doutrina, com a pureza de seus escritos, com a eficácia de seus exemplos e com a maravilha perpétua de seus prodigiosos milagres? Se a segunda propriedade do sal é, sobre preservativo, não ser desabrido, que santo mais afável, que santo mais benigno, que santo mais familiar, que santo, enfim, que tenha uns braços tão amorosos, que, por se ver neles Deus, desceu do céu à terra, não para lutar, como Jacó, mas para se regalar docemente? Se a terceira propriedade do sal apostólico era não ser de uma, senão de toda a terra, quem no mundo mais sal da terra que Santo Antônio? De Lisboa, deixando a pátria, para Coimbra; de Portugal, com desejo de martírio, para Marrocos; da arribada de Marrocos para Espanha, de Espanha para Itália, de Itália para França, de França para Veneza, de Veneza outra vez à França, outra à Itália, com repetidas jornadas; com os pés andou a Europa e com os desejos a África e, se não levou os raios de sua doutrina a mais partes do mundo, foi porque ainda as não tinham descoberto os portugueses.

Se a quarta propriedade do sal foi ser sujeito das transformações dos elementos, em que santo se viram tantas metamorfoses como em Santo Antônio, transformando-se do que era, para ser o que mais convinha? De Fernando se mudou em Antônio, de secular em eclesiástico, de clérigo em religioso, e ainda de um hábito em outro hábito, para maior glória de Deus, tudo, sendo o primeiro em quem foi crédito a mudança, e a inconstância virtude. Finalmente, se a última propriedade do sal é conseguir o seu fim desfazendo-se, quem mais bizarra e animosamente que Santo Antônio se tiranizou a si mesmo, desfazendo-se com penitências, com jejuns, com asperezas, com estudos, com caminhos, com trabalhos padecidos constante e fervorosamente por Deus, até que em trinta e seis anos de idade — sendo robusto por natureza — deixou de ser temporalmente ao corpo, para ser por toda a eternidade à alma, aonde vive e viverá sem fim?

SERMÃO DAS

Quarenta Horas[1]

Em Lisboa, na Igreja de S. Roque. Ano de 1642.

∽

"Por que não és meu irmão de fato,
nutrido aos seios de minha mãe?
Poderia encontrar-te lá fora, te beijaria,
sem que as pessoas me desprezassem?"
(Ct 8,1)

A piedade das quarenta horas consistia em que nos três dias de Carnaval que antecediam a Quarta-feira de Cinzas o Santíssimo Sacramento fosse solenemente exposto, noite e dia. O sermão que Vieira prega na Igreja dos Jesuítas exalta a devoção eucarística, que repetidamente será o tema dos seus dez sermões essencialmente eucarísticos. Este é o terceiro sermão que Vieira prega no primeiro ano de sua vinda a Lisboa. O texto já interpretado pelos Santos Padres dá ocasião a ver no Cristo sacramentado três efeitos particulares: o sacramento exposto e manifesto — como um novo invento — o autor dessa grande obra. Esta é a divisão do sermão. A consonância maravilhosa do tema e a dissonância mais admirável dos tempos. Inicialmente, Vieira explica a observância e o costume destes primeiros dias da Quaresma. Lisboa antes e depois dessa festa. A ação dos jesuítas. Os outros sacramentos saíram do lado de Cristo simbolicamente; o Santíssimo Sacramento do Altar saiu em realidade. Qual dessas duas mudanças foi mais admirável, se a da Santidade ao extremo dos vícios, ou a dos vícios à antiga virtude Santidade? O milagre da conversão de Nínive. Parabéns à Igreja Católica e graças ao diviníssimo Sacramento.

§ I

Que ocultos são os mistérios da Escritura divina e que grande doutor é o tempo! Não há melhor intérprete das profecias que o sucesso das coisas profetizadas, nem há discurso mais certo para alcançar o que se não entende que o discurso dos anos. As palavras que propus são dos famosos Cânticos de Salomão, em que nenhuma há que não esteja prenhe de grandes mistérios. Todos os santos Padres e doutores sagrados as entendem conformemente de Cristo, Redentor nosso, e de sua esposa, a Igreja, mas em diferentes sentidos. Santo Ambrósio, Santo Atanásio e S. Gregório Papa reconhecem nelas o mistério altíssimo da Encarnação do Verbo, na qual o Filho de Deus, vestindo-se da natureza humana, aparentou conosco e se fez irmão nosso: "Por que não és meu irmão de fato, nutrido aos seios de minha mãe?" (Ct 8,1). — S. João Crisóstomo, depois de encarnado o mesmo Senhor, o reconhece já nascido e aos peitos virginais de sua Santíssima Mãe — sua e nossa: — "Nutrido aos seios de minha mãe" (Ibid.). — Teodoreto, Apônio e Ruperto, não com menos propriedade das mesmas palavras, depois de encarnado e nascido, o adoraram no altar sacramentado, para alimento suavíssimo das almas, pelas mesmas portas do sentido do gosto: "E te beijaria" (Ibid.).

Aqui pararam, e não disseram mais, os expositores antigos, sendo sem dúvida que, se alcançaram a viver na nossa idade, descobririam com a experiência e com a vista o que nós estamos vendo neste grande teatro. Não só desejava a esposa — quando ainda não tinha outro ser que o profético e figurativo — não só desejava a Igreja então ver a seu Esposo, Cristo sacramentado, mas, a respeito da sua presença sacramental, como causa, considerava nela três efeitos particulares, tão maravilhosos como novos. O primeiro, ver o mesmo Sacramento exposto e manifesto, e que saísse fora dos sacrários, donde está encerrado: "Poderia encontrar-te lá fora" (Ibid.). — O segundo, que o fim de se desencerrar e aparecer em público, fosse um novo invento: "Poderia encontrar-te" — por virtude do qual ninguém mais desprezasse a mesma Igreja: "Sem que as pessoas me desprezassem" (Ibid.). — O terceiro, suspirar e desejar ardentemente que acabasse já de vir ao mundo o autor dessa grande obra e duvidar quem seria: "Por que não és meu irmão de fato?" (Ct 8,1).

Este é o fundamento, e este, assim dividido, será o argumento do que pretendo dizer. Para prova e evidência de tantas coisas juntas e tão maravilhosas, nem da parte do pregador eram necessários discursos, nem da parte dos ouvintes entendimento: os olhos e a memória bastavam. Lembre-se a memória do que foi e do que viu no tempo passado; abram-se os olhos ao que é e ao que veem no presente, e esta só lembrança e esta só vista bastará para que conheçamos, e demos graças a Deus pela diferença tão notável de tempo a tempo. Agora me pudera eu descer do púlpito, e só com esta advertência deixar à memória e aos olhos a consonância e dissonância de tudo o que melhor se pode considerar que dizer.

A filosofia da consonância e dissonância, ainda em uma só palavra ou sílaba, é tão admirável como pouco advertida. Sendo a consonância concórdia do som e a dissonância discórdia, e, sendo o som um movimento sucessivo, que perde umas partes quando adquire outras, é certo que, quando a parte que soa e existe no ouvido se ouve, a parte que passou já não se ouve, porque já não existe nem soa: como pode logo ser, que do que se ouve, e do que se não ouve, se forme a consonância ou dissonância? O como, ou modo natural desta filosofia, é que a parte do som que passou, ainda que já não soa nem existe no ouvido, existe, porém, e persevera na memória; e da parte do som passado, que persevera na memória, junta com a parte do som presente, que continua no ouvido, resulta entre o ouvido e a memória a consonância ou dissonância das vozes. Troquemos agora os sentidos, e do ouvir passemos ao ver, e entre os olhos e a memória veremos no nosso caso a mesma maravilha. Ponha-se neste formoso teatro a memória defronte da vista, e a vista defronte da memória, e, na contraposição destes dois espelhos, se verá a consonância maravilhosa do tema, isto é, da profecia com o profetizado, e a dissonância ainda mais admirável dos tempos, isto é, do passado com o presente. O passado tão descomposto, o presente tão modesto; o passado tão disforme, o presente tão reformado; o passado tão abominável, o presente tão louvável; o passado tão gentílico, o presente tão cristão: o passado tão ímpio e o presente tão santo.

Assim que a memória e a vista me desobrigavam de quanto posso dizer. Mas, porque a sensibilidade fraca da nossa natureza não percebe os discursos e consequências do silêncio nem os encarecimentos mudos da admiração, que é a mais eloquente retórica, sendo forçoso que eu haja de falar, para que diga alguma coisa digna do que a memória admira na vista e do que a vista quase não pode crer à memória, recorramos à fonte e à Mãe da graça, para que com ela nos assista. *Ave Maria.*

§ II

"*P*or que não és meu irmão de fato?" (Ct 8,1).

Assim como na entrada do templo de Salomão estava edificado um pórtico do mesmo nome, lugar também sagrado, ao qual primeiro se entrava, e dele e por ele ao templo, ou — para que usemos de melhor e mais alto exemplo — assim como no sacrossanto sacrifício do Corpo de Cristo, antes de o sacerdote subir ao altar, para primeiro na entrada, e considera aonde há de entrar com as palavras de Davi: "Entrarei ao altar de Deus" (Sl 42,4) — e com profunda inclinação, batendo nos peitos, confessa a própria indignidade para tão soberanos mistérios, e este rito e sagrada cerimônia se chama o introito da Missa, assim, antes de entrar no santo tempo da quaresma, que é o tempo da penitência, e o Sacrifício, em que não só se representa o da nossa Redenção, mas nós também sacrificamos os nossos corpos, ao jejum e às outras mortificações e penalidades dos sentidos, assim, digo, ordenou a Igreja antigamente, para que esta entrada não fosse súbita e sem a devida preparação, que nos dias antecedentes aos quarenta seguintes, os altares se vestissem de luto, no canto eclesiástico cessassem as aleluias, e tudo quanto se visse e ouvisse nos ofícios divinos fossem os pregões e ensaios da mesma quaresma, os quais, como tão religiosos e pios, se chamavam o introito ou "Entrada Santa".

Durou esta observância e costume verdadeiramente cristão, por muitos anos, em que florescia a Igreja; mas, enfim, prevaleceram contra ele e contra ela os abusos e profanidades gentílicas, com tal excesso, que as intemperanças dos jogos furiosos de Baco, chamados por isso "bacanais", se passaram para estes mesmos dias, e, porque Luso, filho do mesmo Baco, foi o que deu o nome à nossa Lusitânia, nela, como peste hereditária, não lançaram menores raízes. Chegou a tanto o desprezo da mesma cristandade entre os cristãos nestes dias, qual S. Pedro Crisólogo[2], arcebispo de Ravena, o descreve dos gentios de sua diocese, no primeiro dia do ano. Diz que inventou o demônio aqueles que ele chama portentos de impiedade e doidice, e a que fim? Ouçamos as palavras do mesmo santo, que, parece, falavam de nós e conosco: "Para que tornasse a religião ridícula, para que a santidade se tornasse sacrilégio, para que a honra de Deus se convertesse em injúria de Deus". — Tudo o que a Igreja tinha instituído nestes dias era religião, era santidade, era honra de Deus. E estava tão trocado e profanado tudo, que "o que era honra de Deus se tinha convertido em injúrias do mesmo Deus" — "o que era santidade se tinha transformado em sacrilégios" — e "do que era religião se tinha composto o ridículo". — E que ridículo foi este, composto do que era religião? Foi o nome que todos sabemos, mas não sei se reparávamos na composição dele. Estes dias, pelas obras religiosas e pias com que neles se preparavam os cristãos para entrar no tempo santo da quaresma, chamavam-se, como dissemos, "santa entrada"; e os mesmos cristãos depravados, por desprezo e por matéria de riso, tinham composto do mesmo nome outro, tão ridículo, que em lugar de lhe chamarem "santa entrada", lhe chamavam, "santo entrudo". Não me atrevera a nomear deste lugar tal indecência senão fora tanto do nosso caso e do que logo hei de dizer sobre ela.

E que faria a Igreja Católica, assim desprezada e afrontada no meio de tantos escândalos, tão contínuos, tão públicos e tão alheios da modéstia, compostura, temperança e sobriedade cristã? Chorava, gemia e suspirava pelo remédio: "Por que não és meu irmão de fato?". — Mas não havia quem lho desse. Passavam uns pontífices e outros pontífices, e desprezavam-se suas censuras; passavam uns reis e outros reis, e desobedeciam-se seus decretos; nasciam e cresciam umas e outras religiões, e seus santíssimos patriarcas, e, posto que todos pregavam com celestial espírito e zelo contra estas impiedades, elas não só não admitiam cura, mas, como convertidas em natureza, se reputavam incuráveis. Porém, como a providência divina, para maior ostentação de sua onipotência, se preza de obrar as coisas maiores por meio dos instrumentos mais pequenos, assim como para derrubar o gigante filisteu escolheu entre os filhos de Jessé o último e de menor idade, que foi Davi, o qual, armado só do nome de Deus de Israel, como ele mesmo lhe disse, lhe cortou a cabeça e a levou em triunfo, assim entre todas as sagradas religiões, escolheu Deus a de menor idade, e ainda menor que menor, a mínima Companhia de Jesus para, em virtude do mesmo Nome Santíssimo, derrubar, degolar e triunfar deste monstro, composto de todos os vícios, tão abominável em si como na composição ou descomposição de seu nome.

Começou a cristandade a dar-se o parabém deste novo e admirável invento; mas, sofrendo mal a emulação que fosse autora e inventora dele uma religião tão nova, houve quem caluniasse satiricamente esta mesma solenidade das Quarenta Horas, dizendo com mordacidade discreta, se não fora ímpia, que os Padres da Companhia, porque não tinham santos a quem festejar, festejavam o "santo entrudo". Verdadeiramente, Senhor, que a constelação com que nasceste sacramentado neste mundo foi de que nunca vos houvessem de faltar traidores! Sacramentou-se Cristo "na mesma noite em que o estavam entregando" (1Cor 11,23) — e sacramentou-se com profecia de que o haviam de entregar: "Que será entregue por vós" (Ibid. 24). — Quanto à primeira parte da calúnia, já a Companhia, por mercê de Deus, tem santos, a que também festeja; já os seus altares estão bastantemente autorizados de santos confessores, e os seus mártires são tantos, que não cabem nos altares. E quanto ao ridículo da segunda parte: "Do que era religião se tinha composto o ridículo" — saiba o juízo onde se forjou esta mal limada agudeza, que quando a Companhia não viera ao mundo mais que para lhe dar esta volta, seria bem empregado o seu instituto, e, quando o espírito e zelo, de que Deus por sua bondade a dotou, não tivera obrado outra coisa grande, bastava este só milagre, que estamos vendo, para a canonizar por santa. Mas, antes que passemos a esta demonstração, que será a coroa do nosso discurso, sigamos por sua mesma ordem as palavras do tema.

§ III

Já vimos quem foi o inventor: "Por que não és meu irmão de fato?". Segue-se agora a traça, o artifício e a eficácia do invento: "Poderia encontrar-te". — O invento foi, diz a mesma Igreja, que o mesmo Cristo Sacramentado, que nestes dias tinha razão para se ausentar de nós, aparecesse em público, e, descerrado do interior dos sacrários, onde estava oculto, saísse fora: "Poderia encontrar-te lá fora". Diremos logo que porque o mundo nestes dias andava tão fora de si, quis também o Senhor do mesmo mundo sair fora? Sim, e não foi esta a vez primeira. Ouçamos ao grande doutor da Igreja, Santo Ambrósio, sobre o "fora" do nosso tema: "Fez-se fora o que estava dentro"[3]. O Filho de Deus, que estava dentro, saiu fora. — E onde estava dentro e quando saiu fora? O mesmo Santo: "Vede-o dentro quando lês que está no seio do Pai; reconhece-o fora, quando nos veio salvar". Estava o Verbo Divino dentro, quando estava oculto no sacrário do seio do Pai: "O Unigênito, que está no seio do Pai" (Jo 1,18). — E saiu fora quando, vestido de nossa carne para nos salvar, nos veio buscar ao mundo: "Saí do Pai e vim ao mundo" (Jo 16,28). — Vai por diante o mesmo Ambrósio: "Saiu fora de si para estar dentro em mim".

O fim das saídas foram e são as entradas: Já fora e já dentro o mesmo Cristo, mas com efeitos sempre mais maravilhosos, ou encarnado, ou comungado, ou desencerrado e exposto. Encarnado, sai de si para entrar em nós: "Saiu fora de si para estar dentro em mim"; — comungado, sai de si para que nós entremos nele: "Esse fica em mim e eu nele" (Jo 6,57); e desencerrado e exposto, sai a nós, para que nós entrássemos em nós: "Poderia encontrar-te lá fora, sem que as pessoas me desprezassem". — Recorramos à memória, e ela nos dirá quão fora de Deus e quão fora de si andavam os homens nestes dias. Andavam tão fora de Deus que não pareciam cristãos; e andavam tão fora de si que não pareciam homens. Pois, para que tornem em si os que, esquecidos da humanidade andavam tão fora de si, e para que se tornem a Deus os que, tão esquecidos da cristandade andavam tão fora de Deus, saia Deus também e apareça fora: "Poderia encontrar-te lá fora".

Nasce Cristo em Belém, e não dentro, senão fora da mesma cidade: "Não havia lugar para ele na estalagem" (Lc 2,7). — Mas por que razão em Belém, e não dentro, senão fora? Para inteligência do que hei de responder é necessário supor duas coisas: uma, que sabem todos os doutos; outra, que poucos têm advertido. A primeira, é que Cristo, Senhor nosso, tem dois corpos: um natural, outro místico, e ambos verdadeiros. O natural é o que nasceu no presépio e morreu na cruz; o místico é a congregação universal de todos os fiéis, por outro nome, a Igreja, cuja cabeça é o mesmo Cristo, e os fiéis somos os membros. Esta suposição é de fé expressa em muitos lugares de S. Paulo: "Vós outros, pois, sois corpo de Cristo, e membros uns dos outros" (1Cor 12,27). — E em outro lugar "Porque somos membros do seu corpo" (Ef 5,30). A segunda coisa, também certa e de poucos advertida, é que o corpo natural de Cristo foi figura de seu corpo místico, de tal sorte que as ações de sua vida eram profecias dos sucessos futuros da sua Igreja.

As ações de Cristo, Senhor nosso, no tempo em que viveu neste mundo, demonstravam somente o que eram e o que obravam; mas, para os tempos futuros da sua Igreja, em que entram os nossos, significavam o que então havia de ser e o que o mesmo Senhor havia de obrar nela. Assim se colhe de outro texto do mesmo S. Paulo, no qual diz que a idade do corpo místico de Cristo, que é a Igreja, se há de medir pela idade do corpo natural do mesmo Cristo, e que nela há de ter o seu complemento. Isso querem dizer aquelas palavras: "Segundo a medida da idade completa de Cristo" (Ef 4,13). — E neste sentido as declarou literalmente o eminentíssimo Cardeal Guzano, autor não só sapientíssimo, mas extático[4], em tratado particular desta matéria, escrito há perto de trezentos anos. Isto suposto, torne agora a nossa questão. Cristo nasceu em Belém, e não dentro, senão fora da cidade; e se ele, como Senhor de tudo, nasceu onde quis e como quis, por que razão em Belém, e por que razão não dentro, senão fora?

Quanto à primeira parte, Santo Agostinho, S. Gregório Papa, S. Bernardo, e todos os santos comumente, dizem que quis o Senhor nascer em Belém, porque Belém quer dizer: "Casa de pão"; em profecia, que debaixo de espécies de pão havia de tornar a nascer outra vez, como nasceu, no último dia de sua vida, e nasce todos os dias, por virtude das palavras da consagração, no Santíssimo Sacramento do altar. Este foi o mistério de nascer em Belém. E o mistério de nascer não dentro, senão fora da mesma casa de pão, era profecia também, que viria tempo em que debaixo das mesmas espécies lhe seria necessário sair fora, como desejava a Esposa: "Poderia encontrar-te lá fora" — a fim — como ela também diz — porque, saindo assim em público, conseguiria a presença de sua majestade o respeito que os homens tinham perdido à sua Igreja: "Sem que as pessoas me desprezassem".

Digam, agora, os olhos e a memória se é isto o que vimos e o que vemos. Mas, porque ainda visto parece fábula, vejamos em um espelho, também fabuloso, a causa de tão estranha mudança. Naquela grande tempestade em que segunda vez se viu perdida Troia e também perdida Roma, antes de o ser — porque nas ruínas de uma naufragavam os fundamentos da outra — introduz o príncipe dos poetas latinos ao deus Netuno, que saíra em pessoa a pôr em paz a tormenta; e para representar que o mesmo foi aparecer o deus sobre as ondas, que parar subitamente a fúria dos ventos discordes, traz esta comparação:

"O que cada dia acontece nos povos grandes: levantar-se

Entre homens sediciosos um tumulto
Já voam as armas e as pedras o furor
    arma a todos;
Mas se um ilustre e pio ancião aparece
    de grande autoridade,
Calam, com grande atenção"⁵.

Vistes o que cada dia acontece nos povos e cidades principalmente grandes, levantar-se entre homens sediciosos uma briga, ou arruído súbito, que na campanha se pudera chamar batalha? Todos puxam pelas armas, e são armas tudo o que de mais perto se oferece às mãos: chovem os golpes, voam as pedras; uns ferem, outros caem; todos correm e acodem sem saber a quem, ou contra quem, nem a causa; uns, incitados do ódio e da ira, outros sem ira, nem ódio; tudo é grita, tudo desordem, tudo confusão. No meio, porém, deste tumulto popular, se aparece uma personagem de grande autoridade e respeito, no mesmo ponto abatem todos as armas, embainham as espadas, aparta-se sem outra violência a briga, e não há quem se mova. — Tal aconteceu naquela tempestade do mar — diz o poeta — tanto que apareceu o Deus Netuno, e muito melhor direi eu: Tal é o que se viu nas nossas tempestades da terra tão furiosas, tanto que apareceu no meio delas o Deus verdadeiro. Que era Lisboa, que era o mundo nestes dias, senão um mar tempestuoso e uma tormenta desfeita? Soltava-se a gula, desenfreava-se a ira, libertava-se a injustiça, desbaratava-se o siso. E com estes quatro ventos tão soltos e furiosos, que ondas se não levantavam entre os homens de afrontas e injúrias mal sofridas?

Que naufrágios não fazia a compostura e urbanidade política, a modéstia e a caridade cristã, e a mesma vida, sem causa nas brigas, nos insultos, nas feridas, nas mortes, sendo os instrumentos deste destroço a água, o fogo, o ferro, as pedras e tudo o que podia inventar a loucura e ocorrer ao furor; enfim, propriamente e sem metáfora: "Já voam as armas e as pedras o furor arma a todos"? — E quem imaginara que toda esta tempestade a havia de serenar uma nuvem, da qual mais naturalmente se podiam esperar ou temer raios? Mas assim a serenou, com o silêncio e atenção que vemos: "Calam, com grande atenção". — Porque naquela nuvem branca apareceu, sem aparecer, o Senhor do mar e dos ventos: "Quem é este, que os ventos e o mar lhe obedecem" (Mt 8,27)?

§ IV

Já nestas últimas palavras tenho feito cristã a comparação fabulosa. Pela travessa do mar de Tiberíades navegava Cristo com os apóstolos, quando se levantou uma tal tempestade, que eles, com serem criados no mar, se deram por perdidos. "O Senhor no mesmo tempo dormia" (Mt 8,24). — Espertaram-no a grandes vozes, dizendo: "Salva-nos, que perecemos" (Ibid. 25). — E que faria e diria aquela vigilante providência, que ainda quando dorme não dorme? Aos apóstolos repreendeu-os "de pouca fé"; — ao vento, mandou-lhe que parasse; ao mar, que se não bolisse; e no mesmo ponto, o que era furiosa tempestade, ficou a mais sossegada bonança: "Pôs preceito ao mar, e aos ventos, e logo se seguiu uma grande bonança" (Ibid. 26). — Em tudo foram semelhantes aquele caso e o nosso; porém, no nosso maior a tempestade, maior o milagre e maior a fé. Maior a tempestade, porque a daquele dia levantaram-na os mares e os ventos, que sempre obedecem a seu criador; a destes dias levantava-a o apetite, a paixão e o livre alvedrio humano, cuja rebeldia só pode resistir a Deus e dizer-lhe na cara: Não quero.

Maior o milagre, porque lá foi necessário espertar Cristo do sono, levantar-se, aparecer visível aos dois elementos, repreendê-los, como diz S. Lucas: "Repreendeu" (Lc 8,24) — e mandar-lhes, com império, que sossegassem: "Ordenou aos ventos". — Porém cá, sem aparecer nem se mostrar visível, sem falar, sem repreender, sem mandar e sem acordar do sono, sendo tantos os elementos alterados quantos são os homens, todos se sossegaram em um momento e se puseram na paz que vemos. E disse, sem espertar do sono, porque o sono não é outra coisa que uma doce prisão de todos os sentidos do corpo, e tal é o estado do Corpo de Cristo no Sacramento, por força do modo sacramental — a que os teólogos chamam *ubi definitivo*[6] — e, posto que o Senhor ali nos está vendo sempre com os olhos da divindade, enquanto Deus, e com os olhos da alma, enquanto homem, os do corpo não só lhos vendou o nosso amor, mas lhe embargou juntamente de todos os outros sentidos o uso.

Finalmente, foi maior a fé, porque a fé dos apóstolos naquele tempo era "muito fraca". — Muito fraca, porque cuidaram que Cristo podia menos dormindo que acordado; muito fraca porque, bastando a vontade do Senhor somente para o milagre, foram necessárias todas aquelas ações exteriores e visíveis para que eles cressem que a obediência dos ventos era efeito do seu império, e por isso lhes tornou a dizer então: "Onde está a vossa fé?" (Lc 8,25). — Em suma, muito fraca, porque, como afirma expressamente, entre os Padres antigos, S. Crisóstomo, e entre os expositores mais graves, Dionísio Cartusiano[7], os apóstolos naquele tempo ainda não criam a divindade de Cristo. E quando os apóstolos da primeira Companhia de Jesus na tempestade de Tiberíades, que era um lago, tiveram tão pouca fé, a fé dos apóstolos da segunda Companhia do mesmo Jesus — nome que ela deve a Portugal — foi tão grande, tão animosa, tão firme que, sendo a tempestade maior que o mar, e tão imensa como o mundo todo, creram, entenderam e supuseram com evidência que, para o mesmo Senhor a sossegar em um momento, não era necessário acordar, nem levantar-se, nem falar, nem mandar, nem mostrar-se visível, nem correr aquela cortina que o leito da barca não tinha; mas, debaixo e coberto dela, sair somente fora: "Poderia encontrar-te lá fora".

Este sim, que foi o maior triunfo do Sacramento do Corpo de Cristo, e se pode dizer com razão, que permitiu Deus esta grande tempestade só para estabelecer a fé do mesmo Sacramento. Depois do famoso milagre da multiplicação dos pães no deserto, seguiu-se imediatamente o milagre de outra tempestade que padeceu a barca de S. Pedro, a qual o mesmo Cristo sossegou com sua presença. E por que não se pudesse cuidar que a consequência destes dois milagres sucederia acaso, notam os evangelistas que, obrado o primeiro milagre em terra, logo o Senhor dispôs o segundo, que havia de obrar no mar, "obrigando os discípulos por força a que se embarcassem" (Mc 6,45) — diz um evangelista. E outro: "E imediatamente obrigou os discípulos a subir na nave" (Mt 14,22). — Notem-se as duas palavras, "obrigar por força" e "obrigar", que ambas significam a resistência dos discípulos, o empenho do Mestre, e ser a viagem forçada. Qual foi logo a razão ou mistério por que ordenou o Senhor que ao milagre de multiplicar os pães sucedesse "imediatamente" o de aplacar a tempestade? Admiravelmente o descobriu S. Marcos: "Tanto que viram cessar a tempestade, pasmaram muito mais todos, e pasmaram porque não tinham entendido o milagre dos pães" (Mt 6,51s). De sorte que ordenou o Senhor que, ao milagre da multiplicação dos pães, sucedesse imediatamente o da tempestade sossegada com sua presença, para que o testemunho do segundo milagre confirmasse a verdade do primeiro, e a evidência da tempestade aplacada, que viam, lhes ensinasse o mistério dos pães multiplicados, que não entenderam: "Porque não tinham entendido o milagre dos pães". — Ora, vede.

O milagre dos pães multiplicados foi o primeiro ensaio, ou a primeira prova do Sacramento, porque, assim como Cristo multiplicou o pão, e com ele multiplicado sustentou tantos mil homens, assim, debaixo das espécies de pão, havia de multiplicar o Sacramento de seu corpo, que no mesmo Sacramento está multiplicado em todas as partes do mundo. Tanto assim que, sobre aquele mesmo milagre, como consta do capítulo sexto de S. João, assentou Cristo toda a fé e doutrina do que ele ensinou, e nós cremos do Santíssimo Sacramento do Altar. Sobre aquele milagre disse: "Aqui está o pão que desceu do céu" (Jo 6,59); sobre aquele milagre disse: "A minha carne verdadeiramente é comida" (Ibid. 56); sobre aquele milagre disse: "O que come deste pão viverá eternamente" (Ibid. 59). — E, como os discípulos não entenderam os mistérios ocultos do pão multiplicado, por isso o Senhor ajuntou logo ao milagre do pão multiplicado o da tempestade sossegada só com a sua presença, para que a experiência manifesta do milagre que viam os instruísse e confirmasse na fé do que não entenderam: "E cessou o vento, e eles ainda mais se espantavam no seu interior do que viam, pois ainda não tinham conhecido o milagre dos pães" (Mc 6,51s).

Mas com quem falarei eu agora? Passo da terra ao mar e falo convosco, ó navegantes dessas naus setentrionais, que de todos os portos do norte vos achais agora no de Lisboa. Muitos de vós, enganados por Calvino, por Beza, por Zwinglio[8] e pelos outros hereges, negais a fé e verdade da presença de Cristo no Sacramento. E que vos direi eu para vos convencer? Lembrai-vos do que vistes neste mesmo empório, e nestes mesmos dias, e abri os olhos ao que agora podeis ser. Lembrai-vos da tempestade que nestes dias vistes em Lisboa, maior que todas as que experimentastes no mar e por medo da qual vos não atrevíeis a sair em terra; e se algum saía ou tornava ferido ou não tornava. E vendo agora a tempestade convertida em tão estupenda bonança, toda aquela guerra em paz, todo aquele tumulto em silêncio, todas aquelas doidices em siso, e toda aquela confusão e perturbação das ruas e praças em piedade, em devoção, e em culto divino nas igrejas, com a vista defronte da memória e os efeitos à vista da causa, deste segundo e tão evidente milagre não podereis negar a fé e verdade do primeiro. Obrigados, pois, a conhecer e confessar, apesar da heresia e do inferno, que dentro daquele círculo breve e debaixo daqueles acidentes, que parecem de pão, está realmente presente o verdadeiro e todo-poderoso Deus, pois só a sua onipotência podia obrar uma tão prodigiosa mudança, sem outro instrumento ou meio natural e humano, mais que abrirem-se as portas ao sacrário, onde o diviníssimo Sacramento estava encerrado, e sair fora: "Poderia encontrar-te lá fora".

§ V

O que a Igreja Católica — deixados os hereges — se prometia deste novo e milagroso invento, era que "ninguém depois dele a desprezaria" e, tornando a falar conosco, mostremos aos olhos este milagre e fechemos todo o discurso com uma chave, se eu me não engano, de ouro. Pregado Cristo na cruz, era tão desumano o ódio de seus inimigos, que ainda ali lhe multiplicavam as dores, as injúrias, as afrontas e, com várias ilusões e alusões ao que tinha dito em vida, as blasfêmias. Blasfemavam-no os escribas e fariseus, blasfemavam-no os príncipes dos sacerdotes, blasfemavam-no os soldados, que lhe jogaram as vestiduras, blasfemavam-no todos os que assistiam no Calvário, e até os que passavam de longe lhe não perdoavam as blasfêmias: "E os que passavam blasfemavam contra ele" (Mt 27,39).

Expirou, enfim, o Senhor mais depressa do que se imaginava. Quis-se assegurar um soldado de que estava morto, "abrindo-lhe o peito com a lança" (Jo 19,34). — "Saiu da ferida sangue e água" — e desde o mesmo ponto se trocaram as coisas, de sorte que aos opróbrios sucederam obséquios, às afrontas honras, às injúrias e blasfêmias venerações não imaginadas. Esta foi a mudança súbita, e tão digna de reparo, que o mesmo evangelista anotou e quis que todos a advertissem. Acabava de narrar o ato cruel da lançada, e logo acrescenta, com ponderação enfática: "Porém, depois disto" (Ibid. 38). — E depois disto, que foi? Tudo o contrário do que dantes tinha sido.

Três vezes repete S. João o "porém" da diferença: "E depois disto José de Arimateia rogou a Pilatos. E Nicodemos, o que havia ido primeiramente de noite buscar a Jesus, veio também. No lugar, porém, havia um horto, e neste horto um sepulcro novo, em que ninguém ainda tinha sido depositado" (Jo 19,38.39.41). — Antes dagora os discípulos públicos e conhecidos fugiram; "porém depois disso" — porém agora, os discípulos que eram ocultos se publicaram e declararam desordenadamente pela sua parte e em serviço de seu Mestre e Senhor. Até agora não havia quem se atrevesse a falar por ele uma palavra, nem a lhe dar uma sede de água; "porém depois disso", porém, agora, "animosamente e sem temor" (Mc 15,43), entraram pelo pretório de Pilatos a demandar o sagrado corpo para lhe dar honorífica sepultura. Até agora tinha mandado Pilatos que, para morrer mais depressa, "lhe quebrassem os ossos, como aos outros dois crucificados" (Jo 19,31); porém agora, o mesmo Pilatos não só concedeu liberalmente o que era vedado a todos os que morriam por justiça, mas fez doação do corpo defunto, como diz S. Marcos: "Deu o corpo a José" (Mc 15,45) para que se lhe fizessem as exéquias e honras públicas, sucedendo à desnudez as holandas, às feridas os bálsamos e aromas, e à pobreza e desamparo, o culto, a veneração e a pompa funeral: "Da maneira que os judeus têm por costume sepultar os mortos" (Jo 19,40).

Dois discípulos ou criados fiéis, José e Nicodemus, foram os ministros destas finezas, e neles se representaram todos os estados, e nelas todas as virtudes cristãs, que vemos e já não admiramos neste formoso concurso, tudo notado pelos quatro evangelistas. Concorreram os príncipes: "Senhor entre os judeus" (Jo 3,1); concorreram os conselhos: "O qual não tinha consentido com a determinação deles" (Lc 23,51); concorreram os doutores e letrados: "Tu és mestre em Israel" (Jo 3,10); concorreu a nobreza e a milícia: "Ilustre senador" (Mc

15,43); concorreram os naturais e os estranhos: "De Arimateia, cidade de Judeia" (Lc 23,51); concorreu a bondade e a justiça: "Varão bom e justo" (Ibid. 50); concorreu a riqueza: "Um homem rico" (Mt 27,57); concorreu a liberalidade, ou, mais propriamente, a prodigalidade: "Trazendo uma composição de quase cem libras de mirra e de áloe" (Jo 19,39); concorreu, finalmente, em tudo, o asseio, o primor, o preço, a decência e a novidade, não havendo coisa que houvesse tido outro uso ou servisse a outrem: a mortalha nova: "Tendo comprado um lençol" (Mc 15,46); e a sepultura nova: "Um sepulcro novo, em que ninguém ainda tinha sido depositado" (Jo 19,41).

Ao nosso ponto agora. Suposto que esta mudança tão natural de afrontas e desprezos de Cristo, em obséquios e venerações do mesmo Cristo se seguiu imediatamente ao golpe da lança: "Porém depois disso" — que segredo, que mistério ou que efeito obrou aquela lançada para que dela resultasse uma tão prodigiosa mudança? Porventura foi a chaga do lado que se abriu no peito do Senhor? Não foi a chaga que se abriu, mas foi o que por ela logo saiu: "Imediatamente saiu sangue e água" (Jo 19,34). — Ora, vede. Todos os santos Padres, sem exceção alguma, dizem que, assim como do lado de Adão dormindo tirou Deus a costa de que formou a Eva, assim do lado de Cristo morto saíram os Sacramentos, de que formou sua Esposa, a Igreja. Mas entre esses mesmos sacramentos houve uma grande diferença, porque os outros sacramentos saíram do lado de Cristo simbolicamente, e só em representação; o Santíssimo Sacramento do altar saiu em realidade. O que saiu foi sangue e água: e aquele sangue é realmente o mesmo que adoramos no cálix; e o cálix usual, em que Cristo o consagrou e nós o consagramos, também levou e leva juntamente água. E como, aberto o lado de Cristo, saiu fora o Santíssimo Sacramento: "Saiu sangue e água" — por isso no mesmo ponto as afrontas e desprezos de Cristo cessaram e se converteram em obséquios e venerações, que é o que a Esposa esperava, e dizia: "Para que te ache de fora, e ninguém mais me despreze" (Ct 8,1).

Notou neste caso Santo Agostinho[9] que "não disse o evangelista que o soldado feriu o lado, senão que o abriu". — E disse "abriu" com grande mistério, acordo e advertência, como acrescenta o mesmo santo: "Com a palavra cuidadosa", porque no sacrário do peito de Cristo estava encerrado o diviníssimo Sacramento, e, tanto que as portas do mesmo sacrário se abriram com o ferro da lança, que foi a chave: "Com a lança abriu o seu lado" — assim como no mesmo ponto — "em seguida" — saiu fora, não em figura senão em realidade, e em sua própria substância o Sacramento: "Saiu sangue e água" — assim, no mesmo ponto em que ele saiu, entraram os homens em si e se seguiram as maravilhas de tão prodigiosa mudança: "Porém depois disso". — Deste modo o tinha eu imaginado, não sem grande dor, de não ter a quem me confirmasse a novidade do pensamento, quando fui achar que, há perto de seiscentos anos, o tinha escrito Ruperto Abade, o mais douto e agudo expositor do seu tempo, por estas palavras expressas: "Do lado aberto de Cristo saíram sangue e água, depois disso foi instituído o sacramento e em seguida a Igreja se formou"[10]. Todas as palavras dizem o que eu quero dizer, o que tenho dito e o que diz o texto.

Note-se muito o "em seguida"; o "depois disso"; o "instituído"; o "do lado aberto", que é o abrir-se o sacrário: "Abriu o lado dele; saiu sangue e água", que é o aparecer o Sacramento em suas próprias espécies: "foi instituído o sacramento"; e sobretudo a diferença do "porém depois disso", porque a Igreja, que por este soberano invento se prometia não ser mais desprezada como dantes: "Sem que as pessoas me desprezassem" — assim o experimentou imediatamente: "E em seguida a Igreja se formou". — A Igreja até agora, nestes dias, não só estava disforme, mas informe: disforme, porque tinha perdido a sua formosura; e informe, porque tinha perdido a sua própria forma, parecendo mais gentílica que cristã: mas tanto que viu fora o diviníssimo Sacramento, de que, perdido tudo o mais, não tinha perdido a fé, o vê-lo fora — "Poderia encontrar-te lá fora" — foi o mesmo que entrar ela dentro em si, e ficar tão outra, tão mudada, tão diferente do que pouco antes era, e tão reformada e transformada no que dantes tinha sido, como a vemos: "E em seguida a Igreja se formou".

§ VI

Ainda não está esgotado o mistério do sangue e água. Assim como Ruperto e outros doutores, pela união da água elementar, que se consagra no cálix — qual foi a que saiu do lado — supõe nela, e no sangue, um só sacramento, que é o da Eucaristia, assim outros, porque estes dois sagrados licores saíram divididos e distintos, um primeiro e outro depois, na água reconhecem o sacramento do Batismo, e no sangue o Santíssimo do Altar. "Não acaso, senão com altíssimo conselho" — diz S. João Crisóstomo — "brotaram do peito aberto de Cristo duas fontes, uma de água, outra de sangue, como sabem todos os cristãos: pela água, que é matéria do sacramento do Batismo, somos todos regenerados; e pelo sangue, que é a do Sacramento do altar, sustentados"[11]. — O mesmo diz S. Jerônimo, S. Cirilo Alexandrino e Tertuliano, em mais breves palavras: "Para que aqueles que se lavassem com a água, bebessem o sangue". Mas desta mesma sentença, tão recebida, resulta uma bem fundada dúvida. Primeiro é o sacramento do Batismo que o do altar. — Assim o acaba de dizer Tertuliano[12]; assim o notou o mesmo S. Crisóstomo: "Primeiro somos lavados, depois somos consagrados pelo mistério"[13]. — Assim o significou a figura do Velho Testamento, porque primeiro chovia o céu o orvalho em significação do Batismo, e depois caía do mesmo céu o maná em representação do divino Sacramento. Logo, do mesmo modo e pela mesma ordem, primeiro havia de sair do lado de Cristo a água, e depois o sangue; pois por que razão "saiu primeiro o sangue e depois a água"?

Em outras ocasiões tem esta dúvida outras respostas; porém, na ocasião presente, pedia a verdade do mistério e a evidência do efeito que primeiro saísse o Sacramento da Eucaristia no sangue, e depois o do Batismo na água. Por quê? Porque o mundo nestes dias tinha-se feito gentílico, seguindo as festas ou as fúrias de Baco — por isso chamadas "bacanais" — e como não houve outro remédio para as emendar e destruir, senão o de sair fora o Santíssimo Sacramento, não só representado, mas presente no sangue: "Saiu sangue e água" — por isso o Batismo, representado na água, não podia vir nem aparecer antes do mesmo Sacramento, senão depois: "Saiu sangue e água". — Esta foi a consequência do efeito, e esta a energia do mesmo batismo, mais vivamente declarada em seus próprios termos. Como o mundo, nas profanidades destes dias, se tinha desbatizado e feito gentio e, por virtude do Santíssimo Sacramento sair fora, se havia de tornar a rebatizar e fazer outra vez cristão, que é o que estamos vendo, claro está que o efeito milagroso do mundo convertido rebatizado não havia de aparecer nem sair antes do Sacramento, senão imediatamente depois. E este depois é o depois do evangelista, tão ponderado na diferença dos efeitos: "Porém depois disso".

Mais ainda, porque ainda falta a coroa de todo o mistério. E saiu do sacrário do lado o diviníssimo Sacramento, não na primeira espécie e substância, que é a do corpo e da hóstia, senão na segunda, que é a do sangue e do cálix: "Saiu sangue" — porque na primeira transubstancia-se o corpo debaixo das espécies de pão, e na segunda o sangue debaixo das espécies de vinho. Assim o dizemos na Missa: "Por este mistério do vinho e da água". — E como o vinho era a matéria dos sacrifícios profanos e embriaguezes de Baco, pertencia a vitória das bacanálias mais própria e mais naturalmente àquela parte do Sacramento que se consagra debaixo da mesma matéria. Por esta propriedade e proporção tão admirável, se eu tivera autoridade para fazer a troca, não se havia de expor nestes dias o Santíssimo Sacramento na hóstia, senão no cálix. O cálix, cercado de raios, como raio que antes do dia da cinza desfez em cinzas este monstro, servindo-lhe o mesmo monstro de peanha, é o que havia de aparecer triunfante naquele trono. Funda-se a minha razão na semelhança da enfermidade com o remédio e na da matéria vencida com a vencedora. Assim como é próprio da medicina natural "os contrários se curam com contrários" — assim é glória, e a mais heroica da onipotência divina, curar semelhantes com semelhantes. Curou Deus as mordeduras das serpentes no deserto; curou o veneno universal da árvore vedada no Calvário; curou a raiz de todos os males humanos, que é a carne e sangue no mesmo Sacramento. E com quê? Semelhantes com semelhantes. As serpentes com serpente: "Como Moisés no deserto levantou a serpente" (Jo 3,14); a árvore com árvore: "Para que o que venceu no lenho fosse pelo mesmo lenho vencido"; a carne e sangue com a carne e sangue: "A minha carne verdadeiramente é comida, e o meu sangue verdadeiramente é bebida" (Jo 6,56). — Logo, não seria só maior propriedade, senão energia e elegância grande, da mesma vitória vista pelos olhos, se de semelhante a semelhante triunfasse um cálix do outro: o cálix sagrado do profano; o cálix cristão do gentílico; o cálix da sobriedade e continência — "Vinho que gera virgens" (Zc 9,17) — que a fé adora nos altares do verdadeiro Deus, do cálix da intemperança, descompostura e embriaguez, em que a gula bebia e desbaratava o siso nas mesas de Baco.

E por que não pareça que, pela vileza da palavra embriaguez, se desprezará Cristo da vitória, como menos decente a mistério tão sagrado, o mesmo Senhor ao mesmo seu cálix atribui a mesma embriaguez, e não por outra palavra ou frase, senão a mesma: "Como é bela a minha taça embriagadora" (Sl 22,5)! O meu cálix — diz aquele Senhor sacramentado — oh! quão insigne, oh! quão excelente, oh! quão admirável é! — Em quê? Quem se atrevera a o pronunciar, se o mesmo Cristo o não dissera? É insigne, é excelente, é admirável, e particularmente milagroso em embriagar e fazer dar volta ao juízo dos homens: "Minha taça embriagadora".

Todos os santos Padres celebram os admiráveis efeitos deste divino cálix, não com outro nome, senão o de embriaguez. S. Cipriano: "O cálix do Senhor embriaga aos que o bebem, para torná-los sóbrios, e dirigir-lhes a mente para a sabedoria divina". — S. Cirilo: "São embriagados de sóbria embriaguez, a qual mata o pecado e vivifica o coração". — Santo Ambrósio: "Esta embriaguez proporciona sobriedade: é a embriaguez da graça, e não a embriaguez do vinho". — São Bernardo: "Embriaguez não provocada pela bebida, ou pelo vinho, mas ardendo de amor divino"[14]. — Querem dizer estes santos que a embriaguez do cálix divino, chamando-lhe todos embriaguez, é semelhante, mas contrária à do cálix profano. A do cálix profano, de sisudos faz loucos; a do cálix divino, de loucos faz sisudos. A do profano, de sóbrios faz intemperantes; a do divino, de intemperantes sóbrios. A do profano, de modestos, furiosos; a do divino, de furiosos, modestos. A do profano, de pacíficos, discordes e belicosos; a do divino, de discordes e inquietos, pacíficos. A do profano, de pios, ímpios; a do divino, de ímpios, espirituais e devotos. A do profano, de racionais, brutos; a do divino, de feras, homens. A do profano, de católicos, ateus; a do divino, de gentios, cristãos. A do profano, de livres, escravos do gosto, do apetite, da paixão; a do divino, de escravos, senhores de todas as paixões da sua alma e de si mesmos. Enfim, o profano é causa de todas as profanidades e escândalos de que se lembra a memória; a do divino, de toda a piedade, religião e exemplo mais celestial que da terra, mais angélico que humano, que estão vendo os olhos. Estas são as divinas embriaguezes do cálix de Cristo, que por isso se não afronta, mas preza muito de lhe chamar seu: "Minha taça embriagadora".

O que o mesmo Senhor acrescenta a estas palavras é o que as faz não só admiráveis, mas estupendas: "Como é bela a minha taça embriagadora"! Este meu cálix — cuja embriaguez causa tal mudança nos entendimentos e juízos humanos — oh! quão claro é, e mais que claro: "Como é bela"! — É admiração do mesmo Cristo sacramentado, como se dissera: Sendo tanta a escuridade, não de um, nem de muitos homens, senão das cidades inteiras, e do mundo todo envolto e revolto nas trevas da ignorância, da doidice, da confusão, da cegueira, do desatino, que, aparecendo o meu Sacramento, como o sol na noite mais escura, mais tempestuosa e mais horrenda, subitamente a esclarecesse, amanhecendo aos homens convertidos em brutos e feras, o lume da razão, é maravilha e milagre que a mim mesmo me causa admiração e espanto: "Como é bela"! — Perguntam os teólogos se em Cristo cabe admiração? Respondo: Admiração, ou é filha da ignorância, ou do encarecimento. A da ignorância não cabe em Cristo, no qual estão encerrados todos os tesouros da sabedoria e ciência de Deus, como diz S. Paulo; a do encarecimento sim, e tal é esta admiração: "Pelo Senhor foi feito isto, e é coisa admirável nos nossos olhos" (Sl 117,23). — Se esta obra é de Deus — argui Davi — como é admirável nos nossos olhos? De nenhuma coisa se devem admirar os homens, por grande, rara e estupenda que seja, quando sabem que é obra de Deus. E que o mesmo Deus no seu Sacramento, e em si mesmo sacramentado, quando sai fora, se admire da mudança que faz nos homens! Sim.

A razão é de S. Paulo, porque aquilo que entre os homens, alumiados com a luz do céu, primeiro foi santo e depois de santo se perverteu e se fez vicioso e dissoluto, tornar outra vez a se converter e ser santo, como dantes, por arrependimento e emenda, é caso tão dificultoso, tão árduo e digno de admiração que não duvidou o apóstolo de lhe dar nome de impossível: "Porque é impossível que os que foram uma vez iluminados, que tomaram já o gosto ao dom celestial, e que foram feitos participantes do Espírito Santo, e depois disto caíram, é impossível que eles tornem a ser renovados pela penitência" (Hb 6,4.6). — E isto é o que experimentou a Igreja nestes dias, primeiro fatais e depois prodigiosos, em duas mudanças notáveis. No princípio da sua instituição eram pios, espirituais e devotos os cristãos, e tão sagrados estes dias que, por serem a entrada daqueles quarenta a que a mesma Igreja chama "Dia da salvação", se chamaram eles, como vimos, o "introito santo"; mas foi tal a mudança e descaimento deste tão santo e perfeito estado, que, imitando os mesmos cristãos as festas e liberdades do mais livre e insano deus dos gentios, se não distinguiam deles mais que no nome, conservando só o da fé, morta nos costumes e no abismo de tais profanidades verdadeiramente sepultada.

A segunda mudança foi, depois de muitas centenas de anos, ressuscitar do profundo daquela miséria à felicidade da piedade cristã e à consonância deste santo nome, a que a vemos restituída. E se alguém me perguntar qual destas duas mudanças foi mais admirável, se a da morte ou a da ressurreição; se a da santidade ao extremo dos vícios, ou a dos vícios à antiga virtude e santidade, digo que na mesma morte e na mesma ressurreição temos a resposta. Assim como a morte não é digna de admiração alguma, assim o degenerar a santidade em vícios não tem que admirar, porque a própria inclinação e peso da natureza corrupta leva o homem ao pior, e o precipita sem parar aos abismos mais profundos de toda a maldade. E tal foi aquela primeira e passada mudança. Porém, a segunda e presente, assim como a ressurreição à natureza é impossível, e à onipotência um dos maiores milagres, assim a virtude e santidade, depois de perdida e por muitos tempos morta e sepultada, tornar outra vez a reviver, surgir e restituir-se à formosura do seu primeiro e florescente estado é uma coisa tão dificultosa, tão árdua e digna de toda a admiração e espanto, que até os gentios conheceram a diferença de uma e outra quando disseram: "É fácil descer ao Averno; mas voltar, e tornar a subir para a luz do alto, eis o esforço árduo, a empresa difícil"[15].

Boa é esta razão, e a verdadeira, pela qual a mudança tão notável, que estamos vendo, "seja admirável aos nossos olhos". — Mas que o mesmo Cristo — torno a instar — que o mesmo Cristo se admire de tais efeitos no seu Sacramento, onde está encerrada toda a sua divindade e onipotência! Sim, outra vez. E para que os mesmos olhos que se admiram vejam a oposição de um cálix a outro cálix, entre no teatro, com o profano na mão, a mesma profanidade, brindando a todo o mundo. Viu S. João, no seu Apocalipse, uma mulher tão ornada nos vestidos como desordenada na vida, a qual "tinha na mão um cálix de ouro, cheio de todas as abominações e torpezas" (Ap 17,4). — Com este cálix convidou e provocou a todos os habitadores da terra a que bebessem. Beberam, e pela eficácia da bebida, perderam todo o juízo: "E ficaram embriagados os habitantes da terra com o vinho da sua prostituição" (Ap 17,2). — Chamava-se aquela mulher "Babilônia", e foi tal a embriaguez dos que beberam o seu cálix, como verte com discreta propriedade o texto arábico, que "todos ficaram babiloniados". — As cidades babilonizadas: e ficou Jerusalém uma Babilônia, Roma outra Babilônia, Lisboa outra Babilônia, e em cada cidade tantas Babilônias quantos eram os habitantes delas, trocada toda a ordem em confusão, que isso quer dizer Babilônia; trocado todo o juízo em insânia, toda a paz em discórdia, toda a quietação em tumulto, toda a urbanidade em descortesia e afrontas.

Enfim, tudo em toda aquela perturbação indigna do trato, não só cristão, mas humano, de que se lembra com horror hoje a nossa memória. Esta era a deplorada miséria e o estado, mais que miserável a que tinha reduzido todo o mundo o cálix profano da mão de Babilônia. Senão quando aparece Cristo naquele trono, como o viu Davi, com o cálix divino cheio de toda a santidade e pureza: "Na mão do Senhor está o cálix de vinho puro" (Sl 74,9). — E que sucedeu no mesmo momento? Os anjos clamaram a vozes: "Caiu, caiu Babilônia" (Ap 14,8). — Duas vezes disseram caiu, porque caiu em dois sentidos. Caiu Babilônia porque caiu vencida, prostrada e convertida aos pés de Cristo; e caiu Babilônia porque os homens caíram em si, e entraram em si tão admirados do que tinham sido como admirado Cristo de ver o que agora são, que é o meu ponto. Ouçamos ao mesmo Cristo por boca de Isaías: "A minha amada Babilônia se tornou para mim em assombro" (Is 21,4). Tu, ó Babilônia, que dantes eras louca e agora sisuda, dantes ímpia, agora pia; dantes profana, agora religiosa; dantes gentílica, agora verdadeiramente cristã; tu, que dantes eras tão aborrecida de mim, e agora és a "minha amada", tanto me admiro de te ver tão mudada, tão convertida, tão outra, que não havendo para minha sabedoria coisa maravilhosa, "tu para mim és um milagre".

§ VII

Vejamos este milagre, e acabo. Foi Jonas pregar a Nínive, e a sua pregação era: "Daqui a quarenta dias se há de subverter Nínive" (Jn 3,4). — Nínive, assim como era a maior de todas as cidades, assim era naquele tempo a maior de todas as Babilônias. Reinava nela Sardanapalo, tão estragado ou engolfado em todas as intemperanças da gula que em todas as idades do mundo nenhum tão propriamente pudera representar nele a brutal e sórdida figura do entrudo profano. Tal era o rei, e tal o povo. E, posto que a Nínive material ficou em pé, é certo, diz Santo Agostinho, que a interior e moral verdadeiramente se subverteu, porque a brutal e profana desapareceu, e a que se viu de novo toda era racional, toda temente a Deus e toda tão santa como penitente. Mas no tempo ou dias em que Nínive deu esta grande volta, há uma das maiores dificuldades de todas as letras sagradas, porque onde o texto original diz: "Daqui a quarenta dias" — o texto dos Setenta Intérpretes, que também é de fé e do qual usaram os apóstolos, diz: "Daqui a três dias". — Pois, se a subversão ou conversão de Nínive havia de ser dali a quarenta dias, e assim a pregou Jonas, como escrevem os intérpretes do mesmo texto, tão dignos de fé como ele, que havia de ser dali a três dias?

A razão verdadeira desta grande dificuldade é que os Setenta Intérpretes foram setenta homens hebreus, os quais, por indústria de el-rei Ptolomeu, divididos em outros tantos lugares, sem saberem uns dos outros, verteram o texto hebreu em língua grega, ou egípcia, com tanta consonância, que todos escreveram o mesmo sem discreparem em uma só palavra; e como isto fizeram inspirados por Deus com lume profético, assim quis o mesmo Deus que, em alguns lugares raríssimos, concordassem também todos em mudar alguma palavra, na qual revelassem algum novo e grande mistério. E tal foi o de dizerem três dias onde Jonas tinha dito quarenta. Mas agora resta saber esse mesmo mistério quando havia de ser, quando se descobriu, e qual é. Não é outro, senão o que estamos vendo, porque o que se havia de fazer, e não fez nos quarenta dias de Jonas, se fez e se cumpriu nestes três dias. Jejuaram os ninivitas e fizeram penitência aqueles quarenta dias, mas não conseguiram o fruto dela, porque depois tornaram a recair nos mesmos pecados, e, como diz Tobias, foi subvertida Nínive. Jejuavam, do mesmo modo, os cristãos, e faziam penitência nos quarenta dias da quaresma, no primeiro dia dos quais, com a cinza que se lhes lançava sobre a cabeça, parece que se lhes restituía o siso; mas também sem o desejado fruto, porque no ano seguinte continuavam os mesmos abusos, e cada ano mais acrescentados. E o que nem uns nem outros conseguiram em quarenta dias logramos nós em três dias. Contai as horas que correm no espaço de quarenta dias, e achareis que são quase quatrocentas [*Assim no original*]; e o que eles não conseguiram em quatrocentas horas de quarenta dias, logramos nós nos três dias das Quarenta Horas. Este é o grande milagre de que até o mesmo Deus se admira: "Babilônia, amada minha, para mim tu és um milagre" (Is 21,4).

Que resta, pois, senão que demos o parabém à Igreja Católica, e as graças ao diviníssimo Sacramento? Parabém vos seja, Igreja sempre santa, e hoje mais santa; parabém vos seja por verdes tão felizmente cumpridos os vossos ansiosos desejos. Desejáveis que se acabassem os vossos desprezos: "Sem que as pessoas me desprezassem" — e os mesmos, que não ouviam vossas exortações nem observavam os vossos preceitos como deviam, aqui os tendes todos neste nobilíssimo e inumerável concurso, obedientes e rendidos, com toda a veneração e culto que vos é devido. Desejáveis que houvesse alguém que inventasse algum novo e eficaz remédio com que curar aquelas tão inveteradas chagas que tanto vos afligiam: "Quem me fará tão ditosa?". — E nesta mínima Companhia, donde menos se podia esperar, e nesta casa, donde já se vai derivando a outras, o achastes eficacíssimo.

Desejáveis que, depois do mistério da Encarnação, o mesmo Deus sacramentado saísse fora do encerramento dos seus sacrários: "Poderia encontrar-te lá fora" — para que entrassem em si os que tão fora de si andavam; e aqui os tendes prostrados diante da majestade daquele já triunfante trono, exposto o mesmo Sacramento aos obséquios dos que dantes se retirava, por não sofrer presente as suas injúrias. Bendita, e louvada seja, Senhor, a vossa sabedoria, que ela foi a inventora de tão soberano remédio; bendita e louvada seja a vossa onipotência, que só ela o podia facilitar; bendita e louvada seja a vossa providência, que o guardou para nossos tempos; bendita e louvada seja a vossa justiça, que assim levantou o castigo, de que nós éramos os réus e os executores; bendita e louvada seja a vossa bondade; bendita e louvada seja a vossa misericórdia; bendita e louvada seja a vossa divindade e humanidade; e, para dizer em uma palavra o que se resume em todas: Bendito e louvado seja o Santíssimo Sacramento.

SERMÃO DO
Evangelista S. Lucas[1]

Padroeiro dos médicos, na sua festa.

❧

"Curai os enfermos e dir-lhes-eis:
Está a chegar a vós outros o reino de Deus."
(Lc 10,9)

Neste sermão pronunciado na Misericórdia de Lisboa, o exemplo edificante de Cristo e as suas palavras são o imperativo de que os apóstolos saiam ao mundo e curem os enfermos. Segundo Vieira, Cristo converteu simples pescadores em pescadores de homens. E os apóstolos tornaram-se pregadores armados de dois poderes que atingem ambas as vidas: o primeiro seria conservar a existência temporal e o segundo, de prometer e assegurar a vida eterna. Vieira diferencia a cura milagrosa dos enfermos e a ciência da medicina e adverte que falará tanto da medicina sobrenatural como da natural. Ao fim, a figura do Christus medicus domina o sermão, enquanto modelo de humanidade para os diferentes médicos do auditório. Vieira põe em revista uma série de concepções de medicina, das quais dá relevo aos aspectos éticos envolvidos na cura do corpo, para, ao cabo, fazer uma distinção entre a ameaça à saúde temporal e os riscos que corre a saúde eterna. A primeira resolve-se com a própria cura da enfermidade, a segunda depende do "desengano da morte". Trata-se de uma advertência aos médicos do corpo e da alma de suas obrigações. O médico do corpo deve, com a ajuda da luz divina, tratar particularmente cada indivíduo cuidando da continuidade da vida temporal. Ambos devem zelar pelas boas obras com vistas à eternidade, uma vez que a morte é inelutável. A salvação das almas é a finalidade última da campanha pela saúde atualizada no púlpito de Vieira. Nesse sentido, o médico do corpo e o da alma aproximam-se e distanciam-se. Para ambos a morte é um limite. No caso do médico corporal, ela é o limite final. Já para o médico da alma, a morte é o que anima e justifica sua ação, constituindo-se também em um limite final para a sua arte, porém inicial para os seus efeitos, que se manifestariam na eternidade[2].

§ I

Com três dedos, diz o profeta Isaías que sustenta Deus todo o peso e máquina deste mundo: "Sustentou em três dedos toda a massa da terra" (Is 40,12). — E abaixo destes três dedos, em que a Glosa[3] do mesmo texto reconhece as três pessoas divinas, não há outros tão maravilhosos como os da mão de S. Lucas, também três e três vezes admiráveis? Foi S. Lucas evangelista, foi pintor, foi médico. Admirável, quando com três dedos tomava a pena como evangelista; admirável, quando com três dedos tomava o pincel como pintor; admirável, quando com três dedos tomava o pulso como médico.

De Hermes, aquele famoso atleta do anfiteatro romano, famoso na espada, famoso na lança, famoso no tridente, disse com elegante encarecimento o poeta gentio: "Hermes é três vezes um, e tudo ele só"[4]. — Este elogio, se Roma já então fora cristã, pudera ela aplicar com maior propriedade, não ao seu fabuloso Júpiter, senão ao verdadeiro Deus trino e um. Ele só é tudo: "Tudo ele só"; e ele só é "três vezes um" e o mesmo.

Homem foi S. Lucas, mas tão grande homem que esta é já a segunda vez que se nos equivoca não com menos pessoa, ou pessoas, que com as três divinas. Foi S. Lucas "três vezes um": uma vez um, como evangelista; outra vez um, como pintor; e a terceira vez um, como médico. Um, como Mateus ou João; um, como Apeles ou Zêuxis; um, como Esculápio ou Hipócrates[5]. Tudo isto foi S. Lucas só: "Tudo ele só". Mas como? Não com tudo o que ele era, nem com duas mãos, como Hermes, nem com uma só mão, senão com três dedos somente dela. Ó quão grande, ó quão vária, ó quão formosa e agradável matéria nos ofereciam hoje estes três dedos, dividida já em outros tantos discursos, se o tempo nos dera lugar para ver separadamente o que a natureza, a arte e a graça organizou e uniu naquelas extremidades, e não todas, de tão prodigiosa mão? Mas porque a presente solenidade toda se dedica e consagra ao mesmo santo enquanto protetor e protótipo da ciência médica, para que também concorra a ela, do modo que pode ser, enquanto evangelista e enquanto pintor, na primeira parte do discurso, enquanto evangelista, nos descreverá em si e no Evangelho a ideia e original do perfeito médico; e na segunda parte, enquanto pintor, nos retratará do mesmo original as cópias, para que o possam ser, por imitação, todos os professores da mesma faculdade. Desta sorte será o dia e a celebridade toda de S. Lucas, e toda dos devotos que a celebram. *Ave Maria*.

§ II

"Curai os enfermos, e dir-lhes-eis: Está a chegar a vós outros o reino de Deus" (Lc 10,9).

Uma das maiores maravilhas da providência e sabedoria divina, ou, por falar mais ao certo, a maior de todas, foi conquistar e sujeitar Cristo o mundo com tão poucos homens, tirados pela maior parte da barca e do remo. — De pescadores de peixes vos farei — disse — pescadores de homens. — Mas de que modo, ou com que artifício? Trocando-lhes os instrumentos, de tal sorte que, assim como no mar pescavam os peixes matando-os, assim na terra pescassem os homens com lhes dar a vida. Este cevo da vida, que é o mais saboroso, o mais útil e o mais precioso na estimação de todos os mortais, é o que voluntária e espontaneamente os rendeu todos à obediência de Cristo e ao jugo, só por isso mais suave, da sua lei. Os homens só conheciam por experiência uma vida, que é a temporal; e a outra, que é a imortal e eterna, só a tinham os mais repúblicos por necessária politicamente a opinião do vulgo, mas verdadeiramente por falsa e fabulosa.

Assim o ensinava Sêneca, assim o pregava Túlio e os outros que em Roma tinham nome de sábios. E que fez a sabedoria divina e humana do Senhor e Redentor do mundo? Mandou por todo ele os pregadores da sua fé, armados de dois poderes sobre ambas as vidas: o primeiro, para conservar e estender a temporal; o segundo, para prometer e segurar a eterna. Isto é o que contêm expressamente as palavras que tomei por tema: "Curai os enfermos e dizei-lhes que é chegado o tempo em que se hão de abrir as portas do céu, que até agora estiveram fechadas". — Na cura dos enfermos milagrosa se continha o poder de conservar e estender a vida temporal: "Curai os enfermos" — e na promessa do reino do céu, confirmada com os mesmos milagres, se assegurava a imortal e eterna: "Chegou a vós o reino de Deus".

Mas daqui nasce uma grande dificuldade ao que havemos de dizer, e é que a mesma propriedade que nos introduziu o tema, parece que nos exclui o assunto. Porque o tema fala da virtude sobrenatural, com que os apóstolos e discípulos de Cristo curavam as enfermidades milagrosamente; e o nosso assunto supõe e há de falar da ciência da medicina, com que os médicos curam naturalmente e sem milagre; logo, não assenta bem o assunto sobre o tema, que é o mesmo que tirar os alicerces ao edifício. Respondo que o tema não só fala da medicina sobrenatural, senão também da natural, e que os apóstolos, assim como nem sempre falavam pelas línguas do Espírito Santo, senão também pela própria, assim nem sempre curavam sobrenatural e milagrosamente, senão por si ou por outros, pelos meios e remédios da natureza e da arte. Provo com o exemplo, dos dois maiores apóstolos, S. Pedro e S. Paulo.

Da sogra de S. Pedro diz o mesmo evangelista S. Lucas que "jazia com grandes febres", sem se poder levantar de uma cama (Lc 4,38). — E assim como é admirável moderação do príncipe dos apóstolos que a não sarasse milagrosamente, como podia, aplicando-lhe os remédios do céu, assim é certo da sua caridade que lhe não negava os naturais e da terra. E S. Paulo, não menos poderoso, na primeira Epístola que escreveu a seu discípulo Timóteo, lhe mandou a receita com que naturalmente se havia de curar das suas frequentes enfermidades: "Não bebas mais água só, mas usa de um pouco de vinho, por causa do teu estômago e das tuas frequentes enfermidades" (1Tm 5,23). Pois, se S. Pedro, passando pelas ruas, sarava os enfermos estranhos, bastando só que os tocasse com a sua sombra, a enferma que tinha dentro de casa, tocando-lhe tão de perto no parentesco, por que a não sarava? E S. Paulo, que tanto adoecia das enfermidades alheias, como os doentes das próprias: "Quem enferma, que eu não enferme?" (2Cor 11,29). — se dentro na mesma carta podia mandar a Timóteo a saúde, por que lhe manda a receita para o remédio? Quanto à sogra de S. Pedro, dizia eu noutra ocasião, que ainda em prudência econômica e política se podia deixar estar enferma só por ser sogra. Uma sogra talvez é melhor estar doente que sã, porque doente a mesma doença a tem quieta a um canto da casa; e sã, rara é a que não se contente com menos que com todos os quatro cantos dela. A mesma palavra "jazia" parece que diz que a doença a tinha ali atada. Mas agora digo que a deixava

S. Pedro estar assim, para que ela exercitasse a paciência e ele a caridade. E com o mesmo zelo, S. Paulo não quis livrar a Timóteo das suas enfermidades, posto que frequentes, porque, ainda que na saúde teria mais livres as ações para servir à Igreja, na enfermidade tinha mais seguras as ocasiões em que aperfeiçoar a virtude: "Porque a virtude se aperfeiçoa na enfermidade" (2Cor 12,9) — diz o mesmo S. Paulo.

Pelo que toca, porém, ao nosso caso, ou as razões dos dois apóstolos fossem estas ou quaisquer outras, o que a mim me serve dos exemplos referidos é a certeza do mesmo fato, do qual se prova que os apóstolos e discípulos de Cristo, na cura das enfermidades, não só usavam da virtude sobrenatural e milagrosa, mas também se ajudavam da medicina natural e humana, que é a própria do nosso assunto. Nem as palavras do tema dizem o contrário, antes confirmam o mesmo. E se não, pergunto: As palavras do tema dizem: "Curai os enfermos". E por que não disse o Senhor, cujas elas são, "sarai", senão "curai"? Por que não disse sarai, senão curai? Porque o sarar, que tem por efeito passar de repente da enfermidade à saúde, é só de virtude sobrenatural e milagrosa; por isso, dos que tocavam o corpo ou vestiduras de Cristo, não se diz que os curava a sua virtude, senão que os sarava: "Pois saía dele uma virtude que os sarava a todos" (Lc 6,19). — Porém, a palavra "curai", segundo a sua mesma etimologia, mais propriamente significa a saúde que se alcança, não súbita e imediatamente, senão por meio da virtude natural dos medicamentos, e assim usa da mesma palavra a Sagrada Escritura.

Adoeceu mortalmente el-rei Ezequias, e, depois que o mesmo profeta que lhe tinha denunciado a morte lhe aplicou à parte lesa a massa dos figos: "Trazei-me cá uma massa de figos" (4Rs 20,7) — então diz o texto que foi curado: "Como a pusessem sobre a úlcera do rei, ficou curado" (Ibid.). — E S. Rafael, quando mandou a Tobias, o moço, que com o fel do peixe que tinha tomado no caminho ungisse os olhos de seu pai, e ele com este remédio cobrou a vista, também o declarou, sendo anjo, com o mesmo verbo de curar: "E agora o Senhor enviou-me a curar-te" (Tb 12,14). — Finalmente, Isaías, que foi de todos os profetas o que mais própria e elegantemente soube falar, onde diz "Ferida, contusão, e chaga intumescida, que não está ligada, nem se lhe aplicou remédio para a sua cura, nem com óleo foi suavizada" (Is 1,6) — expressamente ajuntou o medicamento com o curar e o curar com o medicamento. E se os dois principais discípulos da primeira e segunda escola de Cristo assim entenderam e praticaram o "Curai os enfermos" do Evangelho, quanto mais o mesmo S. Lucas, que o escreveu, sendo médico de profissão, e tão amado e estimado médico, como diz S. Paulo: "Lucas, o querido médico" (Cl 4,14)?

§ III

Assentado, assim, o fundamento do nosso assunto, para que nem ele, nem o escrúpulo de algum ouvinte tenha em que tropeçar, tomando toda a matéria em sua primeira fonte, formou Deus o corpo humano com suas próprias mãos, de barro, e logo, com o alento de sua própria respiração — para que todo e de todos os modos fosse seu — lhe deu a vida. Mas como esta consiste na conservação do cálido e úmido, que sempre se fazem guerra, e por isso naturalmente se havia de ir enfraquecendo, e mais tendo as raízes no mesmo barro, para reparo desta fraqueza tinha o soberano autor da mesma vida plantado no meio do Paraíso uma árvore de tal virtude que, comido o fruto dela, lhe restituísse o vigor perdido e a repusesse outra vez nas suas primeiras forças. Estes foram os princípios da nossa vida e os remédios que Deus lhe tinha prevenido, não só para a conservação, senão para a perpetuidade de anos e séculos. Mas, como pelo apetite de Eva e desobediência de Adão, e pelo pecado de ambos, foram lançados do Paraíso, para que comendo da árvore da vida a não pudessem perpetuar, às portas do mesmo Paraíso pôs Deus em guarda dela um querubim armado com uma espada de fogo, com a qual lhe defendesse a entrada. Desta maneira toda aquela felicidade se converteu em miséria, e à vida que havia de ser quase imortal sucedeu a sentença de morte, ao vigor do corpo a fraqueza, à saúde as enfermidades, e tudo sem remédio nem esperança dele, impedido formidavelmente o acesso da árvore vital com as primeiras armas de fogo que houve no mundo, e não meneadas por mãos ou braços humanos, senão por impulsos e forças insuperáveis, quais são as angélicas.

Que faria, porém, no estado desta desesperação a misericórdia daquele Senhor, tão prezada sempre de se exaltar gloriosa sobre as execuções da sua mesma justiça? Dai-me agora grande atenção ao que hei de dizer. O que fez Deus foi plantar fora do Paraíso outra árvore da vida e entregar a guarda dela a outro querubim, não armado de fogo, senão de luz, o qual não só defendesse, mas cultivasse a mesma árvore, e com os seus frutos recuperasse aos homens a saúde e lhes acrescentasse a vida. E que árvore e que querubim foram estas? A árvore foi a ciência da medicina, e o querubim é o médico. Não é isto invento ou consideração minha, senão verdade de fé e texto expresso da Sagrada Escritura "O Altíssimo criou da terra a medicina": eis aqui a árvore (Eclo 38,2). — "Honrai o médico por amor da necessidade, porque o Altíssimo também o criou": eis aqui o querubim (Eclo 38,1).

De sorte que, assim como Deus no Paraíso criou a árvore da vida antes do pecado de Adão, assim depois do pecado criou fora do Paraíso a medicina: "O Altíssimo criou da terra a medicina". — E assim como Deus entregou a guarda e defensa da árvore da vida a um querubim, assim entregou a guarda e cultura da medicina ao médico: "Pois o Altíssimo criou o médico". — E a razão destas duas criações que depois da criação do mundo fez o Altíssimo, repetindo em uma e outra a mesma palavra "criou", foi, como acrescenta o mesmo texto, da parte de Deus, porque toda a medicina é obra sua: "Porque toda a medicina vem de Deus" (Eclo 38,2) — e da parte do homem, porque todo o homem prudente não deve recusar os medicamentos: "E o homem prudente não terá repugnância por eles" (Ibid. 4). — Vamos agora por partes.

"Deus criou da terra a medicina." — Mas de que terra ou em que terra? Assim como "a primeira árvore da vida foi criada no meio do Paraíso" (Gn 2,9) — assim a terra de que Deus e onde Deus criou a segunda foi o meio da redondeza da mesma terra. A prova e a razão é porque em todas as quatro partes do mundo criou Deus, para serviço e uso da medicina, vários antídotos ou instrumentos medicinais, conforme as qualidades e enfermidades das mesmas terras. Os romanos, nas suas conquistas, queixavam-se de que entre as novas riquezas que de lá traziam, vinham também os contágios de novos gêneros de doenças, com que parece que os conquistados se vingavam dos seus mortos, matando também dentro em Roma os seus mesmos conquistadores. Nem é alheio deste pensamento o com que, sendo el-rei D. Manoel o fundador ou amplificador dos hospitais de Lisboa, se dizia dele que justamente fabricava os hospitais quem com as suas conquistas acrescentara os enfermos. Mas nesta mesma experiência se vê e reconhece mais claramente o altíssimo conselho da providência divina, pois são muitos mais os novos e esquisitos remédios que das mesmas conquistas se descobriram, ainda contra as antigas enfermidades, do que requerem as novas.

Plantada, pois, no meio das quatro partes do mundo a segunda árvore da vida, ela, com as suas raízes, penetra até o centro da terra, donde com maior utilidade que a cobiça desenterra todo o gênero dos minerais, de tanto mais poderosas virtudes quanto mais simples. De lá cava, não só o ouro e a prata morta e viva, senão também o ferro para os casos extremos; de lá tira as esmeraldas, os rubis, os jacintos e todas as outras pedras preciosas de que a branda medicina se serve e se coroa, tão diferentes na eficácia como nas cores, e tanto de maior valor quando líquidas as bebe a saúde, que quando sólidas se engastam nas joias. Regam estas raízes os rios e fontes, umas quentes, outras frias, todas saudáveis. E as mesmas águas do mar, posto que salgadas, as não fertilizam nem enriquecem menos, fecundas e abundantes dos remédios, que ou nadam nos ossos e entranhas dos peixes, ou moram e se encerram nas conchas dos que não podem nadar.

Dos lodos mais profundos recebe o tributo das pérolas e aljôfares; das areias limosas o misterioso coral, que primeiro é vime verde e brando, e logo pedra vermelha e dura; até da fúria das tempestades ou da fome das baleias os sobejos odoríferos do âmbar, que estas arrancam e aquelas lançam às praias. Das raízes assim regadas cresce e se engrossa o tronco de toda a famosa árvore, formado de todos os lenhos medicinais que criam os vizinhos e remotos climas, dos quais, ou abertos os poros com o calor do sol, se destilam em suores, ou feridos mais interiormente nas veias, correm como sangue os bálsamos e as mirras, e estas, pelo parentesco que têm de humores, ou restringindo ou relaxando — como no instrumento as cordas — os reduzem facilmente à natural harmonia.

Daquela árvore que viu em sonhos Nabucodonosor, depois de referir Daniel que estava plantada no meio da terra e se estendia até os últimos fins do mundo, como nós dissemos da nossa, acrescenta o mesmo profeta que "debaixo dela habitavam todos os animais, e nos seus ramos conversavam todas as aves" (Dn 4,9). — E é sem dúvida que da segunda árvore da vida, não em aparências sonhadas, mas com experiências muito certas, se verifica com toda a propriedade o mesmo, porque de todos os autores da história natural que escreveram, assim dos animais terrestres, mansos e feros, como das aves domésticas e de rapina, consta que de uns e outros, sem exceção, tirou a medicina diversos gêneros de remédios, e até da víbora, a mais venenosa de todas as serpentes, formou a triaga. E o que nesta parte mais se deve admirar e venerar — porque onde não há docilidade não pode haver ciência — é que a mesma ciência da medicina se deixou ensinar, e não se envergonhou de aprender dos mesmos brutos, aprendendo do veado, entre os animais, o medicamento do dictamo, e da andorinha, entre as aves, o da quelidônia. Tanto assim que, prezando-se os egípcios de inventores desta grande arte, o geroglífico com que pintaram a medicina foi uma pomba com um ramo de louro na boca, por ser o louro o remédio com que esta ave, por instinto da natureza, se cura.

Das folhas da nossa árvore não posso dizer mais nem devo dizer menos que o que doutra árvore da vida disse S. João no seu Apocalipse: "A árvore da vida, e as folhas da árvore servem para a saúde das gentes" (Ap 22,2) — aludindo e conformando-se com Ezequiel, que ainda o disse com mais breves palavras: "As suas folhas servirão de medicina" (Ez 47,12). — A primeira árvore da vida tinha a virtude de conservar no fruto, que por isso disse Deus quando a vedou: "Não comas" (Gn 2,17). — E se a segunda tem a saúde e a medicina nas folhas, que folhas posso eu dizer ou interpretar que são estas da medicina, senão as inumeráveis de tantos livros que dela se tem escrito, nos quais não há folha alguma que não contenha algum remédio para a saúde do homem: "As suas folhas servem para a saúde das gentes" (Ap 22,2)? — Finalmente, acabando com as flores e com os frutos, conforme os aforismos do maior médico do mundo, que foi Salomão, flores e frutos pediu a sua esposa que lhe aplicassem: "Acudi-me com confortativos de flores, trazei-me pomos que me alentem" (Ct 2,5). — E é certo que com estes dois simples sarou e tornou em si, sendo o acidente tão perigoso como um delíquio e desmaio mortal, causado daquela febre que, nascendo do coração, não é calor que se difunde por todo o corpo, mas que abrasa toda a alma e a derrete: "Porque desfaleço de amor" (Ibid.).

§ IV

Assim descrita ou mal pintada a segunda árvore da vida, que é a medicina, tomara eu agora o pincel de S. Lucas para pintar o querubim, que é o médico. Mas quando chegarmos às cópias do original, que é o mesmo S. Lucas, se o não delinearmos com as cores do seu pincel como pintor, descrevê-lo-emos com a verdade da sua pena como evangelista. Disse que a guarda desta segunda árvore da vida era também outro segundo querubim, não armado de fogo para a defender, senão de luz para a comunicar. E por que não pareça encarecimento ou atrevimento chamar ao médico querubim, a razão e merecimento deste nome é porque querubim quer dizer "a enchente das ciências". Cada uma das outras faculdades é uma ciência; a faculdade e ciência do médico é um ajuntamento de todas, e por isso entre os homens como o querubim entre os anjos.

O autor da vida do homem, em sua criação, foi só Deus, mas o autor da conservação da mesma vida é Deus e o médico: de Deus dependente "no fazer"; de Deus e do médico "no conservar". E como a vida do homem e sua conservação é o objeto do médico, já se vê qual deve ser a sua ciência. Davi, falando com Deus, dizia: "Vós, Senhor, me formastes com vossas mãos, e é admirável em vós a ciência que tendes de mim" (Sl 138,5s). — O homem chama-se mundo pequeno, e S. Gregório Nazianzeno diz que o pequeno é o mundo, e o homem o grande, porque mais dificultosamente se pode compreender o que há dentro nele. Tertuliano refere de certo médico que fez anatomia em seiscentos mortos e não acabou de entender a fábrica do corpo humano. E se a ciência e conhecimento deste labirinto é admirável no supremo Arquiteto que o fabricou: "Excede o teu saber meu pensamento, / Não o posso atingir, de tão sublime" (Sl 138,6) — quanto mais admirável será em quem há de curar e não pode sem o entender? O médico não só há de conhecer a compleição de um homem, senão de todos os homens e de todas as nações, cujos temperamentos são tão diversos como as cores. E do mesmo modo há de conhecer as qualidades, não só de uma terra, senão de todas as terras, nem de uma só água, senão de todas as águas, nem de um só ar, senão de todos os ares e todos os climas.

Não só há de fazer juízo da enfermidade pelo que vê no enfermo, mas há de tomar o pulso ao sol, à lua e às estrelas, observando suas conjunções, fugindo ou aproveitando-se de suas influências, e não só contando os dias críticos, mas vigiando sobre as horas e sobre os momentos, porque o mesmo medicamento aplicado a seu tempo é antídoto, e fora dele veneno. Os antigos, que tinham por deus da medicina a Esculápio, consagraram-lhe o galo e a serpente: a serpente, pela astúcia e prudência; o galo, pela vigilância. Mas que vigilância é necessária e pode ser bastante, não digo já para as enfermidades, senão para os mesmos remédios? O mitridático, inventado por Mitrídates, compõe-se de cinquenta e quatro ingredientes; a triaga, inventada por Andrômaco[6], compõe-se de noventa; e cada um destes simples há de entrar e fazer composição, regulado por certo peso e por certa medida. Mas que vaso haverá tão ajustado que os possa medir, e que balança tão sutil que os possa pesar e, sobretudo, que mão humana tão igual que os possa temperar e unir? Por isso é necessário que o médico seja mais que homem e passe a ser querubim.

Parece demasiado encarecer, mas a evidência da demonstração tirará toda a dúvida ao espanto. E, se não basta por prova do nome de querubim a etimologia e definição do mesmo nome: "a enchente das ciências" — nem basta o concurso universal de todas as ciências, que no perfeito médico se ajuntam, nem menos, como acabamos de ver, o conhecimento de todas as coisas criadas quantas imensamente abraça e compreende em si o mesmo universo, se tudo isto, como digo, não basta para prova, bastará a autoridade divina, que não só o ensinou assim de palavra, mas visivelmente mostrou ao profeta Ezequiel o famoso exemplar do perfeito médico e do protetor de todos, S. Lucas. E em que forma, ou em que figura? Em forma e figura natural de querubim, e não por outro título ou ciência, senão pela da medicina. É texto ao intento mais milagroso que admirável, e como tal se deve ouvir e ver com a atenção dos sentidos muito abertos.

Duas vezes viu Ezequiel aquela famosa carroça chamada da glória de Deus, pela qual tiravam quatro animais enigmáticos com outras tantas figuras, de homem, de leão, de águia, de boi. A primeira vista, ou visão, refere o profeta no primeiro capítulo, e a segunda no décimo; mas nesta com uma notável mudança, porque o mesmo que na primeira era boi, agora era querubim. — "E a semelhança do semblante deles era: rosto de homem e rosto de leão, à direita dos mesmos quatro; e rosto de boi à esquerda dos mesmos quatro; e rosto de águia no alto dos mesmos quatro" (Ez 1,10). — Este é o texto da primeira visão; o da segunda diz: "Uma face era face de querubim, e a segunda face era face de homem, e no terceiro havia face de leão, e no quarto face de águia" (Ez 10,14). — De maneira que o mesmo que na primeira visão era boi — "face de boi"— agora era querubim — "face de querubim"; e o que na primeira estava à mão esquerda, no pior lugar: "Face de boi, à esquerda dos outros quatro" — agora estava no primeiro: "Primeira face, face de querubim; segunda face etc.". — E para que não faça dúvida que os animais nesta segunda visão eram os mesmos que na primeira, o mesmo profeta o ratifica: "E as semelhanças das caras deles eram as mesmas caras que eu tinha visto junto ao rio Cobar" (Ibid. 22).

Pois, se o boi na primeira visão tinha o pior lugar, como agora tem o primeiro? E se na primeira era boi, como agora é querubim? Nenhum cristão há que ignore serem significados nestas quatro figuras enigmáticas do carro de Ezequiel os quatro evangelistas. O homem significava a S. Mateus, o leão a S. Marcos, a águia a S. João, o boi a S. Lucas. E daqui se seguem duas coisas, ambas certas: a primeira, que S. Lucas foi o evangelista acrescentado a querubim; a segunda, que este acrescentamento foi em gênero de ciência, não só pela significação do nome senão pela vantagem com que o querubim excede no saber, não só ao leão e à águia, senão também ao homem, e por isso se lhe deu o primeiro lugar entre todos quatro. Mas daqui resulta outra dificuldade maior, porque os evangelistas todos foram iguais na ciência sobrenatural e divina com que escreveram; e se algum excedeu nela foi S. João. Porém, o mesmo texto desfaz estes embargos com novo mistério e novo grande reparo, porque na primeira visão, em que o boi ainda não tinha passado a querubim, diz que "a águia voava sobre todos" — porém, depois que o boi foi querubim, abateu a águia as asas, e ficou como cada um dos outros dois: "Terceira face, face de leão, e quarta face, face de águia". — Pois, se a vantagem de S. Lucas era em ciência, em que ciência foi? Já tenho dito, e torno a dizer, que na da medicina.

Na ciência de evangelista e de escritor canônico, comum a todos quatro, era como os outros três; mas na medicina era singular entre eles, porque só ele era médico, e os outros não, e nesta ciência consistiu a vantagem. Há autor que o diga? Nenhum; pois eu o digo, eu o provarei, e do mesmo texto. Notai. Antes de o boi ser querubim, era o mais humilde de todos os quatro animais, porque do boi é trabalhar e servir, e os outros três todos eram e são reis: o homem rei do mundo, o leão rei dos animais, a águia rei das aves; logo se o boi, feito querubim, se avantajou aos outros pela ciência, segue-se que não podia ser por outra senão pela medicina. Por quê? Porque entre todas as ciências só a medicina tem sujeitos e debaixo de seu império aos reis. Admiravelmente Plínio, e mais sendo pouco afeto aos médicos: "Entre todas as artes e ciências, só a medicina impera aos imperadores"[7] — porque assim como todos obedecem ao imperador e ao rei, assim os imperadores e os reis obedecem ao médico; logo, se o boi, depois de ser querubim, passou do último lugar em que estava ao primeiro, e ficou superior ao rei dos animais, ao rei das aves e ao rei do mundo, ainda que o querubim tenha "todas as ciências" — não podia ser por outra, senão pela medicina: "Só a Medicina impera aos imperadores".

§ V

Já temos a S. Lucas, enquanto médico, querubim da segunda árvore da vida, a medicina. E para prova de que era querubim, não armado de fogo, como o do Paraíso, senão vestido de luz, como eu prometi, o seu mesmo nome seja o primeiro testemunho. Na Epístola aos Colossenses, falando S. Paulo em S. Lucas, chama-lhe Lucas: "Saúda-vos Lucas, médico" (Cl 4,14); e na Epístola aos Romanos, chama-lhe Lucius: "Saúda-vos Timóteo, meu coadjutor, e Lúcio" (Rm 16,21). — Aqui se deve muito notar o princípio e fim destes dois nomes, no princípio tão semelhantes e no fim tão diferentes. E por que tão diferentes no fim, e no princípio tão semelhantes? No fim tão diferentes, porque na Epístola aos Colossenses falava S. Paulo com os gregos, e na Epístola aos Romanos falava com os latinos; e no nome Lucas observou a terminação grega, e no nome Lucius a terminação latina. Pelo contrário, no princípio dos mesmos nomes nenhuma coisa alterou da sua natural semelhança, porque em ambas seguiu a propriedade da derivação, na qual assim Lucas como Lucius, um e outro nome se deriva de luz.

Mas, passando do nome à pessoa e dos ouvidos aos olhos, vejamos ao mesmo Lucas e ao mesmo Lúcio no seu próprio e natural retrato. O profeta Daniel nas suas visões, e S. João Evangelista nas suas, descrevem um homem todo, não só vestido, mas composto de luzes. O rosto era como o sol, quando mais resplandecente: "O seu rosto resplandecia como o sol na sua força" (Ap 1,16); "Os olhos como duas lâmpadas ardentes" (Dn 10,6); os braços e o resto do corpo, até os pés, "como de auricalco" — metal semelhante ao ouro — "quando sai da fornalha ardente" (Ap 1,15); e a sua voz "como voz, não de um homem, senão de muitos" (Dn 10,6). — Até aqui ambos os profetas, um como pintura original, outro como cópia. Mas quem eram ou a quem representava esta figura toda luz ou toda luzes? S. Jerônimo diz que representava a S. Lucas: "São Lucas, do qual se pode dizer: O seu rosto resplandecia como o sol na sua força"[8]. — Da força do sol, diz Malaquias que traz a saúde nas penas, "chamando penas aos raios da sua luz" (Ml 4,2). — Tais eram os raios da luz e ciência médica de S. Lucas. Quando as penas da sua mão escreviam receitas, não receitavam medicamentos, receitavam saúdes.

Isto faziam os seus três dedos com a pena. E a sua voz com as palavras, que fazia? Esta é a última e maior maravilha. Não mudo, como costumam ser os outros: "A voz das suas palavras era como a voz da multidão". A multidão, nos casos da medicina, não está bem acreditada: "A multidão dos médicos matou ao César" — disse Menandro[9]. — E o imperador Adriano, experimentando em si a verdade deste dito, dizem que o mandou escrever por epitáfio na sua sepultura. Nem foi menor a observação de Marcial, o qual, visitado do médico Símaco, com toda a multidão dos discípulos que levava consigo à prática, ao uso de Roma, em um achaque leve, disse jocosamente:

"Estava fraco: mas logo Símaco, tu vieste a mim acompanhado de cem
discípulos: tocaram-me cem mãos geladas do Aquilão.
Eu não tinha febre, Símaco, mas agora tenho"[10].

Para sentenciar com justiça as enfermidades, ou sem perigo os enfermos, "as juntas não hão de ser de muitos médicos, senão de muita ciência em um só médico". Assim o entendeu o grande juízo de Homero: "O poder de um só médico equivale a de milhares"[11].

E, verdadeiramente, tão grande atrevimento é nos que curam como nos que se deixam curar, que, sendo as enfermidades sem número, as haja de conhecer e remediar um só homem. Os egípcios, com esta consideração, como refere Plutarco, com tal igualdade e proporção repartiram ou distribuíram as enfermidades e os médicos, que um médico não pudesse curar mais que só uma. De sorte que, debaixo do gênero das febres, um curava as agudas, outro a terça, outro a quartã, outro a diária, outro a héctica, outro a tísica. Mas isto que intentou e não conseguiu a indústria humana, repartindo a multidão das enfermidades pela multidão dos médicos, isto mesmo obrava só, e com infalível sucesso, a voz de S. Lucas: "O som das suas palavras era como o estrondo de uma multidão de homens" (Dn 10,6) — e não porque naquele novo e segundo querubim se multiplicasse a multidão das pessoas, senão a multidão das luzes.

§ VI

*E*se alguém me perguntar por que razão ou dificuldade necessita a perfeita medicina de tanta luz e tantas luzes entre todas as outras ciências, a razão de que não se pode duvidar é por ser a medicina ciência conjectural, que cura o que não vê, e nesta conjectura não só se pode enganar o discurso, mas até "a mesma experiência se engana", como confessou Hipócrates. — Aristóteles disse que onde acaba a filosofia ali começa a medicina. E quão sutil e alumiado há de ser o entendimento que penetre um caos tão oculto e tão escuro, como o interior do corpo humano? Baldo, depois de estudar a medicina, experimentando que não acertava a curar umas maleitas, passou ao geral das leis, e foi na Jurisprudência tão eminente que se pôs ombro por ombro com Bártolo[12]. Tanto mais necessita de luz uma ciência que a outra. O jurista, para dar ou tirar a vida a um homem, vê as leis e vê os autos; o médico vê as leis, mas dos autos não se lhe dá vista.

Se eu houvesse de fazer o anel ao médico, o metal do círculo não havia de ser ouro, senão electro, e a pedra não havia de ser diamante ou rubi, senão ametisto, porque ambos estes simples têm virtude de adivinhar e descobrir o veneno, ou por suor, ou por tremor, ou por outro efeito extraordinário de quem o tem no dedo, sendo o dedo anular o que tem maior correspondência com o coração. Os americanos, com serem bárbaros, deram em uma notável política, e foi que, debaixo do mesmo nome pajé, ajuntaram o ofício de médico com o de feiticeiro, entendendo que só quem souber adivinhar pode curar com acerto. Com a mesma prudência ou astúcia — não sei se antes, se depois — os egípcios na África, os gregos na Europa e os bracmenes na Ásia uniram a ciência mágica com a médica, para que o que não podia alcançar a medicina conjecturando, suprisse a magia adivinhando.

E se o médico cristão duvidar se em algum caso se poderá valer da arte mágica para adivinhar o que a sua não alcança, respondo que sim, se o instrumento for S. Lucas. S. Lucas foi perpétuo companheiro de S. Paulo; e porque S. Paulo era da tribo de Benjamim, diz S. Pedro Damião que, em lhe dar tal companheiro, o avantajou Cristo aos outros apóstolos, como José a Benjamim aos outros irmãos. Foi o caso que, quando os irmãos de José voltaram do Egito com o pão que lá tinham ido comprar, mandou José ao seu veador que nos sacos de cada um não só metesse o trigo, senão também o dinheiro, e particularmente no de Benjamim, além do trigo e do dinheiro, metesse a taça por onde ele bebia. Feito assim, e caminhando já todos os irmãos, veio após eles o copeiro de José, bradando que lhe levavam roubada a taça de que seu senhor usava, não só para beber, mas era o instrumento mágico com que adivinhava todas as coisas: "A taça, que furtastes, é a mesma por que bebe meu senhor, e da qual se serve para as suas adivinhações" (Gn 44,5). — E, levados todos diante de José, ele confirmou o mesmo dizendo: "Não sabeis que na ciência de adivinhar nenhum há semelhante a mim?" (Gn 44,15). — Isto posto, diz agora S. Pedro Damião, falando de S. Lucas: "S. Paulo é significado em Benjamim, porque foi da Tribo de Benjamim; e assim como só ao saco de Benjamim se acrescentou a taça de José"[13], assim só a S. Paulo foi dado por companheiro S. Lucas.

E que semelhança tem S. Lucas com a taça de José? A que disse o seu copeiro e ele confirmou: ser o instrumento por onde adivinhava todas as coisas: "A taça por onde o meu senhor adivinhava". — A virtude sobrenatural e divina, com que a José eram manifestas as coisas ocultas, bem celebrada é nas Sagradas Escrituras; e porque ele a quis declarar pelo modo com que os mágicos do Egito costumavam adivinhar, por isso a atribuiu à taça por onde bebia, e por isso, com grande propriedade, semelhante a S. Lucas: "Somente a Paulo foi acrescentada a taça" — S. Lucas, como companheiro inseparável de S. Paulo, foi depois dele o segundo vaso de eleição, cheio de todas as graças do Espírito Santo — como evangelista próprio seu — diz Ecumênio[14] — no livro dos Atos dos Apóstolos, no qual S. Lucas escreveu a vinda do Espírito Santo sobre os apóstolos, e o que por si mesmo e por eles obrou o mesmo divino Espírito na primitiva Igreja. E não há dúvida que, sendo tão íntimos companheiros Paulo e Lucas, assim como Lucas bebia, como de fonte, as revelações de Paulo, assim Paulo, como de taça, bebia também as de Lucas.

E esta é a razão por que o mesmo Paulo ao evangelho de S. Lucas chamava Evangelho seu: "Segundo o meu Evangelho" (2Tm 2,8). — E neste Evangelho de ambos é circunstância muito digna de se notar que os outros evangelistas escreveram o que viram, e S. Lucas, porque não viu a Cristo nem foi seu discípulo, tudo o que escreveu no seu Evangelho foi por influência ou elevação daquela virtude que fica fora da jurisdição e esfera da vista, que é o que faz dificultosos os acertos da medicina. Ditoso, pois, aquele médico, que, por devoção e intercessão de S. Lucas, merecer que ele o admita à participação desta graça tão particularmente sua, para que, depois de esgotado tudo o que a medicina natural alcança, bebendo naquela taça a magia sobrenatural e divina, supra ela com verdadeira certeza, nas enfermidades, as dúvidas e perigos da conjectura. E não haja enfermo tão desconfiado da saúde nem enfermidade tão incurável que o médico, por intercessão e graça de S. Lucas, e S. Lucas por meio dele, não cure: "Curai os enfermos".

§ VII

*E*stabelecido assim, nas luzes da ciência de S. Lucas, o exemplo ou exemplar com que ele foi e com que poderá ser excelente médico todo o que o quiser imitar, segue-se que passemos da teoria à prática e que o mesmo protomédico nos ensine os particulares preceitos ou máximas com que exercitou a parte curativa da sua arte. Mas porque referir todos os documentos deste exercício é impossível, e muito dificultoso escolher deles os mais necessários, para não errar na eleição, ponderaremos somente o que o mesmo S. Lucas, com o índice dos três dedos, nos apontar no seu Evangelho.

O primeiro capítulo da instrução que Cristo, Senhor nosso, deu aos que mandou curar o mundo é que não levem bolsa nem dinheiro. Isso quer dizer: "Não queirais levar uma bolsa" — ou, como lê o texto original: "sacola"; mas este mesmo preceito ou conselho parece totalmente encontrado com o intento, esperança e fim dos professores da medicina. O fim que ordinariamente leva às universidades os candidatos da ciência médica é aquela promessa vulgar do seu Galeno: "Galeno confere riquezas"[15]. — A teologia, e Santo Tomás, promete dignidades eclesiásticas; a jurisprudência, e Justiniano, honras seculares; a medicina, e Galeno, riquezas.

Já em tempo de Isaías tinha lançado raízes esta opinião, e tinha o mesmo crédito a medicina. Conta Isaías perfeitamente que os pequenos se levantaram contra os grandes e elegeram por governador do povo um homem, só porque tinha bom vestido para representar o cargo: "Tu tens melhor vestido, sê nosso príncipe" (Is 3,6). — E o tal homem, que responderia? — "Não sou médico, e em minha casa não há pão; não queirais constituir-me príncipe do povo" (Ibid. 7). — Respondeu que não era médico, nem tinha pão em sua casa, e que, por isso, nem ele quer, nem é bem que eles queiram que seja governador do povo. Duas incoerências acho nesta resposta: a primeira, não querer o eleito ser governador do povo, porque não tem pão em sua casa. Antes, porque não tendes pão em vossa casa, por isso deveis aceitar o governo. Para quem governa, qualquer terra é mais fértil de pão que Sicília. Aceitai as provisões, e logo tereis a vossa casa muito bem provida. Contudo este homem, quem quer que fosse, em não querer aceitar o governo, mostrou que no juízo era sisudo e na consciência timorato, porque os governos são para fazer bem com o pão próprio, e não para acrescentar os bens com o pão alheio.

O mesmo Cristo o disse por boca do nosso S. Lucas: "Os que têm poder sobre o povo", se governam como devem, "são chamados benéficos" (Lc 22,25) — e este nome de benéfico, ainda que se deriva de bem, não é dos bens que se recolhem, senão dos que se semeiam; nem dos que se adquirem, senão dos que se repartem. Bem disse logo aquele homem, posto que tumultuariamente eleito, quanto à primeira objeção.

A segunda, é dizer que não tinha pão porque não era médico: "Não sou médico e na minha casa não há pão" — e também aqui tirou a consequência tão discreta como verdadeiramente, porque a todas as outras ciências ou ofícios pode faltar o pão, mas ninguém o tem sempre mais seguro que o médico. Como todos somos mortais, só o médico vive do que nós morremos, e tão certo é na medicina o pão como na mortalidade a doença. Nunca lhe pode faltar ao médico o pão em abundância, porque não há lavoura menos dependente do tempo, ou chova, ou faça sol, que a da medicina. Antes, quando a chuva afoga as searas, e o sol as queima, então cresce mais a lavoura dos médicos, porque então lavram mais as enfermidades. As quaresmas dos enfermos são as páscoas dos médicos, e com as dietas de uns se fazem os banquetes dos outros.

Este é o riquíssimo patrimônio da medicina, e por aquele legado de Galeno: "Galeno confere riquezas" — próprio e hereditário de todos os médicos. Pois, por que proíbe Cristo aos seus a bolsa e o dinheiro: Não queirais levar uma bolsa"? — Porque quis o supremo Legislador reduzir a medicina à sua natural nobreza, e que os professores dela a não desacreditassem com a fazer venal. A um pregador, dos que tomam a escritura pela toada, ouvi eu arguir os médicos de se venderem muito caros, e o provava com o texto de S. Paulo: "O muito amado Lucas, médico, vos saúda" (Cl 4,14). — Pouco conhece a riqueza da saúde quem cuida que por algum preço pode ser cara, quanto mais caríssima. Diz o Espírito Santo que "não há riqueza no mundo que se iguale à saúde do corpo" (Eclo 30,16). — E Platão, fazendo um catálogo dos bens desta vida e dando por sua ordem o lugar que merece cada um, "no primeiro põe a saúde, e no quarto as riquezas"[16]. — Donde se segue que, se o médico der ao enfermo a saúde, e o enfermo ao médico todas as riquezas, menos recebe o médico que o enfermo.

Sendo, pois, o objeto da medicina, "a saúde do corpo" — não há dúvida que faria grande injúria à medicina e à mesma saúde o médico interesseiro que a quisesse embolsar e que se lhe pagasse a dinheiro. Por quê? Porque seria pôr preço ao que não tem preço. O profeta Zacarias, falando nos trinta dinheiros que os príncipes dos sacerdotes deram a Judas, diz que foram o preço do pecado, a quem apreçaram os filhos de Israel: "Trinta moedas de prata, o preço da venda, com as quais os filhos de Israel me apreçaram"[17]. — De sorte que não pondera o profeta ser Cristo vendido, senão ser apreçado: "O preço da venda" — e não encarece que os príncipes dos sacerdotes o comprassem, senão que o apreçassem: "Com as quais me apreçaram" — e assim foi, porque Judas não pôs o preço e só disse: "Que me quereis vós dar?" (Mt 26,15). — e os que avaliaram ou almotaçaram o preço, foram os sacerdotes: "E eles lhe assinaram trinta moedas de prata" (Ibid.). — E esta foi, na venda de Cristo, a maior injúria e afronta que lhe fizeram, porque foi "pôr em preço ao que não tem preço" — diz Teofilato[18]. — Dê-nos agora licença o mesmo Cristo, saúde das nossas almas, para que dela desçamos à dos corpos.

Proíbe o mesmo Senhor aos seus médicos a bolsa e o dinheiro, porque, sendo a saúde, entre os bens temporais, o maior de todos, seria grande afronta da mesma saúde apreçá-la ou pôr-lhe preço, como se ela o tivesse. Isto deviam fazer por própria eleição os professores da medicina, por crédito da sua ciência. Zêuxis, ao princípio, vendia as suas pinturas por muito dinheiro, depois dava-as de graça. E perguntado por quê, respondeu: "Porque já não tinham preço" — diz Plínio[19]. — Assim o faziam os dois famosos médicos Cosme e Damião, por isso chamados anergérios, que quer dizer: os sem dinheiro. E por que ninguém me diga que eram santos, como se por isso foram menos para imitar, ouçam os médicos ao seu Hipócrates, o qual escreveu aos abderitas que, "pelo uso da medicina, nunca recebera paga"[20].

E donde lhe vinha esta generosidade a Hipócrates? Não por ser rei, mas por ser médico. Seja prova desta grande excelência da medicina uma observação minha, que muito me admira não ser de todos. Não houve homem mais perseguido neste mundo — e bastava ser mais que homem — que Cristo, Senhor nosso. Quantas vezes o quiseram apedrejar, quantas traças e traições buscaram para lhe tirar a vida, até que o puseram na cruz? Mas quais foram os seus perseguidores? De todos os evangelistas consta que foram os escribas e fariseus, os príncipes dos sacerdotes, em suma, os eclesiásticos. E eu cuidava que não haviam de ser senão os médicos. Todos os enfermos concorriam a Cristo, e bastava que lhe tocassem em um fio da roupa para ficarem sãos de qualquer enfermidade. E deste bem comum universal só se podiam queixar os médicos, porque estavam ociosos, as boticas fechadas e todos eles, e os seus ministros, sem remédio. Exemplo seja aquela mulher de Cesareia, que, tendo gastado com os médicos toda a sua fazenda em uma doença crônica de doze anos, pela fama de Cristo o veio buscar, e, só com lhe tocar a ponta do manto, sarou.

Assim o diz o evangelista S. Marcos: "Que tinha sofrido muito às mãos de vários médicos, e que havia gastado tudo quanto tinha, nem por isso aproveitara coisa alguma" (Mc 5,26). — Pois, se os médicos, por esta causa, eram os mais prejudicados, antes aqueles unicamente que perdiam os interesses do seu ofício e todo o seu remédio, por que se não queixavam e por que se não ajuntavam também aos outros perseguidores de Cristo? Eu não acho outra razão ou fundamento desta diferença senão porque eram médicos. Provo. Porque, se olharmos para a pátria dos médicos, os escribas e fariseus eram da mesma pátria; se olharmos para a lei, que era a de Moisés, eles guardavam a mesma lei; se olharmos para a religião, eles professavam a mesma e, como eclesiásticos, eram mais obrigados a ela; e contudo, só pelo temor de poderem perder os interesses das suas prebendas: "Virão os romanos, e tirar-nos-ão o nosso lugar" (Jo 11,48) — crucificaram a Cristo; logo, não resta outra razão deste desinteresse dos médicos, senão a sua própria faculdade e ciência, a qual é tão nobre e generosa que por si mesma influi, ainda nos casos mais apertados, o desprezo de todo o interesse.

Mas daqui se segue uma grave e bem pesada dificuldade, porque, se os médicos, pelo uso da sua ciência, não hão de levar dinheiro, quem os há de sustentar? Respondo que os enfermos, mas não por preço, senão por tributo devido à rainha de todas as ciências. Assim o manda o mesmo Deus que criou a medicina, naquele texto: "Honrai o médico pela necessidade" (Eclo 38,1) — isto é, não só pela necessidade que vós tendes dele, senão pela que ele tem de vós. — E que quer dizer ali aquele *honora*? Quer dizer o mesmo que no quarto mandamento: "Honra a teu pai" (Dt 5,16). — Em um e outro lugar quer dizer que os filhos ao pai e os enfermos ao médico, têm obrigação de assistir e servir com a condigna sustentação: "Honra, isto é, dá-lhe uma condigna sustentação" — diz, com a comum interpretação, o doutíssimo A Lápide[21]. E chama-se esta sustentação, com grande propriedade e energia, condigna, porque, se aos pais devemos o sustento porque nos deram a vida, aos médicos a devemos com o mesmo direito porque no-la conservam. E isto mesmo confirmou admiravelmente o mesmo Cristo no mesmo Evangelho em que proibiu a bolsa e o dinheiro, e não uma, senão duas vezes: uma vez, dizendo: "Comei o que se vos puser diante, e curai os enfermos" (Lc 10,8s) — e outra vez: "Comendo e bebendo do que eles tiverem" (Ibid. 7). — Note-se muito os termos de umas e outras palavras, que são notáveis. Não diz que se sustentarão por onde forem como peregrinos ou hóspedes, senão como senhores, e como se os celeiros e despensas das cidades, e tudo o que nelas houver, fosse seu: "Bebendo do que eles tiverem". — E, o que é muito mais, que isto o receberão e lograrão sem se lhes fazer a face vermelha com o pedir, porque tudo, sem cuidado nem diligência sua, se lhes porá diante: "Comei o que se vos puser diante".

§ VIII

O segundo documento do Mestre e Médico divino, na instrução que deu aos seus, é que "no caminho a ninguém saudassem" (Lc 10,4). — E, tomando também de caminho estas palavras, sem reparar no mais interior delas, é certo que não admitem, em quem acode aos enfermos, a menor detença, porque nenhuma há, ainda que seja de um só instante, em que se não possa arriscar a vida. A mesma ordem deu o profeta Eliseu a Giesi, familiar de sua casa, quando o mandou, com o seu báculo, ao filho morto da Sunamitis, esperando que, posto sobre ele, o ressuscitasse. Mas naquele caso era menor o perigo da dilação ou detença. O morto, sem novo risco, podia esperar uma ou mais horas pela ressurreição; mas o vivo, talvez apertado do acidente mortal, qualquer momento que lhe tarde o remédio o perde para sempre. E é matéria muito escrupulosa que se detenha em saudar a um são quem leva a saúde a um enfermo.

Mas, dando um passo mais adiante neste caminho, não vejo combinar e ponderar, como é razão, a energia com que Cristo, Senhor nosso, proíbe ao médico o saudar a quem encontra, quando vai curar a quem padece a enfermidade: "No caminho a ninguém saudassem". — A palavra "saudassem" deriva-se da "saúde" — e é o mesmo que desejar saúde àquele com quem se fala. Para estas saudações formaram os latinos um verbo, que a nossa língua não tem, ao qual deram um só tempo no singular, que é *salve*, e no plural *salvete*. "Pela segunda vez, salve, meu divino pai; salve cinzas que me foram inutilmente trazidas"[22]. E como o "saudassem" significa este desejo da saúde, com grande razão e energia proíbe o divino Mestre as saudações aos médicos: "A ninguém saudais". — porque é grande abuso e implicância impedir ou divertir o dar saúde ao enfermo com saudar ao são, sendo que o verdadeiro saudar é dar saúde. Que coisa são essas saudações e cumprimentos, senão "Mentiras oficiosas"? E que maior sem-razão que trocar a verdade pela lisonja e arriscar por um cumprimento vão a maior importância da vida?

Contudo, como o saudar com os iguais é ato de amizade, com os maiores de urbanidade e com todos de humanidade, parece que é fazer aos médicos menos urbanos e menos corteses, e mais se apertarmos bem aquele "a ninguém": "A ninguém saudais". — E que seria se aquele a quem se negasse a saudação fosse pessoa de grande autoridade e de grande respeito? Neste caso, muito mais, e por isso mesmo. Porque esses respeitos e esses e outros obséquios são os que mais encontram a saúde dos mesmos respeitados e a obrigação e consciência do médico. A maior tentação do médico é quando a enfermidade é grave, e também é grave o doente. Para que eu melhor me declare, ouçamos a S. Gregório Nazianzeno, falando dos médicos do seu tempo. Vistes já a um médico tomar o pulso ao enfermo e, arqueando as sobrancelhas com gestos de admiração, fazer o compasso com a cabeça aos golpes do mesmo pulso? "Pois aqueles movimentos da cabeça do médico" — diz Nazianzeno — "são os da balança em que ele está pesando duas coisas: de uma parte, a dificuldade da doença, e da outra, o preço que lhe hão de dar pela cura, e por isso a dificulta"[23]. — Isto se entende dos médicos cobiçosos, que já refutei; o que agora digo, e não louvo, é dos obsequiosos e respectivos. Quando a enfermidade é grave, e também grave o enfermo, o médico lisonjeiro, e de pouco valor, está pesando, como em balança, a graveza da doença e a gravidade da pessoa para quê? Para temperar os medicamentos com tal brandura, que a doença se modere e a pessoa de nenhum modo se moleste e agrave. Se isto é adular o gosto ou zelar a saúde, julguem-no os mesmos que são juízes dela.

A primeira coisa, diz Aristóteles, que se há de considerar no enfermo é o sujeito, mas não quem é, senão qual. Consta que, estando enfermo aquele grande príncipe dos filósofos, e provando, como já dissemos dele, que onde acaba a filosofia começa a medicina, disse ao médico, como refere Eliano, que "advertisse primeiro que ele não era cavador nem vaqueiro, e sobre isto, depois de examinada a causa, veria se havia de obedecer às suas receitas"[24]. — Distingue-se o filósofo do cavador, porque o cavador, com a enxada na mão, quanto come e bebe em todo o dia sua em meia hora; e o filósofo, com a especulação da sua fantasia, avoca os espíritos à cabeça e ficam mal assistidas as oficinas do sangue e fontes da vida. De sorte que a consideração do sujeito há de examinar, se é robusto ou delicado, se de muitas ou poucas forças, se deste ou daquele exercício; mas nesta distinção, e na do temperamento, não há de entrar a da qualidade e dignidade da pessoa, sob pena de ficar bem lisonjeado o doente e mal curado. Por isso vemos que melhor e mais facilmente se curam os criados que os amos, os escravos que os senhores. Donde nasce que, curadas nos nobres e ricos mais mimosa, e não radicalmente, as enfermidades, ou são frequentes as recaídas ou, como gravemente disse Tertuliano, "quase tanto padece o mal são a sua saúde, como padecia a doença"[25].

E se isto sucede às qualidades particulares, que será nas supremas e coroadas? Adoeceu de uma febre el-rei D. Sebastião e, sendo chamado de Coimbra aquele oráculo da medicina, que nas cadeiras da mesma Universidade é alegado com nome de Magnus Thomas[26], que remédio aplicou ao rei, que era de pouca idade? Ordenou que lhe fizessem uma cama de rosas, e, deitado nela, ficou são. Mas o que naquela grande ciência obraram as rosas, em outra menor se pode curar com espinhas. É polícia da corte da China darem-se às doenças do rei os mesmos títulos que à pessoa real. E assim dizem os médicos: A muito alta e muito poderosa febre de Vossa Majestade, rainha sobre todos os reis e imperadora sobre todos os imperadores, ou está mais remitida, ou mais alterada. E como nas doenças dos reis se cura a majestade, e não a natureza, e o respeito aplica os medicamentos, e não o juízo, por isso a mesma natureza, que no viver e morrer fez a todos iguais, não costuma obedecer senão àqueles remédios — posto que mais austeros — onde ela depositou a virtude e pôs a eficácia.

O médico não cura a púrpura nem a coroa, senão o homem despido, e o corpo que em todos é do mesmo barro; e aonde o médico quis fazer distinção de barro a barro, ali se perdeu. Passando acaso Alexandre Magno por junto a um cemitério, viu nele a Diógenes; e como lhe perguntasse que fazia naquele lugar, respondeu o filósofo: — "Ando aqui buscando os ossos de Filipe de Macedônia, mas não os posso distinguir entre os dos plebeus"[27]. — Assim respondeu a liberdade do famosíssimo Cínico à arrogância daquele soberbíssimo monstro — como lhe chama Sêneca — e o ensinou a que se não estimasse mais que os outros homens, pois os ossos do pai, que lhe dera o ser e o sangue, se não distinguiam dos outros. Mas, como os palácios dos reis, aonde os médicos não são chamados senão por necessidade, assim como têm as portas sempre abertas à adulação e lisonja, assim elas por si mesmas se fecham à verdade, muito valor há mister a do médico que houver de curar a um rei como a um homem.

Em suma, posto que esta matéria seja tão alheia da minha profissão, eu a reduzo confiadamente a uma só palavra. E qual é? Que os médicos devem ser como as enfermidades. Assim como as enfermidades não respeitam qualidades nem dignidades, assim o devem eles fazer. A enfermidade não respeita qualidades, porque, ainda que a nobreza se chame sangue, a enfermidade não se compõe ou descompõe deste só humor, senão da discórdia de todos quatro. E não respeita dignidades, porque tão sujeito está à febre em palácio o rei como o moço do monte, e em Roma o Papa como o faquino. Sejam, pois, os médicos como as enfermidades, por que "a razão dos contrários é a mesma" — e não é bem que sejam de melhor condição os males que os remédios. E porque todo o médico se empenha muito pela verdade e acerto do seu prognóstico, sirva de conclusão a este ponto, e de prefação ao seguinte, que é de maior importância, um caso que agora me lembra, tão merecedor de ser ouvido, por discreto, como de ser imitado, por verdadeiro.

Estando enfermo S. Francisco de Borja, no tempo em que era duque, tomou-lhe o pulso o médico, e disse: Que me dará Vossa Excelência, se amanhã lhe pedir as alvíçaras de estar livre da febre? — Estava no aposento um aparador com muitas peças ricas de prata, e respondeu o Duque que daquela baixela escolhesse o que lhe parecesse melhor, e escolheu a maior de todas, que era um grande prato. Tornou ao outro dia o médico, tomou o pulso e, equivocando, como castelhano, na palavra Plato, disse: "Sou amigo de Platão, mas sou ainda mais amigo da verdade"[28]: Vossa Excelência ainda tem febre. — Não refere o historiador o que respondeu o Du-

que, mas eu lhe não dera então o prato, senão ametade da baixela e, se acrescentara que a febre tinha degenerado em maligna, lha dera toda. Maior ação que a deste meu pensamento veremos depois. Em dois casos obrará culpavelmente a inteireza e verdade do médico: ou na aplicação respeitosa dos remédios, de que acabamos de falar, ou no silêncio e dissimulação do perigo, de que agora falaremos. Uma coisa é a doença que ameaça a saúde temporal, outra a que pode arriscar a eterna: a primeira pertence à cura da enfermidade, a segunda ao desengano da morte. E quantos médicos, ou por falta de valor, ou com sobeja e mal entendida piedade, por não desanimar os enfermos e por não desconsolar os vivos, são causa de que se condenem os mortos? Contra a enfermidade, peca-se na cura, não se lhe aplicando os remédios eficazes, posto que duros. E contra o enfermo, quando a doença é mortal, peca-se muito mais gravemente na dissimulação, não o desenganando logo do seu perigo. O primeiro pecado é contra o "curai os enfermos"; o segundo contra o "dizei a eles": "Aproximou-se para vós o reino de Deus". — Este é o terceiro documento do Evangelho: Dizei aos enfermos, a quem curardes, que é chegado a eles o tempo de passar desta vida e de ir reinar com Cristo.

Que bem conheceu a dificuldade deste desengano e a força deste respeito, el-rei Jeroboão! Estava gravemente enfermo o seu primogênito; quis saber se viveria ou não, e disse à rainha — não fiando a matéria de outrem — que, disfarçada em trajos de uma mulher ordinária, fosse consultar o profeta Aías e lhe dissesse que tinha um filho muito doente, do qual dependia o remédio da sua casa e que, para saber o que havia de dispor dela, lhe pedia, como o oráculo de Deus, a certeza da sua vida ou morte. Porventura faltavam a Jeroboão os seus médicos da câmara, e estes, como se costuma, não eram os mais doutos de todo o reino? Pois, por que os não consultou o rei, e ainda, para tirar a verdade da boca do profeta, com o engano do disfarce da rainha, quis alcançar dele este desengano? O mesmo fato é a razão dele. Não consultou os médicos porque, ainda que não duvidasse da sua ciência, tinha por certo que nenhum deles teria valor para não dissimular a morte do filho e lhe manifestar com clareza que não podia escapar. E até do mesmo profeta, que lhe tinha anunciado a coroa, quis alcançar por meio daquele disfarce a verdade que tanto cuidado lhe dava, porque a primeira revelação era dar a um particular a nova de um reino, e a segunda dar a um rei a da morte de um filho.

Oh! quanto trabalha o demônio para impedir, principalmente aos reis, estes desenganos! Para impedir o fruto da primeira árvore da vida, disse a Eva: "Não morrereis de morte" (Gn 3,4); para impedir o fruto da segunda, que é a medicina, assim como pôs estas palavras nos ouvidos da primeira mulher, assim põe as mesmas na boca dos médicos. Notai muito aquele "de modo algum". Não disse que não morreriam, senão que de nenhum modo haviam de morrer: "Não morrereis de morte". — A promessa foi uma, e as mentiras foram sem-número, porque, sendo inumeráveis os modos de morrer, como experimentamos os filhos de Eva, ele disse que de nenhum modo morreriam. Foram tantos os modos de mentir como são os modos de morrer, para que em nenhum modo de morrer faltasse o seu modo de mentir. E por isso são tantos os modos de enganar, ou de não desenganar, com que encobrem a morte aqueles que têm obrigações, não só de a declarar, mas a tempo.

Grande exemplo o do maior dos profetas maiores. Adoeceu mortalmente el-rei Ezequias, no meio — como ele cuidava — da sua idade: "Na metade de meus dias" (Is 38,10). Avisou-o Isaías para morrer, e foi o aviso com estas palavras: "Dispõe de tua casa, porque hás de morrer tu, e não hás de viver" (4Rs 20,1). — Quem haverá que não admire esta repetição? Haver de morrer, e não haver de viver, não é o mesmo? O mesmo é, mas mais claro. E repetiu o profeta o mesmo desengano, para que o rei o não duvidasse. Quando Cristo disse aos apóstolos que ia a morrer, por mais que lhes declarou o tempo, o lugar, o modo, os executores e o mesmo gênero da morte, diz o evangelista que "eles o não entenderam" (Lc 2,50) — porque não há coisa mais dificultosa de entender que esta palavra morrer. Por isso o profeta o declarou, não uma, senão duas vezes, nem por um, senão por dois modos: uma vez por afirmação: "Hás de morrer"; e outra por negação: "Não hás de viver". Imaginas que estás no meio dos teus dias e enganaste; pois os passados já são de morte — "Hás de morrer" — e os futuros não hão de ser de vida — "Não hás de viver". — A vida dos reis é de mui desigual esfera à dos outros homens, mas estas desigualdades, que só faz a fortuna, já é chegada a ti, ó Ezequias, a morte que as iguala. "Morrerás à vida" — e "já não viverás à fortuna"; "morrerás ao mundo" — e "já não viverás à majestade"; "morrerás como homem" — e "já não viverás como rei"; "morrerás como todos" — e "já não viverás sobre todos".

Tudo isto quer dizer: "Hás de morrer tu e não hás de viver". — Porém, aquele tu não deve passar sem reparo. A palavra "tu", na língua hebraica como na latina é comum para todos; mas os vassalos, quando falam com os reis, em lugar de "tu", dizem: "Senhor, meu rei" — que vale o mesmo que Vossa Majestade, como consta de toda a Escritura Sagrada nos Livros dos Reis; e os profetas, quando menos, à palavra "tu" acrescentam "rei": "Tu, ó rei". — Assim falou Daniel a el-rei Nabucodonosor: "Tu, ó rei, começaste a pensar" (Dn 2,29). — Assim a el-rei Baltasar: "Teu pai, digo, ó rei" (Dn 5,11). — E assim a el-rei Dario: "Diante de ti, ó rei, não cometi delito algum" (Dn 6,22). — Pois, se Isaías era profeta e vassalo de el-rei Ezequias, e entre os profetas, como o mais polido e discreto de todos, era chamado o profeta cortesão, por que, deixado um e outro título, falou ao seu rei nem como vassalo, nem como profeta, senão tão nua e secamente com um "tu": "Hás de morrer tu e não hás de viver"? — Porque a ocasião não era de lisonjas, nem ainda de cortesias, senão de desenganos. Anunciava-lhe a morte, em que são iguais todos os homens e por isso lhe falou como a qualquer outro homem, e não como a rei. Assim como não usou de prólogos ou prefações, nem de rodeios ou metáforas para a clareza, assim cortou pelas cortesias da majestade, por não perder aquele pouco tempo aonde são tão importantes os instantes. Não esperou a que a debilidade da natureza o avisasse do seu perigo, mas ele lho declarou enquanto os sentidos e potências do corpo e alma estavam inteiras, e em seu vigor, para orar, como orou, para chorar, como chorou, e para recorrer a Deus, como recorreu; e então o advertiu que "dispusesse de sua casa" — quando o podia fazer com o juízo, quietação e sossego, que não permitem os acidentes nos desmaios e perturbações da morte; e, pois, perdia a vida que acaba com o tempo, seguia-se a que não há de acabar por toda a eternidade.

Aonde não houver este valor, esta liberdade e esta verdade de Isaías, é certo que faltarão à sua obrigação — como muitas vezes tem faltado — não só os médicos do corpo senão também os da alma, tão enganados nos respeitos humanos ou desumanos de que se deixam cegar, que eles são os maiores traidores dos reis e dos reinos, sendo, pelo contrário, dignos das maiores mercês e dos mais avantajados prêmios os que com verdadeiro zelo e amor não só os desenganavam livremente do perigo da vida senão da certeza da morte. Aqui entra agora o exemplo da heroica ação que eu prometi, muito maior que o meu pensamento, sobre o médico de S. Francisco de Borja. Estando el-rei Baltasar, na última ceia de sua vida, brindando aos seus ídolos nos mesmos vasos sagrados de que seu pai, Nabucodonosor, tinha despojado o templo de Jerusalém, apareceram três dedos de uma mão invisível que escreviam na parede umas letras não conhecidas. Chamado Daniel para a interpretação delas, disse ao rei que nas primeiras se continha o número dos seus dias, nas segundas o peso das suas obras e nas terceiras e últimas o fim da sua vida e do seu reino, que seria naquela mesma noite. Ó terrível e tremenda sentença! E que faria Baltasar ouvindo-a? Imediatamente, o conta o texto, e foi uma resolução, se pode ser, ainda mais admirável que a do profeta: "No mesmo ponto", sem falar outra palavra, o que fez Baltasar foi "mandar que Daniel fosse logo vestido de púrpura com o colar de ouro", que era a outra insígnia real, e que na presença dos convidados, que eram mil, os maiores de toda a monarquia, "fosse apregoado no poder e mando pela terceira pessoa do seu reino" (Dn 5,29), sendo a primeira o mesmo rei, a segunda a rainha, e a terceira Daniel[29]. — E haverá quem pudesse imaginar tal resolução no maior caso, por todas suas circunstâncias, que pode suceder no mundo?

De maneira que, porque Daniel notificou a um rei a morte e a privação do reino, que era a monarquia dos assírios e caldeus, a maior que nunca houve, o mesmo rei avaliou com tal extremo este desengano que o não pagou nem premiou menos que com igualar ao mesmo Daniel no poder e na dignidade a si, exceto somente a coroa. Mas não parou aqui o caso nem a causa da admiração; ainda vai por diante: "Naquela mesma noite, tomada por força de armas Babilônia, foi morto Baltasar, rei caldeu, e lhe sucedeu no reino Dario, medo" (Dn 5,30s) — com que parece que a púrpura, o colar, o poder e a dignidade de Daniel também expirou ou havia de expirar com o rei que lha tinha dado. Mas não foi assim, porque Dario, posto que, como inimigo e vencedor de Baltasar, nenhuma obrigação tinha de confirmar o que ele tinha mandado; tendo, porém, notícia do que Daniel havia dito e feito, não só o conservou nas proeminências da mesma dignidade, mas acrescentou a elas o amor, o respeito e a estimação que lhe devia o defunto, para que entendam os reis quão animados e confiados devem ter os ministros de sua saúde e vida, para que nos perigos dela os desenganem com toda a liberdade, e qual há de ser a verdade e inteireza com que os mesmos ministros os devem desenganar, sem temor de perderem a sua graça nem a de seus sucessores.

§ X (*)

Daqui não há que passar, para que acabem bem os enfermos. E para que acabem bem os médicos, falta alguma coisa? Como andam sempre com a morte entre as mãos, ou entre os dedos, pode acontecer que lhe tenham perdido o medo. Mas para que seja com confiança da vida que há de durar para sempre, lembrem-se daquele provérbio: "Médico, cura-te a ti mesmo" (Lc 4,23). Assim como curam os outros, não se esqueçam de se curar a si. — Este é o maior exemplo que devem admirar e imitar em S. Lucas, como evangelista de Cristo, como companheiro perpétuo de S. Paulo, como aquele varão Apostólico que peregrinou com ele tantas partes do mundo, por mar e por terra, exercitando sempre as obras de misericórdia: as corporais, curando os corpos; as espirituais, convertendo e salvando as almas, podia confiadamente ter por segura a salvação própria; e, contudo, como se fora um grande pecador, que fazia? A mesma Igreja o diz: "Que levou a mortificação da cruz sem cessar em seu corpo em honra do teu nome"[30]. — Sendo o seu corpo tão santo e tão puro que perpetuamente foi virgem, esse mesmo corpo mortificava e martirizava perpetuamente e "sem cessar" — e não com menor "mortificação que a da cruz" — a qual, não para satisfazer por seus pecados, senão "por honra do nome de Cristo" — "sempre levava sobre o mesmo corpo" às costas. — Quando Cristo, Redentor nosso, saiu com a cruz às costas, diz o texto sagrado: "Que levava a cruz para si" (Jo 19,17). — Pois, se Cristo não tinha necessidade dela, por que a levava "para si"? Porque era protomédico do mundo, e quis ensinar a todos o que deviam fazer. Cristo: "Que levava a cruz para si"; Lucas: "E a mortificação da cruz em seu corpo" — para que nenhum médico seja tão descuidado que, curando aos outros, se não cure a si: "Médico, cura a ti mesmo" (Lc 4,23).

SERMÃO DO

Beato Estanislau Kostka[1]

Da Companhia de Jesus.
Pregado na língua italiana, em Roma,
na Igreja de Santo André do Monte Cavallo,
Noviciado da mesma Companhia. Ano de 1674.

❧

"Bem-aventurado o ventre que te trouxe."
(Lc 11,27)

Após 70 anos da beatificação de Estanislau Kostka, Vieira está em Roma esperando o breve do papa Clemente X que o isentará da Inquisição portuguesa e o absolverá das censuras ou condenações anteriores. Nestes quatro anos de espera continua seu ofício de pregador. Hoje está na igreja do noviciado onde o beato faleceu em 1568, com apenas 17 anos. Viveu pouco Estanislau, por isso em vez de se deter no panegírico de suas boas obras, Vieira se deterá nas suas três mães: uma em Polônia, ilustríssima; outra em Germânia, diviníssima; e a terceira em Roma, perfeitíssima. E o tema dirá: um filho bem-aventurado em três mães. E três mães bem-aventuradas e beatificadas em um filho. À sua maneira, para desenvolver o conteúdo do sermão, utilizará a Sagrada Escritura, a literatura profana e as lembranças ainda vivas dos passos do jovem polonês em fuga até a Germânia e finalmente noviço jesuíta em Roma. Uma oração encerra o sermão.

§ I

Louvar o filho pela mãe ou engrandecer a mãe pelo filho, invento foi não vulgar de uma eloquência do vulgo. Assim disse quem não tinha aprendido a bem falar na língua própria e assim o farei eu na estranha. Hei de falar de um beato, e não posso deixar de beatificar o ventre de que nasceu: "Bem-aventurado o ventre que te trouxe" (Lc 11,27). — Esta é a obrigação de louvar o filho e esta a necessidade de não poder louvar juntamente a mãe. Mas qual mãe? O filho é Estanislau; e quando eu ponho os olhos neste bendito filho, vejo uma, duas e três mães, cada uma das quais o quer por seu. Não basta aqui a espada de Salomão, porque são mais de duas as que litigam.

Viveu pouco Estanislau, e não podia viver muito. Aos anjos concede-se pouca vida, ou pouco espaço de viadores; e não pode continuar muito quem começa pelo fim. Contudo, em uma via tão breve e em uma vida tão curta, foi Estanislau três vezes concebido e três vezes nascido. Não digo coisa nova e sem exemplo; mas o exemplo é tão único, e tão alto, que a faz mais admirável e mais nova. Falando de seu próprio Filho, diz Deus por boca de Davi: "Vós sois meu filho, e eu vos gerei hoje" (Sl 2,7). — Mas quando foi este "hoje"? Em um, em dois e em três nascimentos. "Hoje", na geração eterna; "hoje", na encarnação temporal; "hoje", na ressurreição gloriosa. Assim o afirma S. Paulo. E isto, que só se crê de um homem-Deus, nós o veremos por seu modo em um moçozinho que não chegou a ser homem. Cristo três vezes nascido de um só pai; Estanislau três vezes nascido, mas de três mães.

E que mães foram estas? Uma em Polônia, ilustríssima; outra em Germânia, diviníssima; e a terceira em Roma, perfeitíssima. Em Polônia, a mãe natural, que lhe deu o primeiro ser; em Germânia, a Mãe de Deus e sua, que lhe deu o segundo; em Roma, a Companhia de Jesus, que lhe deu o último e, apenas concebido no ventre, o tresladou à sepultura. Foi Estanislau o primeiro que morreu nesta casa e, sendo ela verdadeiramente "Mãe dos viventes" (Gn 3,5), ele foi o seu "O primogênito dos mortos" (Ap 1,5). — Não devia uma tal mãe ter outro primogênito, nem um tal primogênito outra mãe. A primeira mãe cede facilmente à terceira; a terceira cede gloriosamente à segunda; e eu, para louvar a Estanislau em todas três, que farei? Não farei, nem posso fazer mais nem menos que provar o meu tema em todas três. Veremos, pois, em outros tantos correlativos, um filho bem-aventurado beatificado em três mães, e três mães bem-aventuradas e beatificadas em um filho: "Bem-aventurado o ventre que te trouxe". — Temos não só proposto, mas já dividido o discurso; comecemos pela primeira parte.

§ II

"Bem-aventurado o ventre que te trouxe."

Concebido que foi Estanislau — começo assim, porque em matéria grande e em tempo breve nem se deve perder tempo nem palavra — concebido que foi Estanislau no ventre da primeira mãe, eis que aparece milagrosamente sobre o mesmo ventre o nome de Jesus, não escrito, ou pintado, mas esculpido e relevado na mesma carne, e todo cercado de raios. Ouvistes ou lestes alguma hora caso semelhante? Prodígio verdadeiramente estupendo e inaudito; mas, se eu me não engano, já de muito longe antevisto e prometido. Do nome de Jesus tinha profetizado Isaías, em uma palavra de dobrada significação, duas coisas singulares que veriam os séculos futuros. A primeira, que aquele nome seria nomeado do céu; a segunda, que do céu seria esculpido: "Nome que o Senhor nomeará pela sua boca" (Is 62,2); "nome que o Senhor há de esculpir pela sua boca"[2]. — E quando se cumpriu este oráculo? A primeira promessa se cumpriu antes da conceição de Cristo, quando o anjo anunciou do céu o nome de Jesus: "Como lhe tinha chamado o anjo, antes que fosse concebido no ventre de sua mãe" (Lc 2,21). — A segunda não estava ainda cumprida, e se verificou na conceição de Estanislau, quando no ventre da mãe apareceu o nome de Jesus esculpido: "Nome que o Senhor há de esculpir pela sua boca". — Mas o nome de Jesus no ventre de uma mulher? No ventre de uma mulher aquele nome "Que é sobre todo o nome" (Fl 2,9) — não só escrito ou sobrescrito com letras; não pintado, ou divisado com cores, mas formado da mesma carne? Sim, da mesma carne, e aqui está o mais admirável e o mais miraculoso do milagre. Nas entranhas da Mãe de Deus encarnou Deus o seu Verbo e nas entranhas da mãe de Estanislau encarnou o Verbo o seu nome. Naquele ventre a Encarnação do Verbo oculta, nesta a encarnação do nome manifesta; naquele, com milagre novo e inefável, que não terá segundo; neste com milagre novo e inaudito, que não teve primeiro. Oh! mulher verdadeiramente beatificada e consagrada! O teu ventre foi o primeiro templo de Estanislau, e, posto que ainda se não podia adorar o santo, já se devia adorar o templo: "Para que ao nome de Jesus se dobre todo o joelho" (Ibid. 10).

Esta é, senhores, a primeira folha da vida de Estanislau, na qual vos peço que façais reflexão sobre o que eu principalmente admiro, e é que, sendo todos os santos obra de Deus, só esta firmou o mesmo Deus e sobrescreveu com o seu nome. Se víssemos que um famosíssimo artífice, depois de ter entalhado em mármore muitas estátuas ou pintado em lâminas de bronze muitas figuras, todas que espirassem vida e causassem espanto, e ao pé de uma só delas imprimisse a sua divisa ou escrevesse o seu nome, que diria o mundo? Diria, com razão, que aquela era a obra mais primorosa da sua arte, aquela a mais estimada dele e mais perfeita. Eu não me atrevo a dizer tanto; mas, tanto é o que em semelhantes casos fazem os artífices humanos e tanto o que fez — bem que uma só vez — o divino. Daqui se entenderá um famoso texto de S. João, ainda entre os doutos dificultoso: "Porque ele é aquele em quem Deus Pai imprimiu o seu selo" (Jo 6,27). — Quer dizer que no composto inefável de Cristo imprimiu e estampou Deus Pai o seu selo. — Assim o declara mais expressamente o mesmo texto original grego: "Aquele em quem Deus Pai imprimiu o seu selo". — Ora, vede.

Criou Deus e vestiu a terra com tanta variedade de criaturas, cuja formosa vista suspende e leva após si os olhos; mas não imprimiu o seu selo na terra. Criou o céu bordado de ouro sobre azul, com sol, lua e estrelas, vencendo a arte e a ordem, não só a matéria, senão a forma de todas as sublunares, mas não imprimiu o seu selo no céu. Criou os homens e anjos, os querubins e os serafins e, posto que em todos e cada um, ou com semelhança, ou com diversidade admirável, tivesse ideado a sua própria imagem, nem por isso imprimiu neles a estampa do seu selo. E por quê? Não eram obras dignas da mão e do pincel divino? Sim, eram, e muito: "Viu todas as coisas que tinha feito, e eram muito boas" (Gn 1,31). — Por que razão logo não as honra Deus, ou não se honra de imprimir nelas o seu selo? Porque tinha o supremo Artífice na mente outra obra mais nobre, mais sublime, mais divina, mais sua; e esta só julgou por digna de a sinalar e distinguir de todas as outras com a divisa do seu nome. Assim foi: "O Senhor criou uma coisa nova sobre a terra" (Jr 31,22). — Saiu Deus ao mundo com aquele artefato novo e incompreensível, aonde atou o humano com o divino, o criado com o incriado, o finito com o infinito, unidos e divididos juntamente em um suposto; e como aquela era a maior obra sua, aonde a onipotência empregou todo o poder e a sabedoria, compendiou toda a arte, esta só sobrescreveu com o seu nome e selou com o seu selo: "Deus Pai imprimiu o seu selo". — Este é o verdadeiro sentido do texto. Mas eu tremo de aplicar a semelhança. Só não posso deixar de dizer o que se não pode negar. De Cristo é verdadeiro dizer: "Deus Pai imprimiu o seu selo"; de Estanislau não se pode negar: "Aquele a quem Deus assinalou com o nome de Filho". — Cristo sinalado com o selo do Pai, Estanislau sigilado com o nome do Filho.

Mas qual será o significado deste grande sinal? Um sinal, um prodígio, um portento tão novo e inaudito, não podia não ter e encerrar em si uma grande significação. E qual foi esta? Todos dirão que ser Estanislau sinalado no ventre da mãe com o nome de Jesus significa que aquele menino seria um insigne ou assinaladíssimo jesuíta — falo ao vosso modo. — Um Xavier, um Borja, um Gonzaga, e tantos outros mártires e confessores, e ainda o mesmo pai de todos, foram jesuítas feitos; Estanislau foi jesuíta nascido. Esta é a energia com que dizemos que o orador se faz, e o poeta nasce. Foi Estanislau jesuíta nascido, e, o que é mais, muito antes de nascido já jesuíta. Morreu Estanislau no noviciado, e podia competir na antiguidade com o mesmo fundador. Santo Inácio viveu sessenta e cinco anos, e teve dezesseis de jesuíta; Estanislau viveu dezoito anos, e teve de jesuíta dezenove, porque já desde a conceição era jesuíta.

Certamente este significado parece próprio e natural; mas, segundo a nossa divisão, pertence à terceira mãe, e não à primeira, de que agora falamos. Qual foi logo o verdadeiro significado daquele miraculoso Jesus em respeito à primeira mãe de Estanislau, que é a de Polônia? Eu não quero nem posso querer outra interpretação, nem mais própria, nem mais certa que a do primeiro intérprete do mesmo nome. O anjo, que foi o primeiro que pronunciou e interpelou o saníssimo nome de Jesus, que disse: "Porque ele salvará o seu povo" (Mt 1,21). — Este é o verdadeiro significado daquele sinal. Sabeis que quer dizer o nome de Jesus estampado sobre Estanislau concebido em Polônia? Quer dizer que aquele menino seria o salvador e libertador do seu povo: "Porque ele salvará o seu povo". — O efeito provou o prodígio. — Quantas cidades de Polônia, e quantas vezes ardiam em peste e, recorrendo a Estanislau, não só católicos, mas também hereges, e como se ao seu mandado embainhasse a espada o anjo percussor, todas ficavam livres? Porém, estes eram povos particulares, e o sinal diz mais: "Seu povo" — não um, ou alguns povos, mas todo o povo, todo o reino, toda a nação; e assim o experimentou a Polônia toda.

O maior perigo em que jamais se viu toda Polônia foi o ano de seiscentos e vinte e um, quando Osmã, com exército de trezentos mil turcos e maior número de tártaros, não só a vinha invadir, mas inundar, não só a conquistá-la em parte, mas a dominá-la e devorá-la toda. E qual foi o remédio e o socorro em caso e aperto tão desesperado? Já o rei e o reino tinham pedido a Roma a cabeça de Estanislau, para que ele o fosse das suas armas, sustento e muro da pátria, quando entre grande temor e pouca esperança, amanheceu o dia decretório de dez de outubro, decretório, mas imortal. No mesmo dia entrou a cabeça de Estanislau na Polônia; no mesmo dia apareceu Estanislau visível no ar, não armado, mas orando; no mesmo dia foi visto o Menino Jesus, que do colo e braços da Mãe, voltado a Estanislau, lhe dava a mão; no mesmo dia se deu a desigualíssima batalha, e no mesmo foi roto Osmã; e a multidão imensa dos bárbaros feros, armada e atônita, precipitou a fugida. Assim ficou em pé e salva aquela grã-muralha do cristianismo, e Estanislau, nas vozes, nas pinturas, nas estátuas, nas escrituras, aclamado salvador e libertador da sua pátria e do seu povo: "Porque ele salvará o seu povo".

Tal foi o significado daquele grande sinal. Mas a maior glória do caso, a meu juízo, é que o sinal, o significado, a mãe, o filho, a vitória, o turco, tudo foi visto por S. João, e o deixou escrito ou retratado de sua própria pena, em uma das mais famosas figuras do seu Apocalipse. E agora — contra o que costumo — citarei a multidão de autores que, quando não são necessários, mais servem de embaraçar e escurecer que de declarar o que dizem. Santo Antonino, Ubertino de Casalis, Paulo Burgense, Pedro Galatino, Célio Panônio, Lirano, Dionísio Cartusiano, Serafino de Fermo, Ribera, Viegas, Sá, Cornélio A Lápide[3], e os outros comentadores, que escreveram depois do império otomano, todos concordam que em boa parte do Apocalipse estão historiadas as perseguições da seita maometana contra a Igreja e as vitórias e triunfos da Igreja contra ela. Isto posto, ouçamos o texto de S. João. Diz que viu sucessivamente no céu — isto é, no ar — dois sinais, ambos grandes e espantosos: o primeiro tão formoso e alegre como o segundo feio e formidável. O primeiro era uma mulher vestida de sol, coroada de estrelas e que tinha a lua debaixo dos pés: "Apareceu um grande sinal no céu: uma mulher vestida do sol, que tinha a lua debaixo dos seus pés, e uma coroa de doze estrelas sobre a sua cabeça" (Ap 12,1). — O segundo era um grande dragão de cor leonada, ou vermelha, o qual tinha sete cabeças, e nelas sete diademas e dez pontas; e assim soberbo e armado se presentou e pôs em campo contra a mulher que estava prenhe, para tragar um filho que dela havia de nascer: "E foi visto outro sinal no céu: e eis aqui um grande dragão vermelho, que tinha sete cabeças e dez cornos, e nas suas cabeças sete diademas; e o dragão parou diante da mulher que estava para parir, a fim de tragar ao seu filho, depois que ela o tivesse dado à luz" (Ibid. 3s). — E quem foram ou haviam de ser esta mulher e este dragão?

Além dos comentadores citados, Cedrino, Zonaras, Genebrardo, Capomzachio, Ludovico Legronense[4], e outros graves autores, reconhecem no dragão o turco e seu império: dragão venenoso, feroz e sanguinolento por violência e tirania, e por discórdia e socórdia nossa, formidável no poder e dominador de tantas províncias e coroado de tantos reinos. A mulher, posto que com diferente explicação e aplicação, se ouve comumente nomear nos púlpitos; este sentido, na fecundidade das Escrituras, não desfaz nem contradiz a probabilidade de outros, principalmente sendo o mais certo intérprete das profecias o tempo, cujos sucessos futuros, sem desacreditar os passados, se declaram mais nos presentes. E se o autor da História Profética Carmelitana, e os que o seguem, reconhecem naquela mulher prodigiosa a mãe de Elias, vencedor futuro do anticristo, e Aurélio⁵, e outros, a explicam da mãe de Heráclio, vencedor já passado de Cosroas, com muito maior razão a posso eu interpretar da mãe de Estanislau, famoso triunfador, em nossos dias, de todo o poder otomano.

Para que se veja a propriedade do caso, voltemos com a aplicação sobre a mesma história. Primeiramente, a mãe de Estanislau, com aquele santíssimo nome bordado ou esculpido no claustro natural que desde sua conceição o encerrava e cobria, ninguém pode negar que fosse "um grande e prodigioso sinal". Diz o texto que a mesma mulher estava "prenhe" — e assim era. Diz que o parto desta vizinha esperança havia de ser um filho varão, pouco depois arrebatado ao céu: "Deu à luz um filho varão que foi arrebatado para junto de Deus e do seu trono" (Ap 12,5) — e assim o foi Estanislau, na primeira flor da sua idade arrebatado e roubado do céu. Diz que a mulher estava "vestida do sol" — e este sol era aquele nome de Jesus, o qual, por isso, como sol, estava todo cercado de raios e resplandores. Diz que então apareceu contra ele o "dragão formidável" — ameaçando fogo e sangue, soberbo com todas as coroas que tem e de que é cabeça: "Em sua cabeça sete coroas" — e armado com todo o poder e fortaleza de seus exércitos: "e dez chifres" — e estes são os com que o turco invadiu a Polônia. Diz, finalmente, que também a mulher apareceu coroada, e não com coroa tecida das folhas murciais, senão de estrelas: "Na cabeça dela uma coroa de estrelas" — e assim havia de aparecer coroada pela famosíssima vitória e com coroa de estrelas, porque a vitória foi do céu, e não da terra. E para que ninguém duvidasse da verdade do mistério, como se S. João, na base da figura, escrevesse a suma da história, conclui com aquelas poucas e grandes letras, que a mulher "tinha a lua debaixo dos pés", porque a lua otomana, aquela lua que, ondeando nas bandeiras inimigas, ameaçava um tão grande eclipse à Igreja, ela foi a eclipsada, ela a rebatida e abatida, ela a pisada e metida "debaixo dos pés". — E, posto que a vitória fosse do triunfante filho, libertador da pátria, contudo, o profético Evangelista a atribui à mãe prodigiosa, porque, segundo o texto tão louvado do Evangelho, a glória do filho se deve atribuir à mãe e ao feliz ventre que em si o trouxe: "Bem-aventurado o ventre que te trouxe".

§ III

A segunda mãe de Estanislau foi a Mãe de Deus. Ofereceu Estanislau à Mãe de Deus um dom grande e lhe pediu outro maior. O que ofereceu foi a pureza virginal com perpétuo voto; o que pediu foi que a mesma Mãe sempre Virgem fosse mãe sua. Se o alcançou ou não, aqui pode estar a dúvida. A virgindade que ofereceu parece que merecia a maternidade que pedia, porque a S. João, entre todos os apóstolos, foi concedida a maternidade de Maria, não por outra prerrogativa que pela da virgindade: "Recomendou a Mãe Virgem a um virgem"⁶. — Contudo este exemplo, por ser singular e único, não faz argumento e, ainda que o fizesse, não é bastante porque, como notou Salmeirão, daquele texto de São João: "Desta hora por diante a tomou o discípulo para sua casa" (Jo 19,27) — só se prova que João aceitou a Virgem por mãe, mas não que a Virgem aceitasse a João por filho. E se esta aceitação se pode duvidar de João, quanto mais — dirá alguém — de Estanislau?

Para solução da dúvida e prova da minha proposição, ouvi um caso maravilhoso, e não maravilhoso com uma só, senão com três maravilhas. Enfermo mortalmente Estanislau em Germânia, entre as últimas respirações da vida o afligia uma só dor: não de morrer, porque o desejava, mas de morrer sem o Santíssimo Viático, porque a casa era de um herege, que por nenhum modo o quis consentir. No meio destas devotas angústias ouviu o céu as ansiosas preces de Estanislau, e o socorreu, não com um, mas com três milagres. O primeiro foi que dois anjos, em falta de sacerdote, lhe trouxeram o Pão dos anjos e o comungaram por Viático. O segundo, que logo apareceu no mesmo aposento a Benditíssima Virgem, e com a só vista sua, toda cheia de divindade, o restituiu da morte à vida. O terceiro que, depondo amorosamente o Menino Jesus, que trazia nos braços, o recostou no mesmo leito em que jazia Estanislau. Retende na memória os dois primeiros milagres, enquanto eu admiro este último e lhe tiro a consequência. O Menino Jesus no leito de Estanislau, e Estanislau e o Menino Jesus ambos no mesmo leito? Logo, este foi o ato de posse com que a Virgem aceitou a filiação de Estanislau e lhe deu a investidura da sua maternidade. Quis a Mãe de Deus que o Menino Jesus e Estanislau, como dois irmãos e dois filhinhos da mesma mãe, repousassem juntamente no mesmo leito, para declarar que desde aquele ponto em diante, um e outro eram seus filhos, e um e outro entre si irmãos.

Não é consequência minha, mas de Salomão. Tinha dito a alma santa: "Busquei no meu leito aquele a quem ama a minha alma" (Ct 3,1) — e, continuando sem cessar neste mesmo desejo, em seguimento sempre do que tanto suspirava, rompeu neste amoroso afeto: "Ó irmão meu, se eu fosse tão feliz que, depois de vos buscar tantas vezes e com tão ansioso desejo, finalmente vos achasse pendente dos peitos e braços de minha mãe!" (Ct 8,1). — Assim dizia e assim desejava aquela alma; e eu entendo bem o que deseja, mas não entendo como fala. Quer achar o Menino Jesus, e em lugar de dizer: ó meu Senhor — diz: "ó meu irmão"? Qué-lo achar pendente dos braços e peitos da mãe, e em lugar de dizer da mãe sua — diz da mãe minha: "Pendente dos peitos e braços de minha mãe"? — Sim, porque aquela alma falava desejando e falava muito coerente ao seu desejo. Desejava achar o Menino Jesus, e o lugar onde o buscava era o seu leito: "Busquei no meu leito aquele a quem ama a minha alma" — e uma vez que o achasse onde o buscava, uma vez que o tivesse consigo no mesmo leito, já o Menino Jesus era seu irmão: "Ó irmão meu"? — E já a mãe do Menino Jesus era mãe sua: "Pendente dos peitos e braços de minha mãe". — Logo, bem digo eu, e bem provo, que meter a Virgem o Menino Jesus no mesmo leito com Estanislau, foi aceitar a Estanislau, por filho e dar-lhe solenemente a posse da sua maternidade.

O mesmo rito, ou a mesma solenidade se observou no ato de aceitar por filho a João, não na cruz, como todos cuidam, senão na ceia. Na cruz foi publicada a filiação, na ceia foi tomada a posse. E quando? Quando foi admitido João a jazer no mesmo leito com Cristo e a repousar sobre o seu peito. Todos os que leem a Escritura Sagrada sabem que era uso dos hebreus porem-se à mesa, não assentados, senão jazendo; não em cadeiras como nós, senão em leitos. E que fez S. João? Passou do seu leito ao de

Cristo, ali se "recostou sobre o seu peito" (Jo 21,20). — E aqui tomou a primeira posse de irmão de Cristo e filho de Maria, a qual posse depois foi declarada e publicada na cruz. Esquisitamente Arnoldo Carnotense: "O discípulo que na Ceia do Senhor reclinou sobre o peito do Mestre, depois deste gesto assumiu as vezes de filho natural"[7]. — Assim João, e assim Estanislau: João reclinado sobre o peito de Jesus, e Jesus passado dos peitos da Mãe ao peito de Estanislau; e ambos jazendo, não em diferentes leitos, senão no mesmo. Logo, e por isso, João e Estanislau, um e outro irmão de Jesus, um e outro filho de Maria: "Depois deste gesto assumiu às vezes de filho natural".

E se alguém me perguntar qual maternidade ou qual filiação fosse mais perfeita, se a de João ou a de Estanislau, digo que a de João foi mais autêntica, porém a de Estanislau mais perfeita. Quem mais altamente falou de S. João no privilégio de filho da Virgem foi o Cardeal S. Pedro Damião. Chegou a imaginar que as palavras: "Eis aí teu filho, eis aí tua mãe" (Jo 19,26s) — tiveram a eficácia das palavras da consagração; e como Cristo, nosso Senhor, no mistério da Sagrada Eucaristia consagrou o corpo e sangue recebido da Virgem Maria, assim em S. João consagrou a relação de filho seu; e que, por isso, não contente com dizer: "Eis aí teu filho" — ajuntou: "Eis aí tua mãe" — porque a relação devia ser mútua e recíproca de mãe a filho e de filho a mãe; de mãe a filho: "Eis aí teu filho"; de filho a mãe: "Eis aí tua mãe". Contudo, tal pensamento é mais forte que sólido, porque, para fundar verdadeira relação, não basta só o afeto de mãe a respeito do filho e o obséquio do filho a respeito da mãe, mas é necessário de mais que a mãe dê verdadeiramente ao filho o ser e a vida.

Isto não teve S. João, e Estanislau sim. Lembrai-vos agora dos dois milagres já referidos, que depositei em a vossa memória.

S. João não recebeu o ser e a vida da Virgem Santíssima, Senhora nossa; mas a Virgem é certo que verdadeiramente a deu a Estanislau porque, estando mais morto que moribundo, e quase espirando, a mesma Senhora, como sua segunda mãe, lhe deu milagrosamente a segunda e nova vida. Até aquele ponto, filho Estanislau da mãe natural, que lhe deu o primeiro ser; daquele ponto em diante, filho da mãe sobrenatural, que lhe deu o segundo. Agora entendereis o mistério de uma grande implicância que se acha em um milagre combinado com o outro. O primeiro foi que os anjos lhe deram o Viático; o segundo, que no mesmo ponto a rainha dos anjos, Maria Santíssima, Senhora nossa, lhe restituiu a vida. Já se vê a implicância. Se lhe queria restituir a vida, por que lhe faz dar o Viático? E se lhe dá o Viático para a morte, por que lhe restitui a vida? Porque naquele mesmo ponto acabava Estanislau uma vida e começava outra. Morria à vida recebida da mãe natural, e por isso se lhe deu o Viático; nascia ao ser recebido da mãe sobrenatural, e por isso se lhe deu a vida. E como Estanislau verdadeiramente recebeu o ser e a vida de Maria Santíssima, Senhora nossa, e João não, por esta circunstância, tão substancial, foi mais perfeitamente filho seu que o mesmo João.

E para que se veja quão bem merecida foi esta filiação fundada, como a de João, na prerrogativa da pureza virginal, e quão própria de filho da mãe virgem, quando a Virgem Santíssima, Senhora nossa, foi anunciada pelo anjo: "Turbou-se do seu falar" (Lc 1,29). — E por quê? Somente porque as palavras da embaixada pareciam contrárias ao voto da sua virgindade. Por isso se perturbou de tal sorte que, para que não desmaiasse, foi necessário que o anjo, chamado "Força de Deus", a confortasse, dizendo: "Não temas, Maria" (Ibid. 30). — E a pureza de Estanislau era tão própria de filho daquela puríssima Mãe, que, se alguma vez acaso ouvia alguma palavra menos casta, se perturbava ele também com tal excesso, que subitamente desmaiava e caía amortecido. É exemplo que não se lê de algum outro santo, e tanto mais raro quanto não foi uma só vez, senão muitas as que lhe aconteceu. Mais. Eram tão divinos os raios de pureza que resplandeciam no soberano rosto da Mãe de Deus, que, como diz Santo Epifânio, só com ser vista infundia castidade; e foi experiência de muitos, sendo tentados do vício contrário àquela virtude, que só com porem os olhos no rosto de Estanislau, fugia a tentação. Era a vista de Maria Santíssima, Senhora nossa, como a visão de Deus, que faz semelhantes a si aos que o veem: "Seremos semelhantes a ele, porque nós outros o veremos" (1Jo 3,2). Esta graça, que comunicou Deus a sua Mãe, comunicou a Mãe de Deus a seu filho Estanislau.

Mas o que eu mais admiro é que nunca em toda a sua vida se atrevesse o demônio a o tentar em matéria da pureza, ainda com um mínimo pensamento, privilégio verdadeiramente divino, e muito mais admirável em tal sujeito. Era Estanislau moço, ilustre e de gentil presença, e estas são as três lanças com que o Joab do inferno fere mortalmente e todas emprega no peito dos Absalões. Logo, se o demônio se achava tão fortemente armado contra Estanislau, por que o não tenta? Porque era filho da sempre Virgem Santíssima, Senhora nossa. Ao filho primogênito desta grande Mãe tentou o demônio três vezes: a primeira na gula, a segunda na vanglória, a terceira na cobiça; mas, como nota o angélico doutor, Santo Tomás, não o tentou na castidade. E por que motivo ou respeito? Cristo permitiu ser tentado, não por outro fim que o do nosso exemplo, e o exemplo desta difícil virtude era o mais necessário à fragilidade humana. Por que não deu logo esta permissão ao demônio em matéria da pureza? Porque era indecente uma tal tentação no Filho de Maria Santíssima, Senhora nossa. Nos outros vícios tentado, mas não vencido; neste vício, nem vencido, nem tentado. Como Filho de Deus: "Se és Filho de Deus" (Lc 4,3) — tentou-o o demônio com todas as outras sugestões; como filho de Maria: "Filho do homem" — posto que tão descomedido o demônio, não se atreveu a o tentar em tal matéria.

Este foi o respeito por que o demônio não teve atrevimento para tentar a Estanislau na pureza. Mas nem por isso deixou de o tentar em outros modos, uma, duas e três vezes, como a Cristo. Revestiu-se de noite de uma fantasma medonha, e apareceu a Estanislau em figura de um monstro fero e esfaimado, que, com uma grande boca aberta, e os dentes arreganhados, ameaçava de o engolir. E que fez Estanislau? Riu-se daquela máscara tão feia, como quem a pintava, e com dois dedos em forma de cruz o fez retirar e fugir. Mas eu lhe quero tomar o passo. — Para, demônio. Tu não sabes ser tentador. Queres tentar a Estanislau, e o tentas com cocos, como a menino? Tenta — o como a mancebo, com outra figura daquelas de que tu te serves para render aos de sua idade. Tenta-o como a Siquém, como a José, como a Sansão. Qual é, pois, a razão por que o demônio não tenta a Estanislau como a mancebo, com figuras deleitosas que provoquem o apetite, senão medonhas, feias, e fantásticas, como a menino? Porque Estanislau estava convertido em menino por milagre da castidade heroica. Ouvi uma filosofia desta virtude que porventura nunca ouvistes. A castidade heroica cresce para baixo. E quanto um homem sobe pela idade, tanto desce pela castidade.

Escreve o texto sagrado a história de José, e, antes de ser tentado, lhe chama "varão": "Era um varão ao qual tudo quanto obrava lhe sucedia prosperamente" (Gn 39,2). — Vai por diante, e, quando foi tentado da egípcia, lhe chama "mancebo": "Era a mulher molesta ao mancebo" (Ibid. 10); finalmente, chega ao cárcere, onde, já vencedor, padecia pela mesma virtude, e lhe chama "menino": "Achava-se ali um menino hebreu" (Gn 41,12). — Já vedes a dificuldade. Primeiro se devia chamar "menino", depois "mancebo", depois "varão"; mas primeiro "varão", depois "mancebo", depois "menino"? Sim, por que José tinha dois modos de crescer: "José, filho que cresce, filho que se aumenta" (Gn 49,22). — Pela idade crescia para cima: "menino, mancebo, varão"; pela castidade decrescia para baixo: "varão, mancebo, menino". — Assim o significou o mesmo José, respondendo à tentadora: "Como, pois, posso eu?" (Gn 39,9). — Não disse, não quero, senão: não posso porque aquilo que no homem é livre, no menino é necessário; aquilo que no mancebo é virtude, no menino é impossibilidade: "Como, pois, posso eu?". Ao mesmo modo Estanislau. José, como herói da castidade, crescia da juventude à adolescência e da adolescência à puerícia; e Estanislau, que ainda não chegava à perfeita juventude, crescia da adolescência à puerícia, e da puerícia à infância. E porque o demônio em José tinha já aprendido esta filosofia, que dantes não sabia, desesperado de vencer a Estanislau como mancebo, o tentou como menino. Mas como este menino era irmão do outro, e ambos filho da Mãe Virgem, ambos lançaram fora o espírito imundo. E merece a mesma Mãe que nós lhe digamos, pela virtude deste segundo filho, o mesmo que lhe foi dito pela virtude do primeiro: "Bem-aventurado o ventre que te trouxe".

§ IV

Somos chegados à terceira mãe, e, posto que tarde, já estamos em casa. Depois de Estanislau ter por mãe a Mãe de Deus, parece que não era necessário, nem conveniente, nem decente ter outra. Mas a mesma Mãe de Deus, por eleição sua, lhe deu a terceira mãe, mandando a Estanislau que entrasse na Companhia de Jesus. Se esta religião não tivera outro louvor, este só bastava para a fazer gloriosa. O Filho de Deus mandou os seus discípulos da sua escola à escola do Espírito Santo: "Ele vos ensinará todas as coisas que vos tenho dito" (Jo 14,26). — A Mãe de Deus mandou o seu filho amado da sua escola à escola da Companhia.

No mesmo ponto tratou Estanislau de entrar no noviciado de Viena, onde então se achava. E porque não foi recebido, por respeito de seu pai, se deliberou a fugir incógnito e ir buscar a Companhia em Augusta. Nesta viagem, noto eu que, não fazendo Estanislau milagre algum jamais em benefício próprio, só por vir à Companhia fez milagres. Caminhava ele disfarçado em trajo de peregrino, pobre, só, a pé, e com um bordãozinho na mão, quando de um seu irmão mais velho, e do seu aio, que em uma carroça a seis cavalos o vinham seguindo, foi descoberto em tal passo, que se viu Estanislau como o povo de Israel entre os carros de Faraó e o Mar Vermelho. Diante impedia a passagem um rio, que cortava a estrada; detrás vinha correndo a toda a fúria a carroça de seus perseguidores. Que fará o pobre fugitivo? Como se o bordãozinho de Estanislau fosse a vara de Moisés — mas mais piedosa e mais inocente — a carroça e os cavalos, apesar do cocheiro e dos repetidos golpes de açoite, pararam imóveis como se fossem de mármore, e o rio passou-o ele por cima da água, a pé seguro e enxuto, como se de uma à outra ribeira fosse continente. Não fez barca da capa, como seu patrício S. Jacinto[8], porque a não tinha.

Desta maneira, fazendo milagres por se ver na Companhia, chegou Estanislau a Augusta. Mas ainda naquele colégio o não quiseram receber. O mesmo vento que apaga o fogo, se é pequeno, se é grande, o acende mais. Assim cresceu com a contrariedade a constância de Estanislau, e de uma resolução tão grande subiu a outra maior. Resolve vir a Roma com intenção e ânimo firme, se não fosse admitido em Itália, de passar a França, a Espanha, às Índias e a qualquer parte do mundo, até conseguir a Companhia. Fez Estanislau pela Companhia o que a Companhia faz por Deus. A profissão da Companhia é servir a Deus em qualquer parte do mundo; e a resolução de Estanislau foi buscar em qualquer parte do mundo a Companhia, para servir a Deus nela.

Agora entendereis a razão ou o artifício por que a Beatíssima Virgem, assinalando a Estanislau a religião que havia de pretender, não lhe assinalou o lugar em que o haviam de admitir. Mãe Santíssima, se mandais a Estanislau que entre na Companhia, por que não lhe assinais a província, o colégio, o noviciado aonde há de entrar? Quis a Santíssima Mãe que o seu filho fosse filho de toda a Companhia, e que, vivendo e morrendo em um só lugar, merecesse e se sacrificasse a Deus em todos. Fez a Mãe de Deus como Deus. Disse Deus ao pai dos crentes: — Abraão, sacrifica-me o teu filho. — E aonde, Senhor? — "Em um dos montes, que eu te mostrarei depois" (Gn 22,2). — E por que não assinalou Deus o monte determinado onde havia de ser sacrificado Isac, isto é, o Monte Mória? Porque quis Deus fazer de um sacrifício muitos sacrifícios, e que, havendo de ser sacrificado o filho em um só monte na execução, no propósito e na intenção fosse sacrificado em todos os montes. Caminhava o animoso pai com o fogo em uma mão, e com a espada na outra; via um monte e dizia: — Aqui é, e não era ali; passava adiante, via outro monte, dizia: — Este é, e não era aquele. E como baixel no meio da tempestade, que cada onda parece que o há de submergir e lhe perdoa, assim Abraão, subindo e descendo, ia passando de monte a monte, até chegar ao destinado Mória, em que finalmente sacrificou o filho, sacrificado já em todos os outros. Do mesmo modo Estanislau, depois que recebeu o preceito da Mãe de Deus. Em Viena dizia: — Aqui é, e não era Viena; em Augusta dizia: — Aqui é, e não era Augusta. E, posto que o monte destinado para o sacrifício havia de ser o Monte Quirinal, e a ara o noviciado de Santo André, já ele antecipadamente se tinha sacrificado em todas as províncias e em todas as casas da universal Companhia. Passava à Alemanha, como se passasse à Europa e ao mundo; atravessava o Danúbio, como se atravessasse o Mediterrâneo e o Oceano. E não tendo ainda lugar na Companhia, pela imensa extensão do seu grande propósito, já tinha entrado, e servia a Deus em todos.

Com esta vastíssima resolução, tendo caminhado a pé mil e duzentas milhas, chegou Estanislau com o hábito de peregrino e mendigo a Roma, aonde, por fim, entre os braços do Pai Geral, S. Francisco de Borja, foi admitido à Companhia nesta casa. O noviciado, já sabeis que é o ventre materno, em que a religião concebe e forma a seus filhos. E que fez Estanislau neste noviciado de Santo André? Esta pergunta dá em terra com todo o meu panegírico. Entrando aqui Estanislau, não fazia mais que o que fazem todos os outros noviços. Não mais do que fazem todos os outros? E para isto lhe mandou a Mãe de Deus que entrasse na Companhia? Quem poderá crer tal coisa? Os demais vêm à religião para ser santos; e Estanislau parece que entrou na religião ou para deixar de ser santo, ou para ser menos santo do que dantes era. No século é certo que Estanislau vestia ásperos e contínuos cilícios: e aqui não sempre; no século se disciplinava cada dia com cadeias de ferro até derramar o sangue: menos vezes e com menos rigor aqui; no século se levantava sempre à meia-noite a ter oração até a alva: e aqui se levantava também à oração, porém mais tarde e por menos tempo; no século tinha aquele seu irmão, que pela virtude o afligia e martirizava como crudelíssimo tirano: e aqui se achou em meio de tantos irmãos, que o tratavam com suma caridade e benevolência. Logo veio Estanislau — dirá alguém — à Companhia, não a ser, senão a deixar de ser santo; e se foi santo, e tão grande santo, foi santo no século, e não na Companhia.

Quem assim discorre não sabe que coisa seja religião, nem que religião seja esta. Muito maior santo foi Estanislau na Companhia, fazendo menos, que no século, fazendo mais, porque na religião, o que diminuía nas obras, multiplicava nas virtudes; o que tirava ao precioso, acrescentava ao preço. Dizei-me: como se lavram os diamantes? Põe-se o diamante na roda e, tirando-lhe ao diamante partes de diamante, fica o diamante mais polido e lustroso. Por isso pôs a soberana Virgem este diamante nesta oficina. Mas que havia de tirar Estanislau, se era todo santo? A própria vontade, ainda que tão santa. No século era santo, mas santo à sua vontade; e na religião santo, mas debaixo da roda daquela virtude que é mais própria da Companhia, isto é, a obediência, e por isso muito mais santo. No século merecia no que fazia: na religião merecia no que fazia e no que não fazia, porque quanto fazia e quanto deixava de fazer era por obediência. Com esta arte aperfeiçoou a Companhia a santidade de Estanislau, e aquela virtude, que era já santa, a fez quase divina.

Pediram os hebreus a Arão que lhes fizesse um deus visível. E que respondeu Arão? "Trazei-me os ornamentos de ouro das orelhas de toda a vossa família" (Ex 32,2). — E para fazer um deus, o ornato das orelhas? Sim. Obrou mal Arão, mas discorreu bem. A orelha, como todos sabem, é o sentido da obediência: "Ao ouvir a minha voz me foi obediente" (Sl 17,45). — Julgou, pois, Arão que só do ouro, que é ornato daquele sentido, só da matéria da obediência se podia fabricar uma estátua da divindade. A razão é porque aquilo que se faz por própria vontade, por mais santo que seja, tem liga de humano; porém aquilo que se faz por obediência, todo é divino. Falo da perfeita obediência, que é aquela que se ensina nesta escola. Em dois sujeitos está Deus unido ao homem: em Cristo e no superior. Cristo é Deus e homem, o superior é homem e Deus: "Eu disse: Sois deuses" (Sl 81,6). — E qual é maior união, aquela com que está unido Deus ao homem em Cristo, ou aquela com que está unido Deus ao homem no superior? Falo a auditório erudito, o qual bem sabe que aquela união física e hipostática é absolutamente maior que a outra moral. Comparando, porém, de uma parte a física e da outra a moral ao propósito em que eu falo, esta é maior que aquela. E por quê? Porque a união de Deus ao homem em Cristo admite duas vontades distintas, uma humana, outra divina, de modo que nem a divina é humana, nem a humana é divina: "Não se faça a minha vontade, senão a tua" (Lc 22,42). — Porém, a união de Deus ao homem no superior não admite duas vontades distintas, senão uma só, com tal distinção e unidade, que a humana é juntamente divina, e a divina é juntamente humana, porque a vontade de Deus é a vontade do superior, e a vontade do superior é a vontade de Deus; "O que a vós ouve, a mim ouve" (Lc 10,16). — Daqui é que o que renuncia inteiramente à vontade própria na vontade do superior, já as suas obras não têm nada de humanas, mas em tudo são divinas. E porque esta é a obediência ensinada de Santo Inácio e praticada nesta primeira escola sua da perfeição, esta foi a razão por que a Mãe de Deus mandou a seu querido filho viesse a esta oficina, escolhendo-a a ela entre todas, não só para aperfeiçoar mais a perfeição de Estanislau, nem só para santificar mais sua santidade, senão também para a divinizar. Tal foi neste noviciado a vida de Estanislau, não de anjo, como todos lhe chamavam, mas de mais que anjo e verdadeiramente divina.

§ V

Somente — com isto acabo — se pode duvidar, e com grande admiração: se a Mãe de Deus mandou a Estanislau à Companhia para purificar, para refinar e para santificar mais a sua santidade, por que lhe concedeu tão pouca vida na mesma Companhia? Corria o décimo mês do seu noviciado, e era o dia de S. Lourenço, quando Estanislau, com a meditação daquelas chamas, se sentiu acender mais ardentemente daquele fogo divino que sempre o abrasava. Era tão forte o incêndio que, passando muitas vezes da alma ao corpo, o arrancava da terra e levantava no ar, ou lhe inflamava o coração, o peito e o rosto com um fogo tão sensível e tão vivo que era necessário ser socorrido com banhos de água fria, para que não se abrasasse totalmente e se convertesse em um carvão seráfico, como aquele de Isaías. Vencido, finalmente, e arrebatado deste incêndio, toma Estanislau a pena, escreve uma terníssima carta à sua segunda Mãe[9], na qual lhe representava a força já intolerável de seus desejos, e lhe suplicava o chamasse ao céu à vizinha festa de sua gloriosa Assunção. Caso miraculoso, e verdadeiramente suavíssimo! Encomenda a carta ao mesmo S. Lourenço, para que a ponha em mãos de sua Mãe; persevera são até os catorze do mesmo mês, e ao amanhecer do dia seguinte, como já tinha predito, foi assunto à festa da Assunção. Assim deixou Estanislau o noviciado e a Companhia, que este paraíso só se podia deixar por aquele paraíso, e esta mãe só por aquela Mãe. Porém, eu não admiro tanto o milagre da morte, quanto a brevidade da sua vida. Para tão poucos dias é mandado Estanislau à Companhia? Para tão poucos dias, tanto aparato de aparições, de dificuldades, de peregrinações, de perseguições, de milagres? Sim, para tão poucos dias. Porque era conveniente assim, tanto para a glória do filho como para a glória da mãe. O filho miraculoso em se aperfeiçoar, a mãe miraculosa em o parir, ambos em tão breve tempo.

Notáveis foram o primeiro e último milagre de Cristo. No primeiro converteu a água em vinho; porém, isto é o que faz a vide. Chove água do céu, e a vide a converte em vinho. No último milagre, e o maior de todos, converteu o pão e o vinho em carne e sangue; e isto é o que faz o corpo humano. Come pão e bebe vinho, e o converte em carne e sangue. E posto que esta não é transubstanciação — maravilha própria somente daquele altíssimo mistério — é verdadeira conversão. Pois, se a natureza na vide converte a água em vinho, e no corpo humano converte o pão e o vinho em carne e sangue, estes por que razão não hão de ser milagres? Pela diferença do tempo. A natureza, porque há mister introduzir as disposições pouco a pouco, obra depois de largo tempo; mas se aquilo mesmo que a natureza faz depois de muito tempo se fizesse em brevíssimo, já não seria obra da natureza, senão milagre da onipotência. Assim sucedeu em Estanislau, e tanto com maior milagre quanto a graça é superior à natureza. A natureza, para formar um elefante, o traz dois anos no ventre da mãe. E Santo Inácio, que queria formar sujeitos grandes, não se contentou com um ano: instituiu dois de noviciado, e depois o terceiro. A estes espaços se havia de ir aperfeiçoando Estanislau pouco a pouco, se a graça houvesse de obrar conaturalmente; porém, como a onipotência queria sair ao mundo com um grande milagre da mesma graça, o que havia de fazer em muitos anos fez em poucos meses. Ó bem-aventurado e milagroso filho! Ó bem-aventurada e milagrosa mãe! Ó filho milagroso em se aperfeiçoar sem tempo; a mãe milagrosa em o parir antes do tempo. Da mãe do Batista diz o Evangelho: "Completou-se-lhe o tempo de parir, e pariu" (Lc 1,57). — E da mãe de Estanislau podemos dizer com Isaías: "Antes que tivesse dor de parto, pariu" (Is 66,7).

Sabeis, senhores, que coisa foi Estanislau, este moço tão santo, este noviço tão divino? Não foi outra — deixai-mo dizer assim — não foi outra coisa que um aborto daquela grande mãe. Abortou a Companhia o primeiro parto e pariu um filho morto, que já tem ressuscitado seis mortos. Da infinidade de outros milagres não quero falar. S. Paulo diz de si que foi aborto de Cristo: "Ultimamente, foi também visto de mim como de um abortivo" (1Cor 15,8). — E por que foi abortivo S. Paulo? Porque os outros apóstolos tiveram o noviciado da escola de Cristo, não só de dois anos, senão também de três; e S. Paulo, começando o noviciado em Damasco, abreviando-se-lhe o tempo, foi acabar no paraíso, e da escola de Ananias passou à do céu. Assim o diz Santo Tomás, e o colige, em boa cronologia, das palavras do mesmo apóstolo: "Catorze anos há" (2Cor 12,2). — Abortivo Paulo, e abortivo Estanislau: Paulo, da primeira companhia de Jesus; Estanislau da segunda, e ambos glória de uma e outra mãe. Bem-aventurada, pois, a terceira e última mãe de Estanislau, bem-aventurada a Companhia de Jesus pelo primeiro dos seus beatos, e bem-aventurada esta casa pelo primogênito de seus filhos, e não bem-aventurada porque chegou a o parir, mas bem-aventurada, e mil vezes bem-aventurada, só porque o trouxe em seu ventre: "Bem-aventurado o ventre que te trouxe".

§ VI

Estanislau meu, já tenho acabado, e a minha oração, cansada do pouco que se tem adiantado em vossos louvores, humildemente se põe a vossos pés, não perorando, mas orando. O memorial que vos apresento é breve, e não meu, senão desta vossa mãe, que tanto amastes sempre. O que vos suplica vossa terceira mãe é que, diante do trono da segunda, vos lembreis de presente que sois filho da primeira. Aquele grande dragão, já duas vezes vencido de vós, agora enfurecido e contumaz, levanta a cabeça, infesta e ameaça a vossa Polônia. Em campanha está o Marte daquele grande Reino, e, posto que laureado de tantos triunfos e seguido de fortíssimo e florentíssimo exército, e, sobretudo, acompanhado de si mesmo, sem vós se tem por só. Está, digo, na campanha el-rei João, o III, cuja espada, como a de Gedeão, é de Deus juntamente e sua: "A espada do Senhor e de Gedeão" (Jz 7,20). — Enquanto sua, não menos que a do grão-Macabeu, confia mais em vossa ajuda que em seu próprio valor. Vós sois o seu Jeremias defunto e vivo, de quem confessa com piedade cristã, e verdadeiramente real, o que do outro dizia Onias: "Este é o amigo de seus irmãos, que ora muito pelo povo" (2Mc 15,14). — Na batalha e vitória memorável do ano passado, no campo de Cocim — na qual o mesmo rei deu o reino ao reino, antes que o reino lhe desse a coroa — ele foi o capitão, e vós o vencedor. Assim o confessa Sua Majestade[10], que vos escolheu por patrono, primeiro daquela jornada e depois de todo o reino. Assim o escreveu à Santidade de nosso senhor Clemente X[11], suplicando-lhe confirmasse o seu patrocínio. E assim o provastes vós, rendendo-se Cocim no mesmo dia vosso, hoje faz um ano.

Isto é, ó novo e glorioso protetor da vossa pátria, isto é o que tendes feito e esta a suma da nossa súplica: "O que fazes, faze". Prossegui, imitai-vos a vós mesmo, e como sois a todos admiração, sede a vós mesmo exemplo. Se aquele bárbaro infesta a Polônia e na Polônia ameaça o mundo, defendei vós a muralha universal do Cristianismo; e se a soberba da sua meia-lua traz por mote: "Até que todo o mundo esteja cheio" — seja a alma de vossa empresa: "Até que seja tirada a lua" (Sl 71,7).

Mas para que rogo eu e exorto a Estanislau, se ele tem empenhado a sua cabeça em defesa da sua pátria, e a este fim desfez um milagre para fazer muitos? Duas vezes foi aberto o sepulcro de Estanislau: a primeira, se achou o seu corpo incorrupto e inteiro, prêmio devido à sua pureza; a segunda — e foi ao tempo quando a Polônia mandou pedir a sua cabeça — se acharam os ossos despidos da carne, e soltos. E que razão haveria — direis vós — para cessar o primeiro milagre? Não para que tivesse fim, não; senão para que se multiplicasse em outros maiores e mais proveitosos ao mundo. Para que nos ossos de Estanislau, repartidos pelo mesmo mundo, se semeasse neles o remédio, a saúde e a vida dada por seus merecimentos a tantos, e, principalmente, para que pudesse passar a Polônia a sua cabeça, como o maior e mais poderoso socorro que lhe podia mandar a cabeça do mundo. Ó ditosa pátria, ditoso reino, ditoso rei!

El-rei Jorão, sitiado de Senaqueribe, e do potentíssimo exército dos assírios, ameaçou que havia de tirar a cabeça a Eliseu, porque não fazia levantar o sítio com suas orações: "Deus me trate com todo o seu rigor, se a cabeça de Eliseu lhe ficar hoje sobre os ombros" (4Rs 6,31). — E o sucesso foi que Eliseu, por livrar sua cabeça, levantou o sítio no mesmo dia. Não assim Estanislau, senão que ele mesmo se tirou a si a cabeça, e nela se levou a si à sua pátria, para salvar o seu rei e ao seu reino. Segura, pois, está e estará a Polônia enquanto este Eliseu ajudar o seu Jorão. Tendo-se pedido licença a el-rei D. Manuel de Portugal,[12] chamado o Conquistador, para que pudessem ser trazidos da Índia ao sepulcro dos seus maiores os ossos do grande Albuquerque[13], a negou dizendo que enquanto estivessem em Goa os ossos de Albuquerque, estaria seguro o Oriente. E com quanta maior razão posso eu esperar e prometer que, enquanto as relíquias de Estanislau estiverem em Polônia, está seguro o rei, seguro o reino e segura a muralha da cristandade?

Isto deve Estanislau à primeira mãe; isto lhe pede continuamente a terceira; e isto lhe concederá, sem dúvida, com seu potentíssimo braço, a segunda. E por isso, enfim, será ele também sempre louvado em todas as suas três mães e por todas três se lhe cantará, com aplauso concorde do céu, da pátria e de todo o resto do mundo: "Bem-aventurado o ventre que te trouxe".

SERMÃO DO

Demônio Mudo

No Convento de Odivellas[1],
Religiosas do Patriarca S. Bernardo. Ano de 1651.

❧

"Estava Jesus lançando
um demônio, e era ele mudo."
(Lc 11,14)

A ocasião — a reforma dos conventos empreendida pelo papa encontrava resistências nas freiras em abdicar o uso dos espelhos identificados com o demônio mudo, o mais resistente. O espelho se teve uma origem natural, depois tornou-se uma fonte de vícios. Os dois fins: exortar a que só queiram parecer bem aos olhos de Deus e a renúncia daquele natural apetite, isto é, à formosura. A fragilidade da formosura. Considerem se se deve deixar um espelho que é o demônio, por um espelho que é Deus.

§ I

"Vigiai, e estai alerta" — diz o apóstolo S. Pedro — "porque o demônio, vosso inimigo, como leão bramindo, cerca e anda buscando a quem tragar" (1Pd 5,8). — Necessária e temerosa advertência é esta, mas muito mais necessária e muito mais temerosa a de que hoje nos avisa o Evangelho. Por quê? Porque o demônio, de que nos manda acautelar S. Pedro, é demônio com bramidos: "Como o leão bramindo" — e o demônio de que fala o Evangelho é demônio mudo: "Estava Jesus lançando um demônio, e era ele mudo". — Se o demônio vem bramindo, os mesmos bramidos dão rebate do perigo, e ninguém haverá tão descuidado, ainda que esteja dormindo, que não esperte assombrado e se acautele; porém, se o demônio vem mudo, debaixo do mesmo silêncio, em que se esconde o perigo, descansa e adormece o cuidado.

"O demônio sempre é inimigo" — mas quando vem bramindo, vem como inimigo declarado; quando vem mudo, vem como inimigo oculto; e muito mais para temer é o inimigo oculto e dissimulado que descoberto. Quando o exército contrário, com as bandeiras estendidas, ao som de caixas e trombetas se vem avançando aos muros, não são necessárias vigias; mas quando de noite vem marchando à surda, com todos os instrumentos bélicos em silêncio, então é necessário que as sentinelas estejam com os olhos muito abertos. Quando o demônio vem como leão bramindo, avisa-me o leão e avisa-me S. Pedro; mas quando ele vem mudo, nem o leão nem S. Pedro me pode avisar. Enfim, a diferença do demônio — como leão, e bramindo — ao mesmo demônio — como demônio, e mudo — até aos mesmos sentidos é manifesta: como leão vê-se, e como bramindo ouve-se; porém, como demônio, que é invisível, não se pode ver, e como mudo, que não fala, não se pode ouvir.

Este é o demônio que Cristo hoje lançou fora, e este o milagre que muitas vezes repete por meio dos pregadores, se o estado já incapaz dos ouvintes o não impede. Quando o leão levava algum cordeiro do rebanho de Davi, se não estava ainda tragado e engolido de todo e lhe ficavam as orelhas de fora, pelas mesmas orelhas o tornava ele a tirar da garganta do leão. É o que diz o profeta Amós, que também foi pastor: "Como acontece quando um pastor chega a arrancar da boca do leão a ponta de uma orelha" (Am 3,12). — Eu não duvido que possa haver neste auditório alguns a quem tragasse o demônio, porque ele não bramiu nem eles o ouviram. Se também lhe tragou as orelhas, não lhe vejo remédio; mas se ainda lhe ficaram de fora, por elas e pelos ouvidos se poderão livrar, se ouvirem com a atenção que pede tão grave matéria: *Ave Maria*.

§ II

O grande patriarca S. Bernardo, que, sendo entre os outros doutores sagrados tão eminente, neste lugar é o maior, expondo o texto de S. Pedro, diz que "dava graças ao grande Leão da Tribo de Judá", Cristo, Senhor nosso, "porque, permitindo o bramir ao leão do inferno, não lhe permitia o ferir"[2]. — E por que não pode ferir, se pode bramir? Por isso mesmo. Quando o leão vem bramindo, na mesma boca em que traz o perigo traz juntamente o remédio. Os seus bramidos nos livram dos seus dentes e as suas ameaças das suas garras. Mas se ele, que, assim como pode bramir, pode não bramir, se vier mudo, que será? Aqui há de bater o nosso ponto. Vai por diante o texto, e diz que "não só vem bramindo senão cercando". — E, posto que estes cercos do demônio não darão muito cuidado a S. Bernardo, porque os muros da sua religião são muito altos, muito seguros e muito fortes, contudo, se o demônio despir a pele e o corpo de leão, pouca resistência lhe podem fazer os muros. E tal é o caso em que estamos.

O demônio, como espírito, e como espírito soberbo, atrevido, e sem temor nem reverência dos lugares sagrados, entra pelos claustros religiosos, passeia os corredores e dormitórios, e por mais fechadas que estejam as celas, sem gazua, com ser ladrão, se mete e mora nelas muito de assento. Por sinal, senhoras, que muitas o deixastes na vossa cela e o achareis lá quando tornardes. Ninguém se benza, porque esta verdade, posto que não seja fé católica, é romana. É a novidade que de lá trago, para que vos peço nova atenção.

Sendo o estado das virgens consagradas a Deus "a mais ilustre porção do rebanho de Cristo", como lhe chama S. Cipriano[3] — que meio tomaria o supremo e vigilantíssimo pastor, Inocêncio X[4], que Deus guarde muitos anos, para conservar o mesmo estado em sua pureza e perfeição, e, onde estivesse descaído, o restituir a ela? Elegeu Sua Santidade em Roma um religioso de grande virtude e prudência, e mestre do espírito muito experimentado, ao qual encomendou que visitasse de secreto os conventos das religiosas, não só em comum, senão também nas celas ou aposentos particulares, e que procurasse de lhes tirar — não por violência, mas com a suavidade de santas exortações — tudo o que julgasse menos decente à fé e único amor que devem a seu divino Esposo. Fê-lo assim o visitador, com o zelo que dele se esperava e, depois de alguns meses, dando conta ao mesmo Sumo Pontífice da sua missão, disse que vinha muito edificado do que achara, mas não de todo contente. Edificado, porque achara tantas penitências, tantos jejuns, tantas disciplinas e cilícios, e tantas orações e devoções, que lhe fora necessário moderar o excesso e ir à mão a tão demasiados fervores. Edificado também, porque, havendo nos ditos aposentos algumas alfaias ou peças de maior preço e curiosidade do que permite a pobreza e simplicidade religiosa, todas, posto que com alguma repugnância, as fizera despedir e aplicar a melhores usos, exceto somente uma. E porque esta a não pudera arrancar das paredes, e muito menos dos afetos, senão em muito raras daquelas monjas, por isso não estava totalmente satisfeito da sua diligência. Então perguntou Sua Santidade que alfaia ou que peça era aquela? Ao que respondeu o visitador que o espelho. — O espelho? — Beatíssimo Pai, sim. E a razão do meu descontentamento é porque tenho alcançado por larga experiência que, enquanto uma religiosa se quer ver ao espelho, não tem acabado de entregar todo o coração ao Esposo do céu, e ainda lhe ficam nele alguns ressábios do amor e vaidade do mundo.

Tal foi a resposta do visitador daqueles conventos, ouvida não menos que da boca de Sua Santidade. E com esta tão autêntica e bem fundada notícia, fiquei eu persuadido a uma coisa e me resolvi a outra. A primeira a que fiquei persuadido, com boa vênia de tão venerável comunidade, é que nos conventos e celas das religiosas o espelho é o diabo mudo. A segunda a que juntamente me resolvi foi que, vindo a Portugal, havia de publicar e pregar este caso no primeiro lugar a que pudesse pertencer. Ele, pois, será hoje o argumento do meu discurso e uma alegoria tão própria das palavras que propus no tema, como elas mostrarão.

§ III

Diz o evangelista S. Lucas que "estava Cristo lançando do corpo de um endemoninhado um demônio que era mudo" (Lc 11,14). E por que não diz que o lançou, ou que o lançara, senão que "o estava lançando"? — Este reparo é de todos os expositores, os quais também respondem todos que aquele estar, ou aquela detença e tardança, significava a repugnância, a rebeldia e a resistência e contumácia com que o demônio se não queria despegar daquele corpo, nem deixar-se arrancar dele. Mas isto mesmo tem nova dificuldade no Evangelho do mesmo S. Lucas. Diz este evangelista que quando Cristo lançava os demônios fora dos corpos, não era necessário que o Senhor lho mandasse com alguma palavra, mas bastava que o endemoninhado tocasse as vestiduras sagradas para logo ficar livre: "Os que eram vexados dos espíritos imundos ficavam sãos. E todo o povo fazia diligência por tocá-lo, pois saía dele uma virtude que os curava a todos" (Lc 6,18s). — Pois, se a virtude de Cristo tão facilmente lançava dos corpos os demônios, por que experimentou tanta resistência e dificuldade na expulsão deste demônio mudo? Porventura por ser mudo? Não, antes por ser mudo era conveniente que o lançasse por um tacto também mudo, e juntamente passivo, como aos demais. Apertemos a dúvida em todo o rigor. É certo que o demônio não podia resistir à virtude de Cristo, que era onipotente. E também é certo que as dificuldades e resistências do "estava lançando" eram afetadas pelo mesmo Cristo, para debaixo delas nos dar alguma importante doutrina. Que queria logo significar o Senhor naquele demônio mudo e naquelas resistências? Antes da prova ninguém tenha a resposta por paradoxa. No demônio mudo queria o Senhor significar o espelho, e nas resistências a grande dificuldade com que o espelho se lança fora. No mesmo exemplo de Roma, que acabo de referir, temos a prova, e muito mais encarecida.

Quando Cristo, Senhor nosso, mandou aos seus discípulos pregar, deu-lhes juntamente poder sobre os demônios, para que os lançassem dos corpos. Com este poder lançavam fora indiferentemente todos os demônios, até que lhes trouxeram um, também mudo, como consta do Evangelho de S. Mateus, o qual, por mais exorcismos que lhe fizeram, era tão obstinado e rebelde, que de nenhum modo o puderam arrancar os apóstolos do corpo de que se tinha apoderado. Deram conta desta novidade ao divino Mestre, perguntando a causa dela, e o Senhor lhes respondeu que "os demônios daquela casta não se lançavam fora senão com oração e jejum" (Mt 17,20; Mc 9,28). — Ao nosso ponto agora. Naquelas devotas religiosas de Roma, que deram motivo ao nosso discurso, não ouvimos que eram tão contínuas as orações e os jejuns, que foi necessário moderar-lhes o excesso destes santos exercícios? Sim. Pois, se os demônios mudos se lançam com orações e jejuns, as mesmas que tanto oravam e jejuavam, por que repugnavam tanto a que se lhes tirasse da cela o espelho? Porque o espelho é um demônio mudo de pior casta que os outros demônios mudos: os outros lançam-se "com orações e jejuns" — porém estes são muito mais rebeldes e obstinados. Estão tão pegados à parede, e muito mais ao coração, que orará e jejuará a dona da casa quanto quiserdes, e muito mais do que quiserdes, mas o espelho não há de ir fora.

Depois, e mais em seu lugar, declararemos a razão ou sem-razão desta dificuldade; agora vamos seguindo o texto e tirando as dúvidas ou os escrúpulos que pode ter a nossa alegoria.

§ IV

À palavra "lançando" segue-se "demônio". E chamar demônio ao espelho parece que não só é fazer injúria à arte, senão à mesma natureza. O espelho, depois de muitos anos — quando já o mundo não tinha muito que ver em si, senão muito que aborrecer — foi invento artificial e humano. Porém, na sua primeira origem já tinha sido o espelho obra da natureza e do Soberano autor dela. As estrelas são espelhos do sol; os rios são espelhos das árvores; uma fonte, que não devera, foi o espelho fatal de Narciso; e o mesmo mar, espelho daquele rústico presumido, que dizia: "Há pouco vi-me nas águas do mar, quando os ventos não lhe turbavam a superfície"[5]. — Sêneca, com toda a severidade estoica, diz que os espelhos — em que os primeiros homens encontravam com a sua imagem em qualquer pedra lisa — foram ordenados desde seu princípio pela natureza, como mãe e mestra dos bons costumes, para que o moço, que nasceu bem afigurado, vendo no espelho a sua gentileza, a não afeiasse com os vícios; e o que nasceu feio, suprisse e emendasse aquele defeito com a formosura das virtudes. Do mesmo modo, para que o mancebo, vendo-se robusto e forte, empregasse as suas forças em honestos e honrosos trabalhos, e o velho, considerando as suas cãs, as não afrontasse com ação indigna delas, antes, reconhecendo os poucos dias que lhe podiam restar de vida, os perpetuasse com exemplos merecedores da imortalidade. Esta mesma doutrina tinha sido a de Platão e Sócrates, em cujas escolas estavam colocados espelhos, para que a eles se vissem e compusessem os discípulos das virtudes que nelas se ensinavam.

Pois, se o espelho desde sua origem não foi obra humana, senão divina; se o fim deste instrumento natural foi para que o homem, criado à imagem de Deus, vendo a sua no espelho, a procurasse conformar com a perfeição e soberania de tão alto original, não é agravo e afronta, sobre impropriedade grande, comparar o espelho ao demônio e chamar-lhe demônio? Não, porque desde sua mesma origem não há duas coisas que Deus criasse mais parecidas e semelhantes que o demônio e o espelho. O demônio primeiro foi anjo e depois demônio; o espelho primeiro foi instrumento do conhecimento próprio e depois do amor-próprio, que é a raiz de todos os vícios.

E para que se veja quão alheio de agravo nem encarecimento é o nome de demônio que dei ao espelho, ouçam todos com assombro o que agora hei de dizer. E é que, de um espelho não artificial ou fingido, senão natural e verdadeiro, e de uma formosura também natural e verdadeira que nele se viu, nasceram todos os demônios quantos, depois de serem anjos, ardem no inferno.

Os espelhos em que se veem os anjos — e o mesmo se entende das nossas almas — não são compostos de vidro e aço ou de outra matéria corpórea, senão espirituais como os mesmos anjos, os quais, nos atos do próprio entendimento, como em espelhos naturais e claríssimos, se veem a si e as expressas imagens de si mesmos. Em Deus, que é o supremo espírito e exemplar de todos, temos o melhor e mais qualificado exemplo. Deus Pai, desde o princípio sem princípio de sua eternidade, produziu e está sempre produzindo, por ato de entendimento o Verbo divino, e o mesmo Verbo é um espelho de candidíssima luz e sem mácula, no qual vê Deus a sua essência, a sua majestade, a sua grandeza infinita e todos seus atributos: "É o clarão da luz eterna, e o espelho sem mácula da majestade de Deus, e a imagem da sua bondade" (Sb 7,26). — Assim o diz o Espírito Santo no livro da sabedoria; e assim, por seu modo, se veem os anjos a si mesmos, não fora, senão dentro de si, no espelho natural e imagem expressíssima do próprio entendimento.

Isto posto, tanto que foi criado o maior e mais excelente de todos os espíritos angélicos, Lúcifer, viu-se neste seu espelho mental, e, contemplando nele a sua formosura, maior sem controvérsia que a de todos os anjos, ficou tão namorado e elevado da mesma vista: "E o teu coração se elevou na tua beleza" (Ez 28,17) — que não se contentou com menos que ser como Deus: "Subirei ao céu, exaltarei o meu trono acima dos astros de Deus, assentar-me-ei no monte do Testamento. Subirei acima da altura das nuvens, serei semelhante ao Altíssimo" (Is 14,13s). — E que se seguiu daqui? O mesmo que ao homem quando quis ser como Deus: "Em qualquer dia que vós comais desse fruto, se abrirão os vossos olhos, e vós sereis como uns deuses" (Gn 3,5). — Note-se com muito grande atenção esta paridade. O homem, querendo ser mais do que era, perdeu o que era: quis ser como Deus, e perdeu a dignidade de homem, ficando semelhante aos brutos: "O homem, quando estava na honra, foi comparado aos brutos irracionais, e se fez semelhante a eles" (Sl 48,13). E Lúcifer do mesmo modo, querendo ser como Deus, perdeu a dignidade de anjo, e em sinal de ficar também como bruto, lhe nasceu logo uma cauda tão grande que arrastou e derrubou com ela a terceira parte de todas as jerarquias angélicas: "E a cauda dele arrastava a terça parte das estrelas do céu, e as fez cair sobre a terra" (Ap 12,4). — De sorte, como dizia, que, vendo Lúcifer a sua formosura natural e verdadeira em um espelho, também natural e verdadeiro, deste espelho e desta vista, como de pai e de mãe, nasceram todos os demônios quantos com o mesmo Lúcifer ardem no inferno. A certo demônio perguntou Cristo uma vez como se chamava, e ele respondeu: "Que se chamava legião, porque não era um só demônio, senão muitos mil" (Mc 5,9). — E se ao espelho, por ser em Lúcifer origem de todos os demônios, se podia dar o nome de todos, bem se segue quão curto lhe vem o de um só demônio: "Estava lançando um demônio".

§ V

Só resta a última e principal diferença de mudo: "E ele era mudo". — E não é necessária outra prova mais certa e mais evidente que a mesma experiência dos que se veem, e muito mais das que se veem ao espelho. Não há eloquência nem retórica com todas suas figuras que mais diga, que mais persuada e que mais deleite que aquele lisonjeiro mudo. Mudo adula, mudo encarece, mudo atrai, mudo afeiçoa, mudo enfeitiça, mudo engana, mudo mente e desmente, juntamente negando o que é e fingindo o que agrada. Nono[6], poeta antigo, e tão erudito nas línguas como nos silêncios, chamou ao espelho pregoeiro mudo: "A menina acreditava na sua beleza pela imagem do espelho, pregoeiro mudo" e diz discretissimamente que uma donzela que se viu no espelho, pregoeiro mudo, não cria da sua formosura o que ela via, senão o que ele apregoava. — São os mistérios do espelho como os da fé, em que uma coisa é a que se vê, e outra a que se crê: Vê-se o que concedeu a natureza mais ou menos avara; e crê-se em fé do amor ou desejo próprio, não o que retrata o espelho, senão o que representa a imaginação: "Acreditava na sua beleza pela imagem do espelho". — Formosura apregoada não está muito longe de vendida. Diga-o a de Sara, quando as vozes do pregão chegaram aos ouvidos de Faraó. Se Deus não acudira pela honra de Abraão, já ele de antemão tinha recebido boa parte da paga: "E ele teve ovelhas, bois, servos, criadas" (Gn 12,16).

Para este juízo falso e mudo concorre com o espelho uma testemunha também falsa e muda, que é a formosura. Com este sobrenome tão pouco ameno a censurou Teofrasto, referido por Laércio na vida de Aristóteles que "a formosura é um engano e uma mentira muda"[7]. — De sorte que deste mudo e desta muda se representa no teatro do espelho um diálogo que se ouve sem voz, tão aparente à vista, tão pintado ao desejo e que tanto persuade, engana e tenta como o mesmo demônio. Aqui está a propriedade do demônio, e mudo. O demônio tentou a Cristo falando; a nós tenta-nos mudo e sem dizer palavra. Mas de que modo, se o não vemos nem ouvimos? Ouçam agora esta filosofia os que a não sabem, posto que todos a experimentam.

Dentro da nossa fantasia ou potência imaginativa, que reside no cérebro, estão guardadas, como em tesouro secreto, as imagens de todas as coisas que nos entraram pelos sentidos, a que os filósofos chamam espécies. E assim como nós das letras do A B C, que são somente vinte e duas, trocando-as e ajuntando-as variamente, escrevemos e damos a entender o que queremos, assim o demônio, daquelas espécies, que são infinitas, ordenando-as e compondo-as como mais lhe serve, pinta e representa interiormente à nossa imaginação o que mais pode inclinar, afeiçoar e atrair o apetite. E deste modo mudamente nos tenta, mudamente nos persuade e mudamente nos engana. Isto mesmo é o que passa entre a vista e o espelho, e tanto mais viva e enganosamente quanto é maior o desejo de bem parecer. Saem as espécies direitamente do rosto ao espelho e, recebidas no vidro e rebatidas do aço, tornam reflexamente aos olhos; e nesta ida e volta, ambas mudas e em silêncio, por engano do amor-próprio, se pinta ou despinta de tal sorte o mesmo objeto que mais parece milagre da transfiguração que ilusão da vista.

Diz S. Paulo que o demônio algumas vezes se transfigurou em anjo de luz: "O próprio Satanás se transfigura em anjo de luz" (2Cor 11,14). — E estas são as transfigurações que cada dia faz o diabo mudo. Vê-se talvez ao espelho uma figura só por sua antiguidade venerável; e quando aos que a veem de fora lhes parece aquela cara pouco menos feia que um demônio, ela, depois que se viu, sai tão transfigurada, que na confiança e estimação da própria beleza só lhe faltam as asas para cuidar que é um anjo. Assim o cuida, porque assim se viu; e assim se viu, porque assim se quis ver, como se o espelho não fora espelho do rosto, senão da vontade. À visão beatífica, com que os bem-aventurados veem a Deus, chamam sabiamente os teólogos: "Espelho voluntário". — E o demônio — que, como bugio de Deus, diz S. Gregório Nazianzeno, em tudo o arremeda — transformando-se no espelho, o fez muito mais voluntário do que é Deus na visão dos bem-aventurados. Deus na visão beatífica é espelho voluntário, porque só se vê nele e dele o que quer Deus, que é o espelho. E o espelho, em que se transformou o demônio, é muito mais voluntário porque se vê nele, à medida e ao arbítrio da própria vontade, não o que quer, ou representa o espelho, senão o que quer, e como quer quem se vê. Só não pode fazer o demônio que as que se veem ao espelho como querem sejam vistas também como querem; mas isto se supre com as receitas que se vão buscar à botica, que no mesmo espelho ensina por acenos o mesmo diabo mudo.

§ VI

Já temos chegado ao lugar para onde reservei a razão ou sem-razão do "estava lançando", ou de ser tão dificultoso de se arrancar da parede de uma cela, ou do afeto de uma religiosa, o espelho que ali está tão pegado. É possível que uma virgem consagrada a Deus, e desposada com o Filho de Deus, há de estar tão casada com o espelho? É ela mulher? É ela filha de Eva? Pois, de lá lhe vem esta inclinação, e não é muito que tenha lançado tão fortes raízes. Diz Tertuliano que, quando Eva foi criada no Paraíso, se já se tivessem inventado as lisonjas com que se costuma enfeitar a formosura, e se já houvesse também os espelhos, aos quais fosse lícito enganar e mentir, como hoje fazem, que também Eva se havia de deixar enganar deles: "Se as pedras brilhassem e as ânforas de ouro cintilassem, e fosse lícito ao espelho somente mentir, Eva certamente as desejaria"[8]. — Isto cuidou Tertuliano de Eva; e eu cuido do demônio que, se já houvesse espelhos, não havia ele de pedir emprestada à serpente a língua para a enganar e render. Mais digo: que se a serpente lhe prometesse: Serás como Deus — e o espelho lhe dissesse: Verás em mim tua formosura — que havia Eva de aceitar o partido e oferta do espelho, e não a promessa da serpente. E para que não pareça coisa incrível no juízo de uma mulher antepor a glória, ou idolatria de estar contemplando a sua formosura, à dignidade e divindade de ser como Deus, seja juiz e prova o mesmo demônio.

Quando Lúcifer disse: "Serei semelhante ao Altíssimo" (Is 14,14) — julgaram muitos doutores, principalmente antigos, que nesta semelhança com Deus — que é o "como deuses" — afetara Lúcifer a divindade; porém, muitos outros Intérpretes, não menos doutos, que vieram depois, não por serem mais amigos do demônio, senão porque ao mesmo demônio se deve fazer justiça, quando ele a tiver — têm para si que um espírito de tão sublime entendimento não podia cair em uma ignorância tão evidente e em um erro tão crasso, senão em outro mais natural e mais próprio da formosura, em que também podem ser cúmplices os nossos espelhos. E qual foi? Foi que, vendo Lúcifer sua extremada formosura, ficou tão satisfeito dela que, renunciando a vista de Deus, não quis outra mais que a sua.

Em que consiste a glória e bem-aventurança de Deus? Consiste em se estar sempre vendo a si mesmo, contemplando a sua essência, a sua divindade, a sua formosura eterna, infinita, imensa. Pois, assim como Deus se vê no espelho do seu entendimento, assim eu — diz Lúcifer — me quero ver no espelho do meu. E assim como ele tem a sua glória em se estar vendo a si mesmo, assim eu quero ter a minha em me estar vendo a mim, e por isso não quero a sua glória nem a sua bem-aventurança, senão a minha.

Esta vista, pois, e esta contemplação da própria formosura é a semelhança de Deus que Lúcifer afetou quando disse: "Serei semelhante ao Altíssimo" — e a mesma vista e contemplação, se já houvesse espelhos no Paraíso, como dizia Tertuliano, seria a maior tentação de Eva, tendo experimentado o demônio em si mesmo quanto mais poderosa era para a persuadir e render o silêncio do espelho mudo que a astúcia da serpente falando. E porque esta experiência não teve lugar em Eva, porque ainda não havia espelhos, bem se viu, depois que os houve, o apetite que herdaram da mesma Eva as suas filhas. E por isso há tantas no mundo — e fora do mundo — que gastam as horas e perdem os dias inteiros em se estar vendo, revendo e contemplando no espelho, como se não tiveram nem esperaram outra glória.

Exemplo seja Blesila, aquela nobilíssima viúva romana, da qual escreve S. Jerônimo que "desde amanhecer o sol até à noite empregava com grande vagar e estudo o dia todo em se enfeitar ao espelho"[9]. — Não desenganou a Blesila nem a morte, que a fez viúva, nem a mortalha, que a obrigou ao capelo, para lhe enfastiar aquele imortal apetite de se estar sempre vendo ao espelho. Mas pôde tanto a graça, triunfadora da natureza que, com mudança não imaginada, a mesma Blesila, como se fora outra, renunciando ambos os mundos, se vestiu de um hábito grosseiro de penitência e se fez religiosa. Disse renunciando ambos os mundos, porque além deste mundo, em que todos vivemos, em frase de latinos e gregos há outro mundo, que são os enfeites das mulheres: "Mundo das mulheres". — Não acharam os homens mais sábios, nem outra menor comparação com que definir, nem outro menor nome com que declarar o excesso desta vaidade e apetite mulheril. E que fazia depois a que assim gastava os dias em semelhantes enfeites? O mesmo S. Jerônimo, comparando os dias de então às noites de agora, continua dizendo com admiração: Aquela Blesila, que dantes tão mal empregava os dias, "agora aproveita tão santamente as noites, que ela é a primeira que se levanta à matinas, e com a voz e campainha"[10] — esperta as outras monjas, não para se verem e contemplarem a si, mas para irem ver e contemplar Deus naquele espelho da oração elevada, em que nesta vida, como diz S. Paulo, veem menos claramente o rosto divino os que depois o hão de ver face a face: "Nós agora vemos a Deus como por um espelho, em enigmas, mas então face a face" (1Cor 13,12).

Este mesmo apetite de as mulheres se verem ao espelho, declara S. Justino Mártir, com um notável abuso que refere do seu tempo, por estas palavras: "Algumas enganadas pelo costume do tempo e como não ousassem abertamente pintar o rosto o faziam ardilosamente mirando no azeite ou na água a imagem da própria face"[11]. S. Justino floresceu duzentos anos depois da vinda de Cristo, em que ainda durava o primeiro espírito da Igreja e era proibido às mulheres cristãs o uso dos espelhos. E que obraria nelas o apetite tão contrário a este preceito, e ainda ao de se pintarem, como faziam as gentias e como hoje fazem as cristãs idólatras, que têm o seu rosto por ídolo? Diz o santo que, não se atrevendo a ter nem usar dos espelhos artificiais, com outra arte "se viam ou no azeite ou na água". — Mas não parava aqui a curiosidade, que se podia perdoar. A deusa Palas também se viu na água, e lhe serviu de emendar um defeito, que não via. Como criada nos vales do Monte Ida, entre os pastores, recreava-se a deusa em tocar uma frauta pastoril; mas como ao passar de um ribeiro visse nele que a frauta lhe descompunha a harmonia das faces, inchando mais uma delas: "Não quero eu, Palas" — disse — "comprar a tanto custo a consonância da flauta, / e lançou-a de si muito longe / quando viu o seu vulto no ribeiro"[12].

Se aquelas boas ou más cristãs usaram dos dois espelhos naturais para emendar alguma decomposição ou deformidade do rosto, venial podia ser o pecado contra o preceito. Mas diz com grande invectiva o zelo de S. Justino, que o faziam para ver se a natureza as tinha dotado de algumas prendas, das que agradam aos olhos dos homens, e para as converterem em armas com que fazer guerra à castidade: "Para que julgassem a si mesmas e assim pudessem fazer guerra à castidade". — Tanto mais abominável era que o verem-se, o fim por que se viam. De Arquimedes, famosíssimo matemático[13], sabemos que em um porto de Sicília fabricou uns espelhos de tal forma que, reverberando neles os raios do sol, convertidos em fogo, abrasaram uma armada inimiga. E tal era a diabólica tenção destas matemáticas do inferno para abrasarem as almas dos que falsamente se chamam amigos.

Ainda é mais ímpio, e por seu modo sacrílego, este apetite mulheril de se verem ao espelho. Quase estive duvidoso se o diria, com receio de que haja quem lhe tome a invenção. Nas terras do norte são mais usadas as orações dos livros que as das contas, e a todas as senhoras leva um criado à igreja, em um saco de veludo, o livro por que há de rezar. Ouçamos agora ao autor do grande Teatro da Vida Humana, arquipresbítero da Catedral de Antuérpia[14], o qual, como testemunha de vista, diz assim, falando das mulheres: "Tem chegado" — diz — "o luxo e vaidade das mulheres a tal excesso, que até nas horas, ou livros de orar, que levam à igreja, vão entre as folhas encadernados espelhos, nos quais estão compondo de novo os seus enfeites, a fim de que as suas fervorosas orações não apareçam diante de Deus desacompanhadas deste ornato". — Até aqui o autor, a cujo teatro, se isto houvesse de sair por farsa, não haveria coisa mais ridícula.

Mas se se houver de representar e ponderar com juízo, nenhuma pode ouvir a cristandade nem mais trágica, nem mais triste, nem mais injuriosa. De sorte que à igreja, onde as mulheres vão orar e adorar a Deus, se vão idolatrar a si mesmas; e naqueles livros santos, cujas folhas umas têm estampadas as imagens da Virgem Maria, outras as de Jesus Cristo crucificado, se não pejam de que apareça também as suas! Se vos não atreveis a estar duas horas sem vos ver por amor de Deus, como esperais ver a esse mesmo Deus eternamente? Oh! cristandade! Oh! gentilidade! Conta Pausânias[15] que no templo maior da Arcádia estava um espelho, no qual os homens que olhavam para ele não se viam a si, mas só viam as imagens dos deuses. E quando os gentios, adoradores dos deuses falsos, entenderam que nos espelhos dos templos não se haviam de ver outras imagens que as dos mesmos deuses, têm nome e fé de cristãs as que levam os espelhos aos templos do Deus verdadeiro, não só para tirarem os olhos dos altares e os porem em si, nem só para se verem a si, que seria menor escândalo, mas para verem e enfeitarem o modo com que desejam ser vistas?

E como este apetite de bem parecer, herdado de tão longe, e esta inclinação e estimação, fundada nos ornatos de uma caveira e no esquecimento dela, é tão natural e tão própria do gênero feminino, e ainda na adulação do amor-próprio mais enganado, não há gentileza tão perfeita que não tenha que emendar, nem tão inteira, que não tenha que suprir, nem tão sã, que não tenha que curar, de que o espelho é o médico: esta é a razão, ou sem-razão da dificuldade e resistência com que nos mesmos claustros religiosos, e entre as mesmas que professam o desprezo dos olhos humanos, sejam tão raras dentro das suas quatro paredes as que deixem despegar e sair delas o espelho.

§ VII

Daqui — falando agora conosco — parece se seguem duas consequências certas. A primeira, em respeito das religiosas que renunciarem o espelho, o grande sacrifício que farão a Deus; a segunda, em respeito das que se não atreverem a tanto, uma natural desculpa de o não fazerem.

Quanto ao sacrifício, estão neles escondidos dois extremos rigores, em que ninguém repara. O primeiro é que quem renuncia o ver-se no espelho, não só sacrifica a vista, senão também os olhos com que se vê. Funda-se esta proposição em uma sentença aprovada e louvada pela filosofia conimbricense[16], que é a mais autorizada e elegante que até agora apareceu no mundo: Quer dizer este grande reparo filosófico que, "assim como os olhos são espelhos da natureza, assim os espelhos são os olhos da arte". — Os olhos são espelhos da natureza, porque neles se retratam as imagens de quem se vê, a que chamamos meninas. E chamam-se meninas, e não meninos, porque a mesma natureza parece que fez os espelhos para as mulheres, e não para os homens. E por que são os espelhos olhos da arte? Admiravelmente, porque os olhos naturais não se veem a si mesmos, nem o próprio rosto; e fez a arte os espelhos como segundos olhos fora de nós, para que nos pudéssemos ver a nós. Logo, quem sacrifica o espelho, não só sacrifica a vista, senão também os olhos com que se vê e sem os quais se não pode ver. E esta é a maior mortificação ou rigor da natureza neste sacrifício.

O segundo, e ainda mais apertado, é por que quem sacrifica o espelho não só sacrifica a vista com que se havia de ver, senão também a vista com que se tem visto. Esta proposição, que parece mais dificultosa, não é menos que teológica, fundada em outra de fé. Diz o apóstolo S. Tiago que "os que ouvem a palavra de Deus, e não fazem o que ouvem, são semelhantes aos que veem no espelho o seu rosto natural e logo se esquecem da figura e feições do mesmo rosto que viram" (Tg 1,23s). — Isto que diz o apóstolo, e é de fé, porque ele o diz, a experiência ordinária o ensina. Vê um homem aos outros, e lembra-se claramente das feições do rosto e figura de cada um, e, ausente, o retrata na imaginação assim como o viu; mas se viu no espelho a si mesmo, logo se esquece, nem se pode pintar ou figurar como é.

E donde vem ou se causa esta diferença tão notável? Vem do diferente modo com que vemos as coisas no espelho ou em si mesmas. Em si mesmas vemo-las por espécies diretas, que são mais vivas e mais fortes; no espelho vemo-las por espécies reflexas, que não têm aquela vida ou aquela viveza, nem aquela força. E a razão é porque o reflexo que as rebate no espelho as enfraquece de tal sorte, que quando chegam à potência, onde se formam as espécies memorativas por meio das quais nos lembramos, ou estas se não produzem, ou são tão tênues e quase mortas, que se não pode servir delas a memória, e se segue naturalmente o esquecimento. Logo, quem sacrifica o espelho, não só renuncia nele a vista futura, senão também a passada. A futura, porque se não há de ver, pois não tem espelho; a passada, porque, por falta do mesmo espelho, não pode renovar na memória nem suprir no esquecimento o retrato de quando se viu: "E logo se esquecem da figura". — Tanto renunciam e dão para sempre a Deus as religiosas de ânimo varonil, que por seu amor e reverência lhe sacrificam o espelho!

E quanto à fraqueza das que se não animam nem atrevem a tanto, e à desculpa que parece têm natural de não degolarem para sempre em si mesmas a vista do próprio rosto, verdadeiramente, considerada a miséria dos nossos tempos, e o desmaio e frieza a que tem descaído geralmente o valor e espírito da perfeição cristã, não só no estado secular, senão também no religioso, parecerá do mesmo modo que nos devemos contentar com esta moderação, posto que não sem dor. Mas, se nos pusermos fora dos nossos tempos, e fora também das obrigações da cristandade, acharemos que a chamada desculpa natural, neste caso, é tão grande miséria, tão grande fraqueza, e tão grande afronta de qualquer congregação religiosa, que nem dizer, nem ouvir, nem imaginar se pode, sem igual confusão, como agora demonstrarei com lastimosa evidência.

Postos, pois, fora dos nossos tempos e fora da cristandade, antes de Salomão edificar o famosíssimo Templo de Jerusalém, fabricou Moisés outro templo menor e portátil, chamado o Tabernáculo, em que no caminho da Terra da Promissão se faziam os sacrifícios e se ensaiavam as outras cerimônias que depois se haviam de exercitar no Templo. E sendo uma das peças notáveis deste Tabernáculo um tanque, ou lavatório grande, para uso e purificação dos sacerdotes antes de entrarem a sacrificar, diz o texto sagrado que este lavatório era fundido de bronze, e que este bronze era dos espelhos das mulheres que de dia e de noite serviam, oravam e vigiavam no Tabernáculo: "Fez outrossim uma bacia de bronze com sua base, dos espelhos das mulheres que velavam à porta do tabernáculo" (Ex 38,8). Não faça dúvida ser o bronze dos espelhos, porque os espelhos ordinários daquele tempo eram de bronze, como tinham sido os primeiros de estanho, e depois se fizeram também de prata e ouro, guarnecidos de pedraria; pelo que, disse Sêneca[17] que um destes espelhos valia mais que o dote com que o Senado dotara as filhas de Cipião Africano, sendo aquele grande triunfador de Cartago tão pobre, que não teve com que as dotar. Mas por isso mesmo digno, como diz o mesmo Sêneca, de que tivesse por sogro o Senado Romano.

De maneira — tornando aos espelhos de bronze — que, assim como Arão do ouro das arrecadas das mulheres tinha fundido o ídolo do bezerro, assim Moisés, do bronze dos espelhos, também das mulheres, fundiu a grande concha do purificatório sacerdotal, com uma diferença, porém, muito notável: que as arrecadas foram trazidas por mandado de Arão, arrancando-as os homens das orelhas de suas mulheres e filhas; e os espelhos, sem mandado de Moisés ou outra autoridade superior, espontânea e voluntariamente, por pura e mera devoção das mulheres, foram oferecidos a Deus e dedicados ao serviço e uso do Tabernáculo. Assim o observou e pondera elegantemente Filo Hebreu: "Entre os diversos objetos anteriormente embelezados para um uso diverso, para o qual as mulheres com prontidão de ânimo e admirável alegria tinham oferecido: espelhos, com os quais costumavam cuidar da própria aparência, elas espontaneamente sem que ninguém as ordenasse consagravam a Deus; todos esses objetos assim consagrados, um artista os reuniu em um só conjunto"[18]. Das quais palavras se colhe quão aceita fosse a Deus e quão grata aos olhos divinos aquela oferta, assim por serem os espelhos, e o cuidado e cultura da gentileza, a coisa que mais estimam, e de que mais se prezam as mulheres: "Espelhos, com os quais costumavam cuidar da própria aparência" — como pela vontade e prontidão de ânimo, e pela alegria justamente chamada admirável, com que foram oferecidos: "Com prontidão de ânimo e admirável alegria tinham oferecido". — E, sobretudo, sem que alguém a isso obrigasse aquelas devotas mulheres: "sem que ninguém as ordenasse" — que é o que Deus mais estima, mais preza e mais ama no que se lhe oferece, como diz S. Paulo: "Não com tristeza, nem como por força, porque Deus ama ao que dá com alegria" (2Cor 9,7).

Provado assim o muito que agrada a Deus a renúncia e sacrifício dos espelhos, que é a primeira parte da nossa proposta, segue-se a segunda, que prometi, de mostrar de não terem desculpa nem escusa as religiosas que o não fazem e repugnam. E se não, pergunto, para que me respondam: Estas mulheres que tão animosa e valorosamente, e com ânimo e resolução mais que varonil, dedicaram os seus espelhos a Deus e ao Tabernáculo, que mulheres eram? Eram aquelas hebreias que havia um ano tinham saído do cativeiro do Egito, onde muitas delas, como escravas, adoravam os ídolos de seus senhores; havendo também um só ano — e o mesmo — que Deus tinha dado no Monte Sinai a lei de Moisés. E estas mulheres tinham voto de religião? Não, porque ainda não havia tais votos nem tal nome no mundo. E eram virgens consagradas a Deus? Também não, porque daí a dois mil anos deu princípio a Virgem das virgens a tão soberano instituto. Qual era logo o estado destas tão admiráveis mulheres? Umas eram casadas, outras viúvas, outras donzelas, e assim o confessam até Calvino e Beza, os hereges mais inimigos do estado religioso.

Vamos agora subindo por esta mesma escada, e vejam as religiosas cristãs, não naqueles espelhos deixados, senão nas mesmas que os deixaram, se têm desculpa ou escusa alguma de estarem tão pegadas aos seus. Com os mesmos olhos com que as hebreias se costumavam ver e enfeitar aos seus espelhos, os viram depois quebrar, desfazer, derreter e fundir, não chorando aquela destruição, nem tendo saudades do tempo em que neles se viam, mas grande glória sim do diferente uso e emprego em que os viram trocados. E se isto faziam mulheres casadas, ou que o foram, ou que o podiam ser, que devem fazer ou ter feito as que, com vínculo perpétuo e indissolúvel, se desposaram com o Filho de um Pai eterno? Se este consentimento comum e ímpeto fervoroso de espírito ardia nos corações das filhas de Israel, sucessoras de Raquel e Lia, qual era bem que se venerasse nas filhas dos Basílios, Bentos e Agostinhos, e muito particularmente nas de S. Bernardo, sucessoras das Umbelinas, das Leogardes, das Edvígias[19] e de tantas outras? Se aquele zelo e devoção se admirava na sinagoga e lei de Moisés, quanto se deve estranhar, não só a falta dele, mas o contrário, nas recoletas da Igreja Católica e lei de Cristo? É tanta a diferença da lei de Moisés à lei de Cristo, quanta vai da sombra à luz, da noite ao dia, da figura à verdade, e da lei da graça, que só ela pode dar, àquela que não podia. E se tanta fé e lealdade guardavam a Deus as que havia um só ano que o conheciam, as que antes de terem entendimento receberam a fé do mesmo Deus no Batismo, e antes de ter língua prometeram nele que renunciavam ao demônio e a todas as suas pompas, por que há de poder tanto com elas o mesmo demônio, também mudo e sem língua, que na idade capaz de arrependimento lhe tornem a dedicar as pompas renunciadas, e não ocultamente, senão nos olhos do mundo e na própria cara, sem lhe fazerem as faces vermelhas de pejo e confusão, senão de outra cor?

§ VIII

Mas passando do tempo das hebreias, que tinham fé, às gentias e idólatras sem conhecimento do Deus verdadeiro, no Egito, assim como era venerado por Deus Osíris, que tinha sido seu rei, assim Ísis, que fora sua mulher, era venerada por deusa. E no dia em que se celebravam as festas desta segunda e falsa deidade, e era levada de um templo a outro em procissão, diz Apuleio que ia diante um coro de donzelas vestidas de gala e coroadas de flores, as quais levavam em açafates e, semeando-as por toda a parte, faziam prados as ruas. Diz mais, que ao meio do caminho vinha outro coro a encontrar e receber a deusa, e que estas — de cujas galas se não faz menção — traziam lançados detrás das costas os espelhos, e os mesmos espelhos também voltados do avesso, com que nem elas nem outrem se podia ver neles. Isto posto, sabida coisa é vulgarmente que os egípcios, como primeiros inventores das ciências, sempre significavam mais do que diziam, e todas suas ações eram mistérios. Que mistério tinha logo o primeiro coro das donzelas alcatifando as ruas de flores, e o segundo, trazendo os espelhos detrás das costas? É certo que umas e outras se queriam mostrar devotas e obsequiosas à deusa; mas esta devoção e obséquio atribui o mesmo autor mais principal e declaradamente às segundas que às primeiras: "As outras demonstravam a devoção com os espelhos nas costas e voltados do avesso"[20]. — Saibamos agora: E por que era maior obséquio o dos espelhos voltados e lançados detrás das costas, que o das flores semeadas pelas ruas por onde a deusa havia de passar? Porque nas flores significavam as primeiras donzelas que cada uma consagrava à deusa a flor das suas idades; e nos espelhos significavam as segundas que sacrificavam à mesma deusa o que aquela idade mais preza e mais estima, que é o ver-se ao espelho. De sorte que, competindo as donzelas egípcias a quais se haviam de mostrar mais obsequiosas à divindade que adoravam, a juízo dos sábios instituidores daquela pública solenidade, maior era o obséquio e sacrifício das que se condenavam a não se ver mais ao espelho por amor e reverência dela que as que, vestidas de festa, lhe ofereciam e punham aos pés a flor de sua idade.

Em umas e outras se representavam com propriedade grande as religiosas cristãs. Nas primeiras, as que, entrando noviças na religião, consagram a Deus a primavera dos anos, e flor da idade; nas segundas, as que, professas e antigas no mesmo instituto, e provectas na virtude e no juízo, lhe sacrificam a perpétua e voluntária cegueira do objeto mais amável e mais amado, não se querendo ver ao espelho nem vê-lo, que por isso as mais discretas os levavam detrás das costas. E se elas isto faziam tão alegre e animosamente, guiadas só pelo ditame da razão natural, sendo gentias e idólatras, que escusa ou desculpa podem ter de o repugnar no estado mais sublime da fé e cristandade as que, tendo renunciado o mundo por amor do verdadeiro Deus, não só se chamam esposas, mas verdadeiramente o são de seu próprio Filho? Diga-o por todas uma, em que são significadas todas.

Nos Cânticos de Salomão, a que ali se chama Esposa santa, era uma figura profética das que depois, na lei da graça, haviam de ser esposas de Cristo. O mesmo Esposo lhe deu então o nome e sobrenome com que hoje se chama cada uma, esposa e soror: "Irmã minha, esposa" (Ct 4,9). — Diga-nos agora aquela esposa, e aquela soror, que é o de que mais se prezavam os seus olhos. Tinha-os ela formado pelo exemplar que o mesmo Esposo lhe mostrara nos seus — pensamento singular de S. Gregório Niceno — e, falando de uns como de outros, diz que eram semelhantes a duas pombas, as quais, estando sobre os rios das águas, não se lavavam em água, senão em leite: "Os seus olhos são como as pombas, que, tendo os seus ninhos ao pé dos regatos das águas, estão lavadas em leite" (Ct 5,12). — Notável dizer, e tão dificultoso a todos os intérpretes como notável! É certo que nesta comparação não se louva a cor, que nos olhos é tão vária, porque louvar neles a brancura seria louvar tão frio como a mesma neve. Que quis logo significar a Esposa, quando diz que os seus olhos, "como pombas"—"em cima dos rios d'água"— não se lavavam em água "senão em leite"? — O mesmo Gregório Niceno, como tão eminente filósofo, por observação sua e experiência certa, diz que todos os outros licores podem servir de espelho, só o leite não, porque ninguém, nem coisa alguma se pode ver nele. As palavras do santo são estas: "Certamente se observou no leite que somente os licores têm essa propriedade, de maneira que nele não se vê nenhum simulacro ou semelhança de uma coisa"[21].

E como entre todos os licores só o leite não pode servir de espelho, por isso os olhos da Esposa, informados do Esposo divino, eram semelhantes àquelas pombas que, estando "sobre os rios de água"— não se lavavam na mesma água, na qual se podiam lavar e ver juntamente; mas, deixada totalmente a água, posto que tão vizinha, "se lavavam só em leite" — porque no leite só se podiam lavar, mas não se podiam ver. Lembremo-nos agora dos espelhos de que Moisés fez a concha ou tanque, em que os sacerdotes se haviam de lavar antes do sacrifício. Aqueles sacerdotes já se não podiam ver nos espelhos de que se tinham feito as margens do tanque; mas podiam-se ver na água dele, em que se lavavam. Porém, as pombas, em que eram significados os olhos das religiosas do nosso tempo: "Os olhos dele como pombas" — ainda que estavam "sobre as águas dos rios" em que se podiam lavar e ver — para maior e total sacrifício, não só renunciavam na mesma água todos os licores, em que se podiam ver, "mas no leite, que só não pode servir de espelho", renunciavam todos os espelhos.

§ IX

Afronta seria de uma tão religiosa e santa comunidade, como a presente, depois dos dois exemplos das hebreias, que tinham fé de Deus, e das gentias, que a não tinham, se a houvéssemos de exortar à imitação desta, que também no tal caso seria injúria chamar-lhe fineza. Esta é a razão que eu tenho para não querer persuadir, como não quero, o desuso dos espelhos, mas para os reduzir religiosamente a uma bem entendida concordata. E qual é? Que as filhas de S. Bernardo os não deixem, mas que os troquem, e que esta troca se faça vendo-se daqui por diante ao espelho não mudo, senão eloquente; não lisonjeiro, senão verdadeiro; não do mundo, senão do céu, qual é o que o mesmo santo patriarca compôs, para que todos os seus monges e monjas se vissem e compusessem a ele.

Compôs S. Bernardo um breve e excelente tratado, que intitulou "Espelho de Monges" — o qual começa assim: "Se alguém for tocado pelo desejo de emendar a vida, procurando corrigir excessos de pensamentos, de palavras e de obras, contemple como em espelho, com a leitura frequente desta página, a face de seu homem interior"[22]. — E por que o santo, com a compreensão profundíssima de tão consumado artífice, divide e compõe o dito espelho daquelas três partes essenciais que são "pensamentos, palavras e obras", de cada um destes três lumes apontarei somente o mais breve e elevado.

Quanto aos "pensamentos", diz o espelho de S. Bernardo que cuide cada um, ou cada uma, das suas religiões — e diga consigo: "Neste mundo não há mais que Deus e eu". — Oh! admirável e divino documento! Enquanto no mundo não houve mais que Deus e Adão, conservou-se o paraíso naquela bem-aventurada felicidade, sem perigo de se perder nem mudar. O paraíso da terra é a religião. E quando se perderá este paraíso? Quando nele, além de Deus, houver Adão e Eva, ou Eva e Adão. Quem introduziu no gênero humano o uso dos espelhos foi o apetite, de quem se vê neles, querer contentar a outros olhos que aos de Deus. Declarando Deus ao profeta Samuel a diferença que há dos seus olhos aos nossos, disse: "O homem olha para o rosto, Deus olha e vê o coração" (1Rs 16,7). — E como Deus encobriu o coração, e o pôs ou escondeu fora da esfera dos olhos, claro está que não há de ter cuidado de se ver ao espelho, quem só quer parecer bem a quem vê os corações. Quer o espírito de S. Bernardo que sejam as suas filhas como aquelas primitivas criaturas, a que Deus deu o ser, desde o primeiro até ao quarto dia. No primeiro dia criou a luz, no segundo o firmamento, no terceiro as plantas, no quarto o sol e a lua, mas em todas elas não havia olhos no mundo. O ar estava alumiado com os resplendores da luz; o firmamento, esclarecido com os cristais do segundo elemento; os prados, vestidos de rosas, flores e boninas; os céus bordados de ouro sobre azul, no sol, na lua e nas estrelas. E, posto que todas aquelas criaturas estavam ornadas dos esmaltes da natureza, de que se haviam de fazer depois os maiores encarecimentos da formosura, a graça de que todas elas mais se deviam prezar era de não haver no mundo outros olhos a que pudessem ou quisessem parecer bem, senão os de Deus, que só as viam: "Viu Deus que era bom" (Gn 1,10).

Quanto à segunda parte, ou segundo lume do espelho de S. Bernardo, quer o santo que nele se vejam as "palavras". — Nem faça dúvida parecer que as palavras só pertencem ao sentido de ouvir, e não ao de ver, porque lá disse Moisés, quando Deus dava a sua lei no Monte Sinai, que "o povo via as vozes" (Ex 20,18). — Quais diz, pois, o santo que hão de ser as palavras de quem guarda as suas leis? Quer dizer que, "quando houverem de falar, não se prezem as suas palavras de ser eloquentes e discretas, mas que antes sejam rústicas que urbanas, e que de nenhum modo pareçam cortesãs e de corte"[23]. — Dificultoso preceito para Odivellas, que tão perto está de Lisboa, e tem contra si a opinião e dito comum. Dizem que o polido e discreto do falar de S. Bernardo o herdaram as filhas, e não os filhos. E assim como a segunda parte deste dito é praga e falsidade, assim a primeira, se fosse verdadeira, não seria louvor, senão descrédito: "Se algum fala, seja como palavras de Deus" (1Pd 4,11) — diz o apóstolo S. Pedro: Os servos, e muito mais as servas de Deus, hão de falar como o mesmo Deus: poucas palavras, graves, sem artifício nem afetação, e santas. — Os conventos são as cortes e palácios de Deus, e uma das coisas em que se hão de distinguir dos palácios do mundo é a linguagem. "Antes pareça do monte que da corte".

No palácio do pontífice Caifás, pela linguagem descobriu o mesmo S. Pedro e deu a conhecer quem era: "Porque até a tua linguagem te dá bem a conhecer" (Mt 26,73). — Três anos havia que ele andava na escola de Cristo, e ainda falava em Jerusalém tão rústica ou rusticamente como nas praias de Galileia. Da pouca urbanidade com que o mesmo Cristo disfarçado falou à Madalena, quando lhe disse: "Mulher, por que choras?" (Jo 20,15) — entendeu ela que era hortelão; e da muita cortesia com que a Madalena lhe respondeu: "Senhor, se tu o tiraste" (Ibid.) — pudera coligir o hortelão que era senhora, e da corte. Ainda que não fora provérbio de Salomão, que Deus gosta de conversar, não com os discretos, senão com os simples: "A sua conversação é com os símplices" (Pr 3,32). — Além das outras filhas do espírito de S. Bernardo, que já referimos, podem servir de exemplo às demais as Sanchas, as Teresas e as Mafaldas[24], todas portuguesas, e todas de sangue real.

Finalmente, vindo às obras, diz assim o santo legislador: "Todos os dias, diante deste espelho, faça a religiosa capítulo de si mesma, e, chamando a juízo todas as suas potências e sentidos, peça conta à sua consciência do que no mesmo dia tiver delinquido"[25]. — Examine e pergunte à memória o de que se lembrou; ao entendimento, que cuidou; à vontade, o que amou ou aborreceu; aos olhos, o que viram; aos ouvidos, o que ouviram; e às outras portas da alma, o que por elas entrou ou saiu. E se parecer demasiado e não necessário este rigoroso capítulo de cada dia, dentro das paredes da religião onde todas as ações são tão ordenadas e santas, lembremo-nos das obras da criação do mundo, as quais Deus ia fazendo cada dia, e cada dia no mesmo dia as examinava. Assim o nota o texto sagrado: "E viu Deus que isto era bom, e se fez o dia primeiro; e viu Deus que isto era bom, e se fez o dia segundo" (Gn 1,4.5.8) — e com a mesma expressão nos dias e obras seguintes. Pois, se todas aquelas obras eram obras feitas pela divina sabedoria, em que não podia haver erro, e pela divina bondade, em que não podia haver mal, e pela divina onipotência, em que não podia haver defeito, por que as examina Deus tão exata e miudamente? Esta mesma dúvida propôs Oleastro a Deus sobre a criação da primeira obra, que foi a luz. E responde, falando com o mesmo Criador: "Para que eu examine as minhas trevas, por isso vós examinastes a vossa luz"[26].

Não examinastes, Senhor, as vossas obras, porque elas tivessem necessidade deste exame; mas porque nós a tínhamos deste exemplo — para que eu examine as minhas trevas, pois vós examinastes a vossa luz. — Quantas luzes há, não só no mundo secular, senão também no religioso, muito estimadas por tais que, se bem se examinassem, se havia de achar que são trevas? Os exercícios da religião todos são obras de luz, e luz aprovada pelo Espírito Santo; mas se não forem feitas puramente por agradar só a Deus, e entre Deus e elas se atravessar qualquer respeito da terra, ou de amor, ou de ódio, ou de emulação, ou de inveja, ou de ambição, ou de fingimento, ou de qualquer outro afeto contrário à caridade e verdade, é certo que ficarão tão eclipsadas e escurecidas essas obras de luz que não mereçam a Deus pôr os olhos nelas. Por isso S. Bernardo fez tanto caso deste que chamou capítulo de cada dia, que torna a dizer que o dia de ontem se há de comparar com o de hoje, e o de hoje com o de amanhã, para que veja o monge, se vai adiante, ou torna atrás no espírito. Neste caso, será bom remédio perguntar-se cada um a si, como fazia o mesmo santo: "Bernardo, a que vieste?". — E quando isto não baste, acrescentar outra mais apertada pergunta e dizer: Eu vim à religião para me salvar, e se eu agora não fizer o que vim, depois aonde irei?

§ X

À vista deste espelho, no qual se retratou um tão santo e amoroso pai, para que o imitem seus filhos e filhas, tenho para mim que, ao menos estas — posto que dantes as mais empenhadas — não só terão perdido o amor, senão também renunciado as saudades de todos os outros espelhos. Mas quando forem arrancados das paredes, para que elas não fiquem nuas senão muito melhor ornadas, dissera eu que ao seu lugar se passassem duas imagens, que suponho haver em todas as celas: uma do mesmo Senhor, que hoje lançou fora o demônio mudo; e outra da Virgem Santíssima, que, por ocasião deste mesmo milagre, mereceu as aclamações da Mãe de tal Filho: "Bem-aventurado o ventre que te trouxe" (Lc 11,27). — Este pensamento me ocorreu, sem outra reflexão sobre o presente assunto mais que de acabar com o mesmo Evangelho que nos deu o fundamento dele. Agora, porém, estou vendo que nestas duas imagens, as mais santas e soberanas de todas, se fará uma segunda e mais preciosa troca, substituindo por um espelho da terra os dois espelhos em que se estão continuamente vendo e revendo os bem-aventurados do céu.

Dois foram os fins do nosso discurso, ou um só fim dividido em duas partes. A primeira, exortar as virgens esposas de Cristo a que só queiram parecer bem aos olhos do seu divino Esposo; a segunda, o despego ou renúncia daquele natural apetite a que os olhos ou cegueira humana chamam formosura. Quanto à primeira parte, que melhor, e que mais natural ou sobrenatural espelho para todas as virgens consagradas a Deus que a Rainha das virgens? Assim diz, falando com todas, o grande doutor da Igreja, Santo Ambrósio: Porque me dizem que nesta comunidade há só quatro que entendem a língua latina, para as demais romancearei as palavras do santo, que dizem assim: "Tende sempre, ó virgens, diante dos olhos a imagem da Virgem Maria, na qual, como em espelho, resplandece o verdadeiro retrato da castidade e de toda a virtude. Este é o exemplar a que deveis compor todas as vossas ações, porque nele, como mestra da perfeição, vos mostrará e ensinará a mesma Virgem das virgens o que deveis emendar, o que deveis fugir, e o que deveis imitar"²⁷.

Quanto à segunda parte, de renunciar e aborrecer o falso e cego desejo e estimação da formosura, ainda é mais evidente e quase temeroso espelho a imagem de um Cristo pregado na cruz. Com os olhos em um Cristo crucificado, dizia o devotíssimo Drogo Hostiense: "Desse vosso corpo, Senhor, fizestes um espelho à minha alma"²⁸. — Oh! que temeroso, outra vez, e que formidável espelho! O mais formoso de todos os filhos dos homens foi Cristo: "Vistoso em formosura sobre os filhos dos homens" (Sl 44,3). — E aquele mesmo rosto, que no Tabor excedia o resplendor e formosura do sol, no Calvário e na cruz estava tão escurecido e desfigurado que nenhuma semelhança tinha do que pouco antes fora. Os que dantes o viam com admiração e sumo agrado, agora com horror o não conheciam nem podiam ver, e duvidavam se era o mesmo ou outro: "Ele não tem beleza nem formosura; vimo-lo, e não tinha parecença do que era; por isso nós o estranhamos, feito um objeto de desprezo, e o último dos homens, e o seu rosto se achava como encoberto" (Is 53,2s) — diz o profeta Isaías. — E, à vista de tão lastimoso retrato, quem haverá — e mais com obrigações de esposa — que tenha rosto para aparecer diante dele em outra melhor figura, e ainda lhe fiquem olhos para se ver e compor a outro espelho? Só S. Bernardo soube entender e dizer como nos havíamos de conformar com esta vista, para não ser feíssima a nossa ingratidão e má correspondência. No céu, diz S. João que "havemos de ser semelhantes a Deus, porque o havemos de ver como ele é" (1Jo 3,2). — Pois, assim como no céu — exclama Bernardo — nos havemos de transformar em Deus, fazendo-nos semelhantes a ele, porque o veremos como ele é, assim na terra, vendo ao mesmo Deus tão desfigurado na cruz e tão demudado de sua natural formosura, nos devemos também transformar e fazer semelhantes a ele, pois veremos no seu rosto qual ele se quis fazer por amor de nós: "Se serás semelhante a ele quando vires como ele é, agora sê semelhante a ele vendo-o aquilo que ele fez por causa de ti".

§ XI

Daqui se não pode passar, e era justo nesta cláusula acabar de emudecer. Mas, porque o Evangelho diz que, lançado fora o demônio, falou o mudo, o mesmo espelho, que até agora mudo lisonjeava, dirá falando — pois já pode — e descobrirá a verdade dos enganos que a vista dos mesmos olhos, ou dissimulava, ou fingia.

Eu — diz o espelho — como formado de vidro, sou frágil; mas muito mais frágil é, ó filhas de Eva, a que vós chamais formosura. Ouvi ao mesmo compositor da arte, que ensinou como se havia de amar esta enganadora:

"A formosura" — diz Ovídio — "é um bem frágil; e quanto mais se vai chegando aos anos, tanto vai diminuindo e desfazendo em si e fazendo-se menor"²⁹. — Seja exemplo desta lastimosa fragilidade Helena, aquela famosa e formosa grega, filha de Tíndaro, rei de Lacônia, por cujo roubo foi destruída Troia. Durou a guerra dez anos e, ao passo que ia durando e crescendo a guerra, se ia juntamente com os anos diminuindo a causa dela. Era a causa a formosura de Helena, flor enfim da terra, e cada ano cortada com o arado do tempo; estava já tão murcha, e a mesma Helena tão outra, que, vendo-se ao espelho, pelos olhos, que já não tinham a antiga viveza, lhe corriam as lágrimas, e não achando a causa por que duas vezes fora roubada, ao mesmo espelho e a si perguntava por ela:

"Chora também, desde que no espelho
olhou as rugas envelhecidas
De Tíndaro, e pergunta a si mesma por
que foi raptada duas vezes"[30].

Que coisa é a formosura, senão uma caveira bem vestida, a que a menor enfermidade tira a cor, e antes de a morte a despir de todo, os anos lhe vão mortificando a graça daquela exterior e aparente superfície, de tal sorte que, se os olhos pudessem penetrar o interior dela, o não poderiam ver sem horror? Louvando Salomão a formosura da alma santa em corpo, diz que o vermelho das suas faces era como uma romã partida: "Assim como é o vermelho da romã partida, assim é o nácar das tuas faces" (Ct 4,3) — e, deixando de notar que — o que naquelas faces era vermelho, em outras é vermelhão — acrescenta o mais sábio dos homens sabiamente que aquele gabo se entendia "sem o que as mesmas faces encobrem por dentro". — Aqui pudera o espelho fazer um bem grande e pouco vistoso reparo, que S. Bernardo pondera com todos os debruns da sua fealdade.

Mas, como estes interiores estão fora da esfera e jurisdição do espelho, não é o seu intento, nem o meu, desacreditar a formosura, nem a estimação ou desejo dela. Antes, para acabar sem agravo ainda dos olhos mais apaixonados e sem variar nem dizer nada do que fica dito, digo por fim e exorto a todas as fiéis esposas de Cristo que, para agradar a seu divino Esposo, amem, desejem e procurem com todo o afeto conservar e aumentar a formosura, mas não a frágil, senão a constante; não a que descompõe a enfermidade, senão a de que se compõe a saúde; não a que diminuem os anos, senão a que dura mais que os séculos; não a que é despojo do tempo, senão a que há de triunfar na eternidade. E há ou pode haver espelhos a que se veja e componha esta formosura? Sim, também. Mas não aquele que os pontífices procuram tirar das celas, senão o que eles canonizam, e nos faz bem-aventurados no céu. É um espelho de tão diferente artifício que, olhando para ele, não nos veremos semelhantes a nós, mas ele só com a sua vista nos fará semelhantes a si. Isto é o que já nos referiu com autoridade de fé o gloriosíssimo pai desta sagrada comunidade, São Bernardo: "Seremos semelhantes a Deus, porque veremos a Deus como ele é". — Fiquem agora considerando os olhos mais cegos se se deve deixar um espelho, que é o demônio, por um espelho, que é Deus.

SERMÃO

Domésthico

*Na véspera da Circuncisão e Nome de Jesus,
em que na Companhia do mesmo nome
se renovam os votos religiosos. Ano de 1689.*

∽

"Depois que foram cumpridos os
oito dias para ser circuncidado o menino,
foi-lhe posto o nome de Jesus."
(Lc 2,21)

Vieira está com 81 anos e desempenha a função de Visitador do Brasil e do Maranhão. Na Bahia, onde reside desde 1682, preside a celebração anual da renovação dos votos da comunidade jesuíta, que se realiza em 31 de dezembro. É o momento de reduzir todas as renovações a uma só renovação, diz Vieira, todos os votos a um só voto, e toda perfeição do espírito a uma só virtude. A lição do tempo e do lugar da Circuncisão. Maria foi a verdadeira ministra da circuncisão, e conclui com o elogio da obediência. Este sermão feito aos seus coirmãos jesuítas é o testemunho de sua vida religiosa como jesuíta.

§ I

Sendo a renovação do espírito um dos meios mais particulares da nossa Companhia para conservar e adiantar a perfeição de seus filhos, coisa é verdadeiramente — falo de mim — coisa é verdadeiramente, não só digna de admiração, mas de confusão grande que, repetindo-se esta mesma renovação duas vezes cada ano, passem os anos, e tantos anos, com tão pouco fruto. No dia de amanhã se cerram cento e trinta e cinco dias de renovação, em que, por mercê de Deus, me tenho achado indignamente nesta sua Companhia. E que maior confusão que contar tantos anos e tantos dias, e olhar para mim? As renovações passadas perderam-se; a presente, sabe Deus se será a última, as futuras, é certo que não podem ser senão muito poucas. Que remédio? Ora, eu considerando neste ponto — que é o que nos deve levar toda a consideração — o meio ou remédio que me ocorreu foi ver se no caminho da perfeição se poderá descobrir algum atalho ou compêndio breve, pelo qual todas as renovações mal aproveitadas se possam reduzir a uma renovação bem-feita.

Deus, nosso Senhor, não só tem caminhos, senão também atalhos: "Mostra-me, Senhor, os teus caminhos" (Sl 24,4) — eis aí os caminhos — "E ensina-me as tuas veredas" (Ibid.) — eis aí os atalhos. E se bem olharmos para todas as circunstâncias desta solenidade, todas elas nos estão ensinando isto mesmo. No Evangelho, que é o mais breve do ano, temos a eternidade do Verbo reduzida a oito dias: "Depois que foram cumpridos os oito dias" (Lc 2,21) — temos a grandeza e imensidade de Deus reduzida ao corpozinho de um "menino"; temos o preço infinito do sangue de Cristo reduzido a poucas gotas "do golpe da circuncisão" — e temos todos os nomes do mesmo Senhor, que são inumeráveis e incompreensíveis, reduzidos a um só nome: "Foi-lhe posto o nome de Jesus" (Ibid.). — Não param aqui os compêndios. Votamos à "divina Majestade" — no Santíssimo Sacramento, que é o compêndio de todas as maravilhas; votamos "em presença da Santíssima Virgem" — que é o compêndio de todas as graças; votamos neste santo lugar, posto que tão estreito, o qual no dia de amanhã é "o compêndio de toda a corte celestial" — votamos finalmente uma tal promessa, e com uma tal condição, que é o compêndio de todas as constituições da Companhia: "Tudo entendendo segundo as constituições da mesma Companhia"[1].

Não será logo coisa alheia nem deste mistério nem deste dia, senão muito conforme a ele, que nós também façamos um compêndio muito abreviado, no qual e pelo qual se reduzam todas as renovações a uma só renovação, todos os votos a um só voto e toda a perfeição do espírito a uma só virtude. Isto é o que hoje me quisera persuadir a mim mesmo. Deus me ajude com a sua graça, para que acerte a me declarar.

§ II

O erro ou engano por que na vida espiritual em muito tempo se aproveita pouco é porque tomamos as coisas a vulto e não reduzimos a multidão à unidade. A multidão dificultosamente se pode abarcar; a unidade facilmente se compreende. Esta é a razão por que a sabedoria e providência divina reduziu todas as suas leis a uma só lei, e todos os seus preceitos a um só preceito, que é o da caridade. Assim o declarou o apóstolo S. Paulo, o qual a este preceito um e único, a que se reduzem todos os outros, chamou vínculo da perfeição: "Revesti-vos de caridade, que é o vínculo da perfeição" (Cl 3,14). — A perfeição, desatada, são infinitas virtudes e infinitos atos de cada uma delas; atada, porém, e reduzida à unidade, é uma só virtude. E que se segue daqui? Segue-se que a mesma perfeição desatada, e sem este vínculo, pela multidão a que se estende, é muito dificultosa de se observar; atada, porém, com o mesmo vínculo, pela unidade a que se reduz, se pode observar facilmente.

Ouçamos ao mesmo legislador divino: "Quem me ama" — diz Cristo — "guarda o meu preceito; quem não me ama, não guarda os meus preceitos" (Jo 14,23s). — Para notar a diferença destes termos, não é necessário reparo nem ponderação. De sorte que à sua mesma lei uma vez lhe chama Cristo muitos preceitos: "Os meus preceitos" — e outra vez lhe chama um preceito: "O meu preceito". — Mas quando lhe chama muitos preceitos, diz que se não guardam: "Não guarda os meus preceitos" — e quando lhe chama um preceito, diz que se guarda: "Guarda o meu preceito". — E por quê? O mesmo texto dá a razão, e é porque a lei de Cristo uns a tomam atada e unida com o vínculo da perfeição, que é a caridade: "Quem me ama" — e outros a tomam desatada e desunida, por falta do mesmo vínculo: "Quem não me ama" — e quando a perfeição se toma desatada, assim como os preceitos então são muitos, pela sua mesma multidão são dificultosos de guardar: "Não guarda os meus preceitos"; porém, quando a perfeição se toma atada e unida, assim como esses preceitos se reduzem a um só, assim por essa mesma unidade se observam e observarão facilmente: "Guarda o meu preceito".

Assentado este princípio — que é o primeiro princípio na vida espiritual — se bem examinarmos as renovações passadas e o pouco fruto com que elas passaram por nós ou nós por elas, acharemos que a causa principal deste pouco fruto foi porque tomamos as mesmas renovações a vulto, não reduzindo os defeitos a um só defeito, que facilmente se pudera emendar, nem reduzindo a perfeição a uma só virtude, que facilmente se pudera adquirir. Esta é a razão fundamental e sólida; nem S. Paulo lhe achou outra. Assim como S. Paulo, escrevendo aos colossenses, reduziu a perfeição ao vínculo de uma só virtude, como vimos, assim, escrevendo aos romanos, depois de relatar todos os preceitos, os reduziu também a um só: "E se há algum outro mandamento, todos eles vêm a resumir-se nesta palavra restaurado" (Rm 13,9). No texto grego, em lugar de "restaurado", está "renovado". E tudo é. Em tantos anos e tantas renovações, pudéramos ter levantado um grande edifício de perfeição, e eu não vejo em mim senão ruínas. Em tantos anos, e tantas renovações pudéramos ter adquirido um grande cabedal de virtudes, e eu não vejo em mim senão perdas. "Que remédio logo para renovar o arruinado e restaurar o perdido?" — O remédio é reduzir tudo à unidade. Procuremos reduzir todos os votos a um só voto; procuremos reduzir toda a perfeição a uma só virtude; e neste compêndio, ou nesta recopilação, como lhe chama Santo Agostinho, se as ruínas forem nos votos, "todas ficarão renovadas" na unidade de um só voto — e se as perdas forem nas outras virtudes, "todas ficarão restauradas" na unidade de uma só virtude.

§ III

Suposto, pois, que esta renovação e restauração se reduz a um só voto, e a uma só virtude, que voto e que virtude será esta? Digo que a virtude é a primeira virtude que Cristo amanhã exercitou, e o voto é o último voto que nós amanhã professamos: "Obediência perpétua na Companhia de Jesus". — Aquele Senhor, que amanhã se chamou Jesus, em um dia mereceu a imposição deste santíssimo nome e em outro a exaltação dele, mas sempre pela virtude da obediência. A imposição do nome pela obediência da circuncisão: "Depois que foram cumpridos os oito dias para ser circuncidado o menino, foi-lhe posto o nome de Jesus" (Lc 2,21) — a exaltação dele pela obediência da morte de cruz: "Feito obediente até à morte. Pelo que lhe deu um nome que é sobre todo o nome" (Fl 2,8s). — Este é o divino e humano exemplar que hoje e amanhã nos põe diante dos olhos a Companhia, a cuja imitação, nesta mesma hora com tão fervorosa devoção está exortando a seus filhos. Entendamos todos os que professamos religião debaixo do mesmo nome de Jesus que, se queremos inteiramente responder à dignidade de tão soberano nome e às obrigações de uma profissão tão alta, só por meio da imitação da sua obediência, e na unidade dela, o podemos fazer. A razão é manifesta pelo que fica dito; porque, se todos os votos se devem reduzir a um só voto, e toda a perfeição a uma só virtude, o voto a que se reduzem todos os votos, e a virtude a que se reduz toda a perfeição e todas as virtudes é só a virtude da obediência. Não digo coisa nova, senão aquela mesma que sobre todas nos deixou em testamento nosso santo patriarca, confirmando esta máxima, que bastava ser sua, com a famosa sentença de S. Gregório Papa: "A obediência é a única virtude que insere na mente as outras virtudes e inseridas as guarda"[2].

Antes de votarmos, o que já fizemos e amanhã repetimos, tinha a obediência sobre nós muito menor esfera, porque Deus não nos obrigava a guardar pobreza, nem castidade, nem a mesma obediência religiosa; mas, depois que nós nos obrigamos a Deus, Deus também nos obriga a nós. E para nos desempenharmos desta obrigação, posto que ela seja de três votos, nós o podemos fazer com um só voto se ele for o da obediência, porque, obedecendo a Deus, não só somos obedientes, mas obedientes, castos e pobres, só com a diferença dos nomes. Com a mesma diferença só dos nomes define Santo Tomás que a obediência em respeito do prelado é observância, em respeito dos pais é piedade e em respeito de Deus é religião. Não é a obediência, diz o mesmo Doutor Angélico, virtude teologal[3]; mas se eu creio porque Deus me manda crer, a minha obediência é fé; se eu espero porque me manda esperar, a minha obediência é esperança; se eu amo porque me manda amar, a minha obediência é caridade.

Nas virtudes morais corre a mesma regra. Se a matéria delas é devida, a obediência é justiça; se é duvidosa, a obediência é prudência; se é árdua, a obediência é fortaleza; se é deleitável, a obediência é temperança. E que diremos das virtudes e exercícios próprios da religião? Isto mesmo, e com a mesma certeza. Se a obediência me aplica às coisas que o mundo tem por baixas, é humildade; se às que molestam e causam pena, é paciência; se às casuais e várias, segundo o pede a ocasião, é indiferença; se me manda que não olhe, é modéstia; se me manda que não fale, é silêncio; se me manda que não saia, é clausura; se me nega o que desejo e me obriga ao que repugno, é mortificação; se me responde ou castiga os meus defeitos, é penitência; e se me põe a um canto, como bordão de um homem velho, de que se quer ajudar quem o tem na mão, é ócio santo, com mais tempo e maior liberdade para orar e contemplar em Deus.

Mas porque alguns dos exercícios da obediência são meramente temporais, aqui se deve muito advertir que a obediência não só é todas as virtudes, mas faz que sejam virtude as que o não são. Assim como a alquimia por arte tudo converte em ouro, assim a obediência por natureza tudo transforma e converte em virtude. E daqui vem que até as ações que não têm nome de virtuosas, antes o contrário, ela faz que sejam, não só virtudes, senão melhores ainda que as mesmas virtudes. E como, ou por quê? Não porque é melhor obedecer que sacrificar, porque isso é comparar uma virtude com outra; mas porque — por exemplo — o comer e o dormir, a recreação e o descanso, e outras ações e divertimentos deste gênero, são coisas meramente temporais, naturais e indiferentes, e melhor é comer por obediência que jejuar; melhor é dormir por obediência que vigiar; melhor é recrear-me por obediência que trabalhar; melhor é não fazer nada por obediência que trazer este colégio às costas e servir mais que todos. Tanto assim — tornando ao primeiro exemplo — que Santa Teresa de Jesus, com espírito próprio do seu sobrenome, chegou a dizer que melhor é comer por obediência que comungar sem ela. E se a obediência tão altamente transforma e santifica as ações indiferentes, que não são virtuosas, quanto mais as mesmas virtudes, convertendo-as todas em si e convertendo-se nelas?

§ IV

Só parece que pode argumentar em contrário a Teologia e dizer: todas as virtudes têm os seus objetos particulares, pelos quais se distinguem, e desses mesmos objetos toma cada uma a sua essência, a sua espécie, e a sua diferença própria; logo, sendo todas e cada uma essencial e totalmente diversas da obediência, parece que se não podem incluir nem resumir nela. Mas a esta objeção respondeu já tácita e excelentemente o mesmo S. Gregório, quando disse que a obediência, e só a obediência, é "a que enxerta na alma todas as outras virtudes". — Os ramos ou garfos que se enxertam em um tronco, todos são de outras árvores ou plantas, donde têm o seu nascimento; mas, depois de enxertados, já não vivem nem se sustentam das suas raízes próprias, senão da raiz e substância do mesmo tronco, tão intimamente incorporadas nele que, se o tronco está verde, os enxertos também reverdecem, e se o tronco secou, também eles secam. O mesmo sucede a todas as outras virtudes com a obediência. De tal maneira vivem nela, e dela, e por ela, que se a obediência se murchou, secou ou morreu, todas as outras virtudes adoecem juntamente e perdem a cor, a formosura, o vigor, a vida, e deixam de ser virtudes. Pelo contrário, se a obediência se conserva em seu ser, e vive e persevera, elas também perseveram, vivem e se conservam, e — como diz nosso santo Pai — "enquanto esta florescer, todas as mais florescerão e darão o fruto que eu nas vossas almas desejo e o pode Aquele que por obediência remiu o mundo, perdido por falta dela, *feito obediente até a morte, e morte de cruz* (Fl 2,8)"[4].

Este é o desejo de Santo Inácio, e o mesmo deve ser o nosso. Mas porque não basta a especulação do que está dito se não se desce à praxe, esta praxe donde a tomaremos nós? Digo que do mesmo Menino Jesus, e do mesmo mistério profundíssimo da sua circuncisão, tirando de todas as circunstâncias da sua obediência os documentos da nossa.

§ V

"Completados os oito dias". — Obedeceu Cristo à lei da circuncisão ao dia oitavo, não porque dantes não desejasse dar o sangue por nós, mas por quê? Porque o verdadeiro obediente não só se há de conformar com a obra, senão também com o tempo. Há de fazer o que se manda e quando se manda. Fazê-lo antes não é diligência; fazê-lo depois é tardança. Pois, quando há de ser esse quando? Quando a letra já está começada e ainda não está acabada. Naquele ponto preciso consiste a pontualidade da obediência. Gentio era Sêneca[5], mas grande filósofo, e, escrevendo de Roma a Lucílio, seu discípulo, que estava em Sicília, diz assim: "Espero, Lucílio, que tragas a tua vida tão concertada com o tempo que em qualquer parte onde estejas, saiba eu o que fazes naquela hora". — E quando isto se esperava de um estoico, que se deve esperar de um religioso? Que faz agora o irmão da Companhia? São as cinco para as seis da manhã: está em oração. É dia santo, são das oito para as dez, em que se ocupa agora? Está estudando. Deram três quartos para as onze, e neste quarto qual é o seu exercício? Está fazendo exame. De sorte que há de bastar saber-se a hora para que se saiba em qualquer parte o que fazemos. Todo o relógio perfeito, não só dá as horas, mas tem um braço mostrador, com que as aponta. O religioso há de ser como um relógio, mas com dois braços mostradores, um que mostre as horas, outro que mostre as ações. Se a ação concorda com a hora, anda o relógio certo; se não concorda, anda destemperado. Caso notável no mistério da circuncisão! É de fé que Cristo se circuncidou e, contudo, o evangelista não diz que se circuncidasse; só se contentou com dizer que chegara o dia da circuncisão: "Completados os oito dias para que fosse circuncidado" — porque na obediência de Cristo bastava que confiasse do tempo, para que fosse de fé a ação. Assim serão quase de fé as nossas, se imitarmos a sua obediência.

À circunstância do tempo não acrescentou o evangelista a do lugar em que o Senhor obedeceu à lei. Santo Hilário, com opinião singular e não recebida, diz que foi em Jerusalém. Se assim fosse, alguma escusa podiam ter os espíritos a que eu só quero dar nome de cortesãos. Querem professar religião, querem viver debaixo de obediência, mas há de ser em Jerusalém, nas cortes dos príncipes, nas cabeças dos reinos, nas metrópoles das províncias. Se é em Itália, há de ser em Roma; se é em França, há de ser em Paris; se é em Portugal, há de ser em Lisboa; e se é nesta parte da nossa América, não há de ser no sertão, nem há de ser na aldeia, nem na capitania, nem em outras cidades menores, ainda que sejam catedrais, senão na principal e maior de todas. Se este espírito é da Companhia, não é da Companhia daquele Jesus que, para encarnar, escolheu Nazaré, e para nascer, Belém. Ainda nessa Belém, com ser naquele tempo habitada pouco mais de pastores, não quis o Senhor que se soubesse de certo o lugar aonde ofereceu a Deus as primícias desta sua obediência. Quando chegaram a Belém os Magos, diz o evangelista que, "entrando na casa, acharam o Menino" (Mt 2,11).

Daqui infere Santo Epifânio[6], com outros Padres, que o santo Menino já não estava no presépio, e que a indústria de S. José, depois que a cidade se foi desafogando da multidão da gente, pôde melhorar de aposento. E como no espaço daqueles treze dias se podia cumprir o dia oitavo da circuncisão, ou estando ainda no presépio, ou morando já na casa, não se sabe nem quis o mesmo Senhor que se soubesse o lugar certo de sua obediência, para ensinar à nossa que há de abstrair totalmente do lugar e que o não há de ter, nem querer, nem procurar certo. Se a circuncisão foi na casa, era na cidade; se no presépio, era fora dela; se na cidade, era entre homens; se no presépio, era entre brutos; se na cidade e em casa, era já com alguma comodidade; se no presépio, era com o maior incômodo e total desamparo. E a todas estas diferenças de lugares há de estar sempre indiferente a pronta obediência, ou para viver nas cidades, ou fora e longe delas; ou no povoado entre homens, ou no desterro, e no meio das brenhas, entre os brutos e as feras; ou com comodidade, ou sem comodidade; ou com algum abrigo, ou sem nenhum abrigo; ou em casa, debaixo das telhas, ou no campo, debaixo das estrelas. O "onde" da obediência é "em toda parte". Os soldados da Companhia de Jesus são soldados volantes, e se estes perguntarem à nossa regra o lugar onde hão de ter o seu posto, o lugar é em qualquer parte do mundo, onde se espera maior serviço de Deus e ajuda das almas.

§ VI

"Para circuncidar o menino." — Temos aqui a circuncisão passiva, mas não temos a ativa. A passiva foi o Menino circuncidado; a ativa foi o ministro da circuncisão, do qual não diz palavra o evangelista. Segundo o cerimonial da lei, eram ministros da circuncisão, primeiro os sacerdotes, depois os levitas e, em falta destes, como cá no Batismo, outra qualquer pessoa, ainda que não tivesse ordem nem grau eclesiástico, e talvez o mesmo pai ou a mesma mãe. Parece que Santo Inácio comentou este mistério quando nos escreveu aos portugueses que o verdadeiro obediente não olha à pessoa a quem obedece. Ou seja sacerdote, ou não seja sacerdote, ou seja levita, ou não seja levita, ou tenha grande dignidade, ou pequena, ou nenhuma, com a mesma pontualidade havemos de obedecer ao irmão cozinheiro que ao Padre Geral da Companhia.

E quanto ao ministro da circuncisão do santo Menino, a opinião mais provável e mais pia é que, assim como Séfora circuncidou a seu filho, assim a Virgem Maria circuncidou o seu. Oh! que excelente retrato de um bom superior, e de um bom súdito, quando as obediências são tais que podem doer; verdadeiramente era caso não só para enternecer, mas para assombrar, ver a piedosíssima Virgem ferir com suas próprias mãos, sem lhe tremer nem desmaiar o braço, e derramar o sangue do Filho de Deus e seu! O golpe primeiro cortava o coração da Mãe, e depois a carne do Filho; o Filho sofrendo sem resistir, a Mãe constante sem retroceder; o Filho chorando, a mãe chorando. De ambos era a dor, de ambos eram as lágrimas e o sangue também de ambos, para que nem o superior se acovarde nem o súdito o estranhe. Há de ser, porém, tão recíproco o sentimento nas matérias sensíveis que tanto sinta quem executa como quem obedece; tanto se lastime quem forçado fere como o mesmo ferido; tanto se doa o superior como o súdito, e muito mais o superior, que isto é ser mãe. Os instrumentos daquele rigor, consta da escritura que eram de pedra: "facas de pedra" — e diz S. Bernardo[7] que eram de pedra, e não de ferro, porque a pedra não cria ferrugem. Oh! se quisesse Deus que as obediências fossem recebidas tão lisamente como são lisos os instrumentos!

Mas passemos a outro documento, não menos necessário: "Para ser circuncidado". — A circuncisão era uma lei muito dura, mas de pouca dura. Havia-se de acabar cedo, como se acabou, sucedendo em seu lugar o Batismo. Pois, se aquela lei não havia de durar, por que a observou o Senhor tanto à sua custa, que lhe custou gotas de sangue? Sem dúvida porque estava antevendo que havia de vir tempo em que fosse necessário este forte exemplo da sua obediência para confirmar as fraquezas da nossa. Quando a obediência ordena alguma coisa de novo ou quer emendar algum abuso, os que porventura gostavam mais dos abusos do que gostam da emenda deles, consolam-se com dizer que aquilo não há de durar. Variar-se-á a sucessão das causas segundas, e logo se emendará tudo e tornará ao que dantes era. Mas, ainda que esta profecia fora tão infalível como a ciência que Cristo tinha de se mudar a circuncisão, nem por isso se deve desprezar ou desobedecer o que de presente se ordena. Pois, que se há de fazer? O que fez o mesmo Senhor. Agora, enquanto durava a circuncisão, circuncidou-se; depois, quando vier o Batismo, também se batizará. Se a lei presente não há de durar, observe-se enquanto dura; e se depois se há de trocar por outra, então observaremos também essa e seremos duas vezes obedientes.

A lei não tem obrigação de ser sempre a mesma; mas o obediente tem sempre obrigação de obedecer à lei, qualquer que ela seja. Se a circuncisão tira sangue, e o Batismo lava com água, sangremo-nos agora e banhar-nos-emos depois. Mas, porque eu espero pelo banho, não querer tomar a sangria, isso é não querer sarar. Santo Inácio diz que as coisas da obediência se hão de aceitar e crer como se foram de fé; mas, como há hereges da fé, assim há hereges da obediência. E quem são estes? São uns espíritos inquietos, que só na própria vontade acham quietação. Não declarou Santo Inácio essa quase heresia porque a não supôs na sua religião; mas disse-o expressamente o profeta Samuel: "É como o pecado de adivinhação, e não querer submeter-se é quase crime de idolatria" (1Rs 15,23). — Almas inquietas — diz Cristo — se quereis aquietar, obedecei: "Tomai sobre vós o meu jugo, e achareis descanso para as vossas almas" (Mt 11,29).

§ VII

Somos chegados à última circunstância, a qual parece pudera inquietar o mesmo Cristo, se não fora tão obediente: "Para ser circuncidado". — A circuncisão era remédio do pecado e marca de pecador; e daqui se segue que quem visse circuncidar aquele menino, por consequência natural podia inferir, não só que não era Deus, mas que nem era justo, nem estava em sua graça; pois se o circuncidar-se Cristo era tanto contra o crédito da sua divindade enquanto Deus, contra o crédito da sua inocência enquanto homem, e contra o crédito da sua dignidade enquanto Messias, por que se quis sujeitar à circuncisão com tantos descréditos? Para tirar e arrancar, não do mundo, senão das religiões, a maior peste delas, que são estes dois nomes, *crédito* e *descrédito*. Oh! quantos trabalhos, quantos desgostos, quantas perturbações tem causado na religião, e quantas vocações tem perdido a falsa adoração deste maldito ídolo! Ando triste, ando desconsolado, ando tentado, contra o que prometi e renovei tantas vezes. E por quê? Porque me vejo desacreditado.

Ora, diga-nos este padre, a quem não quero chamar reverendo, ou este irmão, a quem não quero chamar caríssimo: qual é a razão por que cuida e diz que está desacreditado? Estou desacreditado, porque à minha antiguidade antepuseram outro mais moderno; estou desacreditado, porque à minha ciência antepuseram outro menos douto, estou desacreditado, porque ao meu grande talento antepuseram outro muito inferior; estou desacreditado, porque à minha virtude e à minha edificação antepuseram outro, que não tem tanta. Bem o prova essa humildade. Mas dado que ser anteposto um seja descrédito do outro, que não foi preferido, a André mais velho, foi anteposto Pedro; a José, o justo, foi anteposto Matias; e ao Justo dos justos, o Filho de Deus, foi anteposto Barrabás. Certamente que entre estes desacreditados bem pudera um homem de bem não se afrontar de ser um deles. Mas vamos à resposta, que não tem resposta. Assim como o crédito do soldado consiste em ser bom soldado, o crédito do estudante em ser bom estudante e o crédito do oficial em qualquer arte em ser bom oficial, assim o crédito do religioso consiste em ser bom religioso. E o ser bom religioso, em que consiste? Ninguém pode negar que na obediência, em fazer o que lhe mandam e em se contentar com que lhe não mandem o que deseja. Este é todo o crédito e toda a honra do religioso, e não há outra. Entender o contrário será de filho de Adão, e não de filho de Santo Inácio.

O homem que Deus pôs neste mundo com maior honra e maior crédito foi Adão. E que diz Davi deste homem, tão acreditado e tão honrado? "O homem, estando na honra, não entendeu" (Sl 48,13). — E que é o que não entendeu? Não entendeu onde estava a honra. "Ele estava na honra" — e não entendeu aonde a honra estava. Entendeu que a honra estava em ser como Deus; e ela não estava em ser senão em obedecer. Enquanto obedeceu, todas as criaturas o respeitavam e veneravam; tanto que desobedeceu, até os jumentos zombaram dele. Queira Deus que no paraíso da religião nos não engane do mesmo modo a serpente. A honra e crédito do religioso não está em ser o que ele deseja ou presume, senão em obedecer ao que lhe mandam, por mais que seja em coisas que pareça o desacreditam. Que maiores descréditos que aqueles que ponderávamos na circuncisão de Cristo? Mas, como o Senhor ainda assim obedeceu, da mesma circuncisão saiu muito mais honrado do que dantes era, não só enquanto homem, senão enquanto Deus. Como entrou Cristo na circuncisão, e como saiu? Entrou obediente, e saiu Jesus: "Para que o menino fosse circuncidado, e deram-lhe o nome de Jesus". — E isto foi, em todo o rigor da Teologia sair muito mais honrado do que era, ainda enquanto Deus. Quando eu digo Deus, nomeio este nome com o barrete na cabeça; mas quando digo Jesus, tiro o barrete, porque o mesmo Deus debaixo deste nome é digno de maior veneração e de maior honra. E esta maior honra não a alcançou o mesmo Filho de Deus antes da circuncisão, senão depois que obedeceu a ela: "Completados os oito dias para que fosse circuncidado".

§ VIII

Estas foram na circuncisão de Cristo as circunstâncias da sua obediência, e estes são os documentos da nossa. Se os pusermos em praxe, conheceremos que a renovação de todos os votos se reduz a este só voto, e a renovação de todas as virtudes a esta só virtude. Para maior evidência, quero acabar com a demonstração contrária. Se tivermos todas as virtudes e nos faltar a obediência, nenhuma virtude temos; pelo contrário, se tivermos a obediência, nela teremos todas as virtudes. Por quê? Porque assim como a obediência é o compêndio e a união de todas as virtudes, assim a desobediência é o dispêndio e destruição de todas. Adão no paraíso todos sabemos que foi criado em justiça original, com todas as virtudes que Deus lhe infundiu na alma. E quanto lhe duraram? Enquanto obedeceu, conservou todas; tanto que desobedeceu, perdeu todas. E se isto sucedeu no paraíso, cá fora, que será, senão o mesmo?

Ponhamo-nos longe dele, não só na terra, senão no mar. E que tempestade é aquela que no Mediterrâneo levanta as ondas até as nuvens? Que navio é aquele que estão batendo e comendo os mares? Que homem é aquele, que, lançado ao mar, o engole uma baleia? O homem é Jonas, o navio é de uns gentios, em que ele navegava; a tempestade furiosa é a que por sua causa se levantou. E quem era esse Jonas? Era um profeta do número dos doze; era um homem de cujo espírito e zelo fiou Deus a missão e conversão de Nínive; era um santo, então reputado por tal, e depois canonizado. Pois, este homem de tantas virtudes é o que levantou uma tão grande tempestade? Este é o que pôs a perigo de se ir a pique o navio? Este é o que mereceu que o lançassem ao mar? Sim, este. Porque com todas essas virtudes nesta mesma ocasião foi desobediente. Pelas virtudes, mereceu a eleição; pela desobediência, perdeu as virtudes. Os do navio, diz o texto que faziam oração aos seus deuses, porque todos eram idólatras; e a tempestade que não levantou a idolatria de tantos gentios levantou-a a desobediência de um santo. Não há que fazer caso de santidades sem obediência. Muita modéstia, muita compostura, muita penitência, muita edificação, muitas ilustrações do céu, muitas profecias, mas tudo isto sem obediência é um pouco de vento. Mal disse em dizer um pouco; é tanto vento, que levanta tempestades, que põe em perigo de naufragar o navio e que, se Deus não acudira com um milagre, o profeta se subvertera no mar, e Nínive na terra.

§ IX

Todos estes documentos, ditados na escola daquele Menino de oito dias, que para ser admiração dos doutores não há de esperar pelos doze anos, são os que nos ensinam praticamente que, para a breve e perfeita renovação do espírito, o voto a que se hão de reduzir todos os votos e a virtude a que se hão de reduzir todas as virtudes é a obediência. Assim como a circuncisão era a divisa que distinguia os filhos de Abraão dos outros povos, assim a obediência é o caráter que distingue os filhos de Santo Inácio dos outros religiosos. Em outras religiões — diz o santo patriarca — podemos sofrer que nos façam vantagem nas asperezas, que cada um santamente observa; porém, na pureza da obediência, desejo, irmãos caríssimos, que se assinalem os que nesta Companhia servem a Deus, nosso Senhor, e que nisto se conheçam os verdadeiros filhos dela. Se formos verdadeiros obedientes, seremos verdadeiros filhos da Companhia de Jesus; mas se o não formos, bem nos podemos despedir deste nome, porque nem ele, nem Santo Inácio, nem a Companhia, nem o mesmo mundo nos conhecerá por filhos seus. Perdeu-se o mundo e o paraíso por falta de obediência e só pela obediência poderá a Companhia salvar o mundo, e ser ela o paraíso. Oh! que paraíso na terra seria amanhã, e será este santo Colégio, se todos com grande união entre nós, e grande sujeição à obediência, nos resolvermos, com toda a aplicação, com todo cuidado, com todas nossas orações e devoções, e com um exame mais particular, a conseguir a perfeição desta só virtude!

Digo desta só virtude, porque não é necessário acrescentar de novo coisa alguma, senão fazermos o mesmo que fazemos, cada um segundo o seu estado, só por obediência. O irmão coadjutor na sacristia, na portaria, na enfermaria e nas outras oficinas, faça o que costuma trabalhar; mas por obediência. O sacerdote no altar, no púlpito, no confessionário, nos hospitais, nas cadeias, na assistência, faça o que costuma exercitar, mas por obediência. O irmão estudante nas gramáticas, nas humanidades, nas filosofias, nas teologias, faça o que costuma estudar; mas por obediência. Mas por obediência, torno a dizer, e não para ser grande letrado, nem para ser grande pregador, nem para ser mestre, nem para ser lente, nem para ser professo de quatro votos, senão para ser professo de um voto. A obediência é o voto que faz os verdadeiros professos, e em que todos o podemos ser. Aos que se aplicam a outros meios, ainda que santos, para conseguir a perfeição, parece-me que lhes está dizendo Cristo como a Marta: "Tu te embaraças com o cuidar em muitas coisas, entretanto só uma coisa é necessária" (Lc 10,41s).

— Este "uma coisa", reduzido à unidade da obediência, é só o necessário; este "uma coisa", reduzido à unidade da obediência, é o que só basta para conseguirmos toda a perfeição do espírito e todo o espírito da perfeição. Assim como reduzimos todos os fins a um só fim, que é Deus, assim havemos de reduzir todos os meios a um só meio, que é a obediência, obedecendo a Deus em todos os seus mandamentos, obedecendo a Santo Inácio em todas as suas regras e obedecendo ao superior, que é a voz de Deus e regra viva, em tudo o que dispuser de nós.

Tal é a renovação que o céu de nós espera no dia de amanhã, e nós, não só por ser o próprio dia dedicado para ela, mas por ser o primeiro daquele ano fatal, no qual o mesmo céu nos tem prevenido, com a demonstração ou de uma palma, ou de um alfange, para que veja cada um aonde a sua obediência ou a sua desobediência o pode levar, como levou a muitos. O que resta é que, com todo o afeto de nossos corações, peçamos àquele Menino todo-poderoso, pelas gotinhas do sangue de sua circuncisão, e à Santíssima Mãe, pelas copiosas lágrimas que ela lhe custou, nos concedam, em honra de tão soberano mistério, esta mesma resolução muito eficaz, muito verdadeira, muito forte, muito deliberada e muito constante, para que assim como o mesmo Senhor, pela sua obediência, mereceu o nome Santíssimo de Jesus, assim nós, pela mesma obediência, nos façamos dignos de o servir perpetuamente na Companhia debaixo do mesmo nome: "Obediência perpétua na Companhia de Jesus".

SERMÃO DE
Santo Antônio

*Em dia da Santíssima Trindade,
na cidade do Maranhão.*

❦

"Aquele que fizer e ensinar
terá nome de grande no reino do céu."
(Mt 5,19)

Entre os nove sermões de Santo Antônio este é o quarto pregado no Maranhão. Vieira apresenta Santo Antônio como obra das três Pessoas da Santíssima Trindade que o fizeram grande. Mas de que modo? A Pessoa do Pai, dando-lhe o "fizer"; a Pessoa do Filho, dando-lhe o "ensinar"; e a Pessoa do Espírito Santo, dando-lhe o "terá um nome". Assim, os que a fortuna fez poderosos, se puderem usar do poder só para o bem, serão semelhantes à pessoa do Pai e imitarão Santo Antônio no fizer. Os que o estado faz sábios, se souberem encobrir a seu tempo o que sabem, e só manifestar o que convém, serão semelhantes à pessoa do Filho e imitarão Santo Antônio no ensinar. Os que a profissão deve fazer santos, se estimarem a verdade deste nome sobre todos os títulos do mundo, serão semelhantes à pessoa do Espírito Santo e imitarão Santo Antônio no terá um nome.

§ I

Não só há predestinação para os homens, senão também para os dias: os homens predestinados para a glória de Deus e os dias predestinados para Deus ser glorificado neles. Não é esta proposição ou distinção minha, senão da mesma sabedoria divina, no capítulo trinta e três do Eclesiástico. Faz ali este autor, tão canônico como todos os outros, da escritura Sagrada, uma notável questão: "Qual é a razão por que um dia é mais célebre que o outro dia, e também neste mesmo dia um ano mais célebre que o outro ano" (Eclo 33,7), sendo que o mesmo sol faz os dias e mais os anos? — Responde o mesmo texto que a razão desta diferença não é outra senão a vontade e eleição divina. E, assim como Deus predestinou os homens, não só para serem gloriosos no céu, mas também para serem mais santos, mais sábios, mais nobres, mais ricos e mais poderosos e ilustres na terra, assim também predestinou os dias, para que uns fossem mais santos, mais festivos e de maior veneração e celebridade, por serem dedicados a maior culto divino, ou na fé da sua mesma divindade, ou na memória e reconhecimento de seus particulares benefícios. Esta é a resposta quanto à primeira parte da questão, e quanto à diferença dos dias: "Qual é a razão por que um dia é mais célebre que o outro dia?". — Quanto à segunda parte e à diferença dos mesmos dias na variedade dos anos: "E também neste mesmo dia um ano mais célebre que o outro ano" — a razão da diferença é porque, variando-se com os anos os tempos, a ordem e o lugar dos dias também se varia, da qual variedade e mudança se segue que as festas e celebridades dos dias, ou se dividem entre si, ou se ajuntam no mesmo dia. E tudo isto não sucede acaso, senão porque assim o ordenou a disposição da sabedoria divina: "Foi a ciência do Senhor que os diferenciou, depois que criou o sol, o qual obedece às suas ordens. E variou as estações e os seus dias de festa, e nelas se celebraram as solenidades" (Eclo 33,8s).

Tudo o que até agora disse — e foi necessário dizer-se, por ser sabido e advertido de poucos — é o que temos e celebramos neste grande dia, sempre grande, e hoje com especial grandeza: sempre grande universalmente, por ser o dia da Santíssima Trindade, criadora e conservadora do mundo, o qual, como pendente de três dedos, sustenta a onipotência do Pai, a sabedoria do Filho, a bondade do Espírito Santo: "Sustentou em três dedos toda a massa da terra" (Is 40,12). — E grande, principalmente na monarquia e reinos de Portugal, isto é, nas quatro partes do mesmo mundo, na Europa, na África, na Ásia e nesta América, por ser juntamente dia do nosso português, Santo Antônio. A união e concurso destas duas celebridades no mesmo dia poderia parecer ser sucedida acaso pela variedade do ano; mas como já nos consta por revelação e autoridade divina, que assim a dignidade dos dias como a variedade dos anos tudo está predestinado e ordenado "desde toda a eternidade" pela disposição e eleição daquela suprema providência, que assim como criou todas as coisas, assim decretou e sinalou a cada uma delas a diferença dos tempos, com muita razão podemos duvidar, na união deste misterioso concurso, a qual das duas partes se deve atribuir principalmente o motivo ou empenho do mesmo encontro; se à religião e virtudes de Santo Antônio, para com elas nos ensinar a crer, a admirar e celebrar dignamente o mistério profundíssimo e incompreensível da Santíssima Trindade, ou à mesma Trindade Santíssima, para nos declarar e fazer entender as grandezas e excelências do seu grande servo Antônio.

Parece que este mesmo nome de servo, e de um servo tão extremamente zeloso em procurar sempre e em tudo a maior glória de seu Senhor; e de um servo que neste mesmo dia da Santíssima Trindade pregou tantas vezes aos ignorantes e fez crer aos infiéis que, sendo um em essência, é trino em Pessoas, e, sendo as Pessoas três, e cada uma delas Deus, não são três deuses, senão um só Deus; e de um servo, que todos os dias e momentos da vida, sem tomar ou reservar para si um só instante, os dedicou e consagrou a este mesmo culto, a esta mesma veneração e a este mesmo obséquio, com nome, com hábito, e com profissão de menor, que ainda na mesma glória professa; sendo finalmente certo, e mais conforme à razão e à obrigação, e à natureza, que o servo busque ao Senhor, e não o Senhor ao servo, por estas e infinitas outras considerações, parece que neste concurso, ou encontro de festas e dias, o de Santo Antônio sem dúvida é o que se vem sujeitar, render e servir, para também com o seu e consigo celebrar e festejar o da Santíssima Trindade.

Contudo, se eu hei de dizer o que sinto, o meu parecer, sem lisonja nem encarecimento, é que não acaso, mas por ordem e disposição divina, como fica mostrado, não é o dia de Santo Antônio o que neste concurso vem celebrar e servir o da Santíssima Trindade, senão o da Santíssima Trindade o que vem autorizar, honrar e engrandecer o de Santo Antônio. Primeiramente, não é ação menos decente, ou alheia da majestade das três Pessoas divinas, virem elas assistir com modo de presença mais alta e mais sublime aos servos seus mais fiéis e mais diligentes, que dignamente sabem amar, obedecer e servir à mesma majestade. Assim o preguei deste lugar o domingo passado, com palavras do mesmo Cristo: "Quem me ama" — diz Cristo — "obedecerá e guardará meus preceitos, e a quem os obedecer e observar amará meu eterno Pai, e a ele viremos" (Jo 14,23). — E quem são estes que hão de vir e assistir ao que ama e obedece a Cristo: "E a ele viremos"? — É o mesmo Pai, e o Filho, e o Espírito Santo, as três Pessoas da Santíssima Trindade, diz a fé e a Teologia, com todos os santos Padres. E se a Santíssima Trindade em pessoa, ou em pessoas, promete vir assistir a quem ama a Cristo e observa seus preceitos, como negará este favor no seu dia a Santo Antônio, tão diligente e exato observador, não só dos preceitos, senão dos acenos da vontade de Cristo, e tão amante, e amado seu? Quando o mesmo Cristo, que por amor de nós se fez homem, e por amor de Santo Antônio se fez menino, e se lhe veio pôr nos braços, como o vemos, quem foi o que buscou e a quem? Não foi Antônio a Cristo, senão Cristo a Antônio. Pois, se para honrar a obediência, e corresponder ao amor, não é Antônio o que vai a Cristo, senão Cristo o que vem a Antônio, o que fez a segunda Pessoa da Santíssima Trindade, por que o não fará também a primeira e a terceira: "E a ele viremos"?

Assim é hoje, e naturalmente assim havia de ser, nem podia ser doutra sorte no concurso destes dois dias. Por quê? Porque o dia de Santo Antônio é dia estável e fixo, que se não muda nem varia com a mudança dos anos; o dia da Santíssima Trindade é dia não fixo, senão mudável, que com a variedade dos anos se varia também e se muda: logo, este é o que só podia vir e o que veio. Este singular favor, não sucedido agora acaso, senão por decreto e disposição eterna, é o que na ordem e dignidade dos dias estava destinado e predestinado pela divina providência, para que o dia da Santíssima Trindade, e a Santíssima Trindade nele viesse autorizar e honrar com infinitos aumentos de celebridade o dia de Santo Antônio, e para que a mesma Trindade, como autora das excelências e grandezas do nosso santo, fosse também a pregadora delas.

Tudo isto, e nada menos, é o que dizem as palavras do Evangelho que tomei por tema: "Aquele que fizer e ensinar terá nome de grande no reino do céu". — Na terra, que é um ponto em respeito do céu, não pode haver grandes, como bem e filosoficamente notou Sêneca[1], condenando o nome de Magno em Alexandre. Santo Antônio foi verdadeiramente grande, porque foi grande no reino do céu. Mas porque essas grandezas no mesmo reino do céu são maiores e menores, para manifestar a grandeza deste prodigioso menor, só o podia fazer toda a Santíssima Trindade, porque toda ela o fez grande. Este será o assunto do meu discurso; esta a união, ou unidade a que reduzirei o concurso destes dois dias; e este o nó indissolúvel com que, em tanta disparidade de extremos, atarei e concordarei uma e outra festa. Que diz o Evangelho? Três grandes coisas em três palavras: "Aquele que fizer e ensinar terá nome de grande no reino do céu" (Mt 5,19) — e as mesmas três coisas mostrarei eu que foram aquelas com que as três Pessoas da Santíssima Trindade fizeram grande a Santo Antônio. Mas de que modo? A Pessoa do Pai, dando-lhe o "fizer"; a Pessoa do Filho, dando-lhe o "ensinar"; e a Pessoa do Espírito Santo, dando-lhe o "terá um nome". Suposto e proposto assim o que hei de dizer, espero que, para glória da mesma Trindade em tão nova e dificultosa empresa, nos não faltará com sua graça a Filha do Pai, a Mãe do Filho, e a Esposa do Espírito Santo, porque, como bem disse Ricardo de Santo Laurêncio: "Por ela e nela e dela aumenta a glória do Pai, e do Filho e do Espírito Santo. *Ave Maria*"[2].

§ II

Quando Deus obra "fora de si mesmo" — que os teólogos chamam *ad extra* — é certo, com certeza de fé, que para qualquer efeito, maior ou menor, não só concorre como primeira causa a unidade da essência divina, senão também igual e indivisamente a trindade das pessoas. Contudo, na expressão deste mesmo concurso há uma diferença tão notável que, se a obra, posto que grande, não é a mais excelente, atribui-se o efeito à unidade, isto é, a Deus enquanto um; mas se é a mais nobre e a mais excelente de todas, refere-se expressamente à Trindade, isto é, a Deus enquanto trino. Na primeira e mais antiga obra de Deus temos a prova e o exemplo desta particular expressão. "No princípio", diz o texto sagrado, "criou Deus o céu e a terra" (Gn 1,1); continuou a obra da criação por todos os seis dias seguintes, e sempre fala o texto pelos mesmos termos; chegado, finalmente, o fim do mesmo sexto dia em que Deus criou o homem, muda a Escritura Sagrada o estilo, e diz que disse Deus: "Façamos o homem à nossa imagem e semelhança" (Ibid. 26). — Pois, se no princípio disse "criou", por que agora diz "façamos"? Todos os santos Padres e intérpretes entendem concordemente que a palavra singular: "criou", significa a unidade de Deus e a palavra do número plural: "façamos" — significa a Trindade das Pessoas. Pois, se a primeira e todas as outras obras da criação se atribuem a Deus enquanto um, por que razão a última, que foi o homem, se refere expressamente ao mesmo Deus enquanto trino? Porque todas as outras obras, ainda que grandes, não eram as mais nobres e mais excelentes, como feitas por Deus para servirem ao homem; porém, o homem, criado e formado pelo mesmo Deus como imagem sua, para dominar e ser senhor de todas, era a mais nobre e mais excelente de todas. E, posto que todas eram obras do mesmo Deus e da mesma onipotência, as menos nobres atribuem-se à unidade e a Deus, enquanto um na essência, e a mais nobre e a mais excelente à Trindade, e ao mesmo Deus, enquanto trino em pessoas.

Não sou tão apaixonado das grandezas de Santo Antônio, que ordene este primeiro alicerce do meu discurso a dizer que a diferença que faz o homem a todas as outras criaturas, faz Santo Antônio a todos os outros homens. O encarecido a que falta o sólido, é vaidade, e não verdade; e as verdades deste grande homem foram tão grandes, que nem se podem declarar, quanto mais encarecer. O que só quis assentar por primeiro fundamento do que hei de dizer é que as grandezas e dotes singulares com que Deus levanta umas criaturas sobre outras criaturas e umas obras suas maiores sobre outras, posto que grandes, por exceção ou propriedade e, quando menos, por expressão particular, pertencem à trindade do mesmo Deus e às três divinas pessoas. Pede Davi a Deus que se digne de bendizer ou abençoar o seu povo, com tal vantagem que nele singularmente, como povo seu, seja Deus reverenciado e temido de todas as outras nações do mundo, e diz assim: "Abençoe-nos Deus, o nosso Deus. Abençoe-nos Deus, e temam-no todos os limites da terra" (Sl 66,7s).

E por que razão, ou com que energia invoca Davi a Deus nesta petição, repetindo três vezes o nome de Deus: "Abençoe-nos Deus, o nosso Deus. Abençoe-nos Deus"? — Porque, como a sua petição era que o povo de Israel fosse abendiçoado sobre todos os outros, coerentemente, e segundo a propriedade do que pedia, havia de invocar a Deus enquanto trino, e a todas e cada uma das três pessoas da Santíssima Trindade. De maneira que o primeiro nome Deus significa a Deus Pai: "Abençoe-nos Deus"; o segundo nome Deus, significa a Deus Filho, e por isso *Deus noster*: "Deus nosso", porque só a Pessoa do Filho se fez homem como nós; e o terceiro nome Deus significa o Espírito Santo: "Abençoe-nos Deus". Assim declaram este famoso texto todos os intérpretes, e particularmente Hugo Cardeal o confirma com outro do capítulo sexto dos Números, em que Deus mandava expressamente que o povo se abençoasse, não com uma, nem com duas, senão com três bênçãos. A primeira, em nome do Pai: "O Senhor vos abençoe e vos guarde: eis a bênção do Pai"[3]. — A segunda, em nome do Filho: "O Senhor vos mostre a sua face: eis a bênção do Filho"[4]. — A terceira, em nome do Espírito Santo: "E vos dê a paz: eis a bênção do Espírito Santo"[5].

E se perguntarmos: Estas três bênçãos da Pessoa do Pai, da Pessoa do Filho e da Pessoa do Espírito Santo, como se distinguiam entre si, e quais eram ou haviam de ser, responde o mesmo doutor eminentíssimo, como se eu o tivera subornado para este dia: "A bênção do Pai havia de ser comunicando o poder, a bênção do Filho comunicando a sabedoria, a bênção do Espírito Santo comunicando a bondade e santidade". — Agora se entende claramente o que eu prometi no tema do Evangelho sem o declarar: "Aquele que fizer e ensinar, terá um nome". — Até os menos doutos sabem que ao Pai se atribui o poder, ao Filho a sabedoria, ao Espírito Santo a santidade. E eu, que disse? Que, concorrendo toda a Santíssima Trindade para as grandezas de Santo Antônio, o Pai lhe dera o "fizer", o Filho lhe dera o "ensinar", e o Espírito Santo o "ter um nome". E agora veremos que verdadeiramente assim foi. Porque a Pessoa do Pai, para Santo Antônio "fazer" tão prodigiosas maravilhas lhe deu o poder; a Pessoa do Filho, "para ensinar" e converter o mundo lhe deu a sabedoria; e a Pessoa do Espírito Santo, não só para santificar as almas, mas também "para ter um nome", por antonomásia o santo lhe deu seu próprio nome ou o seu nome próprio.

Mas antes que passemos à prova particular de cada um destes títulos — por que não pareça excesso de novidade referi-los às três pessoas divinas — vejamos como se portou com Deus e consigo o nosso menor, ornado pelo mesmo Deus ou, por melhor dizer, cheio de tão extraordinárias grandezas. Aquele grande expositor, também português, a quem chamaram em Espanha "*el Padre de los conceptos*", porque quando saiu com os seus comentários sobre o Apocalipse, andando mui válidas nos púlpitos as comparações ou os símiles, então se introduziram em seu lugar, ou se acreditaram mais os que hoje se chamam conceitos — e digo se chamam, porque — como bem disse um grande poeta do mesmo tempo, também castelhano — muitos são tais, e têm tão pouca substância, "*que parecen concepto, y es sonido*". — Este expositor, pois, naqueles três "as" do profeta Jeremias — "Ah! ah! ah! Senhor Deus" (Jr 1,6). — reconhece que fala o mesmo profeta com as três Pessoas da Santíssima Trindade. E sobre as palavras que Deus lhe tinha dito: "Antes que eu te formasse no ventre de tua mãe, te conheci; e antes que tu saísses da clausura do ventre materno, te santifiquei e te estabeleci profeta entre as gentes" (Jr 1,5) — diz que a palavra "te conheci" foi do Pai, a palavra "te santifiquei" do Filho, e a palavra "te estabeleci profeta" do Espírito Santo. As do expositor são estas: "Falava com ele a Santíssima Trindade: O Pai dizia: 'Te conheci'; o Filho dizia: 'Te santifiquei'; e o Espírito Santo dizia: 'Te estabeleci profeta'"[6].

Não é logo pensamento — posto que favor grande — nem alheio, nem menos digno da majestade das três pessoas divinas, que no dia da Santíssima Trindade, em que a mesma Trindade vem honrar a Santo Antônio, as três pessoas divinas tomem cada uma por sua conta as três palavras do Evangelho: O Pai, a palavra "fizer"; o Filho, a palavra "ensinar"; o Espírito Santo, a palavra "ter um nome". No "ter um nome", significou a terceira pessoa a santidade para o nome: "Te santifiquei"; no "ensinar", significou a segunda a sabedoria para a doutrina: "Te estabeleci profeta"; no "fizer" significou a primeira o poder para as obras: "*novi te*" — que assim declarou este conhecimento a provisão dos poderes: "Eis aí te constituí eu sobre as gentes e sobre os reinos, para arrancares e destruíres, e para arruinares e dissipares, e para edificares e plantares" (Jr 1,10). — Com tanto excesso como este — a que também podemos chamar trino — se portou Deus liberal e grandioso com Santo Antônio. E Santo Antônio com Deus, de que maneira? Quando mais levantado, então mais humilde, quando maior, então menor: "Ah! ah! ah! Senhor Deus: Tu bem vês que eu não sei falar, porque eu sou um menino" (Jr 1,6). — Jeremias escusava-se alegando a menoridade dos anos: "Porque eu sou um menino" — e Santo Antônio, repetindo três vezes ah! ah! ah! ao Pai, alegava o ser menor na idade; ao

Filho, o ser menor no hábito; ao Espírito Santo, o ser menor no nome. Mas quanto se escusava por mais incapaz, e quanto se reconhecia por mais indigno das grandezas a que as três pessoas divinas o levantavam, tanto era mais digno de todas e mais igual a todas, como agora veremos.

§ III

É tão própria da pessoa do Pai a atribuição da onipotência para as obras, que o mesmo Cristo lhe atribuía todas as suas: "O Pai, que está em mim, esse é o que faz as obras" (Jo 14,10). — E Santo Antônio, no poder que lhe foi comunicado com o "fizer", obrava com tão divina moderação nas que fazia que bem mostrava serem derivadas da onipotência do Pai. A Moisés concedeu Deus na vara uma larga participação do poder divino; mas quantas vezes a vara se converteu em serpente, e o mesmo poder na mão de Moisés foi veneno? Digam-no as pragas horrendas do Egito em todos os elementos; a morte e degolação universal, em uma noite, de todos os primogênitos; e o Mar Vermelho aberto e levantado em duas serranias, que logo tomaram a cor do mesmo nome e, afogado Faraó com todos seus exércitos debaixo das ondas, a água, como cantou o mesmo Moisés, foi a terra das suas sepulturas. Os mesmos poderes, se não foram maiores, deu Deus a Elias também santo, mas não capitão ou soldado, senão religioso. E que castigos não fez no mundo a espada do seu zelo sempre ardente? Ele foi o que mandou às nuvens que não chovessem sobre a terra, sem dar licença à aurora para que destilasse sobre ela uma só gota de orvalho. Secaram-se os rios, as fontes, os montes, os campos, os vales, sem se ver uma folha verde naquele perpétuo e tremendo estio sem inverno nem primavera. Abrasavam-se os gados, as feras, as aves, os homens; mirrava-se a vegetativa, mugia a sensitiva, clamava ao céu a racional, e não havia vida ou coisa vivente que não morresse e estalasse à sede. Só Elias, que tinha as chaves na mão, se não abrandava, porque, se elas eram de ferro, ele era de diamante.

Ele foi o que, sobre os dois capitães que lhe levaram recados de el-rei Acab para que descesse do monte, fez descer fogo do céu, que aos capitães e soldados desfez logo em cinzas. Ele o que por sua própria mão, e dos que o acompanhavam, em um dia degolou sobre o Rio Cison oitocentos e cinquenta sacerdotes de Baal, e dos outros ídolos. E assim usava Elias da espada que Deus lhe meteu na mão com os seus poderes. Finalmente, o mesmo Jeremias, que pouco há nos serviu de outro exemplo, também nos poderes que Deus lhe deu o foi de semelhantes severidades, castigos e ruínas. Disse-lhe Deus que o tinha constituído sobre os reis e sobre os reinos, para arrancar e plantar, para dissipar, destruir e edificar; mas nas execuções deste supremo império não vimos reinos plantados, senão arrancados, não edificados e levantados, senão destruídos e arruinados, sujeitos ao jugo estranho, dominados e cativos. Muitos anos andou Jeremias, com assombro dos que viam aquele portento, carregado de jugos e cadeias, as quais pelos embaixadores que estavam em Jerusalém ia mandando aos seus reis, em sinal do cativeiro que lhes anunciava, como foi ao rei de Edom, ao rei de Moab, ao rei de Amon, ao rei de Tiro, ao rei de Sidônia, e ultimamente ao rei da mesma Jerusalém, Sedecias.

Ó Antônio, não menos poderoso que todos estes ministros de Deus tão santos, com a investidura de toda a onipotência divina, obsequiosa, por não dizer sujeita a vosso império! Mas nunca para destruições, nunca para ruínas, nunca para dano, castigo, perda ou dor de alguém; mas para remédio, para alívio, para consolação, para alegria, para bem e utilidade de todos. Nisto mostrastes e provastes claramente ao mundo que os poderes com que obráveis em tudo quanto fizestes — "fazer" — eram de participação, não de outra pessoa da Santíssima Trindade, senão do Pai, que, como Pai, tudo faz para bem, e não sabe fazer mal.

Estava Abraão no vale de Mambre esperando à porta da sua casa ou tabernáculo os peregrinos que por ali passavam, para os hospedar — caridade pela qual se chamou Seio de Abraão aquele lugar debaixo da terra, aonde os santos antigos também esperavam, até que se lhes abrissem as portas do céu — quando viu o mesmo Abraão três caminhantes notáveis, que não eram propriamente nem o que pareciam nem o que eram, senão o que representavam. Pareciam três homens, eram três anjos, mas representavam as três pessoas da Santíssima Trindade. Neste sentido diz a Igreja: "Viu a três, mas adorou a um somente." — Hospedadas debaixo deste disfarce, as três divinas pessoas, duas delas partiriam a castigar a Sodoma, como a castigaram com fogo descido do céu, e uma entretanto se deixou ficar com Abraão. Até aqui o texto expressamente, o qual porém no que calou, ou não exprimiu, nos deixou também uma dúvida bem curiosa e necessária, mas não fácil de resolver. Se as pessoas eram todas as três da Santíssima Trindade, por que foram executar este castigo só duas? E se uma se deixou ficar com Abraão, qual foi esta que não foi? Não falta quem diga modernamente, depois de ler os expositores, que foi a Pessoa do Filho, o qual, como ele só se fez homem, se compadeceu mais daqueles homens[7]. Mas esta mesma razão de ser homem, como logo veremos, é a prova de não ser ele o que ficou.

Eu respondo confiadamente, que foi sem dúvida a Pessoa do Pai, e o provo do mesmo texto, aonde dizem assim as duas pessoas que foram executar aquele castigo: "Não podemos deixar de castigar esta cidade, porque o clamor de seus habitantes chegou à presença do Senhor, que nos mandou fazer esta execução" (Gn 19,13). — E daquela palavra "nos mandou", se convence que estas duas pessoas eram o Filho e o Espírito Santo, porque, como ensina a Teologia, e consta das Escrituras, o "ser mandado" só se pode dizer das duas pessoas, uma mandada do Pai, que é o Filho, outra mandada do Pai e do Filho, que é o Espírito Santo, e de nenhum modo do Pai. Assim o tinha eu imaginado com algum receio, por ser pensamento sem autor, quando venturosamente o fui achar em Santo Agostinho no Livro 2 *De Trinitate*, onde excita e resolve a questão pelo mesmo fundamento com estas palavras: "Quais são as duas pessoas que aqui entendemos? Se do Pai e do Filho, se do Pai e do Espírito Santo, se do Filho e do Espírito Santo? Este último talvez seja o mais congruente, pois se disseram mandados aquilo que dissemos do Filho e do Espírito Santo, pois jamais ocorre nas estruturas que o Pai seja mandado"[8]. — Até aqui Santo Agostinho. Acrescento do mesmo texto outra congruência e confirmação não pequena.

Acabando de comer os três divinos hóspedes, "todos perguntaram a Abraão aonde estava Sara" (Gn 18,9). — E logo, não todos, senão um só lhe disse que "no ano seguinte, por aquele mesmo tempo, de Sara, que era estéril, teria um filho" (Ibid. 10). — Logo, aquele que agradeceu e pagou a hospedagem, assim como era o que mandou aos dois, assim foi o que prometeu o filho e fez pais a Abraão e a Sara, por quê? Porque a prerrogativa e atribuição de fazer pais é própria só e única da Pessoa do Pai, como afirma S. Paulo: "Por esta causa dobro eu os meus joelhos diante do Pai de nosso Senhor Jesus Cristo, do qual toda a paternidade toma o nome nos céus e na terra" (Ef 3,14s). — Suposto, pois, que a primeira pessoa da Trindade, o Pai, é o que ficou com Abraão, por que não foi também com as outras duas pessoas à execução daquele castigo, a qual pertencia à justiça, à providência, e à onipotência, que é comum a todas as três pessoas divinas? A mesma razão em que se funda a pergunta é a resposta. Aquela missão ou comissão das outras duas pessoas era para castigar, para destruir, para assolar, para abrasar e desfazer em cinzas aquela depravada e miserável cidade; e a ruína e dano, e qualquer mal dos homens não quer a Pessoa do Pai, como Pai, que se atribua a ele.

E se não, passemos dos princípios ao fim do mundo. No dia do Juízo, feita aquela separação de todos os homens, uns à mão direita, outros à esquerda de Cristo, aos da direita, chamando-os para o céu, dirá o supremo Juiz: "Vinde, benditos de meu Pai" (Mt 25,34). — E aos de esquerda, mandando-os para o inferno: "Ide, malditos, ao fogo eterno" (Ibid. 41). — Parece que nesta segunda parte da sentença falta uma palavra, como bem notou Orígenes: "Pois, se aos que vão para o céu chama Cristo benditos de seu Pai, aos que hão de ir para o inferno, e lhes chama malditos, por que lhes não acrescenta também o sobrenome de malditos de seu Pai?"9. — Já está dito, e as mesmas palavras o dizem. Porque as bênçãos, o dar o céu e todos os outros bens, pertencem à distribuição do Pai; as maldições, o inferno e todos os outros males, não quer ele que se lhe atribuam. Se sois bendito e bem-aventurado, sois do Pai: "Benditos do meu Pai"; se sois maldito e mal-aventurado: "Ide malditos" — não sois do Pai, sois vosso, que de vós, e não dele, vos vieram esses males: "Pois Deus é administrador de bênçãos, mas cada um é autor de maldição para si mesmo".

E se esta prerrogativa singular da Pessoa do Pai se verificou no princípio do mundo, e se há de verificar no fim; se assim foi no passado, e assim há de ser no futuro, assim também, e não de outra maneira, é no presente. Grande e admirável texto em matéria ocultíssima, e verdade que a mesma Pessoa do Pai quis nos fosse revelada no Evangelho, para que todos soubéssemos o que temos na sua beneficência: "O Pai" — diz Cristo — "a ninguém julga, e todo o poder e ofício de julgar cometeu e deu ao Filho" (Jo 5,22). — Destas palavras nascem duas grandes e graves questões: primeira, por que a Pessoa do Pai a ninguém julga; segunda, por que o ofício de julgar o cometeu todo ao Filho. A razão da primeira é porque ao ofício de julgador pertence não só absolver, senão também condenar, e o Pai não quer condenar a ninguém; o ofício de julgador, ainda que proceda justamente, ele e a mesma justiça, aos maus castiga e faz mal, aos bons premeia e faz bem. E, posto que esta segunda parte é muito própria da Pessoa do Pai, a primeira é muito alheia da sua piedade e misericórdia. E daqui se segue a razão e fundamento da segunda questão declarada pelo mesmo Cristo: "Deu a Pessoa do Pai o ofício e poder de julgar à Pessoa do Filho, porque o Filho é também Filho do homem" (Ibid. 27). — Pois, se a Pessoa do Filho é Deus pelo que tem do Pai, e é homem pelo que tem de nós, por que quis que nos julgasse enquanto Filho nosso, e não enquanto Filho seu? Admiravelmente S. Bernardo: "Deu o Pai poder de julgar ao seu Filho" — notai agora muito — "mas não enquanto seu, senão enquanto nosso; não porque é Filho de Deus, senão porque é Filho do homem"[10]. Porque o ofício de julgar é de justiça e de fazer justiças, e o Pai não é Pai da justiça, nem das justiças, "senão da misericórdia e das misericórdias. Verdadeiramente Pai das misericórdias!".

§ IV

Já, ainda que não quiséssemos, estamos vendo que a Pessoa do Pai é a que deu a Santo Antônio o "fizer" — e que em todos os poderes desta sua onipotência delegada, foi perfeitíssimo imitador do mesmo Pai, usando dela só para fazer bem e de nenhum modo mal, e para obras sempre de misericórdia e nenhuma, posto que lícita, de justiça. Condenado o pai de Santo Antônio à morte, e não o podendo livrar ou suspender a execução os seus embargos: — Bom partido — diz o filho. — Seja testemunha no caso o mesmo morto. Aceita a proposta com riso, porque não conheciam a quem a fazia — e bastava ser Português, para que em Portugal a não cressem — chega o fradinho à sepultura, manda ao defunto, como Cristo a Lázaro, que saia fora; pasmam todos de o verem vivo, e já não duvidavam do que havia de dizer. Perguntado se era aquele homem o que o matara, respondeu que não. Eu cuidava que com a vista do milagre se haviam de embotar os fios ao cutelo; mas os executores do crime, com fereza mais de carniceiros que zelo de ministros da justiça, instavam e requeriam ao inquiridor milagroso que perguntasse mais ao ressuscitado quem fora o seu matador. Agora eram eles os dignos de riso: a boa porta batiam. Respondeu muito mesurado o franciscano, metendo as mãos nas mangas, que ele viera a livrar o inocente e não a condenar culpados. Não responderá mais a Pessoa do Pai, se falara por boca de Frei Antônio.

Não foi isto mais que uma amostra do pano, e de como o santo usava dos poderes que Deus lhe tinha dado, sempre para bem, como o Pai, e nunca para mal. Assim como a providência divina fez a Moisés Deus do Egito, com poder sobre os elementos: "Eu te constituí deus de Faraó" (Ex 7,1). — assim fez a Santo Antônio com aquele "fizer", não Deus de um só reino, ou parte do mundo, senão de todo, com domínio e império universal sobre todas as criaturas. E como o mesmo mundo está fundado em uma concórdia discorde, e não há coisa nele que não tenha o seu contrário, a maior maravilha deste Deus ou vice-Deus Português foi que nesta mesma contrariedade, não só ele seguiu sempre as partes do bem, mas, com violência de toda a natureza, a obrigou a que as seguisse. Quantas vezes mandou Antônio ao fogo que não queimasse, ao vento que não assoprasse, à água que não molhasse? E por que o demônio deitou na lama a uma senhora que vinha ouvir o santo, mandou também à terra que o lodo lhe não tocasse nem descompusesse o vestido. Que direi do mesmo demônio, instrumento sempre do mal, já que falamos nele? Tendo este tentado um noviço a que deixasse o hábito e a religião, não quis Antônio ajudar-se dos anjos — os quais lhe eram tão obsequiosos que, como correios, lhe traziam as cartas, e duas vezes em seus ombros o levaram a lugares muito distantes — mas mandou ao mesmo demônio que ele fosse buscar o noviço e o trouxesse, como trouxe, à religião. Até ao demônio, muito a seu pesar, obrigou a fazer bem. Chamavam a Santo Antônio martelo dos hereges; mas eu não sei que casta de martelo era este que não parecia de ferro, senão de cera, porque sempre reduziu os hereges com brandura, e nunca com rigor. Santos houve que os cegaram e emudeceram, mas como os havia de emudecer nem cegar aquele que a tantos cegos deu vista, a tantos mudos língua e a tantos surdos ouvidos?

Dos braços do anjo saiu Jacó manco, e a quantos mancos e aleijados deu Antônio pés e braços? A um filho desobediente que, repreendido pelo santo, se cortou a si mesmo o pé com que tinha desacatado a sua mãe, o mesmo lho restituiu outra vez a seu lugar e uniu à perna, com maior milagre que o do manco de S. Pedro na porta especiosa do Templo. Que bem pareceria o retrato daquele pé entre tantas muletas penduradas diante dos altares de Santo Antônio! Oh! que gloriosas alâmpadas! Mas ainda luzem e resplandecem mais as amarras, as cadeias, e as mortalhas, que também se veem pendentes diante das suas imagens, em todos os santuários do mundo; as amarras dos naufragantes salvos, e as cadeias dos cativos em terra de mouros, livres; as mortalhas dos agonizantes, ou não permitidos morrer, ou depois de mortos ressuscitados. Nove ressuscitou de uma só vez este grande dominador da vida e da morte, mandando à mesma morte que a infinitos enfermos que já mastigava, os não engolisse, ou que engolidos já, como a baleia de Jonas, os vomitasse vivos.

Nenhum santo, daqueles a quem comunicou Deus seus poderes, teve maior e mais justa causa para usar deles pela parte da severidade e rigor como Santo Antônio. Dominava na Lombardia um tirano chamado Encelino, tão soberbo, tão insolente e tão cruel, que de uma só vez, com esquisitos gêneros de tormentos, matou a onze mil paduanos, naturais daquela nobilíssima cidade, tão devota de Santo Antônio, que mereceu lhe desse o seu sobrenome. E como vingaria o santo aquelas e outras injúrias? A esta fera, a este monstro, a este inimigo capital do gênero humano foi buscar pessoalmente, e quando seria obra digna do seu poder e do seu zelo se por suas próprias mãos o fizesse em pedaços, como fez o profeta Samuel a Agag, rei dos Amalecitas, e quando com maior razão lhe pudera dizer o que disse o mesmo profeta: — Agora te farei o que tu fizeste a tantos — ou quando, pelo menos, com uma só palavra, como S. Pedro a Ananias, o pudera derrubar morto a seus pés, o castigo com que se contentou a sua bondade — próprio da bondade e piedade do Pai — foi compadecer-se do miserável e tremendo estado a que as suas tiranias o tinham já condenado em vida às penas do inferno; a morte, que por tantas mortes tinha merecido; os clamores dos inocentes, que bradavam ao céu; a justiça e vingança divina, tantas vezes e por tantos modos provocada; a paciência do mesmo Deus, com que ainda lhe prometia o perdão e esperava a emenda; as orações e penitências que o mesmo que o repreendia tinha oferecido por ela; e tudo isto com tal eficácia de espírito e com razões tão acesas em vivo fogo de caridade, que aquele coração, mais duro que os bronzes, não pode deixar de se abrandar e derreter; e quando os soldados que o cercavam temiam e aguardavam contra o santo algum excesso furioso de sua tirania, Encelino, desapertando o cinto e lançando-o como baraço ao pescoço, em reconhecimento de suas culpas, se lançou humilde a seus pés. Ó vitória nunca imaginada em uma batalha tão dificultosa! Assim venceu um poderoso a outro poderoso, triunfando do poder injusto, cruel e tirano, que tantos e tão execrandos males fazia, o poder piedoso, amigo e santo, que todo se empregou sempre em fazer bem a todos.

Acabou finalmente na flor da idade aquela vida que tanto se apressou a consumar a carreira, mas nem a morte lhe diminuiu o poder, nem mudou a condição de fazer a todos bem e a ninguém mal. Morto Santo Antônio, e, concorrendo todos os enfermos ao seu sepulcro, nele experimentavam tal diferença que os que iam confessados e em graça de Deus, todos de qualquer enfermidade ficavam de repente sãos, com inteira e perfeita saúde; mas os que não levavam esta disposição da graça, tornavam tão enfermos como vieram. O que reparo e admiro neste grande e tão notável caso não é que o corpo de Santo Antônio morto desse vida a uns; o que a mim e a todos deve causar maior admiração é que, pelo mesmo modo, não desse morte aos outros. O corpo de Cristo, que também no Sacramento está morto e sepultado, aos que chegam a ele em graça dá vida, e se não vão em graça, morte: "É morte para os maus, e vida para os bons". — Pois, por que não faz o mesmo Santo Antônio? Não é ele o que com o diviníssimo Sacramento nas mãos, adorado pelo mais bruto de todos os animais, converteu o herege mais bruto que ele? Por que razão logo não imita nos seus milagres ao mesmo Senhor, e aos que vêm em graça dá vida, e aos que falta a graça, morte? A solução verdadeira é a que provamos em todo este discurso. Dá vida a uns, e não dá morte a outros, porque os seus poderes eram do "fizer" que lhe comunicou a Pessoa do Pai, e como tais só podia fazer bem, e não podia fazer mal. Assim havemos de dizer coerentemente.

Mas desta mesma solução nasce outra maior instância. A bondade da Pessoa do Pai é de tal condição que o mesmo bem, que faz aos bons, faz também aos maus. Assim o notou e provou Cristo com o exemplo do sol: Não haveis de fazer bem aos que vos amam somente, senão também aos que vos não amam, "para mostrardes que sois filhos do Pai do céu, o qual faz nascer o seu sol sobre os bons e sobre os maus" (Mt 5,5). — Sendo, pois, os poderes de Santo Antônio derivados do poder da Pessoa do Pai, por que sarava só aos bons, e aos maus não? Respondo que sim, sarava porque, experimentando os maus que não saravam porque não estavam em graça, como os que iam confessados, confessavam-se também, e, postos em graça de Deus, recebiam igualmente a do santo. Por este modo, assim os bons como os maus, todos saravam; só com uma diferença, que aqueles saravam primeiro, e estes um pouco depois. E nisto mesmo imitava o santo, com grande propriedade, o exemplo do mesmo Pai: "O qual faz nascer o seu sol" — porque, ainda que o Pai faz nascer o seu sol para todos, o sol primeiro alumia aos que vigiam e depois aos que dormem. Assim o fazia também Santo Antônio, mostrando em tudo e por tudo que tudo o que vivo e morto fazia, era em virtude dos poderes do Pai, que lhe dera o "fizer".

§ V

Mostrado como a primeira Pessoa da Santíssima Trindade, o Pai, para o poder das obras maravilhosas que fez, deu a Santo Antônio o "fizer", segue-se ver como a Segunda Pessoa, o Filho, para a ciência da doutrina, também cheia de maravilhas que ensinou, lhe deu o "ensinar". Como ao Pai se atribui a onipotência, e o provamos com o texto do mesmo Cristo, assim ao Filho se atribui a sabedoria, e se prova com o testemunho de S. Paulo: "No qual estão encerrados todos os tesouros da sabedoria e da ciência" (Cl 2,3). — Mas quem poderá declarar dignamente de quanta parte destes tesouros foi enriquecido Santo Antônio? Depois de estarem por muitos anos escondidos, quis Deus que se descobrissem, e logo lhe mandou por uma carta seu grande patriarca, S. Francisco, que exercitasse o ofício de "ensinar" e que fosse, como foi, o primeiro mestre da Teologia e Escritura Sagrada de toda a religião Seráfica. De maneira que os Alenses, os Boaventuras, os Escotos, e os outros famosíssimos doutores desta grande Atenas da Igreja Católica, todos foram raios daquela primeira luz. Quando ao quarto dia da criação do mundo apareceram no céu o sol, a lua e as estrelas, não diz a escritura que criou Deus aquelas luminárias celestes, senão "que as pôs no firmamento" (Gn 1,17). — E se as pôs então, quando as criou? Todos os santos e intérpretes do texto sagrado dizem que foram criadas na luz do primeiro dia, quando Deus disse: "Faça-se a luz" (Ibid. 3) — e esta primeira luz foi a que o Criador repartiu por todos os sete planetas, e por todas as estrelas sem-número do firmamento.

Assim, pois, como todas as luzes que de dia e de noite alumiam o mundo, devem o seu princípio, o seu nascimento e o seu ser àquela primeira luz, assim todos os astros e constelações seráficas, que tanto têm alumiado, alumiam e hão de alumiar o mundo até o fim dele, ou com a voz em infinitos pregadores, ou com a pena em infinitos volumes, todos são raios e rios daquela fonte de luz — como a que viu Mardoqueu — e todos são resplendores, e filhos daquele Pai, a quem a imensa e luzidíssima família franciscana pode chamar com razão "Pai dos lumes". Ainda então não tinha saído à luz o lume da Teologia, Santo Tomás; ainda então muitos daqueles profundos mistérios, que hoje estão tão manifestos, estavam ocultos; muitas daquelas questões, que hoje estão tão declaradas, estavam escuras; e toda aquela silva inumerável de conclusões e decisões teológicas estava inculta, impenetrável, confusa, intrincada e sem ordem; e o grande Antônio foi o Jasão, foi o Prometeu, e foi o Teseu, que com o prumo de seu juízo sondou o mais profundo, com o farol do seu engenho alumiou o mais escuro, e com o fio do seu discurso abriu o caminho ao mais intrincado.

Saindo Antônio, ou antes de sair das cadeiras, subiu aos púlpitos; e não há entendimento que possa compreender nem língua que possa declarar com palavras a sabedoria e eloquência divina, o espírito, a eficácia, a luz e os prodigiosos efeitos da sua doutrina. A aula em que ensinava não eram os templos, por magníficos e mais capazes que fossem, porque não cabia o auditório senão nos campos. Os dias em que pregava, ainda que fossem feriais, a sua pregação, para que não se tocavam os sinos, e só a fama de que havia de pregar os fazia de guarda. Fechavam-se as oficinas, fechavam-se as lojas, fechavam-se as tendas, fechavam-se os tribunais; e nem os oficiais atendiam às suas artes, nem os mercadores aos seus interesses, nem os requerentes aos seus pleitos, nem os ministros aos seus despachos; enfim, dias santos. E se estes dias santos não começavam das vésperas, começavam das matinas, porque não só madrugavam os ouvintes, mas à meia-noite, como dizem todas as crônicas, se preveniam muitos a tomar o lugar nos campos. S. Jerônimo, S. Gregório, S. Leão Papa, e muito particularmente Santo Agostinho, se queixavam do Anfiteatro Romano, porque lhes tirava os ouvintes; mas quando em Roma pregava Santo Antônio, os anfiteatros eram os desertos, e os desertos e os campos os anfiteatros.

Grande maravilha que em uma cidade de tantos passatempos e delícias a sua maior delícia fosse um homem que a despovoava. Como eram tão inumeráveis os ouvintes, não era menor maravilha que todos ouvissem o pregador. Em tanta vastidão de campo e descampado, uns estavam perto do púlpito, outros muito longe, mas tão claramente o ouviam os de longe como os de perto; por sinal que, não podendo vir ao sermão uma devota mulher, desejosa de ouvir o santo, em sua casa, que distava duas milhas, o ouviu como se estivera ao pé do púlpito. Todos ouviam, e com maior maravilha todos entendiam o pregador, como se falasse na sua própria língua, por que a língua do apóstolo português era das mesmas com que sobre os de Cristo desceu o Espírito Santo. Isto se viu particularmente em um ano santo, em que todo o mundo concorre a Roma. Achavam-se no imenso auditório italianos, espanhóis, franceses, ingleses, alemães, suecos, dinamarcos, polacos, moscovitas, gregos, armênios, persas, turcos, mouros, etíopes, e todos, como se na cidade de S. Pedro ouvissem ao mesmo S. Pedro, ouviam em uma língua todas as línguas e cada um a sua: "Ouvimos nós falar cada um na nossa língua em que nascemos" (At 2,8).

Mas que novo ouvinte de Santo Antônio é este que eu estou vendo, nem esperado, nem imaginado por ele? Caso singular e inaudito! Estava Santo Antônio pregando em um capítulo geral da sua Ordem, e o sermão era da Cruz; senão quando S. Francisco, que estava em outra cidade muito distante, aparece no ar à vista de todos, com os braços abertos em figura de cruz. Santo patriarca, e seráfico Pai, quem nos pode declarar o mistério dessa vossa aparição, senão vós mesmo? Três coisas não entendo: o modo com que viestes aqui, o fim para que viestes, e a forma em que aparecestes. Quanto ao modo, suposto que não deixastes de estar aonde estáveis, viestes reproduzido. E quem vos reproduziu? Não há dúvida que este vosso filho, e a sua palavra. Oh! maravilha estupenda! Em Deus o Pai produz ao Filho; e aqui o filho, se não produziu, reproduziu ao Pai. Lá a palavra é a produzida, aqui a palavra foi a producente. E a que fim, ou para quê? Para o mesmo fim que teve o Pai Deus quando apareceu no Tabor. Falava o Filho da mesma Cruz de que falava Antônio, e quis manifestar a todos o Pai seráfico que aquele era o seu filho mais amado, e encomendar a todos que o ouvissem: "Este é aquele meu querido filho, em quem tenho posto toda a minha complacência: Ouvi-o" (Mt 17,5). — Finalmente, sendo ele seu ouvinte, representou-se de repente em forma de cruz, para mostrar que era tanta a eficácia da palavra de Antônio que não só podia fazer os homens amigos da cruz, senão convertê-los em cruzes. A imagem do serafim transformou a Francisco em crucificado, e a pregação de Antônio transformou-o em cruz.

E donde lhe vinha a Santo Antônio esta tão extraordinária eficácia? Vinha-lhe do que dizia e da voz e ação com que dizia. O que dizia eram tudo verdades, tiradas e cavadas das minas das Sagradas escrituras, e particularmente do Evangelho. O Papa

Gregório IX, que dentro do mesmo ano canonizou a Santo Antônio, ouvindo-o pregar, chamou-lhe Arca do Testamento; mas disse pouco, porque a Arca do Testamento só continha as Tábuas da Lei, parte do Testamento Velho; mas na memória e entendimento de Santo Antônio estavam encerrados os tesouros de ambos os Testamentos, e no segundo as palavras de Cristo, sobre todas as divinas, diviníssimas. Este era o fino aço do que dizia, forjado na fornalha do coração, limado na agudeza do entendimento e despedido pela língua em setas: "As tuas setas são agudas nos corações dos inimigos do rei; debaixo de ti cairão os povos" (Sl 44,6). — Como "as setas eram agudas" e a agudeza não era para lisonjear os ouvidos, senão para ferir e "penetrar os corações" por isso "os povos inteiros caíam a seus pés".

Das ações de Santo Antônio no púlpito não acho mais que uma na sua história. Estando uma vez pregando no campo, toldou-se o céu, começaram a se ouvir trovões com horror e ameaços de grande tempestade; e que fez então o pregador? Moveu uma mão para o mais espesso das nuvens, e bastou o poder ou a graça deste meneio para que emudecessem os trovões, a tempestade se suspendesse, a nuvem servisse ao auditório de toldo, e ao Santo de dossel — mas sem goteiras. — Estes mesmos efeitos causava aos ouvintes o ar das suas ações, que era o compasso das vozes, suspensos todos e mudos na admiração do que viam e ouviam, não havendo em tantos milhares de homens, mulheres e meninos, quem rompesse com um ai — e mais havendo muitas lágrimas — a atenção extática do silêncio.

O modo de dizer, já moderado, já forte; já mavioso na compaixão, já formidável e tremendo nas invectivas; enfim, qual o requeria a impressão dos afetos, basta supor que era tão vivo, tão eficaz, tão poderoso e sem resistência, como se colhe sem discurso tanto do que feria como do que curava. Só para documento de muitos pregadores, e do modo com que se deve falar no púlpito, não deixarei de ponderar o que sucedeu a Santo Antônio pregando, não uma, senão duas vezes. Pregava na noite de Quinta-Feira maior, ao tempo em que no seu convento se cantavam as matinas, e, lembrado que lhe tocava no coro uma lição, que faria? Parou no que ia dizendo, e, sem sair do púlpito, apareceu no coro, onde foi visto e ouvido de todos cantar a sua lição; e tanto que lá acabou, continuou cá o que ia pregando. Outra vez lhe sucedeu semelhante caso, presente o santo ao mesmo tempo no púlpito e presente no coro, mas com a mesma circunstância e advertência que, enquanto cantava em uma parte, estava mudo na outra sem falar palavra. Pois, se Santo Antônio estava no mesmo tempo presente em dois lugares, por que não cantava e pregava juntamente em um e outro? O estar presente em dois lugares era o milagre; mas, supostas as duas presenças, naturalmente e sem milagre podia falar juntamente em ambos; por que razão logo quando cantava não pregava?

O mesmo fato está dizendo que a música há de estar tão longe do sermão como o púlpito do coro. Quando pregava não cantava, e quando cantava não pregava, porque a língua de Santo Antônio não era dos pregadores que cantam quando pregam. Isto de pregar cantando é um vício e abuso que se tem introduzido nos púlpitos, frouxo, fraco, frio, e quase morto; sem força, sem eficácia, sem energia, sem alma; contra toda a retórica, contra toda a razão, contra toda a arte, contra toda a natureza e contra a mesma graça. O pregar não é outra coisa que falar mais alto. Pregar cantando é muito bom para adormentar os ouvidos e conciliar sono, por onde ainda os que mais cabeceiam, dormem ao tom do sermão. As vozes do pregador hão de ser como as caixas e trombetas da guerra, que espertam, animam, e tocam à alma, como eram as de Santo Antônio; por isso todos o ouviram com uma atenção tão vigilante e tão viva, que nem pestanear podiam, quanto mais dormir.

Assim era ouvido Santo Antônio, e só nos resta saber como se portava com os que o não queriam ouvir. Os hereges rebeldes e obstinados não queriam ouvir os golpes daquele martelo, que tanto os feria; e que fez o santo para os converter sem que o ouvissem? Aos apóstolos disse Cristo: Até agora éreis pescadores de peixes; "eu farei que sejais pescadores de homens" (Mt 4,19). — Assim o fez Santo Antônio, mas por tal modo e tal arte, qual nunca eles, nem antes, quando pescadores, nem depois, quando apóstolos, inventaram. Quando pescadores, Pedro, e os demais, pescavam os peixes com as redes; quando apóstolos, pescavam os homens com a pregação. E Santo Antônio trocou um e outro artifício. Aos peixes pescou-os com a pregação, e aos homens pescou-os com os peixes, fazendo dos mesmos peixes a rede com que os pescava. Ambos os lanços, assim o do mar como o da terra, foram igualmente venturosos. O lanço do mar pescou os peixes que vieram todos a ouvir da boca do santo a palavra de Deus, com a atenção que sabemos; e o lanço da terra pescou os homens, porque os hereges que o não queriam ouvir, com a evidência e assombro do mesmo milagre, cercados e presos dentro na rede, e atados de pés e mãos, não tendo para onde fugir, vencidos e convencidos se converteram.

§ VI

Este foi o novo e admirável artifício com que Santo Antônio, trocando as palavras de Cristo, para se fazer pescador de homens, se fez primeiro pescador de peixes e, pescando os peixes, não com redes, senão com a pregação da palavra de Deus, da pescaria da mesma palavra fez as redes com que pescou aos homens. E se me perguntarem quem ensinou a Santo Antônio esta doutrina tão encontrada com que se fez ouvir dos brutos, que o ouviram como racionais, quando os racionais o não queriam ouvir como brutos, respondo que a segunda pessoa da Santíssima Trindade, o Filho, o qual lhe comunicou o "ensinar", e a sabedoria divina de ensinar. E, posto que a doutrina parece encontrada em um e outro caso, no dos apóstolos, e no de Santo Antônio a temos expressa, não por outrem, senão pelo mesmo Cristo. Disse Cristo a S. Pedro que lançasse as redes ao mar; e ele, sobre o desengano do que tinha experimentado no mesmo mar toda aquela noite, respondeu que assim o faria, não confiado na rede, senão na sua palavra: "Sobre a tua palavra soltarei a rede" (Lc 5,5). — Foi a rede ao mar, e a palavra de Cristo trouxe a ela tanta multidão de peixes que a não podiam arrastar, nem os pescadores a tinham visto semelhante. Já aqui temos a primeira parte da pescaria de Santo Antônio, pescando os peixes com a palavra de Deus; vejamos agora a segunda, em que dos peixes assim pescados fez as redes com que pescar aos homens.

Saltando S. Pedro em terra com os outros companheiros, o que sucedeu então refere S. Lucas com palavras tão milagrosas como o mesmo milagre: "Pois o pasmo o cercara e a todos que com ele estavam, dada a multidão dos peixes" (Lc 5,9). Vendo a multidão dos peixes pescados em virtude da palavra de Deus, Pedro, e todos os que com ele estavam, ficaram cercados de pasmo. Note-se muito a palavra "cercara": não diz que o pasmo os assombrou, ou desmaiou, ou tirou fora de si, senão que "os cercou". — E por quê? Porque naquele caso houve dois cercos, um no mar, outro na terra: no mar o cerco da rede que cercou e tomou os peixes em virtude da palavra divina: "Sobre a tua palavra" — e na terra o pasmo do milagre dos peixes tomados, do qual pasmo fez Cristo a rede com que cercou e tomou os homens: "Pois o pasmo os cercara".

E que se seguiu deste caso? Duas coisas: uma, que S. Pedro se lançou aos pés de Cristo, confessando-se por pecador: "Retira-te de mim, Senhor, que sou um homem pecador" (Lc 5,8) — como os hereges, convertidos e prostrados aos pés de Santo Antônio, confessaram o pecado da sua infidelidade. A segunda, dizer Cristo a S. Pedro que dali aprenderia a ser pescador dos homens: "Desta hora em diante serás pescador de homens" (Ibid. 10) — porque com a palavra de Deus: "Sobre a tua palavra" — e com a evidência dos milagres: "dada a multidão dos peixes" — os apóstolos então, e Santo Antônio tantos anos depois, converteu o mundo.

Por certo que este famoso exemplo, tão bem ensinado em Cristo, e tão bem aprendido e imitado em Santo Antônio, bastava por prova de que a ciência, da qual ele recebeu o "ensinar", foi a segunda Pessoa da Santíssima Trindade. Mas, posto que bastasse como prova pública, ainda temos outra maior e mais admirável, que foi a secreta e oculta. A maior maravilha e o maior milagre do nosso taumaturgo português não foi o ressuscitar mortos — como ressuscitou nove de uma só vez — nem o dominar todos os elementos, nem o ter sempre aparelhada e pronta aos acenos da sua vontade a mesma onipotência; mas qual foi? Foi que, tendo o peito cheio daquela extraordinária sabedoria adquirida e sobrenatural, que depois rebentou e saiu a público ao tempo que a providência divina tinha determinado, com assombro e pasmo do mundo, ele, não se chamando mestre ou doutor, nem ainda discípulo, com o simples nome de Frei Antônio, tivesse encoberto e sepultado dentro em si mesmo tudo o que sabia, com tal segredo que fosse reputado de todos por idiota e ignorante.

Daqui nasceu que, como tal, e de nenhum préstimo ou talento, desestimado e desprezado de seus próprios irmãos, naquele grande capítulo geral em vida de S. Francisco, não houvesse guardião ou prelado algum que o quisesse aceitar por súdito e, o que é mais que tudo, que nem ele, para remir esta necessidade, desamparo e desprezo, manifestasse a menor luz dos tesouros que debaixo da rudeza e remendos do seu burel estavam encerrados. Oh! milagre sobre todos os milagres! Oh! prodígio sobre todos os prodígios do mais prodigioso e milagroso de todos os santos! Agora havia eu de começar o sermão, para cavar no descobrimento destas minas o imenso de virtude, de capacidade, de poder, que nesta única ação ou omissão, não de um dia ou muitos dias, senão de anos sobre anos, reconhece e faz estremecer o juízo humano.

O mais alto ponto, o mais fino e o mais difícil da sabedoria não é o saber: é o saber e poder encobrir o que sabe. Sabia muitas coisas por revelação divina o profeta Jeremias, as quais não podia manifestar, e diz assim: "Ateou-se no meu coração um como fogo abrasador, e reconcentrado nos meus ossos; e desfaleci, não o podendo suportar" (Jr 20,9). — A peça de artilharia carregada, se lhe taparam a boca e lhe põem fogo, rebenta: não há bronze que o resista. Tal é, diz o profeta, o que sei, e não posso ocultar: arde dentro no meu coração como fogo que me penetra nos ossos, com tal violência e tormento, que me faltam as forças, desmaio e o não posso sofrer. — Um só segredo, que não podia passar dele, guardava dentro em si o profeta Isaías: "O meu segredo para mim, o meu segredo para mim" (Is 24,16). — E, declarando o texto original os efeitos que causava este segredo no interior donde não podia sair, diz: "Ai de mim, que me vejo emagrecer e mirrar; ai de mim que me vejo entisicar sem remédio", pela força que me faço em não dizer uma coisa que sei. — A muitos entisica o estudo por saber, a Isaías entisicava-o o saber, porque o havia de ocultar. Ah! Isaías! Ah! Jeremias! Vós sois os dois profetas maiores; e, pois, no forçoso silêncio de não poderdes dizer o que sabeis, se vos aperta tanto o coração, pedi a Santo Antônio que parta convosco da largueza e capacidade do seu. Nele tem encerrados todos os segredos da filosofia, nele todos os segredos da Teologia, nele todos os segredos vossos e de toda a Sagrada Escritura, e nele todas as revelações e ilustrações divinas, que continuamente recebe do céu, e nem por isso se lhe aperta ou estreita o peito, nem os seus ossos se secam ou entisicam; antes, ardendo dentro neles muito maior fogo, nem o fumo da menor luz aparece cá fora.

Elifás Temanites, o primeiro dos quatro sábios que disputaram com Jó, escusando-se de lhe haver de dizer o que trazia meditado, ainda que o houvesse de molestar, tomou esta salva: "Que homem haverá que o que tem concebido no entendimento o possam impedir e ter mão, para que não saia à língua?" (Jó 4,2). — Alude à conceição corporal, à qual necessariamente se segue o parto, sem que haja poder ou força, em todas as da natureza, que o possa impedir. Primeiramente ao "quem poderá" de Elifás, respondo que este homem, que ele teve por impossível, foi Santo Antônio, pois, estando tão cheio, e como rebentando de sabedoria, ele a soube e pôde conter dentro em si mesmo, como se a não tivera. E quanto à conceição e parto a que alude o mesmo sábio, acrescento que a força desta consequência e semelhança ainda foi mais forte e mais admirável no mesmo santo, pelo muito que tinha de divino o seu entendimento. Deus também concebeu "desde toda a eternidade": "Eu te gerei do seio antes do luzeiro" (Sl 109,3) — e assim como o conceber na Pessoa do Pai, juntamente foi conceber e falar, assim o ser concebido, na Pessoa do Filho, juntamente foi ser concebido e ser Verbo e palavra do Pai.

E como o entendimento de Antônio tinha tanto de divino, e tanta propensão, como divino, a se comunicar todo, o não lhe sair à língua, nem por uma palavra, o muito que tinha concebido, assim como era maior esta violência, assim foi maior maravilha a vitória de a reprimir e conter. Deus quanto sabia disse — nem pôde deixar de o dizer — em uma palavra; e Santo Antônio, de quanto sabia, nem uma só palavra disse. E para que vejamos em frase e termos humanos quanto teve de divino este silêncio, o provérbio humano diz: "Todo o vosso saber é nada, se ninguém sabe o que vós sabeis"[11]. — Donde se segue que, fazendo Santo Antônio que ninguém soubesse o que ele sabia, com esta ação, aos outros homens quase impossível, aniquilou toda a sua sabedoria: "Todo o vosso saber é nada". — Agora pergunto: E qual é aquela potência do mundo que pode aniquilar? Só aquela que de nada criou todas as coisas. Assim o resolve a melhor filosofia, que o criar e o aniquilar é regalia só de Deus. E, tendo Deus dado ao entendimento de Santo Antônio a primeira parte do divino, para poder compreender o que soube, também lhe deu, e com maior maravilha, esta segunda, para poder aniquilar o que sabia.

De tudo o que até agora tenho dito, claramente terão entendido os que não só ouviram com os ouvidos, senão com os olhos abertos, que toda a sabedoria de Santo Antônio, e muito mais nesta última circunstância de a encobrir, foi participação e influência da segunda Pessoa da Santíssima Trindade, que lhe deu o "ensinar". Antes de a mesma Pessoa, o Verbo divino encarnado, sair a ensinar: "Começou a fazer e a ensinar" (At 1,1) — que fez? O mesmo, nem mais nem menos, que Santo Antônio. Quando Cristo, em sua menor idade perdido, foi achado no Templo entre os doutores, não somente admirados eles, mas pasmados, como diz o texto, do que perguntava, do que respondia e do que sabia: "Estavam pasmados da sua inteligência e das suas respostas" (Lc 2,47) — parece que deviam dizer os pais, isto é, S. José e a Senhora: Este Menino não está perdido em Jerusalém; em Nazaré é que está perdido: deixemo-lo ficar entre os doutores, pois, tanta habilidade tem para as letras. — Mas não foi assim. Tornou para Nazaré, e ali se exercitava, ou serrando, ou acepilhando um madeiro com José e levando os cavacos à mãe, para que dos suores de ambos guisasse o de que se haviam de sustentar todos três.

Desta maneira esteve eclipsado por muitos anos aquele divino sol, e reputada a sua sabedoria por ignorância, até que saiu a alumiar o mundo. Pode haver maior retrato ou mais vivo original de Santo Antônio? Em seus primeiros anos, em hábito de cônego regrante, com o nome de Dom Fernando, sendo a fama da Universidade de Coimbra, e a admiração dos seus doutores. E depois, trocando a murça com o burel, e mudando o nome de Fernando em Antônio, para desbatizar a sua sabedoria, o que fez em Itália entre os seus frades foi a profissão de idiota e ignorante, servindo na cozinha, e nos outros exercícios mais baixos e humildes da casa, com que ele se escusou, quando a primeira vez foi mandado pregar. Assim imitou pelos mesmos passos o nosso filho de S. Francisco ao Filho do Eterno Pai, sendo certo — reparai muito no que agora digo — sendo certo, que, a um e a outro Filho, mais dificultoso foi o estudo da ignorância que o uso da sabedoria.

Pecou Adão, e antes de Deus, em figura de homem, lhe perguntar aonde estava: "Adão, onde estás" (Gn 3,9) — diz o texto que andava o Senhor passeando no Paraíso, e falando consigo em vozes que o mesmo Adão ouviu: "Como tivesse ouvido a voz do Senhor que passeava pelo paraíso" (Ibid. 8). — E que fazia o Filho de Deus — que o Filho era, pois tinha tomado forma de homem — que fazia, andando e falando assim? Profundissimamente Tertuliano: "Interrogava Adão como se não o soubera, onde estás, e assim aprendia aquilo que havia de saber"[12]. O Filho de Deus sabia muito bem aonde Adão estava, e havia-lhe de perguntar aonde estava, "como se o não soubera" — e como havia de mostrar que ignorava o que sabia, andava passeando e repetindo como estudante, e aprendendo o que havia de dizer para não errar: "E aprendia aquilo que havia de saber". — Tão dificultoso é aprender a ignorar, até à sabedoria, que tudo sabe! E não só no caso de Adão: "como se o não soubera" — nem só no caso do dilúvio: "como se não o previsse" — nem só no caso de Abraão: "como se ignorasse o que é o homem" — mas em infinitos outros, diz o mesmo Tertuliano, tornava a aprender Deus esta lição todas as vezes que, perguntando, ou arguindo, ou dissimulando, havia de mostrar que ignorava o que sabia: "O que havia de saber, aprendia todas vezes que perguntava".

Para que se veja com quanta cautela, com quanta circunspeção e com quanta vigilância havia de viver Antônio como Argos de si mesmo e como réu de sua própria ciência, exposto aos olhos, ouvidos e línguas, não de uma, mas de muitas comunidades, e comunidades de gente regular, cujos olhos são os mais agudos para ver, cujos ouvidos os mais despertos para ouvir, e cujas línguas as mais prontas para não perdoar; e todos, por tudo, os mais linces, para nada se lhes esconder. Assim estudava e se desvelava a sua humildade depois de jubilado nas letras por conseguir na opinião o grau de idiota, estudo tanto mais dificultoso à natureza e à honra quanto é mais custoso à presunção abater as sobrancelhas que queimar as pestanas. Mas isto se entende daquela ciência que se aprende nas escolas públicas da vaidade, e não debaixo do magistério secretíssimo da Divindade, cuja segunda Pessoa, como lhe tinha dado, para se esconder, o exemplo, assim lhe comunicou, para ensinar, o "ensinar".

§ VII

$\mathscr{D}$eclarada a verdade e o modo com que a primeira Pessoa da Santíssima Trindade deu a Santo Antônio o "fazer", e a segunda o "ensinar", só resta que vejamos como a terceira lhe deu o "ser chamado". E se nesta distribuição de suas grandezas tocou ao Pai o "fazer", pela atribuição da onipotência; e ao Filho o "ensinar", pela atribuição da sabedoria; não menos propriamente pertence ao Espírito Santo o "ser chamado" pela atribuição da santidade, que significa o mesmo nome de santo, o qual, sendo comum a todas as Pessoas Divinas, é próprio e especial da terceira.

Ajunta-se este nome no nosso texto com o "grande": "Será reputado grande no reino dos céus" (Mt 5,19), porque no céu, aonde só os nomes são verdadeiros, o nome de santo, como maior e mais excelente, é também único e sobre todos com que Deus é louvado. Aqueles serafins que assistiam perpetuamente ao trono de Deus, o que cantavam a coros, como diz o profeta Isaías, era: "Santo, santo, santo" (Is 6,3). "Santo" ao Pai, "santo" ao Filho, "santo" ao Espírito Santo; e três vezes, não mais nem menos, porque cantavam à Santíssima Trindade. Mas, se as perfeições da Santíssima Trindade são tão infinitas como o mesmo Deus, e os cantores eram serafins, os espíritos e entendimentos supremos de toda a corte do céu, por que não variavam a música e os louvores, assim como alternavam as vozes? Porque, sendo também infinitos os nomes de Deus, nenhum há que mais lhe agrade que o nome de santo, por ser este sobre toda a excelência o mais excelente. Assim responde o grande Dionísio Areopagita, no admirável livro que compôs *De Divinis Nominibus*: "Deus é chamado Santo excelente sobre toda a excelência"[13].

Este nome, pois, de santo — que no céu é o maior e mais cantado e celebrado de todos — é também o próprio da terceira Pessoa da Santíssima Trindade, e o que ela tomou para si e deu a Santo Antônio. Mas, para que vejamos quanto deu, saibamos a razão por que o tomou. Na Santíssima Trindade, o Pai é espírito e santo, o Filho é espírito e santo, o Espírito Santo é espírito e santo. Pois, se este nome é comum a todas as Pessoas divinas, por que o tomou a terceira Pessoa por particular e próprio seu? Porque este nome era o que melhor nos podia declarar a igualdade que tem o Espírito Santo com o Pai e com o Filho, naquela mesma diferença em que parece que lhe não é igual. Ora vede. A pessoa do Pai gera o Filho, a Pessoa do Pai e a do Filho produzem o Espírito Santo; porém, a Pessoa do Espírito Santo, nem só como Pai, nem acompanhado como o Pai e o Filho, produz outra Pessoa divina, porque não é possível outra. Logo, parece que não é igual a Pessoa do Espírito Santo à do Pai e à do Filho. E se são iguais, como verdadeiramente são: "Qual o Pai, tal o Filho, tal o Espírito Santo" — esta, que parece desigualdade, e verdadeiramente é diferença muito notável, com que se supriu? Com o nome de santo.

Com o nome de santo, digo, não só como comum a todas as Pessoas da Santíssima Trindade, mas como próprio da terceira. Não é o Espírito Santo, como o Pai, que gera outra pessoa divina, qual é o Filho; mas é santo como o Pai: não é como o Filho, que com o Pai produz outra Pessoa divina, qual é o mesmo Espírito Santo; mas é santo como o Filho. E como é igual ao Pai e ao Filho no nome, não de santificado, mas de santo, nem de santidade acidental, senão substancial, nem recebida de outrem, mas própria, porque é santo como o Pai, ainda que não seja Pai, e porque é santo como o Filho, ainda que não seja Filho, é tão igual e tão Deus como o mesmo Filho e como o mesmo Pai. Excelentemente Orígenes: "O Espírito Santo de tal modo é Santo, que não necessita de santificação: Nem recebeu o início de sua santidade. Igualmente deve se entender do Pai e do Filho. Pois a Trindade é a única substância que por sua natureza é santa, não tendo recebido nenhuma santificação extrinsecamente"[14].

Deste nome próprio de santo, fundado na santidade substancial da terceira Pessoa da Santíssima Trindade, se deriva, com a mesma propriedade natural, o de santificador, santificando e distribuindo a mesma santificação, como absoluto e independente Senhor, como e a quem quer. "Há pois repartição de graças, mas um mesmo é o Espírito, repartindo a cada um como quer" (1Cor 12,4.11) — diz S. Paulo. — E o maior exemplo deste poder, como notam os teólogos[15], e o mais semelhante ao que logo veremos em Santo Antônio, foi o do mistério inefável da Encarnação do Verbo. Trazendo o anjo Gabriel esta embaixada — a que só a grandeza de um ânimo capaz de receber dentro de si a todo Deus pudera ter que replicar — respondeu ao reparo da Senhora que aquela obra, quanto ao modo, não teria nada de humano porque, assim como a Pessoa que havia de encarnar era a segunda da Santíssima Trindade, assim os soberanos artífices da mesma união seriam a primeira Pessoa, que é o Altíssimo, e a terceira, que é o Espírito Santo: "O Espírito Santo descerá sobre ti, e a virtude do Altíssimo te cobrirá com a sua sombra" (Lc 1,35). — E que se seguiram destes dois discursos unidos em um, ambos divinos e no mesmo sujeito? O mesmo anjo declarou que seriam dois efeitos e dois nomes tão inefáveis como o próprio composto: um que se chamaria Filho de Deus, e outro que seria por antonomásia o santo: "E por isso mesmo o Santo que há de nascer de ti será chamado Filho de Deus" (Ibid.).

Agora — quanto é lícito comparar ou equiparar por semelhança extremos tão infinitamente distantes — tomemos destas duas cláusulas o "santo" e o "ser chamado". O "ser chamado". é o que dissemos, e imos provando, que deu e comunicou a Santo Antônio a terceira Pessoa da Santíssima Trindade; e o "Santo", o nome de santo absoluto e por antonomásia com que o mesmo Espírito Santo, sem outro exemplo mais que o presente, fez que Santo Antônio singularmente entre todos os santos fosse chamado o santo. S. Bernardo, ponderando as palavras do anjo: "O Santo que há de nascer de ti" (Lc 1,35) — admirado da novidade do termo, exclama: "Santo e simples e absolutamente santo, sem aditamento: que é isto?"[16]. — É o que disse o anjo do Verbo depois de encarnado, e o que quis o Espírito Santo, que também se verificasse de Santo Antônio: "Santo, sem aditamento". — Santo Antônio em Pádua, aonde tem o seu sepulcro, não se chama Santo Antônio, senão o santo por antonomásia, e sem aditamento. Vou ao santo, venho do santo, sem outro nome, quer dizer: vou a Santo Antônio, venho de Santo Antônio.

E para que se veja que isto foi não por afeto ou devoção particular humana, senão por instinto divino, inspirado pelo mesmo Espírito, quando Santo Antônio passou desta vida, temendo os seus Religiosos que o povo o não deixasse sepultar, resolveram a ter a morte em segredo, até lhe darem sepultura com as portas fechadas; mas os meninos, por divino instinto, no mesmo instante em que expirou começaram a bradar por todas as ruas: Morreu o santo, morreu o santo. — E como "Tu fizeste sair da boca dos infantes e dos que mamam um louvor perfeito" (Sl 8,3) — também eles, como línguas do céu, o nomeavam por santo sem aditamento. Oh! excelência grande de Antônio! Não digo bem: Oh! excelência grande do santo entre todos os santos! S. Francisco, seu santo Pai, chama-se santo; mas com aditamento, S. Francisco; S. Domingos, companheiro e irmão do mesmo S. Francisco, chama-se santo; mas santo com aditamento, S. Domingos. Os dois filhos dos mesmos pais, doutores e lumes da Igreja, o angélico e o seráfico, também se chamam santos, mas santos com aditamentos: um, Santo Tomás, outro, S. Boaventura; porém, Santo Antônio singular entre todos, santo sem aditamento, e por isso, com muita razão, Santo Antônio de Pádua, porque só Pádua lhe acertou com o nome próprio, sendo que teve muitos nomes. Em Lisboa se chamou no batismo Fernando; em Coimbra, na mudança do hábito, se chamou Antônio; e só Pádua lhe acertou com o verdadeiro nome, santo, e mais nada, porque é mais que tudo: "Santo, sem aditamento".

§ VIII

E, posto que, para provar que a vocação ou imposição deste nome parece que bastava à verdade do que acabo de referir, para que este último discurso se parecesse com os dois passados, determinei mostrar como o "ser chamado" em Santo Antônio não fora menos próprio do Espírito Santo que o "fazer" e o "ensinar" do Pai e do Filho. E não sei se o mesmo Santo Antônio ou o mesmo Espírito Santo me quis repreender como covarde e castigar como escasso em seus louvores. Não é mais dar o Espírito Santo que receber dele quanto pode dar? E não é mais que dar o Espírito Santo dá-lo do modo que só o pode dar aquele de quem o mesmo santo recebeu o ser? Estes dois mais são tão estupendos que tanto podia tremer a língua de os imaginar como a mesma fé de os crer. Mas eu ofenderia gravemente ao Espírito Santo, e faria igual agravo a Santo Antônio, se não referisse lisamente o que agora direi. Depois de fortemente tentado por muitos dias um noviço da mesma ordem, rendido enfim à força da tentação, resolveu-se a deixar o hábito. E que faria a dor e caridade de Frei Antônio, que se achava no mesmo convento, para o conservar na vocação? Oh! prodígio sobre toda a admiração estupendo! Também parece derivação do "ser chamado". — Vai aonde estava o noviço, abre-lhe com as mãos a boca, mete-lhe por ela a respiração e alento da sua, dizendo: "Recebe o Espírito Santo" — e no mesmo ponto fugiu o espírito tentador, tornou em si o tentado, triunfou do inimigo que o tinha vencido e perseverou até a morte na religião, como filho digno de tal mãe, e segunda vez gerado de tão santo pai. Não foi isto dar o Espírito Santo, que é mais que recebê-lo?

Vamos agora ao modo sem comparação mais admirável que a mesma obra. Cristo, Senhor nosso, deu o Espírito Santo aos apóstolos, e deu também poder aos apóstolos para darem o Espírito Santo; mas de que modo? Com uma diferença muito notável. Os apóstolos comunicavam o Espírito Santo pela imposição das mãos, pondo-as sobre aqueles que o recebiam, como diz S. Lucas: "Punham as mãos sobre eles, e recebiam o Espírito Santo" (At 8,17). — E Cristo comunicou o Espírito Santo aos apóstolos com o alento e respiração da sua própria boca, a qual respiração eles recebiam nas suas, como o mesmo Senhor juntamente lhes disse: "Soprou sobre eles, e disse-lhes: recebei o Espírito Santo" (Jo 20,22). — E qual foi a razão desta diferença? Muito grande, muito particular e muito necessária. Porque os apóstolos, com a imposição das mãos significavam nelas o que faziam com poder e autoridade recebida de Cristo, e Cristo, com o alento e respiração da sua boca, significava que ele era, como segunda pessoa da Santíssima Trindade, a que juntamente com a primeira produzira e espirara o mesmo Espírito Santo — que essa é a palavra e termo teológico com que se declara a produção e processão com que o Espírito Santo procede do Pai e do Filho. — Assim o dizem Santo Agostinho, S. Cirilo, Beda e os outros Padres, na exposição do mistério desta ação de Cristo[17]. E nós, à vista do que fez Santo Antônio, ou da confiança, poder e autoridade que teve para o fazer, que podemos dizer, senão pasmar? De maneira que, havendo de comunicar Santo Antônio o Espírito Santo, não o fez como S. Pedro, S. Paulo, S. João e os outros apóstolos, com a imposição das mãos sobre o religioso tentado e vencido, senão com o alento e respiração da sua boca, e dizendo: "Recebe o Espírito Santo" — pelo mesmo modo, assim na ação como nas palavras, com que o mesmo Cristo quis significar e representar nelas, como segunda Pessoa da Santíssima Trindade, que dele procedia a terceira. Tanto é o que amou e o que honrou o Espírito Santo àquele santo, a quem, com a propriedade do nome, deu a antonomásia do seu.

E, pois, temos na boca de Santo Antônio, por obra e por palavra, uma tão singular figura da processão do Espírito Santo, vejamos nela uma nova prerrogativa do mesmo divino Espírito Santo, participada também de Santo Antônio e gloriosamente continuada nele. Falando Cristo da sua processão, enquanto segunda Pessoa da Santíssima Trindade, e da processão do Espírito Santo, enquanto terceira Pessoa, de si diz que procedeu "Eu saí de Deus" (Jo 8,42) — e do Espírito Santo diz que procede: "Espírito de verdade, que procede do

Pai" (Jo 15,26). — As processões, assim do Filho como do Espírito Santo, ambas foram "desde toda a eternidade" pois, como falando Cristo de uma e outra, da sua diz que "procedeu de pretérito" e da do Espírito Santo diz que "procede de presente"? A razão é porque às processões eternas, "de dentro", ajuntou o Senhor as temporais, "de fora", quando o Filho e o Espírito Santo vieram a este mundo. Expressamente consta de um e outro texto, porque no primeiro acrescenta "vim" e no segundo "quando vier"; no primeiro: "Eu saí de Deus, e vim" (Jo 8,42) — e no segundo: "Quando vier o Consolador, que procede do Pai" (Jo 15,26). — Diz, pois, Cristo, falando de si, que procedeu e veio, de pretérito, porque de tal maneira veio do Pai a este mundo, que tornou outra vez para o mesmo Pai: "Eu saí do Pai, e vim ao mundo; outra vez deixo o mundo, e torno para o Pai" (Jo 16,28).

Pelo contrário, do Espírito Santo diz de presente que procede e vem, porque de tal maneira veio que sempre vem e sempre está vindo, comunicando a todos os seus dons e graças. A questão foi agudamente excitada pelo abade Ruperto[18]; e a solução também é sua, com uma não menos aguda e bem fundada advertência. Mas porque a mesma foi primeiro de Santo Atanásio, e mais expressa e elegantemente declarada por ele, as suas palavras são estas: "O Filho de Deus, completo todo o seu trabalho, finalmente foi assumido; o Espírito Santo vindo sobre os apóstolos e difundido sobre toda a carne não foi de novo assumido, mas passa para todas as gerações e se encontra algum homem, nele habita"[19]. — E porque a segunda Pessoa da Santíssima Trindade veio à terra, e depois tornou para o céu, e a terceira veio, porém não tornou, mas está sempre conosco em todo o tempo e em todo o lugar.

Esta mesma graça de estar sempre conosco comunicou o mesmo Espírito Santo a Santo Antônio, e para que fosse primeiramente em todo o tempo, não só lha concedeu em vida, senão também depois de morto.

Os outros santos geralmente neste mundo trabalharam, padeceram, glorificaram a Deus, serviram ao próximo, venceram o demônio, pisaram o mundo, mortificaram a carne; com o exercício das virtudes, cultivaram as almas próprias; com a palavra e o exemplo, as alheias; bons para si e fazendo bem a todos. Isto enquanto viveram; acabada, porém, feliz e constantemente a carreira da vida, deixaram este mundo, e foram-se para o céu a gozar o fruto dos seus trabalhos e descansar deles. Bem assim como Cristo, o qual: "Completo todo o seu trabalho, finalmente foi assumido". — Pelo contrário, Santo Antônio, imitando também a Pessoa do Espírito Santo, pela prerrogativa do nome, em ficar sempre conosco: "Não foi de novo assumido, mas passa para todas as gerações". — Quatrocentos e vinte e sete anos faz hoje que Santo Antônio foi tomar posse do eminentíssimo lugar que tem na corte do céu, como grande dela: "Grande no reino dos céus" — mas nem por isso em todos os anos e dias de tantos séculos deixou de estar sempre conosco na terra, nada menos poderoso e vigilante em nos assistir, acudir e ajudar, senão muito mais que quando vivia. Quando vivia — que é a segunda parte da mesma prerrogativa — estava juntamente em diferentes lugares; agora está em todos os do mundo, e se hoje o não vemos na própria pessoa, vemo-lo nos mesmos e maiores efeitos.

Pouco tivera feito o Espírito Santo em dar a Santo Antônio, com o "ser chamado", o nome de santo, se lho não dera acompanhado das outras partes de que inteiramente se compõe o seu próprio nome. O nome da terceira Pessoa da Santíssima Trindade, pelo que é em si e pelo que obra em nós, compõe-se inteira e inefavelmente destas três palavras: "Espírito, Santo, Paráclito". E, por virtude e extensão do mesmo "ser chamado", não só comunicou a mesma Pessoa divina a Santo Antônio o nome de santo, senão também o antenome de Espírito, e o sobrenome de Paráclito: o de Espírito, cuja propriedade é estender-se a todas as quatro partes do mundo, como diz Ezequiel: "O Espírito assopra dos quatro ventos" (Ez 37,9) — e o de "Paráclito" — que quer dizer "consolador" — para que em todas as partes do mesmo mundo assistisse como espírito e em todas fosse consolador, como é, de todos os que tivessem necessidade de consolação. Quando o Espírito Santo desceu do céu, veio em figura de espírito: "Vento que assoprava com ímpeto" (At 2,2) — e em figura de línguas de fogo: "Como línguas de fogo" (Ibid. 3) — não só pelo que então significava nos apóstolos, senão pelo que depois havia de obrar em todos: em figura de espírito, porque como espírito havia de encher todo o mundo: "O Espírito do Senhor encheu o universo" (Sb 1,7) — e em figura de línguas, e essas de fogo, porque, como consolador, havia de alumiar e alentar a todos com a luz e consolação das suas vozes: "E, como abrange tudo, tem conhecimento de tudo o que se diz" (Ibid.).

E quem não vê nestas mesmas figuras retratado hoje a Santo Antônio? Depois que a sua alma se despiu do corpo, ele ficou espírito, e do corpo só lhe ficou a língua incorrupta e incorruptível, como é o fogo: o espírito para a assistência universal de todo o mundo, e a língua para consolação universal de todos em qualquer parte dele. Neste mesmo dia, e nesta mesma hora em que nós celebramos a Santo Antônio na América, o celebram e festejam com muito maiores demonstrações de solenidade na Europa, na África e na Ásia todas as nações e todos os estados do mundo. E por quê? Porque nenhuma nação nem estado há nele, grande ou pequeno, que nos trabalhos e necessidades, a que todos estão expostos, não invoque e chame por Santo Antônio; e nenhuma voz há dos que o invocam a que ele não responda: Aqui estou. É verdade que o não vemos com os olhos, mas vemo-lo nos efeitos. Isso é ser invisível como espírito, e efetivo como consolador. E se não, digam-no todos em todo o tempo e lugar. Os lavradores no campo, os navegantes no mar, os soldados na guerra, os mercantes nos comércios, os pleiteantes nas demandas, os requerentes nos despachos, os presos nos cárceres, os cativos nas masmorras, os enfermos nas doenças, os agonizantes na morte e até os mortos nas sepulturas, porque não há lugar nem estado tão alheio de toda a esperança e remédio a que as consolações deste Paráclito universal se não estendam.

O maior trabalho, e o mais universal do mundo, de que ninguém e nenhuma coisa escapou, foi o dilúvio de Noé, e este nome de Noé lhe pôs seu pai Lamec, que era profeta dizendo: "Este nos consolará" (Gn 5,29) — porque Noé na língua hebraica quer dizer: "Consolador e consolação". — E cumpriu-se a profecia e significação do seu nome no mesmo Noé, porque ele foi o restaurador e reparador do mundo, e o consolador e a consolação daquela perda universal e imensa, em que se incluíram todas as da fazenda, as da fortuna, as da natureza, as da vida e as de quanto em mil e seiscentos e cinquenta e seis anos tinha cultivado o trabalho, adquirido a cobiça, levantado a ambição e multiplicado e gerado a propagação humana. Então prometeu Deus que não haveria mais outra perda universal como aquela; mas deixou o mesmo mundo sujeito a tantas outras particulares, ou livres ou violentas — sobre as da mesma fragilidade natural, de então para cá mais enfraquecida — que apenas há casa, família, nem pessoa, nem dia neste vale de lágrimas, livre de tristezas, aflições e trabalhos, para cuja consolação não há outro consolador e paráclito mais pronto e mais familiar e doméstico, e que invocado diga aqui estou, como Santo Antônio.

De quão vivas, eficazes e efetivas sejam as razões da sua língua para a consolação das mais desesperadas tristezas e aflições, pudera referir muitos casos, todos admiráveis, dos quais só contarei um, por ser sucedido em nossos dias e me parecer que do mundo velho, onde foi muito celebrado, ainda não passou ao novo. Na cidade de Nápoles estava sentenciado à morte um pobre homem, a quem não valeram arrazoados, nem embargos, nem, como ele dizia, a própria inocência, prevalecendo contra tudo a prova das testemunhas; com o triste desengano de haver de sair a justiçar ao outro dia, fez à ventura uma petição, a qual entregou à sua mulher, igualmente aflita, para que a levasse ao vice-rei e, lançada a seus pés, o procurasse mover com suas lágrimas a que ao menos lhe comutasse o castigo em outro que não fosse de morte. Foi a desconsolada requerente a palácio, mas não teve entrada, porque aquelas portas, sempre patentes aos ricos e poderosos, só para os pobres, que não têm nem podem, costumam de ordinário estar fechadas. E que faria sobre esta desesperação a miserável?

Devia ser boa Cristã: resolveu-se a bater às portas do céu, pois que achava fechadas as da terra. Vai-se à igreja de Santo Antônio, entre lágrimas e soluços põe a petição sobre o altar aos pés do santo, dizendo que, pois tinha nos braços o rei, não o dos vice-reis, mas dos reis, dele esperava o seu despacho, o qual viria buscar ao outro dia. Ainda não tinha bem amanhecido, quando a que esperava que as portas da igreja se abrissem chegou ao altar, aonde achou o seu papel, ao que mostrava, sem nenhuma mudança. Abriu-o, viu que tinha mais escritura, pediu, porque não sabia ler, que lha declarassem, e como lhe dissessem que continha o perdão do vice-rei, e logo pusessem ao condenado em sua liberdade, já se vê como correria alegre a lhe levar a nova e a vida. Presentou o despacho ao carcereiro, o qual, porém, o teve por novo crime, entendendo que a letra e a firma era furtada. Eis aqui outra vez trocada a tristeza em novo susto. Levou o carcereiro o papel ao secretário, que também confirmou o furto da letra, admirado da grande semelhança e propriedade dela; e supondo que o caso pedia nova inquirição e exame, para ser cortada a mão que tal escrevera, e não imaginando, nem lhe passando por pensamento o que o vice-rei poderia responder, lhe presentou aberta a petição.

Mas, ó Antônio, verdadeiro e universal paráclito! Ó Antônio, piedoso consolador, e certíssima consolação de todos os angustiados e aflitos! Ó língua viva e imortal! Ó língua a mais eloquente e poderosa oradora para convencer entendimentos e trocar vontades, e para render a divina e as humanas à vossa! Respondeu o vice-rei que a letra não era fingida, senão sua, e que ele escrevera o despacho e o firmara de sua mão. E dando a causa de não só haver moderado a sentença, mas de absolver totalmente o réu solto e livre: Este mesmo papel — disse

— me trouxe aqui um fradinho de S. Francisco, que me disse tais coisas e com tal eficácia que eu não pude deixar de fazer e escrever o que ele quis. Executou-se o perdão, divulgou-se o caso, pasmaram os que não conheciam bem o autor; mas os que conhecem o seu poder e as suas maravilhas, sem admiração nem novidade só diziam: Isto é ser Santo Antônio. — E eu, que direi? Só digo que a terceira Pessoa da Santíssima Trindade tem bem desempenhado neste discurso o "ser chamado", pois para dar o Espírito Santo inteiramente a Santo Antônio todo o seu nome, não só lho deu "enquanto santo, senão também enquanto Espírito e enquanto Paráclito".

§ IX

Tenho acabado, posto que mais largamente do que eu quisera, as três partes do meu discurso. Para que, imitando a Santo Antônio em todas elas, ofereçamos também algum obséquio à fiel veneração das três Pessoas da Santíssima Trindade; do que o nosso santo imitou em cada uma, tiremos muito brevemente três documentos. O primeiro, para os que a fortuna fez poderosos; o segundo, para os que o estado faz sábios; o terceiro, para os que a profissão deve fazer santos. Todo o homem tem obrigação de ser semelhante à Santíssima Trindade. Por isso Deus, não só enquanto um, senão enquanto trino — falando entre si as três Pessoas divinas — quando criou o homem, disse: "Façamos o homem à nossa imagem e semelhança" (Gn 1,26). — Se o poderoso puder moderar o que pode, usando do poder só para o bem, será semelhante à Pessoa do Pai, e imitará a Santo Antônio no "fazer". Se o sábio souber encobrir a seu tempo o que sabe, e só manifestar o que convém, será semelhante à Pessoa do Filho, e imitará a Santo Antônio no "ensinar". Se o que deve ser santo estimar a verdade deste nome sobre todos os títulos do mundo, será semelhante à Pessoa do Espírito Santo, e imitará a Santo Antônio no "ser chamado". Desta maneira o poder moderado, a sabedoria bem entendida, e a santidade sobre tudo estimada lhe alcançarão a sólida e eterna grandeza, não na terra, aonde tudo é pequeno e pouco, senão no céu, aonde tudo é muito e grande: "Aquele que fizer e ensinar terá nome de grande no reino do céu" (Mt 5,19).

SERMÃO DOS
Bons Anos

Em Lisboa, na Capela Real. Ano de 1641.

*"Depois que foram cumpridos os oito dias
para ser circuncidado o menino, foi-lhe posto o
nome de Jesus, como lhe tinha chamado o anjo
antes que fosse concebido no ventre de sua mãe."*
(Lc 2,21)

No dia do Ano-Bom de 1642 — 1º de janeiro — Vieira prega pela primeira vez na Capela Real e provavelmente em Lisboa. Tem 33 anos e há 4 meses está em Lisboa. Este sermão apresenta uma mensagem claramente política. É curiosa a visão de Vieira a respeito de Portugal como tendo uma vocação missionária especial para "propagar a fé cristã em todo o mundo", sendo também destinado a ser o quinto império mundial, conforme "profetizado" por Daniel. Neste particular, Vieira procura reunir os interesses em torno de D. João IV, atrair os sebastianistas, proclamando o rei vivo como o Desejado, e trazer ao partido do rei os que dele desconfiavam. Prevê um futuro feliz: "Quem considerar o reino de Portugal no tempo passado, no presente e no futuro; no passado o verá vencido, no presente ressuscitado, e no futuro glorioso" *(Cf. Padre Antonio* VIEIRA, *1608-1697, Catálogo da Exposição 1997-1998, Ministério da Cultura — Biblioteca Nacional, Lisboa, 1997, p. 66).*

§ I

Em um mundo tão avarento de bens, onde apenas se encontra com um bom-dia, ter obrigação de dar bons anos, dificultoso empenho! Deus, que é autor de todos os bens, os dê a Vossas Reais Majestades felicíssimos — mui altos e mui poderosos Reis e Senhores nossos — com a vida, com a prosperidade, com a conservação e aumento de estados, que as esperanças do mundo publicam, que o bem da fé católica deseja, que a monarquia de Portugal há mister, e que eu hoje quisera prometer e ainda assegurar.

Em um mundo, digo, tão avarento de bens, onde apenas se encontra com um bom-dia, ter obrigação de dar bons anos, dificultoso empenho! E na minha opinião cresce mais ainda esta dificuldade, porque isto de dar bons anos entendo-o de diferente maneira do que comumente se pratica no mundo. Os bons anos não os dá quem os deseja, senão quem os assegura. A quantos se desejaram nesta vida, a quantos se deram os bons anos que os não lograram bons, senão mui infelizes? Segue-se logo, própria e rigorosamente falando, que não dá os bons anos quem só os deseja, senão quem os faz seguros. Esta é a dificuldade a que me vejo empenhado hoje, que o tempo e o Evangelho fazem ainda maior. Em todo o tempo é dificultosa coisa assegurar anos felizes, mas muito mais em tempo de guerras e em tempo de felicidades. Se o dia dos bens é véspera dos males, se para merecer uma desgraça basta ter sido ditoso, quem fará confiança em glórias presentes para esperar prosperidades futuras? Se a campanha é uma mesa de jogo, onde se ganha e se perde; se as bandeiras vitoriosas mais firmes seguem o vento vário que as meneia, quem se prometerá firmeza na guerra que derruba muralhas de mármore? E como a guerra e a felicidade são dois acidentes tão vários, como a fortuna e Marte são dois árbitros do mundo tão inconstantes, como poderei eu seguramente prometer bons anos a Portugal em tempo que o vejo, por uma parte com as armas nas mãos, por outra com as mãos cheias de felicidades? Se apelo para o Evangelho, também parece que promete ameaças mais que esperanças, porque nos aparece nele um cometa abrasado e sanguinolento: "Para ser circuncidado o menino" (Lc 2,21) — e os cometas desta cor sempre foram fatais aos reinos e formidáveis às monarquias.

"Um cometa espalhando fogo aterroriza os reinos cruéis" — disse lá Sílio[1]. — A matéria dos cometas são os vapores ou exalações da terra subidas ao céu; e como no mistério da Encarnação subiu ao céu a terra de nossa humanidade, que outra coisa parece Cristo hoje com o sangue da circuncisão, senão um cometa abrasado e sanguinolento, e por isso funesto e temeroso? Ora, com isto se representar assim, com o Evangelho e o tempo parecer que nos promete poucas esperanças de felizes anos, do mesmo tempo e do mesmo Evangelho hei de tirar hoje a prova e segurança deles. Será, pois, a matéria e empresa do sermão esta: "Felicidades de Portugal, juízo dos anos que vêm". — Digo dos anos, e não do ano, porque quem tem obrigação de dar bons anos não satisfaz com um só, senão com muitos. Funda-me o pensamento o mesmo Evangelho, que parece o desfavorecia, porque toda a matéria e sentido dele é um prognóstico de felicidades futuras. Toda a matéria do brevíssimo Evangelho que hoje canta a Igreja vem a ser a circuncisão de Cristo, e o nome santíssimo de "JESUS". E destes dois grandes mistérios se compôs uma constelação benigníssima que, tomada no horizonte oriental de Cristo, foi figura de todo o bem e remédio do mundo que o Senhor havia de obrar em seus maiores anos.

S. Cirilo: "Recebeu o nome de Jesus, que significa Salvador; foi gerado para a salvação de todo mundo que foi prefigurada pela circuncisão"[2]. — Grande palavra! De sorte que circuncidar-se Cristo e chamar-se Jesus no dia de hoje foi levantar figura — "prefigurou" — aos sucessos dos anos seguintes, à salvação e felicidades futuras de todo o gênero humano: "Para a salvação de todo mundo que foi prefigurada pela circuncisão". — Nem desfaz esta verdade a representação do sanguinolento, com que parece nos atemorizava Cristo nos efeitos da circuncisão, porque aquele belo infante não é cometa, é planeta; não é terra subida ao céu, é céu descido à terra. E o céu, quando se põe de vermelho, que prognostica? O mesmo Cristo o disse, que não é menos que sua esta matemática: "Haverá tempo sereno porque está o céu vermelho" (Mt 16,2). — Quando o céu se veste de vermelho, prognostica serenidade. Sempre a serenidade foi título natural das púrpuras. E como aquele céu animado, como aquele rei celestial se veste hoje da púrpura de seu sangue, serenidades e felicidades grandes nos prognostica, que nas ações do tempo e nas palavras do Evangelho iremos discorrendo por partes.

§ II

"*D*epois que foram cumpridos os oito dias para ser circuncidado o menino, foi-lhe posto o nome de Jesus, como lhe tinha chamado o anjo antes que fosse concebido no ventre de sua mãe." — Comecemos por estas últimas palavras. Diz São Lucas que, passados os oito dias, termo da circuncisão, lhe puseram a Cristo por nome JESUS, e nota, antes, manda notar o evangelista, que este "nome foi anunciado pelo anjo antes que o Senhor fosse concebido". — Dá a razão desta advertência a "Glosa Interlineal"[3], e diz que foi: "Para que o homem não parecesse inventor deste nome", senão mandado, como era, pela verdade de Deus. Entrou Cristo no mundo a reduzi-lo com nome de Salvador e Libertador, que isso quer dizer "JESUS": pois, para que esta apelidada liberdade não a possa julgar alguém por invenção e obra humana, seja profetizada e revelada primeiro por um ministro da providência divina: "Foi anunciado pelo anjo antes que o Senhor fosse concebido".

Não quero referir profecias do bem que gozamos, porque as suponho mui pregadas neste lugar e mui sabidas de todos; reparar sim, e ponderar o intento delas quisera. Digo que ordenou Deus que fosse a liberdade de Portugal, como os venturosos sucessos dela, tanto tempo antes e por tão repetidos oráculos profetizada, para que, quando víssemos estas maravilhas humanas, entendêssemos que eram disposições e obras divinas e para que nos alumiasse e confirmasse a fé, onde a mesma admiração nos embaraçasse. — Falo de fé menos rigorosa, quanta cabe em matérias não definidas, posto que de grande certeza. — Alega Cristo um texto do Salmo 40, em que descreve Davi o meio extraordinário por onde os procedimentos injustos de um mau homem dariam princípio à redenção de todos, como seria traído o Redentor, como o pretenderiam derrubar por engano de seu estado e, intimando o Senhor o caso aos discípulos, disse estas particulares palavras: "Digo a vós antes que suceda para que, quando suceder, creiais que sou eu" (Jo 13,19). Eu sou este de quem aqui fala Davi

— que assim explica o lugar Santo Agostinho, Ruperto, Teofilato, e outros — e digo-vos isto antes que aconteça, para que depois de acontecer o creiais. — Notável Teologia por certo! Se o Senhor dissera: Digo-vos estas coisas para que as creiais antes que aconteçam — facilmente dito estava: isso é fé, crer o que não se vê; mas dizer as coisas antes que se façam, "a fim de que se creiam depois de feitas"? — O que está feito, o que se vê, o que se apalpa, necessita de fé? Algumas vezes sim, porque sucedem casos no mundo, como este de que Cristo falava, tão novos e inauditos; sucedem coisas tão raras, tão prodigiosas e por meios de proporção tão desigual, e muitas vezes tão contrários ao mesmo fim, que ainda depois de vistas com os olhos, ainda depois de experimentadas com as mãos, não basta a evidência dos sentidos para as não duvidar: é necessário recorrer aos motivos da fé para lhes dar crédito: "Digo a vós antes que suceda para que, quando suceder, creiais que sou eu".

Tais considero eu os sucessos nunca imaginados de nosso Portugal, que, como excessivamente nos acreditam, assim excedem todo o crédito. Quis Deus que fossem tantos anos antes e tão vulgarmente profetizados estes sucessos, não tanto para os esperarmos futuros quanto para os crermos presentes; não para nos alentarem a esperança antes de sucederem, mas para nos confirmarem a fé depois de sucedidos. Haviam de suceder as coisas de Portugal, como sucederam, de tão prodigiosa maneira, que ainda depois de vistas, parece que as duvidamos, ainda depois de experimentadas, quase as não acabamos de crer; pois, profetize-se esta venturosa liberdade, e ainda o nome felicíssimo do libertador, muito tempo antes: "Antes que fosse concebido no ventre" (Lc 2,21) — para que, entre as dúvidas dos sentidos, entre os assombros da admiração, peçam os olhos socorro à fé, e creiam o que veem por profetizado, quando o não creiam por visto.

Por duas razões se persuadem mal os homens a crer algumas coisas: ou por muito dificultosas, ou por muito desejadas; o desejo e a dificuldade fazem as coisas pouco críveis. Era Sara de idade de noventa anos sobre estéril; promete-lhe um anjo que Deus lhe daria fruto de bênção, e diz a escritura que se riu e zombou muito disso Sara, e ainda depois de ter um filho chamou-lhe Isac, que quer dizer riso: "O Senhor me fez uma coisa de riso" (Gn 21,6). — Estava S. Pedro em poder de el-rei Herodes preso e com apertada guarda; apareceu-lhe outro anjo, que lhe quebrou as cadeias e o livrou, e diz o texto sagrado: "Julgava ver uma visão" (At 12,9), que cuidava Pedro que era aquilo sonho e ilusão. — Pois, Pedro, pois Sara, que incredulidade é esta? Vê-se Sara com um filho nos braços, e chama-lhe riso? Vê-se Pedro com as cadeias fora das mãos, e chama-lhe sonho? Assim havia de ser, porque ambas eram coisas muito dificultosas e ambas muito desejadas. Desejava Sara um filho, como a sucessão de uma casa; desejava Pedro a liberdade, como a mesma liberdade e bem da Igreja: a sucessão de Sara estava em poder de noventa anos; a liberdade de Pedro estava em poder de Herodes e de seus soldados; e como a dificuldade era tão grande, e o desejo igual à dificuldade, ainda que viam com seus olhos e tinham nas mãos o que desejavam, a Sara parecia-lhe coisa de riso, a Pedro parecia-lhe coisa de sonho.

Que Sara estéril haja de ter filho! Que a prosápia real Portuguesa, esterilizada e atenuada na décima sexta geração, haja de ter descendente que lhe suceda! Que Sara depois de noventa anos! Que a coroa de Portugal depois de sessenta! O que não teve quando estava na flor de sua idade, o que não teve quando estava com todas as suas forças, o viesse alcançar depois de tão envelhecida e quebrantada? Muito desejávamos, muito suspirávamos por este bem, mas quanto maior era o desejo, tanto mais parecia e quase parece ainda coisa de riso: "Deus me deu riso". — Que Pedro, em poder de el-rei Herodes! Que Portugal em poder, não de um, senão de muitos reis que o dominavam, lhes houvesse de escapar das mãos tão facilmente! Que Pedro, cercado de guardas: "Quatro esquadras, cada uma de quatro soldados" (At 12,4)! Que Portugal, presidiado de infantaria em tantos castelos, em tantas fortalezas, sem se arrancar uma espada, sem se disparar um arcabuz, conseguisse em uma hora sua liberdade! Era empresa esta tão dificultosa, representava-se tão impossível ao discurso humano, que ainda agora parece que é sonho e ilusão: "Julgava ver uma visão" (At 12,9). — Assim lhes aconteceu aos filhos de Israel, quando se viram livres do cativeiro de Babilônia: "Quando o Senhor fez voltar os cativos de Sião, nós ficamos" — lê o hebreu — "como sonhadores" (Sl 125,1), que, incrédulos, de admirados, tinham a verdade por imaginação e cuidavam que estavam sonhando o que viam com os olhos abertos. — E como os sucessos de nossa restauração eram matérias de tão dificultoso crédito, que ainda depois de vistos parecem sonhos e quase se não acabam de crer, ordenou Deus que fossem tanto tempo antes, com tão singulares circunstâncias e com o nome do mesmo libertador profetizadas, para que a certeza das profecias desfizesse os escrúpulos da experiência; para que, sendo objeto da fé, não parecesse ilusão dos sentidos; para que, revelando-as tantos ministros de Deus, se visse que não eram inventos dos homens: "Para que o homem não parecesse inventor deste nome, que foi dado pelo anjo antes que fosse concebido no ventre".

§ III

Temos considerado o "antes que"; vamos agora ao "depois que": "Depois que foram cumpridos os oito dias para ser circuncidado o menino" (Lc 2,21). — O que aqui pondera e sente muito a piedade dos santos, principalmente S. Bernardo, é que, nascido de oito dias, sujeitasse o Senhor aquele corpozinho tenro ao duro golpe da circuncisão. Tão depressa? Aos oito dias, já derramando sangue? Desta pressa se espantam os doutores, mas eu não me espanto senão deste vagar. Que venha Cristo a remir e que espere dias? E que espere horas? E que espere instantes? Quem cuida que é pouco tempo oito dias, mal sabe que é esperar pela redenção. Quando Cristo se encontrou com os discípulos de Emaús, iam eles contando a história de seu Mestre e a causa que os levava peregrinos por esse mundo, e disseram estas notáveis palavras: "Nós esperávamos que este nosso mestre havia de remir o povo de Israel, e no cabo de tudo isto vemos agora que já se vão passando três dias" (Lc 24,21). — Três dias? Pois, que muito é isso? Que espaço de tempo são três dias para uns homens desmaiarem? Para uns homens se entristecerem? Para uns homens se desesperarem tanto? Não se desesperavam porque eram três dias, senão porque eram três dias de esperar pela redenção. Esperavam aqueles discípulos que o Senhor havia de remir a Israel: "Nós esperávamos que este nosso mestre havia de remir o povo de Israel".

E para quem está cativo, para quem espera pela redenção, três dias é muito tempo: "E agora depois de tudo isso" — como se foram passadas três eternidades: "Já se vão passando três dias". — E se três dias é muito tempo para quem espera pela redenção, quanto mais tempo seriam os oito dias que se dilatou a circuncisão de Cristo, pois esperava o mundo neles que começasse o Senhor a derramar sangue e dar o preço com que o remiu? Não há dúvida que foi muito cedo para a dor, mas não foi muito cedo para o remédio; foram poucos dias para quem vivia, mas muitos para quem esperava. Bem o entendeu assim o evangelista, porque, havendo de contar estes oito dias, veja-se o aparato de palavras com que o faz: "Depois que foram consumados". — Parece que armava a dizer oito séculos, ou oito mil anos, segundo a grandeza vagarosa e ponderação das palavras, e no cabo disse *dies octo*, oito dias que, como eram dias de esperar pela redenção, ainda que não foram mais que oito, pareciam uma duração mui comprida, e que não acabavam de chegar segundo tardavam: "Depois que foram consumados".

E, se oito dias de esperar pela redenção, e ainda três dias, é tanto tempo, quanto seria, ou quanto pareceria, não três dias nem oito dias, não três anos, nem oito anos, senão sessenta anos inteiros, nos quais Portugal esteve esperando sua redenção debaixo de um cativeiro tão duro e tão injusto? Não me paro a o ponderar, porque em dia tão de festa não dizem bem memórias de tristezas, ainda que os males passados parte vêm a ser de alegria. O que digo é que nos devemos alegrar com todo o coração e dar imortais graças a Deus, pois vemos tão felizmente logradas nossas esperanças. Nem nos pese de ter esperado tão longamente, porque se há de recompensar a dilação da esperança com a perpetuidade da posse. Perguntam os teólogos, com Santo Tomás, na terceira parte, por que se dilatou por tanto tempo o mistério da Encarnação; por que não desceu o Verbo Eterno a remir o mundo, senão depois de tantos anos. Várias razões dão os doutores; a de Santo Agostinho é muito própria do que queremos dizer: "O que foi muito esperado, agora deve ser sempre possuído". — Quis o Verbo Eterno que esperassem os homens, e suspirassem tantos séculos por sua vinda, porque era bem que fosse muito tempo esperado um bem que havia de ser sempre possuído. — Haviam os homens de gozar para sempre a presença de Cristo, havia o Verbo de ser homem perpetuamente, porque: "O que uma vez tomou, nunca mais o largou"; — seja, pois, este bem por muito tempo esperado, pois há de ser por todo o tempo possuído, e mereça, com as dilações da esperança, a perpetuidade da posse: "O que foi muito esperado, agora deve ser sempre possuído".

Não necessita de acomodação o lugar, de firmeza sim, pelas dependências que tem do futuro; mas um espírito profético, e português, nos fiará a conjectura desta tão gostosa verdade. São Frei Gil[4], religioso da sagrada Ordem de São Domingos, naquelas suas tão celebradas profecias, diz desta maneira: "A Lusitânia perdido o sangue real há muito tempo geme". A Lusitânia, o reino de Portugal, morrendo seu último rei sem filho herdeiro, gemerá e suspirará por muito tempo. — "Mas Deus te será propício": Mas lembrar-se-á Deus de vós, ó pátria minha — diz o santo; "E de maneira inesperada serás remida por um não esperado": E sereis remida não esperadamente por um rei não esperado. — E, depois de assim remido, depois de assim libertado Portugal, que lhe sucederá? "Será vencida e conquistada África." — "O império otomano cairá sujeito e rendido a seus pés." — "A casa santa de Jerusalém será finalmente recuperada." — E por coroa de tão gloriosas vitórias: "Ressuscitará a idade dourada." — "Haverá paz universal." — "Ditosos e bem-aventurados os que isto virem."— Até aqui São Frei Gil profetizando. De sorte que, assim como antes da redenção houve suspirar e gemer, assim depois da redenção haverá possuir e gozar; e assim como os suspiros e gemidos duraram por tantos anos, assim as felicidades e bens permanecerão sem termo e sem limite. O muito, quer Deus que não custe pouco; e era justo que a tanta glória precedesse tanta esperança, e que quem havia de gozar sempre, suspirasse muito: "Há muito tempo a Lusitânia geme. O que foi muito esperado, agora deve ser sempre possuído".

E já que vai de esperanças, não deixemos passar sem ponderação aquelas palavras misteriosas da profecia: "E de maneira inesperada serás remida por um não esperado". — De propósito reparei nelas para refutar com suas próprias armas alguma relíquia que dizem que ainda há daquela seita ou desesperação dos que esperavam por el-rei Dom Sebastião, de gloriosa e lamentável memória. Diz a profecia: "E de maneira inesperada serás remida por um não esperado": Que seria remido Portugal não esperadamente por um rei não esperado. — Segue-se logo, evidentemente, que não podia el-rei Dom Sebastião ser o libertador de Portugal, porque o libertador prometido havia de ser um rei não esperado: "De maneira inesperada por um não esperado" — e el-rei Dom Sebastião era tão esperado vulgarmente, como sabemos todos. Assim que os mesmos sequazes desta opinião, com seu esperar, destruíam sua esperança, porque, quanto o faziam mais esperado, tanto confirmavam mais que não era ele o prometido, podendo-se-lhe aplicar propriamente aquelas palavras que São Paulo disse de Abraão: "Ele creu em esperança contra a esperança" (Rm 4,18) — que creram em uma esperança contrária à sua mesma esperança porque, pelo mesmo que esperavam, tinham obrigação de não esperar.

§ IV

Mas, ainda que concedamos que os portugueses não souberam esperar, não lhes neguemos que souberam amar, e com muita ventura, que, talvez buscando a um rei morto, se vêm a encontrar com um vivo. Morto buscava a Madalena a Cristo na sepultura, e a perseverança e amor com que insistiu em o buscar morto foi causa de que o Senhor lhe enxugasse as lágrimas e se lhe mostrasse vivo. Grande exemplar temos entre as mãos. Assim como a Madalena, cega de amor, chorava às portas da sepultura de Cristo, assim Portugal, sempre amante de seus reis, insistia ao sepulcro de el-rei Dom Sebastião, chorando e suspirando por ele; e, assim como a Madalena no mesmo tempo tinha a Cristo presente e vivo, e o via com seus olhos, e lhe falava, e não o conhecia, porque estava encoberto e disfarçado, assim Portugal tinha presente e vivo a el-rei nosso Senhor, e o via, e lhe falava, e não o conhecia. Por quê? Não só porque estava, senão porque ele era o "Encoberto". Ser o encoberto e estar presente, bem mostrou Cristo neste passo que não era impossível. E quando se descobriu Cristo? Quando se manifestou este Senhor encoberto? Até esta circunstância não faltou no texto. Disse a Madalena a

Cristo: "Levaram-me o meu Senhor" (Jo 20,13) — e o Senhor não lhe deferiu — queixou-se que "não sabia onde lhe puseram" (Ibid.); e dissimulou Cristo da mesma maneira. — "Se vós, Senhor, o levastes" (Ibid. 15) — "dizei-mo" — e ainda aqui se deixou o Senhor estar encoberto sem se manifestar. Finalmente, alentando-se a Madalena mais do que sua fraqueza permitia e tirando forças do mesmo amor, acrescentou: "E eu o levantarei" (Ibid.) — e, tanto que disse: "Eu o levantarei" — então se descobriu o Senhor, mostrando que ele era por quem chorava, e a Madalena o reconheceu e se lançou a seus pés.

Nem mais nem menos Portugal depois da morte de seu último rei. Buscava-o por esse mundo, perguntava por ele, não sabia onde estava, chorava, suspirava, gemia, e o rei vivo e verdadeiro deixava-se estar encoberto e não se manifestava, porque não era ainda chegada a ocasião; porém, tanto que o reino animoso sobre suas forças se deliberou a dizer resolutamente: "Eu o levantarei" e sustentarei com meus braços — então se descobriu o encoberto Senhor, porque então era chegado o tempo, dizendo-nos aos portugueses o que diz São Gregório[5] que disse Cristo à Madalena, manifestando-se: "Reconhecei a quem vos reconhece"; reconhecei por rei a quem vos reconhece por vassalos. — Então sim, e não antes; então sim, e não depois, porque aquele, e não outro era o tempo oportuno e determinado de dar princípio à nossa redenção.

Recebeu Cristo o golpe da circuncisão e deu princípio à redenção do mundo, não antes, nem depois, se não pontualmente aos oito dias: "E no oitavo dia, o menino será circuncidado". — Pois, por que não antes, ou por que não depois? Não se circuncidara ao dia sétimo? Não se circuncidara ao dia nono? Por que não antes, nem depois, senão ao oitavo? A razão foi porque as coisas que faz Deus, e as que se hão de fazer bem-feitas, não se fazem antes nem depois, senão a seu tempo. O tempo assinalado nas Escrituras para a circuncisão era o dia oitavo, como se lê no Gênesis e no Levítico: "No oitavo dia será o menino circuncidado" (Lv 12,3). — E por isso se circuncidou Cristo, sem se antecipar nem dilatar, aos oito dias: "Depois de completados oito dias" — porque, como o Senhor remiu o gênero humano por obediência aos decretos divinos, o tempo que estava assinalado na lei para a circuncisão era o que estava predestinado para dar princípio à redenção do mundo. Da mesma maneira se deu princípio à redenção e restauração de Portugal em tais dias e em tal ano, no celebradíssimo de 40, porque esse era o tempo oportuno e decretado por Deus, e não antes nem depois, como os homens quiseram. Quiseram os homens que fosse antes, quando sucedeu o levantamento de Évora; quiseram os homens que fosse depois, quando assentaram que o dia da aclamação fosse o primeiro de janeiro, hoje faz um ano; mas a providência divina ordenou que o primeiro intento se não conseguisse e que o segundo se antecipasse, para que pontualmente se desse princípio à restauração de Portugal a seu tempo: "Depois de completados oito dias".

§ V

Daqui fica tacitamente respondida uma não mal fundada admiração com que parece podíamos reparar os portugueses em que os seteníssimos duques de Bragança vivessem retirados todos estes anos, sem acudirem à liberdade do reino, como legítimos herdeiros que eram dele. Respondido está; declaro mais a resposta: Cristo, Redentor nosso, ainda enquanto homem, como provam muitos doutores, era legítimo herdeiro da coroa de Israel: "E o Senhor Deus lhe dará o trono de seu pai Davi, e reinará" (Lc 1,32). — Tinha tiranizado este reino Herodes, homem estrangeiro, a quem por este, e por muitos outros títulos não pertencia; e como sobre ser usurpado o reino, lhe quisesse tirar a vida a Cristo, diz o texto que o Senhor se lhe não opôs, antes "se retirou para o Egito" (Mt 2,14). — Notável ação! Não sois vós, Senhor, o verdadeiro rei de Israel, como legítimo herdeiro seu que, ainda que não empunhais o cetro, rei sois, e rei nascestes, e assim o confessam as nações e reis estrangeiros: "Onde está o rei dos judeus, que é nascido?" (Mt 2,2). — Pois, como vos retirais agora, como vos não opondes à tirania de Herodes, como ides viver ao Egito, e tantos anos? Não vedes o que padecem tantos inocentes? Não ouvis que já chegam ao céu as vozes da lastimada Raquel, que chora seus filhos: "Em Ramá se ouviu um clamor, um choro e um grande lamento; vinha a ser Raquel chorando a seus filhos" (Mt 2,18)? — Pois, se a vós, como a rei natural, incumbe a restauração do reino, como vos retirais da empresa? Não me aleguem em contrário os poucos dias que tinha o Senhor de vida ou idade, depois dos oito da circuncisão, porque na mesma circuncisão, e na mesma retirada do Egito, tinha e lhe sobejava tudo o que era necessário para livrar do cativeiro os que nele tinham a esperança da liberdade. Ou Cristo os havia de remir com o sangue próprio ou com o alheio: se com o próprio, bastava uma só gota do sangue da circuncisão para remir, não só o reino de Israel, senão todo o mundo. Se com o sangue alheio, o mesmo anjo, que disse a S. José: "Foge para o Egito" (Mt 2,13) — podia fazer a Herodes, e a todos seus presídios e soldados, o que o outro anjo fez aos exércitos de el-rei Senaqueribe, matando em uma noite oitenta e cinco mil dos que sitiavam a mesma Jerusalém. Pois, se isto era, não só possível, mas fácil, ao legítimo e verdadeiro rei de Israel, por que o não executou então? Porque não era ainda chegado o tempo, diz excelentemente São Pedro Crisólogo: "Cedendo ao tempo, não a Herodes"[6]. — Tinha decretado e disposto que o tempo da redenção fosse dali a trinta e três anos; e, se a providência divina, que tudo pode, espera pelas disposições e circunstâncias do tempo, quanto mais a providência humana, a qual o não seria se com toda a atenção e vigilância as não observasse, aguardando pelas mais convenientes e oportunas, que Deus, e o mesmo tempo, lhe oferecesse. Assim que podiam responder aqueles príncipes, como legítimos e naturais senhores e herdeiros da coroa de seus avós, o que em semelhante caso disseram os famosos Macabeus, assim antes como depois de restituídos ao seu próprio patrimônio: "Nós não temos usurpado o país de ninguém, nem retemos os bens doutrem, mas temos somente recuperado a herança de nossos pais, que de algum tempo a esta parte estava injustamente possuída pelos nossos inimigos" (1Mc 15,33).

E foi de tanta importância esperar pela oportunidade do tempo, que por esta dilação se veio a lograr aquela primeira máxima de toda a razão de estado, assim da providência divina como da providência humana, que é saber concordar estes dois extremos: conseguir o intento e evitar o perigo. Já perguntamos que razão teve Cristo para receber a circuncisão ao oitavo dia, conforme a lei. Agora pergunto: que razão teve a lei para mandar que a circuncisão se fizesse ao oitavo dia? A circuncisão naquele tempo era o remédio do pecado original, como hoje o é o batismo, bem que com diferente perfeição. Pois, se na circuncisão consistia o remédio do pecado original e a liberdade das almas cativas pelo pecado, por que não mandava Deus que se circuncidassem os meninos logo quando nasciam, ou ao terceiro, ou ao quarto dia, senão ao oitavo? A razão literal foi — diz o Abulense — porque quis Deus aplicar o remédio de tal maneira que se evitasse o perigo: Quando os meninos nascem, "em todos aqueles primeiros sete dias correm grande perigo de vida"[7], porque são dias críticos e arriscados, como diz Aristóteles e Galeno; pois, ainda que o remédio dos recém-nascidos e sua espiritual liberdade consistia na circuncisão, não se circuncidem, diz a lei, senão ao oitavo dia, passados os sete, que essa é a excelente razão de estado da providência de Deus, saber dilatar o remédio para escusar o perigo: dilate-se o remédio da circuncisão até o oitavo dia, para que se evite o "perigo da vida que há do primeiro ao sétimo".

Se Portugal se levantara enquanto Castela estava vitoriosa, ou quando menos, enquanto estava pacífica, segundo o miserável estado em que nos tinham posto, era a empresa mui arriscada, eram os dias críticos e perigosos; mas como a providência divina cuidava tão particularmente de nosso bem, por isso ordenou que se dilatasse nossa restauração tanto tempo e que se esperasse a ocasião oportuna do ano de quarenta, em que Castela estava tão embaraçada com inimigos, tão apertada com guerras de dentro e de fora, para que na diversão de suas impossibilidades se lograsse mais segura a nossa resolução. Dilatou-se o remédio, mas segurou-se o perigo. Quando os filisteus se quiseram levantar contra Sansão, aguardaram a que Dalila lhe tivesse presas e atadas as mãos, e então deram sobre ele. Assim o fizeram os portugueses bem advertidos. Aguardaram a que Catalunha atasse as mãos ao Sansão que os oprimia, e como o tiveram assim embaraçado e preso, então se levantaram contra ele tão oportuna como venturosamente. Mas vejo que me dizem os lidos na escritura que é verdade que os filisteus se levantaram contra Sansão, mas que ele soltou as ataduras, voltou sobre eles e desbaratou-os a todos. Primeiramente, muito vai de Sansão a Sansão, e de filisteus a filisteus. Mas, dado que em tudo fora a semelhança igual, esta mesma réplica confirma mais o meu intento. Não tiveram bom sucesso os filisteus porque, ainda que nós os imitamos em parte, eles não nos deram exemplo em tudo. Intentaram, mas não conseguiram, porque as diligências que fizeram não as aplicaram a tempo. As diligências que fizeram os filisteus contra Sansão foi atarem-lhe as mãos e cortarem-lhe os cabelos; mas não aproveitaram estes efeitos, ainda que se obraram, porque, devendo-se fazer ao mesmo tempo, fizeram-se em diversos. Quando lhe ataram as mãos, deixaram-lhe ficar os cabelos, com que teve força para se desatar; quando lhe cortaram os cabelos, deixaram-lhos crescer outra vez, com que teve mãos para se vingar. Pois, que remédio tinham os filisteus para se livrarem de todo, e acabarem de uma vez com Sansão? O remédio era fazerem como nós fizemos, e como nós fazemos, e como nós havemos de fazer. Enquanto Sansão está com as mãos atadas, cortar-lhe os cabelos no mesmo tempo, e acabou-se Sansão. Assim o podiam vencer os filisteus com muita facilidade, que doutra maneira não seria tão fácil. Porque, se lhe não cortassem os cabelos, teria forças para desatar as mãos, e, se desatasse as mãos, seria necessária muita força para lhe cortar os cabelos. Tanto como isto importa executar os remédios a tempo, como nós, por mercê de Deus, o temos feito até agora tão felizmente, conseguindo a maior empresa e evitando o menor perigo, porque soubemos esperar pelos dias oportunos, como mandava a lei esperar pelos da circuncisão: "No oitavo dia, para que o menino fosse circuncidado."

§ VI

"Tanto que se circuncidou o Menino, logo se chamou Salvador." — Mas com que consequência? — pergunta S. Bernardo. — "O menino é circuncidado e é chamado Jesus, o que significa essa combinação?" — Que parentesco tem o nome com a ação, que combinação tem o salvar-se com o circuncidar-se? Três razões acho nos santos; duas repito, uma só pondero. S. Bernardo e Eusébio Emisseno dizem que foi a circuncisão de Cristo: "Uma estreita e mui reformada privação de todo o supérfluo"[8]. — Vinha Cristo, como rei e redentor do mundo a remi-lo e restaurá-lo, e a primeira coisa que fez, como a mais necessária e importante, foi estreitar-se em sua pessoa, cercear demasias, cortar superfluidades e fazer uma premática geral com seu exemplo: "Uma estreita e mui reformada privação de todo o supérfluo". — Muitas graças sejam dadas a Deus que, para confirmação ou imitação desta grande razão de estado divina, não temos necessidade de cansar a memória, senão de abrir os olhos; não de revolver escrituras antigas, senão de venerar e amar exemplos presentes. Assim obra quem assim reina; assim sabe libertar quem assim se sabe estreitar: "Tanto que se circuncidou o Menino, logo se chamou Salvador".

A segunda razão é de Santo Epifânio[9], e diz que foi: Que quis o redentor "confirmar desta maneira e honrar a circuncisão pelo que antes de sua vinda tinha servido". — Bem advertido, mas muito melhor imitado. Parece que os decretos do governo de Portugal e os decretos da Providência divina correram parelhas — quanto pode ser — na sua e na nossa redenção. Decretou Deus que à circuncisão se lhe confirmassem suas antigas honras, havendo respeito ao bem que tinha servido, e o mesmo decreto se passou cá, e com muita razão: "Confirmar desta maneira e honrar a circuncisão pelo que antes de sua vinda tinha servido". — Tinha servido a circuncisão no tempo passado e na lei velha; pois honre-se no tempo presente, e premie-se na lei nova, que não é bem que a felicidade geral venha a ser infortúnio dos que serviram. Que a circuncisão, que tinha tantos anos de serviços, que a circuncisão, que tinha derramado tanto sangue, houvesse de ser desgraçada porque o mundo foi venturoso, não estava isto posto em razão. Pois, baixe um decreto que lhe confirme efetivamente todas as honras passadas: "Para confirmar a circuncisão que outrora tinha sido instituída" — que é bem que a lei da graça premie não só os serviços seus, senão os da lei antiga, para mostrar nisso mesmo que é lei da graça.

Oh! que grande política esta, assim humana como divina! El-rei Assuero mandava ler as histórias e crônicas do reino, para fazer mercês aos que em tempo de seus antecessores tinham servido. El-rei Salomão sustentava de sua própria mesa aos filhos de Berzelai, por serviços feitos em tempo e à pessoa de Davi; e os Reis dos reis, Cristo,

Redentor nosso, quando no Monte Tabor desembargou suas glórias — que também pode ser expediente estarem embargadas por algum tempo — repartiu-as a três que serviam — e a dois que tinham servido: a S. Pedro, a S. João e a São Tiago, porque atualmente serviam; e a Moisés e a Elias, um vivo, e outro defunto, porque tinham servido em tempos passados. Assim recebe Cristo, e autoriza hoje a circuncisão conforme as honras do tempo antigo, não porque se quisesse servir dela, que já estava mui envelhecida e a queria aposentar, senão pelo bem "que dantes tinha servido".

A terceira e última razão é de Santo Ambrósio, de Santo Agostinho, de São João Crisóstomo, de Santo Tomás, e ainda de S. Paulo ou, quando menos, fundada em sua doutrina, e é esta — alego tantos doutores pela dificuldade da razão: — "Recebeu Cristo a circuncisão, porque", como autor da lei nova, "queria tirar do mundo a circuncisão". — Estranha sentença! Pois, porque Cristo queria tirar do mundo a circuncisão, por isso recebe e executa em si a mesma circuncisão? Antes parece que, para a tirar do mundo, havia de entrar condenando-a, desterrando-a, proibindo-a sob graves penas e não a admitindo por nenhum caso. Pouco sabe das razões verdadeiras de estado quem assim discorre. Circuncida-se Cristo para tirar do mundo a circuncisão, porque quem entra a introduzir uma lei nova não pode tirar de repente os abusos da velha. Há de permitir com dissimulação, para tirar com suavidade; há de deixar crescer o trigo com cizânia, para arrancar a cizânia quando não faça mal às raízes do trigo. Todo o zelo é mal sofrido, mas o zelo português mais impaciente que todos. A qualquer relíquia dos males passados, a qualquer sombra das desigualdades antigas, já tomamos o céu com as mãos, porque não está tudo mudado, porque não está emendado tudo.

Assim se muda um reino? Assim se emenda uma monarquia? Tantos entendimentos assim se endireitam? Tantas vontades tão diferentes assim se temperam? Rei era Cristo, e rei redentor, e nenhuma coisa trazia mais diante dos olhos que extinguir os usos da lei velha, e renovar e introduzir os preceitos da nova; e com ter sabedoria infinita e braços onipotentes, ao cabo de trinta e três anos de reino, muitas coisas deixou como as achara para que seu sucessor, S. Pedro, as emendasse. Já Cristo não estava vivo quando se rasgou o véu do Templo, figura da lei antiga. E que coisa se podia representar mais fácil que romper um tafetá em trinta e três anos? Pouco e pouco se fazem as coisas grandes, e não há melhor arbítrio para as concluir com brevidade que não as querer acabar de repente. Instituiu Cristo, Redentor nosso, o sacramento da Eucaristia, e instituiu-o na mesma mesa em que estava o cordeiro legal. Pois, Senhor meu, que combinação é esta, ou que companhia? O cordeiro com o Sacramento? As cerimônias da lei velha com os mistérios da nova na mesma mesa? Sim, que assim era necessário que fosse. Queria Cristo introduzir o Sacramento e lançar fora o cordeiro da lei, e para isso permitiu que o cordeiro estivesse embora na mesma mesa com o Sacramento, que desta maneira se desterram com suavidade as sombras das leis velhas e se vão introduzindo e conciliando os resplendores das novas.

Estejam agora juntos o Sacramento e o cordeiro, que amanhã irá fora o cordeiro e ficará só o Sacramento. Com este vagar faz Deus as coisas, e assim quer que as façam os que estão em seu lugar — quando elas o sofrem — e tenha mais paciência o zelo, não seja tão estreito de coração. Mais dói aos reis que aos vassalos dissimular com algumas coisas; mas por força se hão de fazer assim, para se não fazerem por força. Muito lhe doeu a Cristo, gotas de sangue lhe custou contemporizar com a circuncisão; mas foi necessário dissimular com dor para remediar com sucesso. Não é o mesmo permitir que aprovar; antes, o que se permite, já se supõe condenado. A benevolência e dissimulação, como são afetos da mesma cor, equivocam-se facilmente nas aparências; e quantas vezes se choraram ruínas os que se invejaram favores! Vem a ser indústria no príncipe o que é razão de estado no lavrador: que as espigas que há de cortar, essas abraça primeiro. Assim abraçou Cristo a circuncisão, "porque a queria cortar e arrancar do mundo". — Mostrando na suavidade desta razão e nas outras coisas por que se circuncidou, quão bem se proporcionava com os meios o nome que lhe puseram de Salvador: "Circuncidado o menino, recebeu o nome de Jesus".

Mas por que se chamou Salvador? Por que não tomou outro nome? Que o não tomasse de algum atributo de sua divindade, bem está, pois vinha a ser homem; mas, ainda enquanto homem, tinha Cristo a maior dignidade da terra, que era a de rei. Pois, já que havia de tomar o nome do ofício, e não da pessoa, por que não se chamou rei, por que se chamou Salvador? A razão deu Tertuliano: Deixou Cristo o nome de rei, e tomou o de Salvador "porque estimava mais o nome de piedade que o título de majestade"[10]. — O nome de rei era nome majestoso, o nome de Salvador era nome piedoso; o nome de rei dizia imperar, o nome de Salvador dizia libertar; e fazendo o Senhor a eleição pela estimação, tomou o de nosso remédio, deixou o de sua grandeza. Por isso os anjos, na embaixada que deram aos pastores, puseram primeiro o nome de Salvador, e depois o nome de ungido: "É que hoje vos nasceu o Salvador, que é o Cristo Senhor" (Lc 2,11). — E por isso, no título da cruz, se chamou o Senhor JESUS Rei, e não Rei JESUS: "Jesus de Nazaré, Rei dos Judeus" (Jo 19,19) — para mostrar, no princípio e no fim da vida, que estimava mais o exercício de nossa liberdade que a grandeza de sua majestade: "Porque estimava mais o nome de piedade que o título de majestade".

Se os corações puderam discorrer sensivelmente, quanto melhor falaram neste passo do que os pudera copiar a língua? Isto que Tertuliano disse pelo primeiro libertador do gênero humano, pudéramos nós dizer com ação de graças pelo segundo libertador de Portugal, o qual, nesta felicíssima e verdadeiramente real ação, mostrou bem quanto mais estimava o nome da piedade que o título da majestade, pois, convidado tantas vezes para a grandeza, rejeitou generosamente o cetro; e agora, chamado para o remédio, aceitou animosamente a coroa: "Porque estimava mais o nome de piedade que o título de majestade". — Rei, não por ambição de reinar, senão por compaixão de libertar. Rei verdadeiramente imitador do Rei dos reis, que, sobre todos os títulos da sua grandeza, estimou mais o nome de libertador e Salvador: "E recebeu o nome de Jesus".

§ VII

Acabou-se o Evangelho, e eu tenho acabado o sermão. Mas vejo que me estão caluniando e arguindo, porque não provei o que prometi. — Prometi fazer neste sermão um juízo dos anos que vêm, e eu não fiz mais que referir os sucessos dos anos passados. Mostrei a razão das profecias, as dilações da esperança, a oportunidade do tempo, o acerto dos decretos, a propriedade e merecimento do nome, e tudo isto é história do que foi, e não prognóstico do que há de ser. Ora, ainda que o não pareça, eu me tenho desempenhado do que prometi, e todo este discurso foi um prognóstico certo e um juízo infalível dos anos que vêm. Tudo o que disse, ou foram profecias cumpridas, ou benefícios manifestos da mão de Deus; e em profecias e benefícios começados, o mesmo é referir o passado que prognosticar e segurar o futuro.

Partiu Cristo desterrado a Egito, e diz o evangelista S. Mateus: "Que aqui se cumpriu a profecia do profeta Oseias, em que dizia Deus que havia de chamar e tirar do Egito a seu Filho" (Mt 2,25). — Dificultoso lugar! Argumento assim: As profecias não se cumprem senão quando sucedem as coisas profetizadas; Cristo não voltou do Egito senão daí a sete anos: logo, não se cumpriu então, nem se pode cumprir esta profecia de Oseias. Se dissera o evangelista que se cumpria a profecia de Isaías: "Eis aí subirá o Senhor sobre uma nuvem leve, e entrará no Egito" (Is 19,1) — claro estava; mas dizer, quando entrou no Egito, que então se cumpriu a profecia de quando saiu, que não foi senão daí a tantos anos, como pode ser? Reparo foi este de Ruperto Abade, o qual satisfaz à dúvida com uma razão mística; mas a literal, e que nos serve, é esta.

Como as profecias, quanto à evidência, se qualificam pelos efeitos, e na execução do que prometem têm a canonização de sua verdade, é consequência tão infalível, cumpridas as primeiras profecias, haverem-se de cumprir as segundas, que, quando se mostra o cumprimento de umas, logo se podem dar por cumpridas as outras. Por isso o evangelista, ainda discursando humanamente, quando viu que se cumpria a profecia de Cristo entrar no Egito, deu logo por cumprida também a profecia de haver de voltar para a pátria, e assim disse: "Que então se cumpriu o que tinha profetizado Oseias", não quanto à execução, senão quanto à evidência, porque o cumprimento da profecia passada era nova e certa profecia de se cumprir a futura; que, se numa parte não faltou o efeito, como poderia faltar na outra? Muitas felicidades tem logo que ver Portugal nos anos seguintes, e muitas lhe tenho eu prognosticado neste sermão, porque como as mesmas profecias, que prometeram o que vemos cumprido, prometem ainda outros maiores aumentos a este reino, ou a este império, como elas dizem, o mesmo foi referir o desempenho felicíssimo das profecias passadas que prognosticar, antes segurar com firmeza o cumprimento infalível das que estão por vir. Se as nossas profecias, na parte mais dificultosa, foram profecias, na parte mais fácil, que resta, por que o não serão?

Sete coisas profetizou o anjo embaixador à Virgem Maria: "Que conceberia; que pariria um filho, que lhe poria por nome JESUS, que seria grande; que se chamaria Filho de Deus; que Deus lhe daria o trono de Davi seu pai; que reinaria na casa de Jacó para sempre; que seu reino não teria fim" (Lc 1,31ss). — E destas sete profecias, vendo cumprida Santa Isabel só a primeira, pelos efeitos dela julgou que se haviam de cumprir todas as mais: "Porque se hão de cumprir as coisas que da parte do Senhor te foram ditas" (Lc 1,45). — O mesmo discurso fiz eu, e o devemos fazer todos os portugueses se não queremos ser hereges da boa razão, e de uma fé mais que humana, dando todos o parabém a Portugal e chamando-lhe mil vezes feliz: "Porque se hão de cumprir as coisas que da parte do Senhor te foram ditas". — Porque, como se começaram a cumprir as profecias em sua restauração, assim as levará Deus por diante e lhes dará o cumprimento gloriosíssimo que elas prometem. Até agora era necessária pia afeição para dar fé às nossas profecias; mas já hoje basta o discurso e boa razão, porque os efeitos presentes das passadas são nova profecia dos futuros; bem assim como — para que até aqui nos não falte o Evangelho — a imposição do nome de Jesus, que hoje chamaram a Cristo: "E recebeu o nome de Jesus" — foi cumprimento do que estava profetizado, e profecia do que estava por cumprir. Foi cumprimento do que estava profetizado, porque profetizado estava que se chamaria Jesus o Filho da Virgem: "Darás à luz um filho e o chamarás de Jesus". — Foi profecia do que estava por cumprir, porque o nome de Jesus, que quer dizer Salvador, era profecia que havia de salvar Cristo e remir o gênero humano: "Será chamado Jesus, porque ele salvará o seu povo dos pecados deles" (Mt 1,21).

§ VIII

Nos benefícios passa o mesmo. Muitos lugares pudera trazer; um só digo, que, pela propriedade do nome, tem privilégio de se preferir a todos. Nasceu S. João Batista, e assentaram consigo os vizinhos daquelas montanhas que havia de ser o menino pessoa notável, e que esperavam grandes venturas em seus maiores anos: "Conservavam-nas em seu coração, dizendo: Quem julgais vós que virá a ser este menino?" (Lc 1,66). — Pois, donde o tiraram estes homens? Que fundamento tiveram para se resolverem tão assentadamente nas grandezas de João e em seus aumentos? O fundamento que os moveu eles mesmos o disseram, ou o evangelista por eles. "Quem julgais vós que virá a ser este menino? Porque a mão do Senhor era com ele" (Ibid.). — Viam os milagres, viam as maravilhas, viam as mercês extraordinárias a que Deus, com mão tão liberal, fazia a João logo em seus princípios, e do *erat* tiraram o *erit*; das experiências do que era inferiam evidências do que havia de ser, porque aqueles benefícios de Deus presentes eram prognósticos das felicidades futuras: "Porque a mão do Senhor era com ele". — Assim como a quiromancia humana, quando quer dizer a boa ventura, olha para as mãos dos homens, assim a quiromancia divina, a arte de adivinhar ao celeste, olha para as mãos de Deus; e como a mão de Deus estava tão liberal com João: "Porque a mão do Senhor era com ele" — na disposição destas primeiras liberalidades, como em caracteres expressos, estavam lendo a sucessão das futuras, e das grandezas maravilhosas que já eram, julgavam as que, correndo os anos, haviam de ser: "Quem julgais vós que virá a ser este menino? Porque a mão do Senhor era com ele".

Ora, grande simpatia tem a mão de Deus com o nome de João. Bem o mostrou o Senhor na feliz aclamação de Sua Majestade, que Deus nos guarde, como há de guardar muitos anos, pois aos ecos do nome de João despregou da Cruz o braço o mesmo Cristo, assegurando-nos que, assim como a mão de Deus estivera com o primeiro João de Judeia, assim estava e havia de estar sempre com o quarto de Portugal: "Porque a mão do Senhor era com ele". — Bem experimentamos esta assistência nos sucessos que referi e em todos os felicíssimos do ano passado, que em todas as coisas que Sua Majestade pôs a mão, pôs também a divina a sua. E se estes ou semelhantes efeitos da mão de Deus foram bastantes prognósticos para uns montanheses rústicos, assaz claro foi o modo de prognosticar que segui, falando entre cortesãos tão entendidos. Nem aqui também nos faltou o Evangelho porque, se nos confirmou a primeira razão com o mistério do nome de "JESUS", agora nos prova a segunda com o da circuncisão, da qual dizem comumente os doutores que aquele pouco sangue, que o Senhor derramou hoje no presépio, foi sinal e como penhor de haver de derramar todo na cruz; que como Deus é liberal com onipotência e bom sem arrependimento, o mesmo é fazer um benefício menor que penhorar-se a outros maiores. E, se estes benefícios, que da divina mão temos recebido, se podem chamar menores, os maiores, quão grandes serão?

Nem nos desconfiem estas esperanças os temores que propusemos ao princípio, da variedade dos sucessos da guerra, da inconstância das felicidades do mundo, porque só as felicidades que vêm por mão dos homens são inconstantes, mas as que vêm por mão de Deus são firmes, são permanentes. Quando Josué, à entrada da Terra de Promissão, venceu aquelas primeiras e milagrosas batalhas, mostrando os inimigos mortos aos soldados, lhes disse, o que eu também digo a todos os portugueses: "Tende ânimo, e sede robustos: porque assim fará o Senhor a todos os vossos inimigos, contra quem pelejais" (Js 10,25). — Grande ânimo, valentes soldados, grande confiança, valorosos portugueses, que assim como vencestes felizmente estes inimigos, assim haveis de vencer todos os demais, que, como são vitórias dadas por Deus, este pouco sangue que derramastes em fé de seu poderoso braço é prognóstico certíssimo do muito que haveis de derramar vencedores — não digo sangue de católicos, que espero em Deus que se hão de desapaixonar muito cedo nossos competidores, e que em vosso valor, e seu desengano, hão de estudar a verdade de nossa justiça — mas sangue de hereges na Europa, sangue de mouros na África, sangue de gentios na Ásia e na América, vencendo e sujeitando todas as partes do mundo a um só império, para todas em uma coroa se meterem gloriosamente debaixo dos pés do sucessor de S. Pedro. Assim o contam as profecias, assim o prometem as esperanças, assim o confirmam estes felizes princípios, que a divina bondade se sirva de prosperar até os fins felicíssimos que desejamos, que são os com que remata um sermão deste dia S. Bernardo, cujas palavras tantas vezes têm sido profecias a Portugal: "Verdadeiramente seu império será aumentado, de tal modo que seja chamado merecidamente o Salvador, também pela multidão dos que se hão de salvar, e a paz não conhecerá fim"[11].

Para que nossas orações comecem a obrigar a Deus, não peço três Ave-Marias, senão três petições do Pai-nosso: "Santificado seja o vosso nome, venha o vosso reino e faça-se a vossa vontade". — Santificado e glorificado seja, Senhor, vosso nome, porque ao nome santíssimo de "JESUS", como o primeiro e principal libertador, reconhecemos dever a liberdade que gozamos. — "Venha a nós", Senhor, "o vosso reino": vosso, porque vosso é o reino de Portugal, que assim nos fizestes mercê de o dizer a seu primeiro fundador, el-rei Dom Afonso Henriques: "Quero fundar em ti e em tua descendência um império para mim". — E por isso mesmo "venha" — porque, como há de ser Portugal um tão grande Império, posto que tem já vindo todo o reino que era, ainda o reino que há de ser não tem vindo todo. E para que nossas más correspondências não desmereçam tanto bem: "Faça-se a vossa vontade": Fazei, Senhor, que façamos inteiramente vossa santa vontade, porque, assim como nos prognósticos humanos, para advertir sua contingência, se diz: Deus sobre tudo — assim eu neste divino, para assegurar sua certeza, digo também: Deus, sobre tudo — porque, se sobre tudo amarmos a Deus, cumprindo perfeitamente sua vontade, sem dúvida se inclinará o Senhor a ouvir e satisfazer os afetos da nossa, perpetuando a sucessão de nossas felicidades na perseverança de sua graça: "A qual o Senhor Deus Onipotente se digne conceder a mim e a vós"[12].

SERMÃO DA

Quinta Dominga da Quaresma

Em Lisboa, na Capela Real. Ano de 1655.

∽

"Qual de vós me arguirá de pecado?
Se eu vos digo a verdade, por que me não credes?"
(Jo 8,46)

Vieira chegara a Lisboa em novembro de 1654 com a vontade de colher novo apoio régio, dados os conflitos com os colonos no Maranhão. A sua presença em Lisboa causa estranheza. No Sermão da Sexagésima justificava a sua vinda a Portugal e criticava os maus pregadores. Durante toda a Quaresma deste ano, Vieira pregará os sermões dominicais, todos incisivos. Este é um destes sermões. O sermão de Cristo foi um ato da fé contra os judeus; o meu será outro ato da fé, mas contra os cristãos. Que diz Cristo aos cristãos? Se credes a verdade que vos digo, por que a não obrais? A tempestade no mar, lembrança do naufrágio no largo dos Açores. Por que são os menos os que têm entendimento e fé? As vidas dos outros concordam com a sua fé, as de muitos cristãos não concordam. Em nós, ainda que a vida seja má, a fé é boa. São Tiago diz que a fé sem obras é fé morta. Pelas obras se vê manifestamente a fé. Os demônios creem em Deus e tremem dele, e tu, cristão, não tremes nem temes.

§ I

A uma corte e seus príncipes, à corte de Jerusalém, e aos príncipes dos sacerdotes, pregou Cristo hoje um sermão, cujo exórdio em duas cláusulas é o que eu tomei por tema. O sermão, já naquele tempo acomodando-se ao lugar e aos ouvintes, foi de um famoso ato da fé contra os judeus. Na primeira cláusula provou-lhes o Senhor que era o Messias; na segunda, convenceu-os e condenou-os de o não crerem: "Qual de vós me arguirá de pecado?". Quem de vós me arguirá de pecado? — Nesta pergunta, a que não podiam responder nem replicar, provou Cristo com evidência que era o Messias, porque homem sem pecado ninguém o foi nem podia ser senão um homem que fosse juntamente Deus, qual era o Messias prometido na lei. — E se eu — continua a segunda cláusula — e se eu sou o Messias, e como verdadeiro Messias vos digo a verdade: "Se eu vos digo a verdade" — por que me não credes a mim: "Por que me não credes?". — Se eu sou o esperado, por que não sou crido? Se a vossa esperança é esta, por que não concordais a vossa fé com a vossa esperança? Dai a razão, que não tendes nem podeis ter: "Por quê, por quê?".

A minha obrigação hoje, como sempre, é seguir o exemplo de Cristo e o texto do Evangelho. E, sendo o tempo, o lugar e o auditório tão diverso, qual será o sermão? Nas circunstâncias será também diverso, mas o assunto o mesmo. O assunto e sermão de Cristo foi de um ato da fé contra os judeus; o meu será de outro ato da fé, não contra os judeus, senão contra os cristãos. Praza à bondade e misericórdia divina que se não verifique também em nós a maldição do povo judaico, que, tendo olhos não vejam, tendo ouvidos não ouçam, e tendo, ou devendo ter, entendimento não entendam: "Obceca o coração deste povo, e ensurdece-lhe os ouvidos, e fecha-lhe os olhos, para que não suceda que veja com seus olhos, e ouça com seus ouvidos, e entenda com seu coração" (Is 6,10).

§ II

Deixados os judeus, que não creem a Cristo como verdadeiro Messias, e falando com os cristãos, que o cremos, confessamos e adoramos, com as mesmas palavras convence o divino pregador a uns e a outros, mas muito mais forte, e muito mais eficazmente aos cristãos: "Se eu vos digo a verdade, por que me não credes?". — Que diz Cristo aos judeus? Se vos digo a verdade, por que me não credes? Que diz Cristo aos cristãos? Se credes a verdade que vos digo, por que a não obrais? Os judeus erram em não concordar a sua fé com a sua esperança; os cristãos erram em não concordar a sua vida com a sua fé: e qual é maior erro e maior cegueira? Não há dúvida que a dos cristãos. Por quê? Porque a fé é "das coisas que não se veem"[1] — e o não crer pode ter alguma desculpa nos olhos; porém crer uma coisa, obrar a contrária, nenhuma desculpa pode ter nem aparência de razão, ainda falsa. Aqui nos aperta a nós mais que aos judeus aquele "Por quê. Por quê?". Por que razão? Dai-a cá. Todos os que aqui estamos, por mercê de Deus, somos homens e somos cristãos: enquanto cristãos, somos obrigados a ter fé; enquanto homens, somos obrigados a dar razão. E se eu tenho razão para crer o que Cristo diz, que razão posso ter para não fazer o que Cristo diz? Se tenho razão para dar a vida pela fé, que razão posso ter para não concordar a fé com a vida?

Dito é antigo e, como verdadeiro e discreto, muito celebrado, que na cristandade não havia de haver mais que duas prisões: a dos cárceres do Santo Ofício, e a da Casa dos Orates[2]. Porque um homem, qualquer que seja, ou tem fé ou não tem fé: se não tem fé, é herege, e pertence aos cárceres do Santo Ofício; se tem fé, e crê que há Deus, e céu, e inferno, e, contudo, vive como se o não crera, é rematadamente doido, e pertence à Casa de Orates. Os judeus do nosso Evangelho, de uma e outra censura e de uma e outra pena se mostraram bem merecedores. Quanto à fé e ao "credes", não só negaram a fé a Cristo: "Não credes em mim" — mas à sua infidelidade acrescentaram blasfêmias: "Não dizemos nós bem que tu és um samaritano, e que tens demônio" (Jo 8,48)? — De sorte que no mesmo ato da fé, e no mesmo cadafalso, se pela infidelidade mereciam a fogueira, pela blasfêmia mereciam a mordaça. E quanto ao juízo e ao uso da razão — "por quê" — diz o texto que "tomaram pedras para atirarem a Cristo" (Jo 8,59). — No sagrado do Templo, nem as pedras eram tão mudas nem tão soltas, que as pudessem tomar ali: sinal é logo que já as traziam consigo. Vede se mereciam ser levados à Casa dos Orates, pois não só eram doidos, senão doidos de pedras?

Passemos agora de Jerusalém à cristandade. Porventura é melhor o nosso uso da razão que o seu "por quê"? É melhor a nossa fé, que o seu "não credes"? Não crer é ter entendimento cego e obstinado; crer uma coisa e obrar outra é totalmente não ter entendimento; se não temos entendimento, não somos homens; se não temos fé, não somos cristãos. Que somos logo? Terrível consequência uma e outra! Se não somos homens, quando muito somos animais; se não somos cristãos e católicos, quando menos somos hereges. Não me atrevera a dizer tanto se não tivera experimentado ambas estas consequências e visto ambas com os olhos. Nesta última viagem — seja-me lícita a narração do caso, que, por raro e próprio do intento, é bem notável — nesta última viagem minha, que foi das Ilhas a Lisboa, em que aquela travessa no inverno é uma das mais trabalhosas, o navio era de hereges, e hereges o piloto e marinheiros; os passageiros éramos alguns religiosos de diferentes religiões, e grande quantidade daqueles músicos insulanos que, com os nossos rouxinóis e pintassilgos, vêm cá a fazer o coro de quatro vozes, canários e melros.

As tempestades foram mais que ordinárias, mas os efeitos que nelas notei, verdadeiramente admiráveis. Os religiosos todos estávamos ocupados em orações e ladainhas, em fazer votos ao céu e exorcismos às ondas, em lançar relíquias ao mar, e, sobretudo em atos de contrição, confessando-nos como para morrer uma e muitas vezes. Os marinheiros, como hereges, com as machadinhas ao pé dos mastros, comiam e bebiam alegremente mais que nunca, e zombavam das nossas que eles chamavam cerimônias. Os passarinhos no mesmo tempo com o sonido que o vento fazia nas enxárcias, como se aquelas cordas foram de instrumentos músicos, desfaziam-se em cantar. Oh! valha-me Deus! Se o trabalho e o temor não levasse toda a atenção, quem se não admiraria neste passo de efeitos tão vários e tão encontrados, sendo a causa a mesma? Todos no mesmo navio, todos na mesma tempestade, todos no mesmo perigo, e uns a cantar, outros a zombar, outros a orar e chorar? Sim. Os passarinhos cantavam, porque não tinham entendimento; os hereges zombavam, porque não tinham fé; e nós, que tínhamos fé e entendimento, bradávamos ao céu, batíamos nos peitos, chorávamos nossos pecados.

Isto é o que eu vi e passei, e isto mesmo o que nós não vemos, estando no mesmo e em pior e mais perigoso estado. A travessa é da terra para o céu, e da vida mortal para a eternidade; o mar é este mundo; os navegantes somos todos; o navio, o corpo de cada um, tão fraco e de tão pouca resistência por todos os costados, e a tempestade e as ondas muito maiores: São tão grandes ou tão imensas as ondas — diz Davi — que "umas sobem até o céu, e outras descem aos abismos" (Sl 106). — Isto que nos poetas é hipérbole, no profeta é verdade pura e certa, sem encarecimento. Se quando a onda vos afoga, estais em graça, põe-vos no céu: "Sobem até o céu" — se quando vos soçobra e tolhe a respiração, estais em pecado, mete-vos no inferno: "Descem aos abismos". — E que no meio de um perigo mais que horrível e tremendo, em que o menos que se perde é a vida, uns não temam, e cantem, outros zombem, e não façam caso, e sejam tão poucos os que se compunjam e tratem da salvação? Sim, outra vez, porque os menos são os que têm entendimento e fé; os demais nem têm fé nem entendimento.

Ora, já que todos imos embarcados no mesmo navio, pergunte-se cada um a si mesmo a qual destas partes pertence. Sou dos que cantam? Sou dos que zombam, ou sou dos que choram? Sou dos cristãos e católicos, ou sou dos hereges? Sou dos homens com uso de razão, ou dos irracionais? Que as avezinhas não reconheçam o perigo da vida, não alcança mais o seu instinto; que os hereges não temam a estreiteza da conta, esta é cegueira da sua infidelidade; mas que um homem cristão, no meio destes dois perigos, com a morte e a conta diante dos olhos, neste mesmo tempo esteja cantando ao som dos ventos e zombando ao balanço das ondas! Cristão, aonde está a tua fé? Homem, aonde está o teu entendimento? Se tens uso da razão, dá cá a razão: "Por quê, por quê?".

§ III

É tão dificultosa e tão impossível esta razão, que nenhum homem há, nem houve, nem haverá, que por mais voltas que dê ao entendimento, a possa dar, não digo verdadeira e sólida, mas nem ainda falsa e aparente. Se consultardes os bons e os justos, que caminham pela estrada real da verdade e da virtude, todos hão de dizer e dizem constantemente que a vida se há de concordar com a fé. E se fizerdes a mesma pergunta aos maus e aos péssimos, que seguem os caminhos do erro e os precipícios da infidelidade, até estes, se não responderem que a vida se há de conformar com a fé, ao menos hão de dizer que a fé se há de conformar com a vida. Ouvi agora uma notável ponderação, e tão certa como admirável. Sendo "a fé uma só fé", assim como "Deus é um só Deus" (Ef 4,5) — qual é o fundamento ou motivos por que os homens se dividiram em tantas seitas? Não há dúvida que, se cavarmos ao pé e lhe buscarmos as raízes, acharemos que todas se semearam nos vícios e deles brotaram e nasceram.

Primeiro se depravaram as vontades, e depois se perverteram os entendimentos. Epicuro era delicioso, Mafoma era torpe, Lutero e Calvino[3] eram relaxados da sua profissão e depois depravados em tudo. Vinde cá, maus homens, sede embora maus viciosos, vivei embora, ou na má hora, à vossa vontade, largai a rédea a vossos apetites, mas não façais nem inventeis novas seitas. Epicuro seja quão delicioso quiser, mas não negue a Deus o atributo da Justiça, para que os homens tenham por bem-aventurança as delícias. Mafoma seja tão torpe e tão abominável como foi; mas não faça também torpe o céu, para que os homens esperem na bem-aventurança as torpezas. Lutero e Calvino vivam tão viciosa e depravadamente como viveram, mas não ensinem que o sangue de Cristo nos há de salvar sem cooperação nossa, para que os homens creiam que pode haver salvação e bem-aventurança sem obras. Pois, se estes homens podiam fartar a bruteza dos seus apetites sem agravo nem mudança da fé, por que a mudaram tão cegamente, e formaram seitas tão bárbaras e tão novas?

Aqui vereis como não há entendimento tão depravado e tão cego, nem erro tão irracional e tão atrevido, que ditasse ou admitisse jamais que a vida não havia de concordar com a fé. A vida, diziam todos, necessariamente há de concordar com a fé: nós não queremos mudar a vida, senão continuar em nossos vícios; que faremos, logo? Não temos outro meio senão trocar os mesmos extremos e mudar a fé, porque desta maneira, já que a vida não concorda com a fé, ao menos a fé concordará com a vida. Não queremos fazer vida nova? Pois, façamos fé nova; e assim o fizeram. Assim o fez na gentilidade Epicuro; assim o fez no paganismo Mafoma; assim o fizeram na cristandade Lutero e Calvino; e se tornarmos ao ato da fé dos judeus, assim o tinham eles já feito muito antes de todos.

No Capítulo 32 do Deuteronômio, parte referindo o passado, e parte profetizando o futuro, se queixa Moisés de que viessem ao povo de Israel deuses novos, que seus pais não tinham conhecido: "Ofereceram sacrifícios aos deuses que eles desconheciam: vieram deuses novos e recentes, que seus pais não tinham adorado" (Dt 32,17). — O Deus antigo e verdadeiro, em que creram seus pais, era aquele que pelos honrar, e se honrar deles, se chamava "Deus de Abraão, Deus de Isac, e Deus de Jacó" (Ex 3,6). — E donde aos filhos de Abraão, Isac e Jacó, deixado o Deus antigo e verdadeiro, lhes vieram estes deuses novos e falsos: "E recentemente chegaram novos"? — Vieram-lhe do Egito, vieram-lhes de Canaã, e vieram-lhes da mesma terra de Israel. Vieram-lhes do Egito, porque, esquecidos da doutrina de José, imitaram as larguezas e intemperanças dos egípcios e adoraram os deuses do Egito. Vieram-lhes de Canaã, porque, desprezada a lei que já tinham recebido de Moisés, sem freio de lei nem razão, seguiram as cegueiras e vícios dos cananeus e adoraram os deuses de Canaã. Vieram-lhes da mesma terra de Israel, porque, abraçando os preceitos impiamente políticos de Jeroboão, deixavam o único templo de Deus verdadeiro em Jerusalém, e em todos os montes e bosques levantavam altares aos ídolos da gentilidade e se fartavam das torpezas e abominações dos seus sacrifícios. De sorte que não foram os primeiros que vieram os deuses novos, senão os vícios novos; nem foi a fé ou superstição nova a que ensinou o modo de viver novo, mas a novidade das vidas e dos costumes foi a que introduziu a novidade dos deuses: "E recentemente chegaram novos".

Aqui se deve notar de caminho uma advertência digna de grande reparo, e de grande doutrina e desengano para os que ainda não acabam de crer em Cristo, e é, com quanta verdade disse Davi ser cegueira própria dos judeus, não só errar na fé, senão errar sempre. "E disse: Estes sempre erram de coração" (Sl 94,10). — Vede-o no tempo passado e no presente. De maneira, filhos de Abraão, Isac, e Jacó, que no tempo da lei velha buscáveis deuses novos: "E recentemente chegaram novos" — e no tempo da lei nova buscais e adorais o Deus velho? Não é isto errar sempre? Respondem que não, e parece que dizem bem, porque os judeus deste tempo não adoram ídolos. E se não adoram ídolos, como seus antepassados, o que eles confessam e não podem negar, que é o que adoram? Dizem que adoram a unidade de Deus, que é a frase com que se explicam em toda a parte. Agora torno eu a perguntar: E esse Deus, cuja unidade adorais, confessais também que é trino? Não. E esse Deus, cuja unidade adorais, confessais também que se fez homem? Não.

Logo, tão idólatras sois agora como fostes antigamente, porque adorar o Deus verdadeiro, negando que é trino, e adorar o Deus verdadeiro, negando que se fez homem, e adorar um deus que não há, é adorar um deus fingido e falso, que é a verdadeira idolatria. E se não, vamos à experiência. A verdadeira fé entre os judeus nunca chegou a durar quarenta anos, como notou o mesmo Davi no mesmo lugar: "Quarenta anos estive desgostado com esta geração, e disse: Estes sempre erram de coração" (Ibid.). — Pois, se quando a vossa fé não chegava a durar quarenta anos, Deus sempre se compadeceu de vós e vos acudiu, livrando-vos de tantos cativeiros, mandando-vos profetas e redentores, agora, que há mil e seiscentos anos que perseverais nessa fé do verdadeiro Deus, por que vos não acode? Porque essa que vós chamais fé é tão verdadeira idolatria, e muito mais refinada do que era dantes.

§ IV

Mas continuemos o ato da fé dos cristãos, com os quais o juízo do meu discurso não há de ser menos reto. Acabamos de dizer que os judeus também seguiram ou antecipararam os passos dos gentios, dos pagãos e dos hereges em trocar e mudar a fé para a concordar com a vida; agora saibamos se os cristãos procedem mais coerentemente e conforme à razão, e se respondem melhor àquele "por que". Os outros mudam a fé, os cristãos não a mudam; a fé dos outros mudada é falsa; a fé dos cristãos conservada, é a verdadeira; mas se olharmos para as vidas, as dos outros concordam com a sua fé, as de muitos cristãos não concordam com a sua. Quais vivem logo e procedem mais coerentemente e mais conformes com a razão? Não há dúvida — miséria e vergonha grande! Não há dúvida que mais conforme à razão procede o gentio, mais conforme à razão o pagão, mais conforme à razão o herege, e mais conforme à razão o judeu, que são todas as quatro espécies da infidelidade. E por quê? Porque todos estes seguem com a vida o que creem com a fé; e o mau cristão com a fé crê uma coisa, e com a vida segue outra. Ouçamos neste ponto ao homem mais zelador da verdadeira fé, Elias. Estava no seu tempo o povo de Israel quase no mesmo estado ou verdadeiramente no mesmo em que hoje vemos a cristandade.

E que fez o grande profeta? Quando Jacó acabou a luta com o anjo, tocou-lhe o anjo em um joelho, com que daí por diante ficou manco: "Tocou-lhe o nervo da sua coxa, e logo este se secou: ele porém coxeava do pé" (Gn 32,25.31). — O joelho significa a adoração, e o manquejar Jacó de um joelho significava que o povo de Israel, descendente do mesmo Jacó, com um joelho, que era o são e direito, havia de adorar o verdadeiro Deus, e com outro, que era o manco e torcido, havia de adorar os ídolos. E tal era o estado em que naquele tempo se achava o mesmo povo, por uma parte adorando o Deus de Israel e por outra o ídolo de Baal. Vendo, pois, Elias esta diferença e confusão de adorações tão discordes e tão contrárias, convocou o povo e disse-lhe desta maneira: "Até quando claudicais em duas partes?" (3Rs 18,21). Até quando, ó povo insensato, haveis de manquejar na fé, divididos e discordes de vós mesmos em duas partes? — "Se o Deus de Israel, a quem eu adoro, é o verdadeiro Deus, segui o Deus de Israel; e se Baal, a quem vós adorais, é o Deus verdadeiro, segui a Baal" (Ibid.).

Só a espada de Elias podia cortar tão direito e falar tão resolutamente. Ouvida a galharda proposta, diz o texto sagrado "que todo o povo emudeceu", e não houve quem abrisse a boca, "ou replicasse uma só palavra" (Ibid.). — E por que razão: "por quê"? Porque assim como não há coisa mais coerente, nem consequência mais posta em razão, que seguir um homem com a vida aquilo que adora e crê com a fé, assim não há nem pode haver ditame mais irracional e mais contrário a toda a razão que crer uma coisa com a fé, e seguir outra com a vida. Ou a fé seja de Deus, ou a fé seja de Baal, sempre a vida e as obras hão de seguir a fé. Crer em Deus e seguir a Deus, uma e outra coisa era boa; crer em Baal e seguir a Baal, uma e outra coisa era má. Mas posta uma vez a fé de Deus verdadeira, e a fé de Baal falsa, tão errada consequência era e tão contrária a toda a razão não seguir a Baal como não seguir a Deus: "Se o Senhor é Deus, segui-o; se porém Baal, segui-o".

Cristão — os que não obramos o que devemos — a quem adoramos? A quem cremos? A quem seguimos? "Até quando claudicais em duas partes?". — Será bem que tenhamos um pé em Roma, adorando a Cristo, outro em Constantinopla, guardando o Alcorão? Um em Roma, beijando o pé a S. Pedro, outro em Jerusalém, beijando a mão a Herodes? Um em Roma, rezando a Santa Maria Maior, outro em Chipre, oferecendo sacrifícios à deusa Vênus? Um em Roma, visitando as sete Igrejas, outro em Londres ou Amsterdão, profanando os altares e perdendo a reverência às imagens sagradas? Isso faz o turco, o judeu, o gentio, o herege, e cada um conforme a sua fé; e sendo a nossa tão contrária, será bem que em nós, cristãos e católicos, se ache o mesmo? Se não concordar a vida com a fé é um ditame tão bárbaro e tão irracional, que não cabe no entendimento de Lutero, que não cabe no entendimento de Epicuro, que não cabe no entendimento de Mafoma, e como cabe no nosso entendimento? Pôr a bem-aventurança nas delícias, como Epicuro, é ser gentio: passe; pôr a bem-aventurança nas torpezas, como Mafoma, é ser turco: seja; esperar a bem-aventurança sem obras, como Lutero e Calvino, é ser herege: vá na má hora. Mas ser cristão na fé, e a vida ser de Epicuro? Ser cristão na fé, e a vida ser de Mafoma? Ser cristão e católico na fé, e a vida ser de Lutero e de Calvino, em que entendimento pode caber tão rematada loucura? Há quem responda, há quem dê razão, há quem diga o "por quê?".

O povo judaico junto ficou tão convencido da proposta de Elias, que todo emudeceu, sem haver quem replicasse uma só palavra. E eu, em toda a Escritura Sagrada, só acho um homem que satisfizesse à minha pergunta e respondesse a propósito. E que homem será este? Cristão? Não. Judeu? Não. Gentio? Não. Turco? Não. Herege? Não. Pois, que casta de homem será ou pode ser o que só respondeu a propósito ao nosso "por quê"? Um ateu. Todos esses outros, ou fiéis ou infiéis, conhecem a Deus: só o ateu o não conhece, e só este pode dar a verdadeira razão do que perguntamos. El-rei Faraó tinha cativo o povo de Israel no Egito, e com o mais duro e intolerável cativeiro que se pode imaginar. Não lhes pagava o trabalho, antes lho acrescentava cada dia, para que não tivessem hora de descanso; punha-lhes por ministros, que superintendessem às obras em que serviam, os de condição áspera e cruel, para que mais os oprimissem; não lhes dava de comer com que sustentar a miserável vida, e até os filhos lhes matava cautelosamente, sem que os pudessem esconder nem livrar; enfim, o sumo da tirania. Neste estado de tanto aperto, em que se não ouviam mais que clamores ao céu, chegou Moisés ao Egito e notificou a Faraó, da parte de Deus, que desse liberdade ao seu povo para lhe ir sacrificar no deserto: "Estas coisas diz o Senhor Deus de Israel: Deixa ir o meu povo, para que me faça sacrifícios no deserto" (Ex 5,1). — E que vos parece que responderia Faraó? "Que Deus, e que Senhor é esse, para que eu o obedeça?" — "Não conheço tal Deus, e não libertarei Israel". Não conheço tal Deus, nem tal Senhor, nem hei de dar tal liberdade ao povo. Ó bárbaro! Ó rebelde! Ó insolente e brutal tirano!

Isto é o que estão dizendo todos, mas eu não digo assim. Digo que respondeu Faraó muito coerente e discretamente. Como bárbaro sim, mas como bárbaro bem entendido; como desobediente sim, mas como desobediente racional. — Não conheço a Deus, e não hei de libertar o seu povo? — Ruim fé, mas boa consequência. Na fé falou como bruto, na consequência respondeu como homem. Não obedecer a Deus, e dar por razão: não o conheço — bem se segue. Mas conhecer a Deus, e dizer conheço a Deus, e não querer fazer o que manda Deus, é consequência e razão que não cabe em nenhum entendimento.

Oh! quantos Faraós mais bárbaros, oh! quantos ateus mais irracionais há na cristandade! Oprimir os povos, cativar os livres, gemerem os pobres, triunfarem os poderosos; não se dar de comer a quem trabalha, não se pagar a quem serve, tirarem-se as vidas aos inocentes, e viverem os que as tiram, não só do seu suor, senão do seu sangue; e dar por razão de tudo isto: "Não conheço a Deus" (Ex 5,2) — é obrar mal, mas falar coerentemente. Porém, oprimir, cativar, destruir, roubar, assolar, afrontar, matar, tiranizar, e sobre isto dizer: conheço a Deus; sobre isto dizer: sou cristão; sobre isto dizer: tenho fé, não há juízo humano, nem entendimento racional em que caiba tal coisa. E se não, dai cá a razão: "Por quê, por quê?".

Para confirmação desta minha instância, tantas vezes repetida, não quero alegar nem oráculos de Deus, nem evidências de anjos, nem discursos de homens, senão ditos e palavras dos mesmos brutos irracionais, e o que eles sentiram e disseram, ou disseram sem o sentir. Duas vezes sabemos que falaram neste mundo os brutos: a serpente que falou com Eva, e o jumento que falou com Balaão. E que disseram? Coisa notável! Sendo ambos irracionais, um à mulher, outro ao homem, ambos lhes pediram razão. A serpente a Eva: "Por que vos mandou Deus?" (Gn 3,1). — O jumento a Balaão: "Por que me feres?" (Nm 22,28). "Por quê" é o mesmo que "por que razão?". E qual é a razão por que pediram razão os animais que não têm uso de razão? Porque são tão obrigados os homens a dar razão do que fazem que até os animais têm direito para lha pedir, e eles obrigação de lha dar. Mais ainda. Pediram razão estes dois animais; e de que a pediram? Das mesmas duas coisas em que nós litigamos, fé e obras. A serpente a Eva pediu-lhe a razão do que cria: "Por que vos mandou Deus?". — O jumento a Balaão pediu-lhe razão do que obrava: "Por que me feres?". — E se até os mesmos brutos, sem uso de razão, pedem razão ao homem da sua fé e das suas obras, nós por que a não pediremos cada um a si mesmo?

Se esta é a minha fé, e a minha fé é a verdadeira, as minhas obras por que são tão alheias dela, e tão contrárias? Que o cego não veja, e caia, que o judeu não conheça a verdade que lhe diz Cristo, e não creia: "Não credes em mim" — pode-o escusar a sua cegueira; mas que o cristão, que crê, adora e confessa a Cristo, e professa a sua lei, na vida e nas obras negue a mesma verdade! Assim como ao judeu o escusa a sua cegueira, assim a nossa luz acusa mais, e condena a nossa. Se dissermos publicamente, como Faraó "que não conhecemos a Deus" (Ex 5,2) — tinha coerência e desculpa o nosso ateísmo; mas depois da água do Batismo, depois do óleo da Crisma, e, o que é mais, confessando e comungando no grêmio da Igreja Católica, e na face de toda a cristandade, haja professores dela, que na soltura dos costumes, e no escândalo da vida, se não distingam dos ateus! Os mesmos brutos irracionais e o mesmo irracional dos brutos, se Deus lhes soltara as línguas, assim como duas vezes pediram razão aos homens, assim tinham razão de dizer duas mil, e clamar ao céu e à terra que somos mais brutos que eles.

§ V

Sou tão amigo e reverenciador da razão que até as sombras dela ouço de boa vontade. Podem instar os cristãos que não guardam a lei de Cristo, e argumentar por si nesta forma. É verdade que os infiéis de todo o gênero, e ainda os mesmos ateus, parece que procedem mais coerentemente, e mais conforme à razão, porque eles concordam a sua fé com a sua vida, e nós não concordamos a nossa vida com a nossa fé. Mas nesta mesma diferença há outra muito maior e melhor, que faz pela nossa parte. E qual é? É que neles a fé é má, e a vida também má; porém em nós, ainda que a vida seja má, a fé é boa. Logo, ao menos em a metade dos procedimentos são melhores os nossos que os seus? Assim parece, mas não é assim. Por quê? Porque aonde a vida é má, não pode a fé ser boa. Texto expresso de S. João: "Quem diz que conhece a Deus, e não guarda seus mandamentos, mente. E a verdade não está nele" (1Jo 2,4). — E por que mente, se o que crê é verdade?

Admirável e sutilissimamente se explicou o mesmo S. João: "Mente, e a verdade não está nele" (Ibid.). — No tal caso a verdade está nos mistérios que crê, mas não está no que crê os mistérios. Notai. Uma coisa é a verdade da fé em si, a qual propriamente se chama fé; outra é a verdade da fé em nós, a qual propriamente se chama crença. A fé em si sempre é verdadeira, a crença em nós pode ser verdadeira, e pode ser falsa: se concorda com a vida, é verdadeira, porque obramos conforme cremos; se não concorda com a vida, é falsa e mentirosa, porque cremos uma coisa, e obramos outra. Por isso o que não guarda os mandamentos, ainda que creia e confesse tudo o que ensina a fé, mente, e não está nele a verdade: "Quem não guarda seus mandamentos, mente. E a verdade não está nele". — Se o cristão e católico cuida que a sua fé é melhor que a dos infiéis, somente porque crê o que ensina o

Credo, engana-se e mente-se a si mesmo: não basta só crer no Credo; é necessário crer nos mandamentos.

Daqui se entenderá um notável dito de Davi no Salmo 118, aonde alega e diz a Deus que cria nos seus mandamentos: "Porque dei crédito aos teus mandamentos" (Sl 118,66). — O crer pertence ao Credo, e não aos Mandamentos; ao Símbolo, e não ao Decálogo. O Símbolo e o Decálogo são duas Escrituras divinas, em que consiste toda a obrigação e perfeição cristã. O Símbolo contém os mistérios da fé; o Decálogo contém os mandamentos da lei: os mistérios da fé temos obrigação de os crer, os mandamentos da lei temos obrigação de os guardar. Pois, por que troca Davi os termos, e em lugar de dizer a Deus que guardava os seus mandamentos, diz que os cria: "Porque dei crédito aos teus mandamentos"? — Porque aludiu o profeta com elegante energia, e picou e condenou os que só creem no Credo. Este Salmo 118 foi composto por Davi pelas letras do A B C, para o cantarem, como cantavam, os que iam em romaria ao Templo. E quis ensinar a todos que o A B C da fé é ajuntar o Símbolo com o Decálogo, e a crença do Credo com a crença dos mandamentos: "Porque dei crédito aos teus mandamentos". — O Símbolo que não anda junto com o Decálogo não é símbolo da fé, é fé do címbalo.

Explico a proposição, porque bem entendo que a não entendem todos. Escrevendo S. Paulo aos coríntios, e falando da fé e dos mandamentos, que todos se reduzem ao da caridade, pondo o exemplo em si, diz desta maneira: "Se eu tiver toda a fé, e tal e tão eficaz que possa abalar os montes, e passá-los de um lugar para outro, e não tiver caridade, nenhuma coisa sou" (1Cor 13,2). — E se quereis que vos declare este nada que sou com uma semelhança: "Sou como um sino de metal, que não faz mais que soar e tinir" (Ibid. 1). — Comparai-me agora o Símbolo com o címbalo: o Símbolo é o que contém toda a fé: "Se eu tiver toda a fé" — e com toda essa fé sem caridade, na qual consistem os mandamentos: "E não tiver caridade" — que é ou que será qualquer cristão? "Será como o sino, que não tem mais que o soar e o tinir". — Passa o Santíssimo Sacramento por junto a uma Igreja, repicam os sinos das torres; e que vem a ser esta correspondência? O Sacramento é o mistério da fé; mas os sinos nenhuma coisa têm de fé, mais que o soar e o tinir: "soar e tinir". — Eis aqui qual é a fé de todo o Símbolo em que cremos, se lhe falta a observância dos mandamentos de Deus. Não é símbolo da fé, é fé do címbalo. Que importa o soar do crer sem a consonância do obrar? Que importa o tinir, ou os tinos da fé, com os desatinos das vidas?

Má vida e boa-fé, torno a dizer, é mentira. E por que, outra vez? Porque o que professa a fé, nega-o a vida; o que diz o som das palavras, nega-o a dissonância das obras. Vede como concorda S. Paulo com S. João, os dois maiores teólogos da escola de Cristo: "Com as vozes confessam a fé de Deus, e com as obras negam o mesmo Deus e a mesma fé que confessam" (Tt 1,16). — Dizei-me: É boa a fé dos cristãos que a negam em Argel? Pois, sabei que para ser renegados não é necessário ir lá cativos. Ouvi a S. Salviano, Bispo de Marselha, que está defronte do mesmo Argel: "Os cristãos sem boas obras nada devem usurpar para si pela altura de sua fé"[4]. — Note-se muito o "sobrancelha de fé" (eminência da fé). Por uma parte, não só vazios de obras boas, senão cheios e carregados de obras más; e por outra, com as sobrancelhas levantadas, muito prezados e presumidos de cristãos, usurpando e roubando o nome que lhes não é devido. Por uma parte com a voz e com os pensamentos, blasonando que navegam na barca de Pedro; e por outra, com ambos os braços remando nas galés de Mafoma. É boa-fé esta? É melhor que a dos mesmos turcos? Não faltará quem replique e diga que sim, e com o mesmo exemplo, porque os cristãos forçados, que remam nas galés de Mafoma debaixo das bandeiras turquescas, nem por isso perdem a fé de Cristo.

Agradeço a agudeza da réplica; mas vamos navegando pelo Mediterrâneo acima. Aporta a mesma galé ao porto de Chipre; salta Mulei Amet[5] no meio da coxia, desembainha a cimitarra e diz assim: — Com esta a todo o cristão, que não adorar aquela imagem de Vênus, hei de cortar a cabeça. E que sucederá neste caso? O cristão que não quis adorar perdeu a cabeça e ficou mártir; o que adorou conservou a vida e ficou renegado. Agora pergunto: E se aquele cristão que, por força e contra sua vontade, adorou a Vênus em uma estátua de mármore, é renegado, que diremos daqueles que, não por força, senão muito por sua vontade e por seu gosto, adoram a mesma Vênus, não em uma estátua de mármore, senão em outras que não são de pedra? Se aquele que antes era cristão e depois negou a fé é renegado, o que no mesmo tempo confessa a fé, e a nega, que será? Destes é que fala S. Paulo: "No mesmo tempo confessam a Deus, e no mesmo tempo o negam" (Tt 1,16); — e fé juntamente confessada e negada, que fé é? Pior que a do turco, porque o turco não nega o que confessa, o cristão nega o que confessa; com manifesta contradição. Assim o definiu com autoridade Pontifical S. Gregório Papa: "Se mantém a fé com as obras, se não a contradiz com os costumes"[6]. Confessar a fé com tão manifesta contradição, não só é crer em Deus com fé falsa, mas é crer em Deus à falsa fé: com fé mentirosa, com fé renegada, com fé traidora. E ninguém se admire de eu chamar a esta fé dos que se chamam cristãos, pior que a do turco, porque o mesmo S. Paulo, estranhando muito menores defeitos de boas obras, não duvidou dizer que só pela omissão delas "era pior o cristão que o infiel" (1Tm 5,8).

§ VI

Suposto o muito que fica dito, já eu me pudera contentar com estes dois grandes testemunhos de S. João e S. Paulo, ambos de fé. Mas porque a lei diz: "Por boca de duas ou três testemunhas fique tudo confirmado" (Mt 18,16) — quero acrescentar o terceiro, do apóstolo S. Tiago, o qual, entre todos os doze, foi o primeiro que provou a sua fé com a maior de todas as suas obras, que é o dar a vida. Tomou S. Tiago entre mãos este ponto da fé com obras — às quais chamou Salviano elegantemente "testemunhas da fé" — e porque o apertou mais forte e eficazmente que todos, ouçamos o que diz: "A fé, se não tiver obras, é morta em si mesma. Poderá logo algum dizer: Tu tens a fé, e eu tenho as obras; mostra-me tu a tua fé sem obras, e eu te mostrarei a minha fé pelas minhas obras. Tu crês que há um só Deus. Fazes bem, mas também os demônios o creem, e estremecem" (Tg 2,18s). — Até aqui a força dos argumentos ponderemos cada um de per si.

Primeiramente, diz São Tiago que a fé sem obras é fé morta: "A fé sem obras é morta em si mesma". — Dídimo[7], declarando esta sentença, diz: "Assim como o homem morto não é homem, assim a fé morta não é fé". — Mas este comento parece que é contrário ao texto, porque o texto diz que a fé "é morta em si mesma". Logo, se é a mesma, é fé? Sim: é fé, e a mesma fé; mas, assim como o homem morto é o mesmo homem, do mesmo homem — nomeado por seu nome — dizemos que morreu, que vai a enterrar, que está sepultado, que há de ressuscitar. E, contudo, esse mesmo não é já homem. Ainda que um homem não faça nem tenha obra alguma boa, dirá: Eu creio tudo o que crê a Santa Madre Igreja; logo, a minha fé é a mesma que a do maior santo? Assim é. A mesma, mas morta: "Morta em si mesma". — No santo é viva, porque é fé com obras; e em vós, porque carece de obras, é morta. O mesmo S. Tiago tornou a declarar a sua sentença por outra frase: "Assim como o corpo sem alma é morto, assim a fé sem obras é morta" (Tg 2,26). — De maneira que as obras são a alma da fé; e do o mesmo modo que o homem com a alma é homem vivo, e sem alma é homem morto, assim a fé com obras é fé viva, e sem obras é fé morta. É fé sem alma, ou fé desalmada, porque é fé de cristãos desalmados.

E se alguém me perguntar: Como morre ou se mata a fé? — respondo que por um de dois modos: ou natural, ou violentamente. Se a fé somente carece de boas obras, morre naturalmente e como à fome; se, além de não ter boas obras, exercita as más, morre violentamente, e como à espada. Quanto ao primeiro modo, diz assim Santo Agostinho: "Assim como o corpo se refaz com o alimento, assim a fé é animada pela caridade"[8]. Assim como o corpo vive do comer, com que se nutre e sustenta, assim a fé se anima e alimenta com as obras de caridade. — De onde se segue que, do mesmo modo, assim como o corpo, faltando-lhe o comer, morre à fome, assim também morre à fome a fé, faltando-lhe as obras de caridade. Não tem menor autor esta consequência, que o mesmo S. Tiago, o qual argumenta nesta forma: "Se o pobre estiver despido e não tiver que comer, e vós lhe não derdes o necessário para o corpo, que lhe aproveita? Logo, a fé sem obras é morta" (Tg 2,15ss). — Parece que não havia de inferir assim o apóstolo, nem atribuir a morte à fé, senão ao pobre, porque o pobre sem comer morrerá à fome, e sem vestir morrerá de frio; logo, a fé que lhe não dá o necessário, mata ao pobre? Não — diz o apóstolo — porque o pobre, se eu lhe não der a esmola, dar-lhe-á outrem; mas a fé, como não se pode sustentar das obras alheias, senão das próprias, ela é a que no tal caso se mata à fome a si mesma: "É morta em si mesma".

Quanto ao segundo modo de morrer a fé, ou se matar violentamente e como à espada, disse-o S. Bernardo, chamando homicida da própria fé ao que mata com más obras: "Se ofereces a Deus uma oferta morta e desse modo queres honrar a Deus e o aplacar, és um matador de tua fé?"[9]. — Matador da fé, lhe chama, e verdadeiramente é mais cruel matador da fé que os tiranos mais cruéis. Os Neros e Dioclecianos não atormentavam os cristãos para lhes tirarem a vida, senão para lhes matar a fé; por sinal que, se negavam a fé, logo lhes davam a vida. E que sucedia então? Comparai-me cristão com cristão, e tirano com tirano. O bom cristão sofria as catastas, os ecúleos, as lâminas ardentes, as grelhas, as rodas de navalhas, e deixava matar a vida para conservar viva a fé. E o mau cristão hoje mata a fé por não perder um gosto, um apetite, um interesse vil da covarde e infame vida. O tirano gentio, por um dos deuses falsos, procurava matar a tormentos a fé alheia; e o tirano cristão, mais cruel que todos os tiranos, sem fazer caso do Deus verdadeiro nem o temer, e por fartar a sua vontade, não duvida ser homicida e "matador da fé própria".

§ VII

Deste primeiro argumento, passa o apóstolo ao segundo, tanto mais forte quanto mais evidente, porque desce da especulação à prática, da razão à experiência, e do discurso aos olhos. É um desafio de fé a fé, uma armada de obras, e outra sem elas, confiada só em si mesma, e diz assim: "Tu tens a fé e eu tenho as obras; mostra-me a tua fé sem obras e eu te mostrarei a minha fé pelas obras". — Faz aqui S. Tiago o mesmo que fez Elias, que foram as duas melhores espadas da lei velha e da nova. Elias, para mostrar aos olhos a verdadeira divindade de Deus, e a falsa de Baal: — Fazei vós — diz — sacrifício ao deus que adorais, e eu o farei também ao que adoro; e sobre qual descer fogo do céu, esse seja crido por verdadeiro Deus. Responderam todos: "Boa proposta" (3Rs 18,24) — e tal é a de S. Tiago. — Vós — diz o apóstolo — dizeis que tendes fé, eu digo que tenho obras: mostre agora cada um de nós a sua fé, vós sem obras a vossa, e eu com obras a minha, e seja tida por verdadeira fé a que mostrar que o é. A demonstração da fé, que é interior e invisível, parece dificultosa e impossível, e não é senão muito fácil. A fé é cega, mas, assim como o cego me não vê a mim, e eu o vejo a ele, assim a fé não vê, mas vê-se; não vê, porque não vê os seus objetos; mas vê-se, porque se vê nos seus efeitos. Os seus efeitos são as obras conformes a ela: pelas obras se vê manifestamente, e sem obras como se pode ver?

O exemplo que alega S. Tiago da fé com obras é Abraão, que por isso se chamou "Pai dos que creem" (Rm 4,11). — E, não falando naquela façanha singular de sacrificar o próprio filho, nos deixou Abraão outra figura da fé com obras, menos árdua, mas igualmente significativa. Querendo casar a seu filho Isac, mandou ao mordomo de sua casa que lhe fosse buscar mulher, obrigando o primeiro com juramento, que de nenhum modo fosse da terra de Canaã, mas de Mesopotâmia, sua antiga pátria, porque os cananeus eram totalmente idólatras, e os de Mesopotâmia tinham conhecimento do verdadeiro Deus. Este dote da fé — de que hoje ainda os príncipes católicos fazem menos conta — era o que Abraão principalmente buscava para seu filho. Partiu o mordomo, chegou à pátria de seu senhor, e, porque as joias que levava para a esposa eram umas arrecadas e uns braceletes, sabendo por certos sinais de Deus que a esposa era Rebeca, encontrando-a fora de casa, lhe pendurou das orelhas as arrecadas e lhe atou às mãos os braceletes. Assim o diz ele por formais palavras: "Eu lhe pendurei nas orelhas umas arrecadas para adorno de seu rosto, e lhe pus nas mãos uns braceletes" (Gn 24,47).

Com este novo enfeite chegou Rebeca a casa, mas de tal maneira mudada, que mostrou as arrecadas, não nas orelhas, senão nas mãos: é mudança que consta expressamente do mesmo texto: "Tendo visto — Labão — as arrecadas nas suas mãos" (Gn 24,30). — Pois, se a Rebeca lhe penduraram as arrecadas nas orelhas, por que as passou às mãos e as mostrou nelas? Porque era esposa escolhida pelo dote da fé, e figura da verdadeira. As orelhas e os ouvidos são o sentido da fé: "A fé é pelo ouvido" (Rm 10,17); as mãos são o sentido e o instrumento das obras; e ainda que a fé se recebe pelos ouvidos, não se mostra nem se vê senão nas mãos: "Tendo visto as arrecadas nas suas mãos". — A fé que nos prega e ensina a Igreja Católica, ouve-se e recebe-se pelos ouvidos, como Rebeca recebeu as arrecadas nas orelhas; mas o ver-se e o mostrar-se: "Mostra-me a tua fé e eu te mostrarei a minha fé" — não se mostra nem se vê senão pelas mãos e "pelas obras".

Estava Cristo, Senhor nosso, adorado de joelhos por rei, no pretório de Pilatos; as vozes que se ouviam das bocas dos que o adoravam, eram as de maior respeito e reverência: "Salve Rei dos Judeus" (Jo 19,3). — O mesmo S. João ao pé da cruz não pudera dizer nem ler no título dela outra verdade mais de fé. Mas quando isto se ouviu nas vozes, que é o que se via nas mãos dos mesmos adoradores? "Umas mãos lhe batiam as faces com bofetadas" (Ibid.) — "outras mãos lhe pisavam o rosto com punhadas" (Mt 26,27). — Quem crera tão horrendo e mais que sacrílego atrevimento se o não disseram os evangelistas? Mas que diferença havia entre uma e outra afronta, ambas tão iguais? A diferença era que as bofetadas afrontavam e ofendiam a Cristo com as mãos abertas; as punhadas, com as mãos fechadas. E nota S. Mateus que os autores desta afronta foram os soldados do presídio romano, porque não só se havia de achar semelhante excesso de maldade na perfídia Judaica, senão também na fé romana, que é a nossa. Com as mãos abertas ofende a Cristo o filho pródigo, com as mãos fechadas o rico avarento; com as mãos abertas o que esperdiça, com as mãos fechadas o que entesoura; com as mãos abertas o que dá o que não devera, com as mãos fechadas o que não paga o que deve; com as mãos abertas o que recebe a peita, com as mãos fechadas o que nega a esmola; com as mãos abertas o que rouba o alheio, e com as mãos fechadas o que não restitui o roubado. Olhe agora cada um para as suas mãos, e verá qual é a sua fé. Eu taparei os ouvidos ao que se diz, e só direi o que se vê com os olhos e se aponta com o dedo. Como estamos na corte, onde das casas dos pequenos não se faz caso nem têm nome de casas, busquemos esta fé em alguma casa grande, e dos grandes. Deus me guie.

O escudo desta portada, em um quartel tem as quinas, em outro as lises, em outro águias, leões e castelos; sem dúvida este deve ser o palácio em que mora a fé cristã, católica e cristianíssima. Entremos, e vamos examinando o que virmos, parte por parte. Primeiro que tudo vejo cavalos, liteiras e coches; vejo criados de diversos calibres, uns com libré, outros sem ela; vejo galas, vejo joias, vejo baixelas; as paredes vejo-as cobertas de ricos tapizes; das janelas vejo ao perto jardins e ao longe quintas; enfim, vejo todo o palácio, e também o oratório, mas não vejo a fé. E por que não aparece a fé nesta casa? Eu o direi ao dono dela. Se os vossos cavalos comem à custa do lavrador, e os freios que mastigam, as ferraduras que pisam e as rodas e o coche que arrastam são dos pobres oficiais, que andam arrastados sem poder cobrar um real, como se há de ver a fé na vossa cavalheriça? Se o que vestem os lacaios e os pajens, e os socorros do outro exército doméstico masculino e feminino depende das mesadas do mercador que vos assiste, e no princípio do ano lhe pagais com esperança e no fim com desesperações, a risco de quebrar, como se há de ver a fé na vossa família?

Se as galas, as joias e as baixelas, ou no reino, ou fora dele foram adquiridas com tanta injustiça e crueldade, que o ouro e a prata derretidos, e as sedas, se se espremeram, haviam de verter sangue, como se há de ver a fé nessa falsa riqueza? Se as vossas paredes estão vestidas de preciosas tapeçarias, e os miseráveis, a quem despistes para as vestir a elas, estão nus e morrendo de frio, como se há de ver a fé, nem pintada nas vossas paredes? Se a primavera está rindo nos jardins e nas quintas, e as fontes estão nos olhos da triste viúva e órfãos, a quem nem por obrigação, nem por esmola satisfazeis ou agradeceis o que seus pais vos serviram, como se há de ver a fé nessas flores e alamedas? Se as pedras da mesma casa em que viveis, desde os telhados até os alicerces, estão chovendo o suor dos jornaleiros, a quem não fazíeis féria, e, se queriam ir buscar a vida a outra parte, os prendíeis e obrigáveis por força, como se há de ver a fé nem sombra dela na vossa casa?

Mas passemos do púlpito ao confessionário. Se o confessor, quando com toda esta carga vos pondes a seus pés, puxa pelo "por que" do nosso texto, e vos pergunta a razão por que não restituís, devendo tanto, a resposta e a teologia que trazeis muito estudada é que, sem embargo das dívidas, deveis sustentar a vossa casa com a decência que pode o vosso estado, e que as vendas não dão para tanto. Bem. E os pais, de quem herdastes esse mesmo estado, e eram tão honrados como vós, não sustentavam a honra e a decência dele com menos pompa, com menos criados, com menos librés, com menos galas, com menos regalos? Mais. E o que gastais por outra via, não com a decência, senão com as indecências da casa e da pessoa? "Por quê?" Que respondeis a isto? A maior galanteria é que ao outro dia, depois da confissão e desta escusa, ouve o mesmo confessor sem sigilo que aquela noite perdestes dois mil cruzados, e que pela manhã os mandastes em dobrões a quem os ganhou, porque é contra a pontualidade da fidalguia não pagar logo o dinheiro do jogo. Assim jogais com os homens e assim com Deus, e esta é a vossa fé.

Dir-me-á, porém, em contrário a nossa corte, que, se em algumas casas particulares está a fé tão morta e tão corrupta, que nas casas de Deus está mais viva e mais inteira que em nenhuma parte do mundo. Assim se vê e demonstra em todos os templos de Lisboa, a qual muito à boca cheia pode dizer ao mesmo mundo: "Eu te mostrarei a minha fé pelas minhas obras" (Tg 2,18). — Eu tenho visto a maior parte da cristandade da Europa, e em nenhuma, entrando também nesta conta a mesma Roma, está o culto divino exterior tão subido de ponto, e cada dia mais. Seria lástima grande ver aqui desfazer e arruinar nos mesmos templos as fábricas antigas, de tanta formosura e preço, se depois se não vissem as mesmas ruínas gloriosamente ressuscitadas com tanto maiores riquezas da matéria e tanto maiores primores da arte. Em nenhuma parte do mundo é tanta a cobiça de adquirir como em Lisboa a ambição de gastar por Deus. Que Igreja há nesta multidão de tantas, em um dia de festa, que se não pareça com a que viu descer do céu S. João: "Como uma esposa ataviada para o seu esposo" (Ap 21,2)? — O ouro e os brocados, de que se vestem as paredes, são objeto vulgar da vista; a harmonia dos coros, suspensão e elevação dos ouvidos; o âmbar e almíscar, e as outras espécies aromáticas que vaporam nas caçoulas, até pelas ruas rescendem muito ao longe, e convocam pelo olfato o concurso. É isto terra ou céu? Céu é, mas com muita mistura de terra, porque no meio desse culto celestial, exterior e sensível, o desfazem e contradizem, também sensivelmente, não só as muitas ofensas que fora dos templos se cometem, mas as públicas irreverências com que dentro neles se perde o respeito à fé e ao mesmo Deus. Queres que te diga, Lisboa minha, sem lisonja, uma verdade muito sincera, e que te descubra um engano de que tua piedade muito se glória? Esta tua fé tão liberal, tão rica, tão enfeitada e tão cheirosa, não é fé viva. Pois, que é? É fé morta, mas embalsamada.

§ VIII

Passemos ao terceiro e último argumento de São Tiago, que será também o último do nosso discurso. "Vós credes em um só Deus, fazeis bem; os demônios também creem e tremem" (Tg 2,19). Vós credes em um só Deus. Fazeis bem: isso mesmo é o que nós cremos, e o que ensina e canta a Igreja depois do Evangelho: "Vós credes em um só Deus". — Mas não basta esse primeiro bem, que é bem crer, se não for acompanhado do segundo, que é bem obrar. Aquela estrela que apareceu aos Magos no Oriente, era muito resplandecente, muito formosa e muito certa e segura no caminho que lhes mostrava, como é a fé; mas se eles se deixaram ficar nas suas terras e a não seguiram até Belém, para onde os guiava, que importaria a sua vista e entenderem o que significava? Tão magos e tão gentios ficariam como antes eram. É necessário ajuntar o ver com o vir: "Nós vimos, e viemos" (Mt 2,2). — Melhor exemplo ainda. Quando os filhos de Israel, depois de saírem do cativeiro do Egito e passarem o Mar Vermelho, caminhavam para a Terra de Promissão, levavam por farol daquela viagem uma coluna, a qual de noite era de fogo, que os alumiava, e de dia de nuvem, que lhes fazia sombra.

A esta coluna seguia todo o exército — que era de mais de seiscentas mil famílias — de tal sorte que, quando a coluna fazia alto, e parava, todos paravam e fixavam as suas tendas no mesmo lugar; e quando a coluna abalava e se movia, também o exército se punha em marcha, e ao mesmo passo e compasso iam caminhando, ou fossem montes, ou vales, sem mudar ou variar a derrota. E que figurava ou significava tudo isto? S. Paulo: "Todas estas coisas lhes aconteciam a eles em figura" (1Cor 10,11). — Tudo era figura naquele tempo do que havia de ser neste nosso. O cativeiro do Egito significava o pecado; a passagem do Mar Vermelho, a água do Batismo que, por virtude do sangue de Cristo, nos havia de pôr em graça; a Terra de Promissão, a pátria e bem-aventurança do céu, para onde todos caminhamos; e a coluna de fogo e nuvem, a fé que vai diante e nos guia. Como coluna, porque ela é a coluna e firmeza da verdade; como de fogo, porque ela nos alumia; e como de nuvem, porque é luz juntamente clara e escura, enquanto nos manda crer muitas coisas que não vemos.

Agora pergunto: E se quando a coluna se movia e caminhava, parte do exército se deixasse ficar nos arraiais, chegariam estes à Terra de Promissão? Claro está que de nenhum modo. Mais, e pior ainda. E se em lugar de seguir a coluna, lhe voltassem as costas e tornassem para o Egito, conseguiriam o mesmo fim? Muito menos. Pois, estes são os que não acompanham a fé com boas obras, e, muito mais e pior, os que a contrariam com obras más. Em lugar de a fé os levar à Terra de Promissão, e ao céu, eles, com a mesma fé, se acharão no inferno. Enquanto negarem a fé só com as obras, e não com as palavras, não bastará esta culpa para que a Santa Inquisição da terra os condene e mande queimar na Ribeira; mas será não só bastante, senão certo e infalível, que por sentença do supremo Tribunal da Divina Justiça irão arder eternamente no fogo do inferno.

Isto é o que admirável e tremendamente infere S. Tiago: "Vós credes em um só Deus: os demônios também creem" (Tg 2,19). Contentai-vos somente com crer em Deus? Também os demônios creem no mesmo Deus, e nem por isso deixam de ser demônios. — Oh! se Deus nos abrisse os olhos, como havíamos de ver todo este mundo, as ruas, as casas e as mesmas Igrejas cheias de demônios, os quais não vemos, assim como não vemos os anjos da guarda que nos assistem! E em que diferem os demônios de muitos homens? Só diferem em que os demônios são invisíveis, e os maus homens são demônios que vemos. Primeiramente, quanto à fé, o demônio não é gentio, nem turco, nem herege, nem ateu. Crê no mesmo Deus verdadeiro em que nós cremos: "Os demônios também creem". — E se a melhor fé, e só verdadeira, é a dos cristãos, o demônio também é cristão. Assim consta de muitos lugares do Evangelho, em que os demônios confessaram a Cristo por filho de Deus. Em que são logo piores os demônios que os homens, em que são piores que muitos cristãos? Porventura nas obras? Ainda mal, porque são tão semelhantes. O demônio com a sua fé é soberbo; e tu, cristão, com a tua, não só és soberbo, mas a mesma soberba. O demônio sente mais os bens alheios que as suas próprias penas; e tu a inveja mais te atormenta e abrasa com as felicidades que vês em quem devias amar, que todos os males que padeces em ti mesmo. O demônio procura derrubar e fazer cair a quantos quer mal; e tu, com o poder do teu ofício, ou com a malignidade da tua informação e do teu conselho, a quantos tens derrubado e destruído?

O demônio favorece os maus e persegue os bons; e tu a quem persegues e a quem favoreces, se os piores e os mais viciosos, por que servem e ajudam os teus vícios, são os teus validos? O demônio é pai da mentira; e a tua adulação, o teu ódio e a tua ambição, quando falou verdade? Os teus enganos, as tuas artes, as tuas máquinas, os teus enredos, que demônio houve jamais que tão sutilmente os inventasse? Quantos pecados cometes tu em que o demônio nunca pecou, nem pode? Ele não peca nos excessos da gula, porque não come; nem no luxo e monstruosidade das galas, porque não veste; nem nas intemperanças e torpezas da sensualidade, porque é espírito: e tu, escravo desse corpo vil, a quantas baixezas destas abates a tua alma, que Deus te deu igual aos anjos?

Mais. E não sou eu o que o digo, senão o mesmo S. Tiago na última cláusula que nos resta por ponderar: "Os demônios creem em Deus e tremem dele" — e tu, cristão, com a tua fé crês em Deus, mas não tremes nem temes. Grande lástima e miséria é que até o demônio te possa servir de exemplo, não só neste mundo, senão no mesmo inferno. Neste mundo, sendo maior o poder do demônio que o de todos os homens, nenhum demônio faz todo o mal que pode. A Jó tirou a fazenda, matou os filhos, martirizou a pessoa com tão esquisitos tormentos; mas nenhuma coisa fez sem licença de Deus. E quantas fazem e cometem os cristãos, não só sem licença, mas vedadas pelo mesmo Deus, estendendo os poderes que não têm, e executando o que não podem? Vamos ao inferno. Ali atormentam os demônios os condenados, mas a todos conforme o merecimento de cada um, sem perdoar nem estender o castigo, não digo em uma faísca de fogo, mas nem em um só átomo; e a justiça humana, com fé de cristã, a quantos culpados absolve e a quantos inocentes condena? Pois, se os demônios, neste e no outro mundo, tão observantes são das leis de Deus, porque creem nele e tremem dele, nós, que o cremos com melhor fé, por que não temeremos nem tremeremos de o ofender? Apertemos bem este ponto. Crês, cristão, que hás de morrer? Creio. Crês que no dia do Juízo, e antes daquele dia, te há Deus de julgar na hora da morte? Creio. Crês que, se fizeres boas obras, hás de ir ao céu, e gozar de Deus por toda a eternidade, e se as fizeres más, por toda a mesma eternidade, e sem fim hás de arder no inferno? Creio. Pois, se crês todas estas verdades, e os demônios "creem e tremem", tu, por que não temes e tremes de ofender a Deus? Dá cá a razão: "Por quê, por quê?".

A razão verdadeira nenhum entendimento a pode dar, porque a não há. A falsa e aparente, por mais que nós nos queiramos enganar, todos a vemos e experimentamos. O que crê a fé é o futuro; o que leva após si a vida é o presente: e pode mais conosco o pouco e breve presente que o muito e eterno futuro, porque o presente consideramo-lo ao perto, e o futuro ao longe. As estrelas do firmamento todas são muito maiores que a lua, e, contudo, a lua parece-nos maior, e faz em nós contínuos e maiores efeitos, porque as estrelas estão longe, e a lua perto. Assim nos acontece com as coisas do outro e deste mundo. As do outro mundo, que são as que cremos por fé, representamo-las ao longe; as deste, porque as pode conseguir a vida, parece-nos que estão perto; e no erro destas medidas se enleia e nos perde o nosso engano. Mas, dado que a falsa apreensão deste longe e deste perto fora verdadeira, ainda a nossa conta seria muito errada, porque o certo, posto que ao longe, sempre está mais perto que o duvidoso. O duvidoso as mais vezes falta; o certo, ainda que tarda, sempre chega; e assim como todas as coisas da fé são certas, assim todas as da vida são duvidosas.

Para mim não quero mais que esta razão. Os que se não satisfizerem dela, ouçam outra mais clara e mais sensível. As coisas da outra vida estão tão longe de nós quão longe está a morte; as coisas desta vida estão tão perto de nós quão perto nós estamos de as alcançar: nós corremos após elas, a morte corre após de nós, e quantas vezes nos alcança primeiro a morte do que nós as alcancemos? Chegado a este ponto, e reconhecendo com os olhos os lugares desta real capela, naquele — que depois dos altares é o mais sagrado — com horror do que hei de pronunciar, não vejo depois de tão breve ausência o que ali costumava ver. Viam-se ali dois sóis, um levantado ao zênite, outro pouco distante do oriente; um coroado de raios, outro a quem tinha destinado a natureza e prometia a esperança a mesma coroa. E quem havia de imaginar que este chegasse primeiro ao fim e se escondesse no ocaso?

Cuidávamos que o nosso grande Davi, tão ousado, tão valente e tão venturoso contra o gigante, depois de pendurar a vitoriosa espada no templo da paz, e ferrolhar as portas de Jano, entregasse o cetro laureado ao que já naquela idade era Salomão. Mas que é dele? Ele subiu aonde o levava a vida, que sempre concordou com a fé; e nós ficamos chorando em perpétua saudade o engano de medirmos os seus anos com os nossos desejos, e os espaços da sua vida com os da nossa esperança. Se retratássemos em um quadro a figura deste enigma, veríamos que em diferentes perspectivas os escuros faziam os longes, e os claros os pertos. Mas, se chegássemos a tocar com a mão a mesma pintura, acharíamos que toda aquela diversidade que fingem as cores não é mais que uma ilusão da vista e um sonho dos olhos abertos, e que tanto o remontado dos longes como o vizinho dos pertos, tudo tem a mesma distância. Aquele néscio do Evangelho: "Ó Néscio!" — por isso era néscio, porque quando a sua falsa esperança lhe prometia tantos anos, quantos eram os bens com que o tinha enganado a fortuna: "Muitos bens para largos anos" (Lc 12,19) — nem os bens haviam de ser seus, senão alheios; os demônios também creem" nem os anos haviam de ser anos, ou dias, ou um só dia, senão os brevíssimos instantes da mesma noite em que isto imaginava: "Esta noite te virão demandar a tua alma" (Ibid. 30). — Assim empresta as vidas o Senhor delas até o preciso e oculto termo da sua providência, para que acabemos de nos desenganar quão erradas são as contas dos que somam os futuros pelos presentes, e que só são sisudos e sábios os que não medem a vida com a esperança, mas tratam só de a concordar com a fé, em que consiste a eterna.

SERMÃO DAS

Dores da Sacratíssima Virgem Maria

Depois da morte de seu benditíssimo Filho, em Lisboa, na Igreja de Santa Mônica, e a Religiosas de Santo Agostinho. Ano de 1642.

∽

"Dores de inferno me cercaram."
(Sl 17,6)

Vieira acaba de chegar a Lisboa. Este é um dos seus primeiros sermões na capital do reino. Inicia com o provérbio: "Alívio de uma dor é a companhia de outrem que padeça igual". Assim o tema: O Filho e a Mãe nesta hora partilharam entre si o inferno: o Filho descendo ao lugar e a Mãe padecendo as dores. A pena do dano (na privação da presença e da vista de seu Filho) e a pena dos sentidos (para a Mãe, e não para o Filho, a Paixão foi um feixe de mirra).

§ I

Se as dores inconsoláveis podem ter alguma consolação e alívio, é a semelhança ou companhia de outrem que as padeça iguais. Assim o pôs em provérbio o comum sentimento dos homens, posto que desumano em parte. Levado deste pensamento o profeta Jeremias, com os olhos neste mesmo dia e nesta mesma hora em que estamos, e considerando os extremos da dor com que a espada de Simeão trespassou a alma da Mãe de Deus na morte lastimosíssima de seu Filho, em nome da mesma Senhora e em figura da cidade de Jerusalém coberta de luto, pergunta a todos os que passavam à vista do Monte Calvário, se todos ou algum deles viram alguma dor semelhante à sua: "Ó vós, todos os que passais pelo caminho, atendei, e vede se há dor semelhante à minha dor" (Lm 1,12). E como ninguém respondesse nem pudesse satisfazer à pergunta do profeta, na suspensão deste silêncio voltou ele para dentro de si a mesma pergunta, e pôs-se a considerar consigo a que criatura de quantas abraça o universo — entrando também na comparação as insensíveis — compararia a grandeza daquela dor: "A quem te compararei, ou a quem te assemelharei, filha de Jerusalém? A quem te igualarei, e como te consolarei, ó Virgem, filha de Sião?" (Lm 2,13). — E como não achasse a sua imaginação coisa alguma nem de maior grandeza nem de maior amargura que o mar, enfim se resolveu que só no mesmo mar podia achar a semelhança, e na mesma semelhança a consolação que buscava: "Grande é como o mar o teu desfalecimento" (Ibid.).

Assim disse Jeremias; mas, sendo um tão grande profeta, e o mais exercitado em casos lastimosos e tristes, disse pouco. O fel é mais amargoso que o mar, e o fel que a Senhora viu dar a seu Filho naquela ardentíssima sede foi uma pequena parte das suas amarguras. E, posto que o mar seja um elemento tão vasto e tão imenso, em que uma onda sobre outra onda, todas quebrando naquele lastimado coração, tinham alguma semelhança com os golpes repetidos e com a imensidade da sua dor, muito maior, mais alto e mais pesado era o pego sem fundo da sua pena, como aquele cuja tempestade subiu acima do céu, e em cujas ondas chegou a naufragar e afogar-se o mesmo Deus: "Cheguei ao alto-mar, e a tempestade me submergiu" (Sl 68,3). — Suposta esta verdade, e havendo nós hoje de vadear de algum modo o dilúvio incompreensível das dores da Virgem Mãe na consideração da morte de seu Filho, não lhe achando comparação ou semelhança nem no mar nem na terra, aonde a irei buscar? Seguindo os passos da mesma dor, adverti que a alma da Mãe seguia a do Filho, e que a do Filho "descia ao inferno". — E, porventura, descendo Cristo ao inferno, padeceu as penas que lá se padecem? Não: antes as desfez, como diz S. Pedro: "Tendo-se solto das dores do inferno" (At 2,24). — Suposto isto, já achei o que buscava. O Filho no inferno sem dor, a Mãe neste mundo com dores, a que se não acha comparação? Logo, o Filho e a Mãe nesta hora partiram entre si o inferno: o Filho descendo ao lugar, e a Mãe padecendo as dores: "Dores de inferno me cercaram". — Este será o meu assunto, que em tempo tão breve como o sinalado, só sendo tão extraordinário podia ser grande. E, posto que o nome do inferno pareça medonho, a propriedade da mesma comparação lhe tirará o horror.

§ II

"O amor é valente como a morte, o zelo do amor é inflexível como o inferno" (Ct 8,6) — disse profeticamente Salomão, falando do Esposo e da Esposa, isto é, Cristo e sua Mãe. Põe de uma parte o amor, e da outra a emulação competindo-se; e, por extremos da competência, da parte do amor a morte, e da parte da emulação o inferno. E quais foram os competidores? Os que já dissemos. Da parte do amor o Filho, que chegou a morrer por amor dos homens; e da parte da emulação a Mãe, que, vendo o Filho morto, chegou a padecer por ele as dores do inferno. De sorte que, comparando a fortaleza do amor com a dureza do inferno, no sepulcro do Filho se pode escrever por epitáfio: "Forte é a morte como o amor" — e no coração da Mãe por troféu: "O zelo do amor é inflexível como o inferno". — Dos extremos do amor forte como a morte pregaram hoje todos os púlpitos; dos extremos da dor dura como o inferno hei de falar eu agora, e peço atenção.

Duas penas se padecem no inferno: a pena de dano e a pena de sentido. A pena de dano consiste na ausência de Deus. E, começando por esta, tal foi a primeira pena da dor de Maria. As outras ausências, ainda que sejam de quem muito se ama, são penas desta vida; só a privação e ausência de Deus é pena como a que no inferno, por antonomásia da perda, se chama pena de dano. Privação era a que Deus considerou em Adão, quando disse: "Não é bom que o homem esteja só" (Gn 2,18). — Privação foi a que considerou Jacó em Benjamim pela morte de seu irmão, quando disse: "E ele ficou só" (Gn 42,38). — Mas como as penas e as ausências eram semelhantes à companhia de que um se via falto e outro privado, não mereciam o nome de dano, que só por excelência se deve à privação da companhia e vista de Deus, qual era a que a Senhora padecia nesta hora, privada da presença e vista de um Filho, que, juntamente, era seu Filho e seu Deus.

Disse o Ladrão a Cristo: "Senhor, lembra-te de mim" (Lc 23,42). E o Senhor lhe respondeu: "Hoje serás comigo no paraíso" (Ibid. 43). — Pois, como "no paraíso", se Cristo no mesmo dia desceu ao inferno, e lá o achou o ladrão, quando pouco depois expirou? Cristo no inferno, e o ladrão no inferno naquele dia, e também nos dois seguintes, e diz-lhe Cristo: Hoje estarás comigo no paraíso? — Sim, e por isso mesmo. Não vedes que disse Cristo ao ladrão que estaria com ele: "serás comigo"? — Pois, por isso acrescenta também que estaria no paraíso, porque estar com Cristo em qualquer lugar, ainda que seja no inferno, é estar no paraíso. O "no paraíso" foi consequência do "serás comigo". E se a glória de estar com Cristo no inferno faz do inferno paraíso, vede se a pena de estar sem Cristo neste mundo faria do paraíso inferno! A presença ou ausência de Deus é a que faz o inferno ou o paraíso, e não os lugares. O inferno começou no céu, quando os anjos foram privados da vista de Deus; e o paraíso começou no inferno, quando os santos Padres viram lá a Cristo. E esta era a diferença em que os olhos e coração da Senhora se viu nesta hora.

Se aos bem-aventurados lhes faltasse o lume da glória, ainda que ficassem no céu os mesmos bem-aventurados deixariam subitamente de o ser, e começariam a padecer a pena de dano, que é a privação da vista de Deus. Isto mesmo lhe sucedeu hoje à Virgem: "E ainda o mesmo lume dos meus olhos não está já comigo" (Sl 37,11). — Faltou-lhe o lume de seus olhos, e nesta privação da vista de seu Filho e seu Deus, padecia uma pena em tudo semelhante à pena de dano. Comparai aquele "serás comigo" com este "não está já comigo", e assim como ali tirou Cristo por consequência o paraíso, assim aqui devemos nós tirar, pela mesma consequência, o inferno.

Oh! que profunda conferência faria a Senhora sobre este "não está já comigo"! Lembrada de quando lhe disse o anjo: "O Senhor é contigo" (Lc 1,28)! — Então — diria — ainda que me anunciasse Gabriel que meu Filho havia de remir o mundo, e eu sabia bem que havia de ser por morte de cruz, como me disse que ele estava e havia de estar comigo, tudo se me fazia leve. Quando outra vez nos veio anunciar o desterro do Egito, como disse: "Toma o menino e sua mãe" (Mt 2,13) — nele, e com sua companhia se me faziam fáceis todas as perseguições e todos os trabalhos. Uma vez o perdi com dor quase semelhante a esta; mas então tive a liberdade para o buscar e achá-lo: agora, que entre mim e ele está em meio toda a terra, que remédio pode ter a minha dor? Facilmente me resolveria a fazer o que disse Jacó na morte de José, tanto menos desconsolado quanto vai de filho a filha: "Chorando, descerei para meu filho ao inferno" (Gn 37,35). — Mas esta graça de acompanhar a meu Filho na morte, não quis ele que eu a tivesse. Enfim, só isto tem menos de inferno a minha pena, que é conforme com a sua vontade.

Porém, e nisto era menor a pena da Senhora que a pena de dano que no inferno se padece, em outra circunstância a excedia muito, que era a do amor. A pena de dano do inferno é somente carecer da vista de Deus; mas não da vista de Deus amado, porque os que no inferno padecem esta privação, tão longe estão de amar a Deus, que antes o aborrecem furiosamente. E se a privação de Deus, ainda que aborrecido, é a maior de todas aquelas penas, qual será a privação do mesmo Deus sumamente amado? Amava a Senhora incomparavelmente mais que todas as mães a seus filhos, amava incomparavelmente mais que todos os bem-aventurados a Deus. Vede que pena seria a sua na privação da presença e da vista de um Filho Deus? "O zelo do amor é inflexível como o inferno."

§ III

Mas porque este gênero de pena excede toda a compreensão humana, passemos à segunda, que é a pena de sentido. As penas de sentido no inferno são muito diferentes de todas as que se padecem nesta vida, porque as desta vida padecem-se em tempo sucessivamente, e por partes, e as do inferno padecem-se na eternidade, que é duração indivisível e simultânea, e assim não se padecem uma depois da outra, senão todas juntas. Esta mesma diferença tiveram as penas da Senhora nesta hora, comparadas com as suas e as de seu Filho na Paixão. Na Paixão, primeiro se padeceram as injúrias da prisão, depois os açoites da coluna, depois os espinhos da coroação, e ultimamente os cravos e a cruz. Porém, nesta hora padeceu-as a Senhora todas juntas.

Assim o disse a mesma Senhora por boca da Alma santa: "O meu amado é para mim como um ramalhete de mirra; ele morará entre os meus peitos" (Ct 1,12). — A mirra, como tão amargosa, foi figura da Paixão de Cristo; e, como tal, oferecida a ele nos misteriosos dons dos reis do Oriente. Pois, por que diz a Senhora que "para ela" e não para o Filho, foi a Paixão um feixe de mirra? Porque Cristo na sua Paixão padeceu os seus tormentos divididos; e a Senhora depois dele, e na sua consideração, padeceu-os juntos. Ele, divididos em diversos tempos e partes do corpo; ela, juntos no mesmo tempo e no mesmo coração. O ódio dos inimigos de Cristo, por mais cruel que fosse, não o pôde atormentar senão por partes; e assim como o Senhor padeceu todos os tormentos sucessivamente e divididos, assim também a Mãe, quando o seguia e acompanhava. Porém, depois da sua morte, só, sem ele e consigo considerava tudo o que naquele dia tinha passado. Ali se ataram e uniram todos os tormentos da prisão, dos açoites, da coroa, da cruz, dos cravos, da lança e de todos os outros tormentos, e se fez um composto de penas que, sendo cada um insofrível e imenso para a dor, cabia todo junto dentro do coração e entre aqueles sagrados peitos, que em diferente cor haviam dado ao Filho o mesmo sangue que derramou: "Ele morará entre os meus peitos".

E para que se veja quanto maior força tinha esta apreensão e compreensão de toda a Paixão por junto, para atormentar a alma da Mãe, vejamos os efeitos que fez na alma do Filho. Estando Cristo no Horto, foi tal o temor, o horror e a tristeza que concebeu dos tormentos de sua Paixão, que três horas inteiras prostrado por terra pediu a seu Eterno Pai o absolvesse dela: "Passe de mim este cálix" (Mt 26,39). — E, finalmente, vendo que não era possível, segundo os decretos divinos, foi tal e tão estranha a sua agonia, que suou copioso sangue, e foi necessário que viesse um anjo a confortá-lo. Neste ponto entrou o Senhor a padecer os mesmos tormentos, e todos sofreu com admirável paciência e constância, sem escusa, sem se lhe ouvir palavra, sem antecipar o sangue às feridas, e sem que homem da terra nem anjo do céu o animasse; antes, vendo que se acabavam, disse: "Tenho sede" (Jo 19,28) — não tanto pela sede que o atormentava, como pela sede que tinha de mais padecer. Pois, se agora padece com tanto valor, alegria e magnanimidade, sendo estes tormentos não outros senão os mesmos que antevia e considerava no Horto, por que então lhe causaram tanto horror e lhe pareceram, e verdadeiramente eram, tão intoleráveis e insofríveis, e agora não? Porque então estavam todos juntos na apreensão e agora divididos no sofrimento. "Passe de mim este cálix" (Mt 26,39) — então estavam todos os tormentos juntos em um cálix, e este mesmo composto de todos os ingredientes da Paixão, que depois, bebidos por partes, eram muito inferiores à sua paciência e valor; unidos todos e representados por junto, à mesma paciência e valor eram insuportáveis e insofríveis. Tal foi a diferença dos tormentos que agora padecia a Senhora aos que tinha padecido ao pé da cruz! Estes foram como os que Cristo padeceu no Calvário, aqueles como os que padeceu no Horto; estes, divididos e por partes, como tormentos desta vida; aqueles, todos juntos e sem sucessão, como os da eternidade do inferno: "O zelo do amor é inflexível como o inferno".

Finalmente, para que lhe não faltasse a circunstância de dureza e rigor semelhante à do inferno, notai que, sendo tão grandes, não bastaram a lhe tirar a vida. Foram tão excessivos os tormentos da Virgem na Paixão de seu Filho, que diz S. Bernardo que, se se repartissem por todas as criaturas viventes, bastariam a tirar a vida a todas. Mais. Era tão grande o amor da Senhora e o afeto terníssimo com que desejava não se apartar da presença e vista de seu Filho, que teria por grande benefício ou morrer, para que ele não morresse, como dizia Davi na morte de Absalão, e já que isto não pudesse ser, ao menos morrer juntamente com ele. Pois, se a Senhora desejava tanto a morte, e os tormentos eram bastantes para lhe tirar mil vidas, por que não morreu entre suas penas? Porque esta é a propriedade dos tormentos do inferno: "O zelo do amor é inflexível como o inferno" — não só dura porque atormenta duramente, senão também porque, atormentando, endurece a quem atormenta, e matando, imortaliza para sempre matar. Nesta vida temem os homens a morte, e todos andam fugindo dela; no inferno, pelo contrário, todos desejam morrer, e a morte foge de todos: "A morte fugirá deles" (Ap 9,6). — Eis aqui qual foi a dureza e o rigor dos tormentos e penas da Mãe de Deus, depois da morte de seu Filho. A de dano e a de sentido, ambas como as do inferno em a atormentar, e ambas como as do inferno em lhe não darem a morte.

Esta foi aquela grande maravilha que viu Moisés no deserto de Madiã: "Irei, e verei esta grande visão, por que causa se não consome a sarça" (Ex 3,3). — O fogo desta vida consome tudo o que abrasa; o fogo do inferno abrasa e não consome. E que sarça era a que assim ardia, senão a que foi representada nela, e nunca com tanta propriedade, como nesta hora, toda espinhos, toda tormentos e toda dores, mas toda ardendo em um fogo, que, devendo-lhe tirar a vida, para maior continuação do sentimento a conservava viva e imortal. O fogo do amor e dos tormentos de Cristo foi como fogo da terra, que lhe tirou a vida: "O amor é valente como a morte" (Ct 8,6) — o fogo do amor e tormentos de Maria, foi como fogo do inferno, que a endureceu contra a morte: "O zelo do amor é inflexível como o inferno" (Ibid.). — E este foi o cerco em que aquelas dores puseram a maior e mais angustiada alma, tão apertado que o não podia sofrer a vida, e tão fechado que o não podia aliviar a morte: "Dores de inferno me cercaram".

Mas o que não puderam declarar as minhas palavras, vejam agora os olhos naquela piedosa imagem viva sem vida, e morta sem poder morrer: "Irei, e verei esta grande visão" (Ex 3,3).

SERMÃO DE

Ação de Graças

*Pelo felicíssimo nascimento do novo infante,
de que a Majestade Divina fez mercê às de
Portugal em 15 de março de 1695.*

∽

"Eis aqui a herança do Senhor,
os filhos; seu galardão, o fruto do ventre."
(Sl 126,3)

Vieira está em Salvador com 87 anos. Pelo nascimento de um novo infante: D. Antônio, cumpre uma vez mais o seu papel de pregador régio. "Tomando por tema o salmo 126, escolhe por assunto ponderar o que se encerra nessas mercês, para concluir com a ação de graças que se deve a Deus por benefício tão assinalado. Na prosopopeia das três Graças, acha o orador a divisão que se podia imaginar para sermão de tal gênero. São estas, a Graça que faz mercês, a Graça a que as aceita e a Graça que as agradece" (Cf. Luis Gonzaga CABRAL, *Vieira-Pregador, tomo II, p. 461).*

§ I

Quando as mercês e favores da providência e benignidade divina são tão singulares que os favorecidos se avantajam com grande excesso aos que o não são, para que as mesmas mercês se recebam com a estimação que merecem, quer a mesma providência que nós consideremos nelas, não só a quem as faz Deus, senão também a quem as não faz. Todo o Salmo 147 gasta o profeta rei em referir copiosamente os favores e privilégios particulares com que Deus enobreceu o povo que naquele tempo chamava seu; e a cláusula com que pôs o selo à narração destas mercês foi dizer que as não fez tais a alguma outra nação: "Não o fez assim a toda a outra nação" (Sl 147,20). — Abel e Caim ambos ofereceram o sacrifício ao Criador, e a maioria e excesso do agrado com que os olhos divinos aceitaram o de Abel consistiu na exclusiva de um não, com que os não pôs no de Caim: "Olhou o Senhor para Abel e para os seus dons; para Caim, porém, e para os seus dons não olhou" (Gn 4,4s). — Assim elegeu a divina majestade em Israel a tribo real de Judá, e a excelência e soberania desta eleição, com que ficou mais acreditada e maior? Com outro não do mesmo Deus, que não elegeu a tribo de Efraim, posto que compreendia dez tribos: "Escolheu a tribo de Judá, e não escolheu a tribo de Efraim" (Sl 77,67s). — Finalmente, S. Paulo, querendo encarecer e subir de ponto a maior obra do amor e onipotência divina, que foi a Encarnação do Verbo, diz que não resplandeceu só em Deus se fazer homem, mas, sendo nove os coros dos anjos, em não se fazer anjo: "Em nenhum lugar tomou aos anjos, mas tomou a descendência de Abraão" (Hb 2,16). — Assim pesou a balança e assim avaliou o juízo de S. Paulo o que fez Deus a uns pelo que não fez a outros: o que fez e concedeu aos filhos de Abraão, pelo que não fez e negou às jerarquias do céu.

Mas aonde caminha este meu discurso? E aonde o leva a verdade desta altíssima Providência? Debaixo dela caminhava o meu pensamento em direitura a Lisboa, para me achar presente às festas reais da nossa corte, pelo felicíssimo nascimento do novo príncipe, que Deus nos deu e Deus nos guarde; e, como talvez sucede aos navios que partem de cá, não sei que vento me derrotou a outro porto de Espanha. Achei-me logo na corte de Madri, a qual com muito verdadeiro coração desejara eu também ver divertida nos regozijos, que lá chamam, de semelhante felicidade à nossa. Mas, lastimado de ver o seu silêncio e orfandade, comecei a dizer dentro em mim: É possível que a Portugal dá Deus tão multiplicados filhos, e ao resto de Espanha, na união de tantos reinos, nem um só filho? Assim é, Bahia; assim é, Lisboa; assim é, Portugal; para que no espelho desta diferença, e em uma monarquia tão grande e tão vizinha, considerando o que Deus nos faz a nós, e não faz a ela; considerando o que a nós nos sobeja, e a ela falta; considerando o que Deus tão liberalmente nos concede e o mesmo Deus por seus ocultos juízos lhe nega, conheçamos na mercê presente, sobre as passadas, quão devedores somos à providência e benignidade divina.

Ainda se não aquieta a minha admiração e a minha confusão juntas. De todos esses reinos, tão fiéis e católicos, não estão continuamente subindo ao céu tantas orações e sacrifícios? Todos eles não têm no mesmo céu tantos santos, tantos advogados e intercessores? Qual é logo a causa desta diferença, ou preferência, tão notável, tão sensível, e, por suas consequências, tão dura? No meio desta suspensão abri o livro dos oráculos de Davi, e, nas palavras que propus, me mostrou ele com o dedo, não só uma, mas duas causas, ambas fundamentais e certas, de tão admiráveis efeitos: "Eis aqui a herança do Senhor, os filhos; seu galardão, o fruto do ventre" (Sl 126,3/127,3). — "Eis aqui" Portugal, de que falamos; e este reino não é a "Herdade de Deus"? — Sim. E a herança dessa herdade não é dos reis portugueses? Também. Pois, essa é a causa de Deus a confirmar e estabelecer com tantos filhos herdeiros: "Eis aqui a herança do Senhor, os filhos". — Mais. Não disse Deus que na décima sexta geração do reino de Portugal, atenuada, poria nele os olhos de sua misericórdia e "olharia e veria"? — E eu não demonstrei na ocasião passada, com o texto de Ana, mãe de Samuel, que o olhar e ver de Deus é dar filho, e filho varão: "Se tu te dignares de olhar, e se deres à tua escrava um filho varão" (1Rs 1,11)? — Pois, estas são as vistas de Deus repetidas. Olhou Deus, e viu a primeira vez, e deu-nos o primeiro príncipe; olhou, e viu a segunda, e deu-nos o segundo; tornou a olhar e ver, e deu-nos o terceiro; e agora olhou, e viu finalmente, e deu-nos o quarto. E esta é a primeira causa dos filhos.

A segunda está também apontada com o dedo nas palavras seguintes: "Seu galardão, o fruto do ventre": que o fruto da fecundidade o dá Deus por prêmio e paga do merecimento dos mesmos pais. Assim o entendem literalmente todos os expositores: "O fruto do ventre, a saber, fecundidade da prole, é dom e prêmio da justiça dos mesmos". — De sorte que a fecundidade dos filhos da parte de Deus é a promessa hereditária, com que Deus se obrigou aos reis de Portugal, a qual pertence tanto aos passados como aos futuros; e a mesma fecundidade da parte dos reis é o prêmio e a paga dos merecimentos com que os mesmos reis servem e obrigam a Deus, a qual só pertence aos presentes. Torno a dizer, só aos presentes, e não é lisonja. Por quê? Porque de quantos puseram a coroa de Portugal sobre a cabeça não houve um par a que tão propriamente pertencesse esta paga como as duas majestades do rei e da rainha, que a providência divina nesta era uniu e nos deu por senhores. Ouçamos a Deus, quando nos deu a coroa. Disse Deus que fundava o seu império em Portugal, "por ser singular na fé e na piedade". — E em que par ou parelha dos nossos reis se viram tão concordes em grau sublime a fé e a piedade, como a fé no segundo Pedro, e a piedade na segunda Isabel? Quanto ao zelo da fé de el-rei, que Deus guarde, diga-o o ano presente no mar e na terra: no mar, nau para Guiné, com um príncipe batizado em Lisboa a conquistar novos reinos para a Igreja na África; nau para a China, a unir à mesma Igreja, já aberto, o maior império da Ásia; nau para o Maranhão e imenso rio das Almazonas, a converter a maior gentilidade da América; e todas estas naus, não guarnecidas de soldados a dominar novas terras, mas cheias e carregadas de mestres e missionários apostólicos, para escalar o céu e o povoar de almas. E quando todos estes lenhos cortados das raízes da cruz vão sulcando as ondas, já na terra, em vários noviciados e seminários, ficam plantados e crescendo outros discípulos que sucedam àqueles mestres, todos sustentados a grandes despesas do mesmo rei, abertos os seus tesouros, e sem limite, nos erários reais. Se este Pedro fora o primeiro Pedro, a quem disse Cristo: "Apascenta as minhas ovelhas" (Jo 21,17) — não pudera fazer mais, como verdadeiramente não fez, quanto à extensão do mundo. Jacó e Labão dividiam e marcavam as ovelhas pelas cores; e as ovelhas do nosso Pedro, sem distinção ou exceção de cor, são de todas aquelas cores quantas pintaram os raios do sol no mapa universal do gênero humano. E quando este zelosíssimo e apostólico rei se emprega todo e emprega tudo em acrescentar filhos e mais filhos à Igreja, como podia Deus faltar em lhe dar filhos?

"Da fé do rei" passemos à "piedade da rainha". É admirável prerrogativa, neste singular composto de corpo e alma, tanta piedade e santidade junta com tanta fecundidade. Sara foi santa, mas estéril Sara; Isabel foi santa, mas estéril Isabel; Ana, da lei antiga, santa, mas estéril Ana; e a Ana, precursora da lei da graça, mais que todas santa, mas igualmente estéril. Em todos estes exemplos, porém, como a esterilidade estava junta com a santidade, não podia a mesma santidade deixar de fazer a esterilidade fecunda. Assim foi em todas: Sara, primeiro estéril, mas, como era santa, depois tão fecunda que deu a Abraão Isac, e nele a maior descendência; Isabel, primeiro estéril, mas depois, como era santa, tão fecunda, que deu a Zacarias o maior dos nascidos; Ana, a da lei antiga, estéril, mas como santa, tão fecunda que deu a Elcana Samuel, e tantos outros irmãos; Ana, finalmente, nas vésperas da lei da graça, santíssima e igualmente estéril, mas quanto mais santa que todas, assim excedeu tanto a todas em fecundidade, que deu a Deus não menos que aquela Mãe, de quem o mesmo Deus se fez filho. Sendo, pois, o rei tão singular no zelo da fé, e a rainha na devoção e piedade, já Deus, em prêmio e paga destes reais e divinos obséquios, lhe devia e tinha prometido, não um só filho, senão a sucessão de muitos: "Eis aqui a herança do Senhor, os filhos; seu galardão, o fruto do ventre".

A esta proposta do tema, mais larga do que eu quisera, segue-se falar conosco e ponderar o que nestas mercês se encerra, para darmos a Deus as devidas graças. E porque nós não podemos dar graças a Deus sem Deus nos dar a sua, peçamo-la por intercessão daquela Senhora que é Mãe do mesmo Deus e da mesma graça. *Ave Maria*.

§ II

"*E*is aqui a herança do Senhor, os filhos; seu galardão, o fruto do ventre."

Platão, e antes dele Homero, ou consideraram ou fingiram que no mundo racional havia ou devia haver três Graças. Eles e os outros gregos, e depois os romanos, as pintaram em figura de outras tantas donzelas formosas e risonhas, as quais, dando-se as mãos entre si, faziam um círculo perfeito. O ofício da primeira graça era fazer ou dar as mercês; o da segunda, aceitá-las; o da terceira, agradecê-las. Este mesmo número e ordem determino seguir no que disser.

Começando pela primeira graça, à qual dissemos que pertence fazer as mercês e distribuí-las, na presente matéria do nascimento dos filhos, em que estamos, parece que contra este privilégio da graça tem legítimos embargos a natureza. O nosso tema chama aos filhos "frutos do ventre", e quem pode negar à natureza serem estes frutos seus? Assim é: são os filhos frutos da natureza, mas não só da natureza, senão da natureza e da graça, e muito mais da graça que da natureza. Toda a natureza sem a graça não pode gerar um só homem; e a graça, sem homem nem mulher, criou o primeiro homem, de que nascerem todos. São a natureza e a graça como aquelas duas famosas matronas, Ana e Raquel. Ambas careciam de filhos, ambas os desejavam muito e ambas os procuraram por diferentes caminhos. A natureza, por boca de Raquel, pediu os filhos a seu marido Jacó: "Jacó, dai-me filhos, senão morrerei de tristeza" (Gn 30,1). — Ana, pelo contrário, que quer dizer graça, foi-se ao Templo, fez oração a Deus e pediu-lhe com grandes instâncias lhe desse fruto de bênção. E como responderam Deus a Ana, e Jacó a Raquel? Deus a Ana concedeu-lhe logo o grande Samuel, e depois outros filhos; Jacó a Raquel respondeu que não era Deus: "Porventura sou eu Deus?" (Ibid. 2). — Para ter filhos não bastam Jacó e Raquel; são necessários Jacó, Raquel e Deus: Jacó e Raquel por parte da natureza, Deus por parte da graça. Os hebreus antigos tinham um provérbio muito discreto: diziam que Deus reservara para si três chaves: a da geração, a do sustento, a da ressurreição; a da geração no ventre, a do sustento na chuva, a da ressurreição na sepultura. Porque, ainda que Deus costuma ressuscitar poucas vezes, tanto depende do seu poder e de sua vontade o nascer como o ressuscitar.

Este conhecimento geral e esta diferença da natureza e da graça, que é doutrina comum para todo o mundo, se repassarmos com a memória o que os olhos viram e já não veem, no espaço de tantos anos — os quais contarei depois — acharemos que foram um desengano ou pregão da Providência divina aos portugueses. Para quê? Para que o esquecimento das desconfianças passadas e a alegria das glórias presentes não degenerem, como se pode temer, em ingratidão. Lembrem-se os que viviam então, e saibam os que não eram nascidos, quão duvidosa e vacilante esteve a sucessão da nossa coroa, e quão desesperadas, e quase mortas, as esperanças que hoje festejamos, tão copiosamente ressuscitadas. Já vimos que o reino de Portugal é a herdade de Deus. As herdades dos homens, para produzirem e darem fruto, esperam contingentemente que as regue a chuva do céu; porém, a herdade de Deus, diz o profeta, tem tal domínio e império sobre a mesma chuva, que usa e se serve dela todas as vezes que a há mister, a arbítrio da sua vontade: "Chuva liberal porás à parte, Deus, para a tua herança" (Sl 67,10). — Mas esta mesma herdade, enquanto nossa, para os frutos da sucessão: "os filhos, o fruto do ventre" — esteve em todo aquele tempo tão seca e estéril como se Deus se tivera esquecido de que era sua.

Assim trabalhavam por subir e chegar ao céu as nossas orações, os nossos suspiros e a nossa necessidade, debalde. Que meios não elegemos e empreendemos, que logo se não desvanecessem? Que caminhos não acometemos e abrimos, que logo se não fechassem? Pela terra, pelo mar e pelo ar os buscamos, e todos esses elementos se armaram contra nós, como se a terra se convertesse em pedra, o mar em regelo, o ar em tempestade.

Dizia Salomão que na terra, no mar e no ar achara "três coisas muito dificultosas para ele" (Pr 30,18). — Declarando logo que três coisas fossem estas, continuou dizendo que eram outros tantos caminhos. Mas que caminhos são ou podem ser estes para o mais sábio dos homens, dificultosos? "O caminho da serpente sobre a pedra" (Ibid. 19), que não deixa rasto. — "O caminho da nau no meio do mar" (Ibid.), cuja esteira confundem logo e apagam as ondas. — "O caminho da águia no ar" (Ibid.), que ela rompe visivelmente e ele invisivelmente se torna a unir e fechar. — Tais foram os caminhos que intentamos para o reparo da sucessão do nosso reino. Primeiro apontarei o que todos viram, depois direi o que poucos sabem. O que todos viram, por onde começamos, foram as bodas de el-rei Dom Afonso[1], ele felicíssimo, e elas pouco felizes. Este foi o caminho da terra, como o da serpente, mais rasteiro e arrastado do que à majestade e soberania da coroa portuguesa era devido. A este se seguiu o do mar, na armada de Saboia, tão enfeitada, que para lhe dourar até os costados fundiu o Tejo todas as suas areias. Mas já eu disse naquela ocasião, que ainda voltou mais rica do que partira, porque não trouxe o que ia buscar. Até aqui o que todos viram. O que muitos não sabem é o caminho da águia no ar, do que eu falarei, não só como testemunha de vista, mas como quem lhe seguiu os passos.

Pelos anos de cinquenta, como el-rei Filipe IV[2] não tivesse mais que uma única herdeira, a princesa Maria Teresa de Áustria,[3] entenderam os juízes mais sisudos, antevendo as consequências que hoje dão tanto cuidado, que devia casar dentro de Espanha. E diziam livremente os que de nenhum modo queriam que casasse fora: "Por que não teremos um rei com bigodes pretos?"[4]. — Aos ecos destas vozes, ajudadas de outras inteligências secretas, intentou el-rei, que está no céu, solicitar o casamento para o príncipe D. Teodósio. E a este fim, debaixo de outros pretextos, me enviou a Roma[5], com as instruções e poderes necessários, para que lá introduzisse e promovesse esta prática. Era embaixador na Cúria o Duque del Infantado, e assistente de Espanha na Companhia o Padre Pedro González de Mendonça, seu tio, bom e doméstico intérprete[6]. O prólogo desta negociação, sem o parecer, fazendo-me neutral ou interessado — omo verdadeiramente era — por ambas as partes, foi lamentar-me, de religioso a religioso, do muito sangue espanhol e católico que se estava derramando nas nossas fronteiras, triunfando e fazendo-se mais poderosos os hereges com aquela diversão. E doía-me juntamente de que as campanhas de Flandres, pouco antes pacificadas, se haviam de passar a Espanha, e que aquela guerra seria tanto mais perigosa quanto mais das portas a dentro. Sobre esta primeira pedra do temor tão bem fundado, em outra conversação do mesmo assistente, na qual se achavam dois grandes sujeitos, também castelhanos, da Companhia, Velasques e Monte Mayor[7] — os quais já eram da minha opinião — vindo à prática o casamento da princesa em Espanha, disse eu: Se as coisas estiveram no estado antigo, pouca dúvida podia haver na eleição do esposo. O sangue real da casa de Bragança é o mais unido à mesma princesa, porque ela e o duque de Barcelos são netos dos mesmos avós[8], e ele, sobretudo, pelas virtudes e qualidades pessoais, merecedor do maior império, como reconhecido e celebrado no mundo pelo príncipe mais perfeito de toda Europa. Todos assentiram com aplauso a uma e outra preferência do sangue e da pessoa, como ambas sem controvérsia. E eu, então, concedida esta evidente premissa, tirei da bainha o meu argumento e lhe apertei os punhos com todas as forças, dizendo assim: Pois, se o primogênito de Bragança, só como duque de Barcelos e filho de seu pai é o mais digno de toda a Espanha, para que a princesa lhe dê a mão, quanto mais no estado presente, trazendo consigo por dote a Portugal, e tudo o que Portugal possui em a metade do mundo? Dizer que tudo isto se há de reconquistar é pensamento fundado só no desejo, porque, tendo mostrado os portugueses que eles por si sós se podem defender, é certo que os êmulos de Espanha os hão de assistir e ajudar, como fizeram a Holanda, invencivelmente. Mas quando a contrária apreensão tivesse alguma probabilidade, quanto sangue se havia de derramar, quantos tesouros se haviam de despender, quantos anos se haviam de esperar os fins dessa contingência? Não é melhor e mais seguro conselho, assim como tudo se perdeu em um dia, recuperar tudo em um dia, sem golpe de espada? Porventura foi mais decente a paz com os holandeses, dando-lhes o domínio de sete Províncias, do que será a paz com os portugueses, não lhes dando coisa alguma, mas recebendo de contado quanto possuem dentro e fora do reino? Onde se deve muito notar que o que é Portugal só dentro em si, são partes e membros da mesma Espanha, com que ela e a monarquia se tornará a repor na sua total inteireza. Finalmente, com esta reunião, e Portugal restituído, ficará Espanha em muito mais poderoso e florente estado que quando o tinha sujeito. Porque ela agora o tem cingido e sitiado com os seus exércitos, e ele se defende com os seus em um cerco de cento e cinquenta léguas, com soldados tão valentes, com capitães tão experimentados, com cabos tão famosos de uma e outra parte, e todas estas armas juntas, as suas e as nossas, no mesmo dia serão suas; e Espanha ficará tão estabelecida, tão forte, e tão formidável, que seja o amparo dos amigos, a reverência dos neutrais e o terror de todos seus inimigos. Até aqui ouviam mudos os circunstantes, olhando uns para os outros. E murmurando-se a verdade destas razões até chegarem às melhores cabeças da facção espanhola, eram geralmente aprovadas, e com muito particular empenho no voto do Cardeal de Lugo[9], em tudo eminentíssimo. Mas como a questão se havia de decidir, não no juízo do Capitólio Romano[10], senão em outro muito distante, onde a dor e a ferida estava ainda fresca, e o progresso das nossas armas não tinha amadurecido as verduras do pundonor, que depois humanou a experiência e a necessidade, não foi lá aceita a proposta. Assim ficou no ar a águia, e no ar a negociação; mas os que então lhe negaram os ouvidos, depois torceram as orelhas.

Agora me consintam os portugueses que lhes tire uma espinha da garganta, porque vejo que estão notando a el-rei, de que quisesse neste contrato desfazer o que tinha feito e tornar a unir o que tinha desunido. Mas é porque até agora calei uma cláusula do projeto, sem a qual eu também não havia de aceitar a comissão. A cláusula é que, no tal caso, a cabeça da monarquia havia de ser Lisboa, e deste modo se conseguia para o nosso partido a segurança e para o governo da monarquia a emenda. O erro que têm causado muitos em Espanha, como ponderam os melhores políticos, é estar a corte em Madri. Por isso el-rei Filipe, o Segundo[11], quando veio e viu Lisboa, logo a sua prudência determinou e prometeu passar a corte para ela. E a esse fim se começou a edificar aquela parte de palácio, que chamam o Forte. Tendo Espanha tanta parte dos seus domínios no Mar Mediterrâneo, tanta no Mar Setentrional, e tantas e tão vastas em todo o mar Oceano, havia de ter a corte onde as ondas lhe batessem nos muros; e dependendo todo o manejo da monarquia da navegação de frotas e armadas, e dos ventos que se mudam por instantes, que política pode haver mais alheia da razão, que tê-la cem léguas pela terra dentro, onde os navios só se veem pintados, e o mar só na água, pouca e doce, que o inverno empresta ao Manzanares[12]? Mas assim haviam de preceder todas estas violências da razão e da natureza, para que mais maravilhosamente se lograssem os frutos da graça. Vejamo-lo, não com outros nomes, senão os próprios de ambas.

Comunicou Deus ao profeta Samuel que entre os filhos de Jessé tinha escolhido um rei, que muito o havia de servir; e não lhe revelando qual era, mandou que o fosse ungir. Para esta unção encheu o profeta uma redoma do óleo sagrado, conforme a cerimônia e rito da lei antiga, e na casa de Jessé fez vir diante de si um por um os filhos, segundo a ordem das suas idades. Veio em primeiro lugar Eliab, mancebo bizarro: inclinou-lhe o profeta sobre a cabeça a redoma, mas o óleo não correu. Aqui havemos de ouvir agora o comento de S. Basílio de Selêucia[13], que é singular: "Inclinando Samuel a redoma, o óleo, sendo líquido e pesado, não correu para baixo, contra o movimento da natureza, porque a graça o detinha e suspendia para cima". — E a causa desta suspensão era não ser Eliab o rei escolhido por Deus, nem ser decente que o óleo sagrado concorresse com o erro do profeta, que não sabia nem acertava qual fosse. Excluído com este milagre o primogênito, veio o segundo filho, Abinadab, e também o óleo não quis correr sobre a cabeça deste; veio o terceiro, chamado Sama, e nele e nos demais continuou o mesmo prodígio. Chegou, finalmente, Davi, que era o último filho, e à primeira inclinação do profeta correu o óleo da unção e se derramou todo sobre a sua cabeça, até se esgotar a redoma.

Esta foi a famosa história, na qual quem haverá que não esteja vendo a nossa, obrando a mão de Deus invisivelmente o que sucedeu à de Samuel? Quis el-rei D. João segurar a sucessão e união da coroa no casamento do seu primogênito, D. Teodósio, como em Eliab, mas não correu o óleo sobre D. Teodósio. Quis o reino segurá-la no casamento de el-rei D. Afonso, como em Abinadab, mas não correu o óleo sobre D. Afonso[14]. Tomou-se por último remédio o casamento de Saboia, como em Sama, mas não correu o óleo sobre aquele príncipe. Assim se fecharam todos os caminhos que intentamos: pelo ar, com a águia voando; pela terra, com a serpente arrastando; pelo mar, com a nau navegando; mas na terra, no mar e no ar suspendeu a graça o óleo, fechou a redoma e os caminhos, porque eram errados: "Para não confirmar o erro do profeta". — Desde o ano de cinquenta até o de oitenta e sete, se verificou em nós a praga ou lamentação de Davi: "E os fez andar errando fora do caminho, e por onde o não havia" (Sl 106,40) — porque tão longamente andamos errando, como os filhos de Israel pelo deserto, sem acertar com a Terra de Promissão, onde Deus tinha depositado a nossa felicidade. Nós a buscávamos lá em Castela, em França e em Itália, e ela estava escondida em Alemanha. Uniu-se enfim Alemanha com Portugal, celebraram-se as felicíssimas bodas, e em el-rei D. Pedro, o último filho de el-rei D. João, como Davi de Jessé, derramou Deus a graça e o óleo da unção, que havíamos mister, com tanta abundância e tantas vezes como já estamos contando e celebrando a quarta.

§ III

Depois da primeira graça, que faz as mercês e reparte os benefícios, segue-se a segunda, que tem por ofício recebê-los.

Diz Aristóteles que "tudo o que se recebe, se recebe ao modo de quem o recebe"[15]. E há modos de receber que diminuem e apoucam o mesmo que recebem: isto é, receber com as mãos abertas e com os olhos fechados. No caso em que estamos, não se há de dizer que nasceu a Portugal um infante, e aos seus reis um filho, e ao seu príncipe um irmão. Pois, como? Há-se de fazer tão particular menção do número como da pessoa. Na pessoa é um, mas no número, sobre os que por mercê de Deus logramos, para Suas Majestades é o filho terceiro, e para Sua Alteza o irmão segundo. E dar Deus um segundo irmão ao príncipe de Portugal, é confirmar-lhe a herança mais em duas vidas, porque os irmãos são os fiadores da sua. Ana, mãe de Samuel, pediu a Deus um filho, e Deus deu-lhe três: "Visitou o Senhor a Ana; ela concebeu, e pariu três filhos" (1Rs 2,21). — Pois, três, quando pede um? Sim. Não só foi excesso de liberalidade no dar, senão o seguro do que dava. O primeiro filho foi o despacho da petição: o segundo e o terceiro, foi a confirmação da mercê em outras tantas vidas. A mesma vida humana, a sua fragilidade e inconstância é a razão e necessidade destes remédios. Coisa maravilhosa é que o morgado de Abraão se continuasse sem quebra até Cristo, correndo neste intervalo dois mil e trezentos anos. Não morriam estes homens? Morriam; mas como cada um tinha outro que lhe sucedesse, sendo os herdeiros mortais, fizeram imortal a herança. Sem estes reféns da mortalidade, se o herdeiro é um só, tão arriscada tem a herança como a vida.

Na parábola da vinha, indo os criados do senhor dela receber os frutos, rebelaram-se contra eles os cavadores, ferindo e matando. Então o pai de famílias tomou por expediente mandar lá seu próprio filho, entendendo que lhe teriam diferente respeito: "Hão de ter respeito a meu filho" (Mt 21,37). — Mas o uso da enxada, assim como caleja as mãos, endurece também as testas. Foi tão contrário o discurso daquela vilania rebelada que disseram assim: "Este é o herdeiro; vinde, matemo-lo, e ficaremos senhores da herança" (Mt 21,38). — De maneira que quando o filho é único, e um só, e não tem quem lhe suceda, nem à pessoa se lhe guarda respeito: "Não a respeitavam" — nem falta quem se lhe atreva à própria vida: "Sacrifiquemo-la" — e uns e outros querem para si a herdade: "E teremos a herança". — Por isso o nosso texto, falando desta mesma herdade, de que aos nossos reis pertence a herança, não só lhes promete filho, senão filhos: "Eis aqui a herança do Senhor, os filhos". — E para que entenda a segunda graça, como recebedora, o muito que nesta última mercê de Deus tem recebido, considere que, crescendo os filhos, cresce com eles a segurança.

Consolava Sêneca[16] a um anojado pela morte de um amigo — que é o maior parentesco — e dizia-lhe assim discretamente: Se o amigo que perdestes é um dos que tínheis, consolai a perda do que vos faltou com os que ficaram. Mas se ele era não só um, senão único, não choreis só a vossa perda, senão a vossa culpa: "Por que estáveis vós sobre uma só âncora?". — Quando as coisas dependem do próprio alvedrio, estar sobre uma só âncora, não só desgraça, mas culpa; porém, quando dependem só da mão de Deus, é providência muito para estimar e agradecer da mesma graça divina. Enquanto Deus, depois de nos levar o primeiro, nos deu só o segundo príncipe, estávamos sobre uma só âncora; mas depois que lhe sucederam tão felizmente um e outro infante, já estamos sobre três. Na antiga Lusitânia reinou antigamente um príncipe chamado Gerião[17], o qual tinha dois irmãos do mesmo nome, tão unidos todos três entre si que deram ocasião à fábula de viverem em uma só alma, que informava os três corpos. Diziam mais, que esta união os fazia tão fortes que, chegando à Espanha o domador de todos os monstros do mundo, não deram menos trabalho a Hércules as três cabeças destes irmãos que as sete da famosa hidra.

Mas, deixada esta fábula, em que parece profetizou ou pintou a passada Lusitânia a fortuna que ela e nós havíamos de gozar presente, para que o nosso príncipe estime quanto deve o nascimento do novo irmão, e quanto importa ou pode importar a seu tempo um tal companheiro e fiador, não só para o reparo da vida, senão para a conservação do estado, ouçamos um famoso oráculo da sabedoria divina: "O irmão que é ajudado por seu irmão é como uma cidade forte" (Pr 18,19). — Os Setenta Intérpretes[18], ainda mais expressamente: "Um irmão ajudado de outro irmão" — diz o Espírito Santo — "são como uma cidade elevada e fortalecida", levantada por natureza e nos muros bem fortificada pela arte. — Uma cidade sem fortificação, por qualquer parte pode ser invadida e entrada. Mas os muros que mais fortemente a cercam e a defendem não são os que se fabricam de mármores ligados, senão de corações unidos. Perguntados os espartanos por que não muravam as suas cidades, respondiam: — Sim, muramos, e os nossos muros — apontando para os peitos — são estes. — E se este valor lhes infundia o serem moradores da mesma cidade, quanto mais se fossem filhos do mesmo pai e da mesma mãe, "ajudado cada par um do outro".

Assim o entenderam tão política como militarmente os que especularam o modo compendioso e fácil com que acudir à restauração de Portugal, e a desfazer e afogar nas mesmas faixas do seu nascimento. Estava militando em Alemanha o infante D. Duarte,[19] e antes de se tocar caixa contra os que chamavam rebelados, despacham-se correios secretos, com ordens, aonde se não podiam mandar, de que o infante seja logo preso. E por que, ou para quê? Para que um irmão se não ajuntasse com o outro irmão e, divididos, se não pudessem ajudar nem defender, e conservar a empresa começada. Não se temeram tanto de toda a união do reino, como de que chegassem os dois irmãos a ser "Um irmão ajudado de outro irmão". — Entenderam que, preso o infante, com os muros do castelo de Milão tinham posto em cerco a Portugal, e que o novo rei, desacompanhado de seu irmão, com todas as forças do reino se não podia defender. Mas quando eles com uma divisão, os quiseram separar, eles, com outra divisão, se souberam unir.

Dizia discreta e fortemente Quintiliano,[20] em uma declamação, que "a irmandade é uma alma dividida pelo meio"? — E que fazia a alma dos dois irmãos assim partida em duas ametades? A ametade livre do rei estava presa em Milão com a do infante; e a ametade presa do infante estava livre em Portugal com a do rei. Tão livre que, sucedendo no mesmo tempo suspirar a falta de Cartagena e a necessidade de Potosi por cavadores etíopes[21], houve arbítrios em Madri que o infante se trocasse por Angola, e a sua liberdade por muitos cativeiros. Mas como esta notícia chegasse aos ouvidos do real prisioneiro, teve ele indústria para minar os muros do castelo, e por debaixo da terra escrever uma carta, que de Veneza veio a Haia, corte de Holanda — onde eu a li — e da Haia passou a Lisboa. E que continha aquela carta? Dizer e protestar a Sua Majestade o generoso infante que nem um torrão de terra conquistada com o sangue dos portugueses se desse pela sua liberdade nem pela sua vida. Assim estava desde a sua prisão defendendo as terras da África e avaliando em tanto preço as gotas do sangue português, duzentos anos antes derramado nelas! Que seria, se chegássemos a o ver na testa dos nossos exércitos e nas nossas restituídas campanhas, ganhadas também com o sangue, não só dos soldados, senão dos reis seus avós, nas veias do irmão e nas suas o mesmo?

Sem lograr este desejo, acabou aquele heroico príncipe a vida; e aos dois irmãos, que a distância dos lugares não pôde separar, separou finalmente a morte. Na ausência de tão fiel companhia, parece que se cumpriu então ficar el-rei verdadeiramente só. Assim o ponderei nas suas exéquias, em que tomei por tema: "Seu irmão morreu, e ele ficou só" (Gn 42,38). — Disse estas palavras Jacó, falando dos dois irmãos José e Benjamim, filhos seus e de Raquel. Mas, assim como era falso ser morto José, que no mesmo tempo vivia, e governava o Egito, assim se não verificou em el-rei, como em Benjamim, o ficar só sem ele. Por quê? Porque voou de Milão ao céu o glorioso infante, não esquecido de quem era, e daquele mais alto castelo ajudou fortemente a seu irmão. Na batalha de Barac, diz a Escritura Sagrada que se pelejava da terra e juntamente do céu: "Do céu se pelejou" (Jz 5,20) — sendo as estrelas de lá um bem ordenado exército: "As estrelas persistindo na sua ordem" (Ibid.). — Assim sucedeu dali por diante. Meteu a justiça da causa o bastão na mão ao belicoso infante, e governando as estrelas, ele infundia nelas os seus espíritos, e elas os influíam tão eficazmente nos portugueses que pelejavam na terra que no mesmo tempo restauraram na África Angola, e na América Pernambuco, e em Portugal, já restaurado, o defendiam gloriosamente com maior e mais certo desengano das armas ofensivas.

À vista deste exemplo de irmandade, me arrependo muito do que pouco há disse, que Portugal se sustenta hoje sobre três âncoras, sendo certo que são quatro, e a mais segura no céu, enchendo este perfeito número o príncipe primogênito, que o mesmo céu nos deu e arrebatou tão brevemente. Grande prognóstico de perpetuidade, não só para a esperança, senão para a fé! Fundou Deus neste mundo duas repúblicas: a primeira em uma só nação, que foi a Sinagoga; a segunda em todas as nações, que é a Igreja, e o fundamento sobre que assentou ambas foi a irmandade. A Sinagoga, sobre Moisés e Arão, irmãos; a Igreja, sobre Pedro e André, irmãos, e sobre João e Jacó, também irmãos. E por que razão a Sinagoga em uma irmandade, e a Igreja em duas? A Sinagoga em dois irmãos, e a Igreja em quatro? Porque a Sinagoga havia de durar muito, e a Igreja sempre, e a perpetuidade deste sempre nos promete a firmeza de uma base sobre o número quadrado, o qual se aperfeiçoou e encheu no nascimento felicíssimo do último infante, que celebramos.

Já eu aqui me despedira da segunda graça; mas sei que anda na boca das gentes, e também na estampa dos livros, que quando reinar um rei de certo nome lhe há de suceder na coroa um infante de Portugal. Portugal é tão pouco ambicioso e está tão cheio de si que se contenta com o seu. Fiquem estes contos para as fadas, que os cantem ao nosso infante quando lhe embalarem o berço e animarem o sono. A verdade maravilhosa é — para que não sejamos ingratos a Deus — que há poucos anos tínhamos a sucessão por um fio, por falta de um príncipe, e agora os podemos repartir e dar reis a muitos reinos. Eu, porém, o que só quisera, entretanto, é que os nossos deram neles às duas majestades de suas augustíssimas irmãs, não só afilhados, mas filhos. Na morte dos inocentes de Belém, alega o evangelista S. Mateus o texto do profeta, em que Raquel chorava os seus filhos: "Raquel chorando a seus filhos" (Mt 2,18) — sendo certo que os meninos de Belém não eram filhos de Raquel, senão de Lia, sua irmã. Mas por isso mesmo lhes chama filhos seus, porque os filhos dos irmãos também são filhos próprios. Assim pode dar el-rei, nosso Senhor, à majestade da senhora rainha da Grã-Bretanha, sua irmã, não só um afilhado, senão um filho. E a Rainha, nossa Senhora, à majestade da senhora rainha de Castela, também irmã sua, outro[22]. E por este modo, ambas as venturosas majestades, sem as dores, que não padeceram, lograrão em lugar de dor, com suma alegria, o fruto desta gloriosa fecundidade de Portugal e sua: "Os filhos, o fruto do ventre".

§ IV

Somos chegados, finalmente, à terceira e última graça, à qual pertence agradecer as mercês e benefícios recebidos; mas o nosso agradecimento se antecipou de maneira a esta terceira graça, que as nossas se têm já muito desempenhado ou começado a desempenhar na segunda. Já tinha dito Sêneca elegantemente, e disse depois com maior elegância S. Bernardo[23], que a primeira parte do agradecimento, e "as primícias que mais agradam e satisfazem a quem faz o benefício, é o gosto, a alegria e a estimação com que o mesmo benefício se abraça, aceita e recebe". Isto é o que fizeram já as nossas públicas e naturais demonstrações, naquele solícito e cuidadoso repente com que na Bahia se ouviu a nova do felicíssimo parto, em que a divina liberalidade tinha acrescentado à prosápia real mais um penhor de firmeza, no repetido nascimento do novo infante. Os aplausos de grandes e pequenos; os parabéns que todos se davam; as alvíçaras com que se premiaram as primeiras notícias; o cuidado e receio interior de que se despiram os corações e as galas de que se vestiram por fora; as luminarias, os repiques, as salvas das fortalezas e artilharia, com que até as pedras e os bronzes, ou sentiam ou mostravam a alegria; enfim, as festas gerais, decretadas para maior aparato e crédito do mesmo contentamento: tudo isto, e o mais que se não pode explicar, junto, foram um descomposto tumulto e uma concertada harmonia dos corações, com que o agradecimento, saindo fora de si pelas portas de todos os sentidos, com todos se encontrava e manifestava em todos.

Mas isto aonde e quando? A circunstância do lugar e do tempo acredita muito este novo modo de gratificar. Deu o anjo a nova do nascimento do Salvador aos pastores, e eles, que fizeram? Foram a Belém, viram o que tinham ouvido, e então, tornando para o seu gado, "os pastores vinham cantando louvores e dando graças a Deus" (Lc 2,20). — Se nós pudéramos também ir a Belém, quero dizer, à nossa corte, e ser testemunhas da sua alegria, não lhe daria vantagem a nossa, como nem ao que ela obrou nos pastores. Mas nota neles o evangelista duas propriedades, que em nós são grandes diferenças. A primeira, que eles estavam na mesma região: "Naquela mesma região havia uns pastores" (Lc 2,8). — A segunda, que receberam a nova do nascimento no mesmo dia: "Porque hoje vos nasceu" (Ibid. 11). — Porém, que nós, estando noutra região tão distante e recebendo a nova tanto tempo depois, nem por isso glorifiquemos e louvemos menos a Deus? Ninguém diga que a terra do Brasil é ingrata. O agradecimento é filho do amor, e o amor ordinariamente o tempo o esfria e a distância o apaga; porém, o nosso agradecimento, como filho de amor mais nobre, qual deve ser o dos reis e da pátria, nem o tempo, com tantos mares em meio, bastou a lhe esfriar o contentamento, nem as distâncias, tão remontadas, para não ver e festejar as causas dele quanto merecem.

Assim, sem sair da segunda graça nem entrar na terceira, a quem pertence o agradecer, só com o agrado e estimação da mercê recebida temos já pago e respondido aos ecos da boa-nova, com o melhor e mais sincero tributo do agradecimento. E para que este passe finalmente à terceira graça, resta só que as nossas graças, com humilde e fiel reconhecimento ao primeiro e sobrenatural princípio donde nasceram, se refiram todas a Deus. Este é aquele perfeito círculo, que as três Graças, como dizíamos, fazem, dando-se as mãos entre si, querendo significar que todas nascem da primeira, e todas tornam a ela. Nascem dela, porque dela as recebe a segunda, e tornam a ela, porque a ela as refere e agradece a terceira. Todos os rios quantos regam o mundo, ou mais ou menos caudalosos, ou mais ou menos distantes, sempre estão correndo ao mar, sendo que nele se afogam e perdem o nome. E por que correm todos ao mar? Porque todos naturalmente tornam e vão buscar o princípio donde nasceram: "Os rios tornam ao mesmo lugar donde saem" (Ecl 1,7) — diz Salomão. E qual é a teologia que nesta natural filosofia encerra e está sempre ensinando a natureza de dia e de noite? Santo Tomás[24]: "Os rios" — diz o Doutor Angélico — "são os benefícios divinos, os quais vão buscar o seu princípio, que é Deus; e donde saíram por origem, tornam por agradecimento". — Aqui temos o círculo das três Graças em uma só água, e a mesma. Sai a água do mar, penetra por baixo da terra até as fontes; das fontes rebenta aos rios, e nos rios, correndo, torna a buscar o mar. A primeira carreira é secreta, e não se vê donde sai; e assim são os benefícios divinos; a segunda é manifesta e pública; e assim devem ser, e são, as graças que damos a Deus.

E tem algum interesse este tributo de agradecimento, que os rios vão pagar ao mar? Sim, e muito grande. É de graças, mas não de graça. O mesmo Salomão o disse: "Tornam os rios agradecidos ao mar para tornar a correr" (Ecl 1,7). — Não param para correr, correm para não parar. E que nos quer Deus ensinar neste mesmo espelho? Diga-o o mesmo comentador, como tão excelente intérprete dos segredos divinos: "Correm os rios para tornar a correr, porque é tão grato a Deus o nosso agradecimento dos seus benefícios, que provoca sua divina liberalidade a que nos dê outro de novo". — De maneira, que as mercês de Deus, antes do agradecimento, são dádivas, depois do agradecimento são dívidas; antes do agradecimento nós somos devedores a Deus das mercês que nos faz: depois do agradecimento as mesmas graças que damos a Deus fazem a Deus devedor nosso, e devedor de novas mercês, porque fica obrigada a sua liberalidade a no-las fazer de novo, multiplicando-as. Daqui se entenderá o mistério com que Cristo, Senhor nosso, no banquete do deserto, trocou a ordem das graças: "Tomou o Senhor os pães nas mãos e, dando primeiro as graças a Deus, então os distribuiu aos convidados" (Jo 6,11). — Parece que as graças se haviam de dar depois de comer, e não antes. Mas assim convinha e importava que fosse. Os pães eram cinco, e cinco mil os que haviam de comer deles; e, para multiplicarem tanto, era necessário que precedessem as graças e que o mesmo agradecimento os aumentasse. Tão fecunda é a gratidão dos benefícios divinos!

E, suposto que todo o nosso discurso é fundado em uma fecundidade, que com razão chamamos prodigiosa, razão terá também alguém de perguntar, ou por curiosidade ou por receio, se pode ou poderá haver alguma ação ou omissão da nossa parte, que faça estéril a beneficência divina. Respondo que sim, e é consequência do que acabamos de dizer. Porque, assim como a gratidão tem eficácia para fecundar a mesma beneficência em Deus, assim a tem igualmente a ingratidão para a esterilizar. Até esta notável advertência não passou por alto a Davi: "Eu" — diz Davi — "semeei benefícios e colhi ingratidões: esterilidade da minha alma" (Sl 34,12). — A primeira parte desta sentença não tem dificuldade; mas a segunda muito grande. Semear benefícios e colher ingratidões é monstruosidade da agricultura, que cada dia experimentam os que semeiam ou plantam em tão má terra como a de Adão e seus filhos. Até Deus disse de sua vinha: "Esperei que ela desse boas uvas, em lugar das labruscas que só produziu" (Is 5,4). — Porém, que ponha Davi esta esterilidade em si: "esterilidade da minha alma"! — esta é a maravilha. Se pusera a esterilidade nas almas, e más almas dos ingratos, bem estava; mas na sua, que fazia os benefícios? Muito notável coisa é, mas certa. E por quê? Porque o ingrato não só esteriliza os benefícios, senão também o benfeitor: esteriliza os benefícios, porque os paga com ingratidões; e esteriliza o benfeitor, porque, vendo o benfeitor que se pagam com ingratidões os seus benefícios, cessa e não os quer continuar. Isto que Davi diz de si é o que faz Deus. Antes própria e verdadeiramente de Deus é que o disse o profeta, e não de si. Estas palavras são do Salmo 34, o qual todo é de fé que fala de Cristo. E da sua alma diz o mesmo Cristo: "esterilidade da minha alma"! — porque o ingrato — comenta Hugo Cardeal[25] — "quanto é da sua parte, faz estéril a alma do mesmo Cristo" — Note-se "quanto é da sua parte", porque a alma de Cristo, ainda neste caso, não é estéril, mas é esterilizada: da sua parte não é estéril, porque sempre está pronta para fazer bem; mas da nossa é esterilizada, porque a nossa ingratidão "a esteriliza".

Neste admirável exemplo nos ensina a terceira e última graça como devemos conservar, ou podemos perder; como devemos aumentar ou podemos esterilizar a mesma fecundidade que celebramos. E por que não pareça caso singular, saibamos que assim o tem Deus estabelecido por lei universal desde o princípio do mundo. Toda a sucessão e gerações do gênero humano, primeiro criado e depois restaurado, fundou Deus sobre dois grandes homens: Adão quando o criou, e depois se perdeu; e Noé, quando, depois de perdido, o restaurou. E por que o perdeu Adão e o restaurou Noé? Leiam-se no texto sagrado os procedimentos de um e outro. Adão nem por obra, nem por palavra, nem por oferecer sacrifício a Deus ou lhe dobrar o joelho, nem por movimento, inclinação ou sinal algum se lhe mostrou agradecido; mas sempre e em tudo duro, desconhecido, ingrato. E como castigou Deus esta ingratidão? Com o dilúvio, em que todos os filhos de Adão ficaram sepultados. Noé, pelo contrário, tanto que desembarcou da arca com os animais, a primeira coisa que fez foi levantar altar a Deus e sacrificar-lhe as vítimas que já trazia separadas e sem parelha, em ação de graças por todos. E como premiou Deus este agradecimento de Noé? Com a perpétua conservação de seus descendentes e promessa de não haver mais dilúvio, confirmada com o arco que ordinariamente vemos nas nuvens, quando começam os primeiros orvalhos da chuva. De sorte que nas Escrituras e nas nuvens deixou Deus dois perpétuos monumentos: um do castigo da ingratidão, outro do prêmio do agradecimento; nas Escrituras, o dilúvio, como sepultura de todos os filhos de Adão, e por epitáfio nela: "Destruirei o homem que criei" (Gn 6,7); nas nuvens, a conservação e seguro de todos os filhos de Noé, como arco triunfal do agradecimento, e nele por inscrição: "Não amaldiçoarei mais a terra por causa dos homens" (Gn 8,21). — Não houve jamais, nem pode haver tal triunfo como o daquela inscrição em um arco levantado entre o céu e a terra, porque nele triunfou e está sempre triunfando o agradecimento. De quem? Não só da onipotência, senão também do alvedrio divino. Da Onipotência, porque não pode Deus fazer o contrário; e do alvedrio, porque nem o pode querer, ainda que tenha grandes razões para isso.

Em suma, que os tesouros da beneficência divina têm duas chaves: uma de ouro, que os abre, outra de ferro, que os fecha. A de ouro, que os abre, é o agradecimento, que os alcança, aumenta e conserva; a de ferro, que os fecha, é a ingratidão que, depois de recebidos, os corrompe, destrói e perde. Assim perdeu Adão, por ingrato, e afogou no dilúvio a geração de todos seus descendentes; e assim conservou Noé, por agradecido, a sua, e a conserva, e há de conservar para sempre. Não quisera agora fazer reflexão sobre nós, mas é obrigação de todo este discurso. Lembremo-nos do agradecimento do segundo pai do mundo, e não nos esqueçamos da ingratidão do primeiro. Estas mercês, de que damos as graças à divina misericórdia, já sabemos como as havemos de conservar. Mas temamos também como se podem perder. Faz horror à imaginação e treme de o pronunciar a língua. No primeiro príncipe que Deus nos concedeu e tão brevemente levou para si, nos antecipou o exemplo do que ele não permita, e pode suceder a todos os que nos tem dado e pode dar, ainda que sejam muitos mais. Justo Lípsio[26], com advertência singular entre todos os reinos e reis do mundo, põe diante dos olhos a todos, como tremendo espelho de desengano, o reino de Portugal, e o mais feliz de todos os seus reis, el-rei D. Manuel[27]. Refere os seus três casamentos, e o grande número de filhos e netos, com que deixou tão fundada — diz — e estabelecida a sucessão da coroa, que não só entrada, mas nem resquício algum havia, por onde outra Família pudesse aspirar a ela; e, contudo, conclui assim: "Tinha el-rei D. Manuel vinte e dois herdeiros, os quais precediam a el-rei Filipe II de Castela, e o excluíam da sucessão; mas ele enfim sucedeu, porque todos os vinte e dois morreram antes, e nele vivo ficou toda Espanha debaixo de uma só cabeça".

"Eis aqui a herança do Senhor, os filhos; seu galardão, o fruto do ventre" (Sl 126,3).

— Dentro nestas mesmas palavras nos está dando vozes o desengano do que é a mortalidade humana, posto que fecunda. "Eis aqui", Portugal, em ti o maior exemplo. "A Herança": esta é a herdade que se recuperou porque se perdeu. "Do Senhor": Este é o mesmo Senhor que a tornou a dar, porque a tinha tirado. "Os Filhos": estes são os filhos do mesmo tronco que, sendo sete vezes mais do que hoje temos, a não puderam conservar. Mas bom ânimo, porque a conservação está na nossa mão, se a quisermos merecer. À nossa gratidão no presente, à nossa memória do passado, e às nossas vidas e obras para o futuro, tem Deus prometido "por prêmio os frutos da mesma fecundidade".

SERMÃO

Gratulatório a S. Francisco Xavier

*Pelo nascimento do quarto filho varão,
que a devoção da Rainha nossa Senhora
confessa dever a seu celestial patrocínio.*

"Quarto irmão."[1]

Vieira, octogenário quase destituído de todos os sentidos, abre a redação do sermão com uma pergunta: "As graças da presente mercê, alcançada de Deus por São Francisco Xavier, mais se devem ao mesmo Xavier que a Deus?". É extraordinário ver, em um corpo meio morto habitar o coração tão delicadamente sensível e tão florida imaginação. Há benefícios de Deus em que todas as graças se devem a Deus e nada aos homens. E há benefícios também divinos em que parece que as graças mais se devem aos homens que a Deus. Os nomes dados. Para que saibamos quão devidas lhe são todas as graças pelo nascimento do novo infante, é necessário que comecemos desde o nascimento do terceiro até chegar ao quarto. O dia do nascimento. O concurso de tais e tão remotas circunstâncias de tempo a tempo e de pessoa a pessoa seja um felicíssimo auspício. Invoque o pequeno Xavier ao grande.

§ I

Estreito mapa para tão universal alegria! Pequeno tema para tão grande felicidade! Feliz e alegre a monarquia de Portugal com o novo nascimento do quarto infante; felizes e alegres Suas Majestades, com o novo aumento do quarto filho; felizes e alegres Suas Altezas com a nova companhia do "quarto irmão". — Toda esta significação se encerra nestas poucas palavras. E significa mais alguma outra felicidade e alegria — ou dentro ou fora deste mundo — o mesmo número ou sobrenome de quarto? Sim, porque os números são os sobrenomes dos reis. E el-rei D. João, o Quarto, de gloriosa e imortal memória, que está no céu, já tinha o nome de D. João em um neto, o príncipe nosso senhor, que Deus guarde; e agora, com o novo nascimento do quarto infante, se lhe inteirou vivamente em ambos o nome e sobrenome de D. João, o Quarto[2].

Não requeria menos monte que dois Atlantes o peso de tão grande nome. Do peso do nome de Maria, posto aos ombros da Madalena, disse grave e elegantemente S. Pedro Crisólogo: "Venha Maria, venha a portadora do nome de minha mãe"[3]. — E, se passarmos às campanhas de Amalec, acharemos com maior exemplo, no soberano filho desta mesma mãe, repartido o seu nome e sobrenome entre os dois maiores heróis daquela idade, Josué e Moisés. O nome e sobrenome do redentor do mundo, depois de o remir na cruz, foi Jesus Crucificado. Assim o nomearam os anjos, assim S. Paulo. Estava pois na campanha de Amalec Josué, pelejando na testa do exército, e Moisés, no cume do monte, com os braços abertos em forma de cruz orando, e significavam um e outro — como sentem comumente os santos Padres — Josué, no seu nome, o nome de Jesus, e Moisés, com os braços em cruz, o sobrenome de Crucificado. E por que não representavam ambas as figuras ou só Josué ou só Moisés? "Porque nenhum deles", posto que tão grandes heróis, "era suficiente para sustentar só, senão divididos, o peso de tal nome e tal sobrenome" — diz Orígenes.[4] — Quase me não atrevo a aplicar a semelhança, e passá-la do nome e sobrenome do redentor do mundo ao do redentor e restaurador de Portugal. Mas para um rei, a quem o mesmo Jesus, e na mesma cruz, não duvidou trespassar a sucessão do seu próprio império, facilmente me perdoará a sua benignidade — na semelhança somente — a aplicação e divisão de todo o seu nome.

Agora, falando com os leitores do primeiro sermão de ação de graças, pelo mesmo nascimento do príncipe, cuja celebridade neste repito, duvido se me haverão perdoado passar nele em perpétuo silêncio, e não fazer menção alguma do intercessor, ou terceiro, que nos alcançou este quarto. É certo que talvez se deve mais o agradecimento à diligência de quem solicita, intercede e alcança as mercês, que à liberalidade, posto que soberana, de quem as faz. — "Saí às janelas, filhas de Jerusalém, e vede o rei Salomão coroado com o diadema de que o coroou sua mãe" (Ct 3,11). — Quem coroou a Salomão, não há dúvida, como consta do texto sagrado, que foi seu pai Davi, o qual privou da coroa a Adonias, filho seu mais velho, e a deu a Salomão. Pois, se Davi foi o que lhe deu a coroa, por que diz o mesmo Salomão — cujas são estas palavras, no capítulo terceiro dos Cânticos — que o coroou não seu pai, senão sua mãe: "Coroado com o diadema de que o coroou sua mãe"? — Porque, ainda que Davi foi o que coroou a Salomão, e lhe deu a investidura do reino, as diligências, os empenhos, e a intercessão de Bersabé, sua mãe, como tão valida e amada do mesmo Davi, foi a que lhe impetrou e conseguiu a coroa. E julgou o juízo de Salomão, no tal caso, que mais devia a coroa à intercessão de sua mãe que à liberalidade de seu pai.

Toda esta demonstração não fere a outrem, senão a mim, pelo total silêncio já confessado com que, no sermão de ação de graças pelo felicíssimo nascimento do novo e quarto infante, nem uma só palavra falei em S. Francisco Xavier. Em S. Francisco Xavier, torno a dizer, aquele grande oráculo e patrono singular da rainha, nossa Senhora, a cuja poderosíssima intercessão atribui Sua Majestade todas as suas e nossas felicidades, e muito particularmente na sucessão, dantes tão suspirada, e agora tão multiplicada de príncipes naturais. Pois, se neste — que não quero chamar último, senão quarto príncipe — com prodigiosa fecundidade de todos sucessivamente varões, devemos novas e maiores graças, como no sermão próprio delas, e discorrendo por todas, em nenhuma achei lugar em que pôr a Xavier? Não foi descuido ou desatenção minha, senão grandeza sua. Uma personagem tão grande não cabe em partes. Por isso me resolvi a fazer novo sermão, que fosse todo seu, e é este.

Mas, segundo a sentença que propus de Salomão, dela se segue uma terrível consequência. Salomão, no seu caso, julgou que mais devia a coroa à intercessão de sua mãe, que lha conseguiu, que à liberalidade de seu pai, que lha deu: logo, diremos nós no nosso caso que as graças da presente mercê, alcançada de Deus por S. Francisco Xavier, mais se devem ao mesmo Xavier que a Deus? A resposta desta dúvida demanda tanto fundo que me não atrevo a embarcar nela sem pedir primeiro a graça. *Ave Maria.*

§ II

Há benefícios de Deus em que todas as graças se devem a Deus, e nada aos homens. E há benefícios, também divinos, em que parece que as graças mais se devem aos homens que a Deus. Vamos por partes.

Os benefícios do primeiro gênero são aqueles que Deus faz por amor de si mesmo, como refere por boca de Isaías: "Por amor de mim, por amor de mim o farei" (Is 48,11). — E então faz Deus estes benefícios por amor de si mesmo, diz S. Dionísio Areopagita[5], "quando ele é o autor e ele o motivo, sem haver outrem fora de si que o mova ou provoque a isso". — Tal foi o benefício da criação do mundo, antes do qual não havia homem nem anjo que lhe pudesse pedir ou mover a que o criasse. Assim que todas as graças devidas a Deus, por tão grande e universal benefício, são pura e meramente suas, sem haver nem poder haver quem tivesse parte nelas.

Os benefícios do segundo gênero são aqueles que Deus faz por intercessão e rogos de outrem, principalmente quando o mesmo Deus está deliberado, e empenhada sua providência ou justiça a fazer e executar o contrário. Pelo pecado da adoração do bezerro no deserto, provocado Deus da rebelião e idolatria daquele ingrato povo, tão poucos dias depois de o ter libertado do cativeiro do Egito com tantos prodígios, deliberou a sua justiça, a sua ira e o seu furor, como diz o texto, de o extinguir totalmente e sepultar no mesmo deserto. Enfim lhe perdoou Deus pelas orações e instâncias de Moisés; e dependeu tanto destas orações e da força delas a conservação do povo, diz Davi, que, tendo Deus já aberta a brecha nas muralhas, para assolação de todos, se a fortíssima resistência de Moisés se não opusera na mesma brecha à defensa, sem dúvida seria todo assolado e destruído: "E disse que os destruiria, se Moisés, seu escolhido, se não houvesse posto em meio ante ele" (Sl 105,23). — E no preciso destas circunstâncias parece que as graças desta absolvição mais se devem aos fortíssimos embargos do advogado que à sentença revogada do juiz, tão justa e tão justificada na causa que, se não fora por eles, sem dúvida e sem remédio se havia de executar: "Se Moisés se não houvesse posto em meio ante ele". — Note-se muito aquele "se não". De maneira que, se Moisés não resistisse tão fortemente a Deus, sem dúvida havia Deus de destruir o povo. Logo, as graças de tamanho benefício mais se devem à resistência de Moisés que à desistência de Deus. A consequência não é menos que de Aristóteles: "O que faz que uma coisa seja tal o é mais do que ela"[6]. — Quem foi aquele, por amor de quem perdoou Deus ao Povo? Moisés. Moisés foi o "que faz uma coisa ser tal"; logo a ele lhe pertence o mais: "o ser mais do que ela".

Já nesta consequência forçosa, e não forçada, segundo a estimação humana, ninguém estranhará dizer-se que as presentes graças — como se inferia — sejam mais devidas a Xavier que a Deus. Mas eu não me contento com esta resposta. E, restituindo a questão ao mesmo caso e nascimento do quarto irmão, novamente acrescentado aos nossos príncipes, mercê que a devoção da Rainha, nossa senhora, e o aplauso de todo o reino reconhece recebida do poderoso patrocínio do santo, por antonomásia seu, não duvido afirmar constantemente que as graças deste tão repetido favor, não só se devem a Xavier mais que a Deus, senão todas a Xavier. E por quê? Porque, dando todas as graças a Xavier, damos a César o que é de César, e não negamos nem tiramos a Deus o que é de Deus. E se não, vamos ao caso, e vejamos com que entrou nele Deus, e com que entrou Xavier. Deus entrou com dar os poderes a Xavier; Xavier entrou com aplicar a virtude dos mesmos poderes a nosso favor e benefício. Logo, a Deus, que "é glorificado em seus santos" — não se lhe nega nem se lhe tira nada do que lhe pertence, que é toda a glória da liberalidade e magnificência com que deu ao seu santo os seus poderes. Prova? Sim, e em um dos maiores milagres de Cristo, Redentor nosso.

Estava o Senhor no concurso de uma província inteira, dentro em uma casa particular, e não podendo romper pela multidão nem entrar pela porta quatro homens que levavam um paralítico no seu leito, subiram por cima dos telhados, e, feita uma abertura capaz, por ela e por cordas desceram e puseram diante do divino Médico o enfermo, ou quase morto, sem sentido nem movimento, e o Senhor com duas palavras lhe restituiu a vida, a saúde, e as forças, tão inteiramente que por seu pé, o que tinha vindo em oito, e com o mesmo leito às costas, foi admiração e pasmo aos que o viram, que eram todos. Mas esses, assim admirados e pasmados, que disseram ou fizeram? "Glorificaram a Deus por haver dado tal poder aos homens" (Mt 9,8). — De sorte que glorificaram e deram a Deus a glória, não da obra e benefício milagroso, senão de ter dado os poderes ao homem que a fez, tendo a Cristo por puro homem, como a palavra "aos homens" significa. Assim que tudo o que pertencia a Deus, era a glória de ter dado os seus poderes, e tais poderes: "Por haver dado tal poder aos homens". — E por que não deram também as graças a Deus? Porque essas pertenciam ao homem obrador do milagre e benefício, assim como nós as devemos dar todas a Xavier.

O nascer, como disse Salomão de si, é igual nos príncipes, e nos que o não são; e o nascimento não é só milagre, senão milagre semelhante ao que acabamos de referir, porque, ainda que tiveram parte nele os homens, não o puderam conseguir senão das telhas acima. No nascimento, pois, do nosso príncipe, em que pleiteamos as graças entre Xavier e Deus, bastava a distinção de Deus ao homem, dos poderes à obra e das graças à glória, para que, dando toda a glória a Deus e todas as graças a Xavier, Xavier pacificamente, e sem questão, ficasse logrando a preeminência deste grande e novo direito. Mas não é este ainda o fundo da resposta a que eu disse, no princípio, me temia arriscar. Qual é, pois, ou pode ser, sobre toda a novidade do que está dito? É que não só obrou Xavier na mercê que nos fez com os poderes de Deus como de Deus, senão com os poderes e com o mesmo Deus, tudo como seu, e por isso com maior e absoluto direito a todas as graças. Vamos à Escritura e abramos nela um novo e grande reparo.

Sitiado em Jerusalém el-rei Ezequias por um exército dos assírios poderosíssimo, recebeu uma embaixada do rei, que era Senaqueribe, na qual lhe persuadia ou mandava que se entregasse, oferecendo condições, não só indecentes à majestade real, mas blasfemas contra a divina. E como o estado ou aperto da cidade era alheio de toda a esperança de a poder defender, mandou Ezequias as mesmas condições por escrito ao profeta Isaías, com um recado, no qual lhe rogava muito orasse por ele ao Deus seu: "O Senhor teu Deus é certo que de algum modo terá ouvido" (Is 37,4). — Esta palavra "Teu Deus" a qual duas vezes se repete no mesmo recado, é muito enfática, porque Ezequias não era gentio, senão fiel e muito pio, e adorava o mesmo Deus verdadeiro de Isaías, a quem também ficava fazendo orações. Pois, se o Deus do profeta e o Deus do rei era o mesmo, por que não diz Ezequias orai a Deus, ou orai ao nosso Deus, senão ao "Deus vosso"? — Porque Deus, ainda que o mesmo, por muito diferente modo era Deus do profeta que Deus do rei. Do rei era seu Deus, do profeta era Deus seu. E que diferença há de Deus seu a seu Deus? Muito grande. S. Agostinho dizia: "Ó Deus! e que ditoso seria eu, se ao nome de Deus pudesse acrescentar o possessivo *meus*"[7]! — Meu Deus quer dizer que Deus me possui a mim; Deus meu quer dizer que eu o possuo a ele. Meu Deus quer dizer que Deus me tem sujeito a seu mandar; Deus meu quer dizer que eu o tenho sujeito a meu querer. Quem isto pode dizer verdadeiramente possui tão inteiramente a Deus, que pode usar dele como de coisa sua. Por isso o rei chamou ao Deus de Isaías "Deus seu" — e por isso Isaías — em admirável prova de Deus ser seu — sem fazer oração a Deus, respondeu de repente aos embaixadores do rei que seria vencedor e o modo com que o seria: "Os servos do rei foram ter com Isaías, e Isaías lhes respondeu" (Is 37,5s). — Entre a embaixada do rei e a resposta do profeta não houve meio, como que ele usasse da vontade e da onipotência de Deus sem a consultar, como sua.

Deus é Deus de todos os homens, mas nem todos os homens são os seus, senão aqueles que muito intimamente ama e estima. Tais eram os apóstolos, dos quais disse o evangelista: "Como tinha amado os seus" (Jo 13,1). — Do mesmo modo todos os homens são de Deus, mas Deus não é seu de todos, senão daqueles que, subidos ao supremo grau do amor e da união, são já possuidores nesta vida do mesmo Deus. Tal era Xavier, como ele mesmo confessava nos seus solilóquios com Deus. "Quem teria no céu senão a ti? / Se estou contigo, não me agrada a terra?" (Sl 72,25). Porventura, Deus meu, ou na terra ou no céu, quero eu ou tenho outra coisa senão a vós? "Todos os meus bens sois vós; nem possuo ou tenho de meu outra coisa" (Ibid. 26). — Por esta alienação de tudo o mais possuía e dominava Xavier a Deus e a tudo o que é de Deus, como sujeito a ele e propriamente seu. Por isso mandava os mares e os ventos; por isso ressuscitava os mortos; por isso lhe eram presentes os futuros; por isso parava o sol e os orbes celestes. E ninguém me estranhe a palavra dominava, porque, depois que Deus permitiu à pena dos seus cronistas que dissessem dele: "Obedecendo o Senhor à voz de um homem" (Js 10,14) — o que Deus concedeu ao grande Josué não o podia negar ao maior jesuíta. E porque Xavier, em todas as mercês maravilhosas que de sua mão recebe o mundo, não só obrava como intercessor senão como Senhor, ou certamente possuidor de tudo o que é de Deus, e do mesmo Deus mais seu que tudo, não há dúvida que na glorificação da mercê presente, deixada a Deus toda a glória, a ele se devam todas as graças.

§ III

Já sabemos como devemos gratificar a S. Francisco Xavier a mercê presente. Mas, para que saibamos quão devidas lhe são todas as graças pelo nascimento do novo infante, é necessário que comecemos — o que porventura se não considera — desde o nascimento do terceiro até chegar ao quarto: "Quarto irmão".

Segundo os termos ou intervalos da providência divina, é coisa notável e notada na História Sagrada, ou pararem os partos no terceiro filho, ou degenerarem depois deles as gerações, ou ser muito dificultosa a passagem para chegar ao quarto. Naquela Arca, em que Deus, afogado no dilúvio o mundo, guardou para a conservação e continuação dele a propagação do gênero humano, não houve mais que três filhos: Sem, Cam e Jafet. Na fecundidade de Ana, com quem Deus se mostrou tão liberal, posto que milagrosa, que diz o texto sagrado? "Visitou Deus a Ana, e concebeu e pariu três filhos e duas filhas" (1Rs 2,21). — De maneira que os filhos varões foram somente três; e o sexo masculino, que ela tinha pedido: "Se deres à tua escrava um filho varão" (1Rs 1,11) — logo parou no terceiro parto, e degenerou ao feminino. E, posto que a providência divina "vigia sobre os reinos e reis com maior cuidado" — não deixa de se observar neles esta mesma regra. De Judas, aquele primeiro rei em que se continuou a série dos que precederam a Davi, e depois dele até Cristo, diz o texto sagrado que lhe nasceram de sua mulher três filhos, e nota que, nascido o terceiro, parou nela a fecundidade, e não passou ao quarto: "Pariu ainda terceiro filho, nascido o qual, não tornou mais a parir" (Gn 38,5). — Até nos mesmos elementos, sendo eles quatro, deixou Deus como estabelecida a mesma lei. O primeiro, que é a terra, fecundo em todos os gêneros das vidas, também três: vegetativa, sensitiva e racional; o segundo, que é a água, fecundo nos peixes; o terceiro, que é o ar, fecundo nas aves; mas o quarto, que é o fogo, totalmente estéril e infecundo.

Só com o céu parece que dispensou o Criador, aparecendo no quarto dia da criação, e no céu também quarto, o sol fonte da luz, de quem a recebem os outros astros para o governo universal do mundo e dos tempos. Mas tão fora esteve de ser isto dispensação daquela lei ou exceção daquela regra, que antes foi a maior confirmação dela. Porquê? Por que, precedendo no terceiro dia a maior de todas as fecundidades, que é a das plantas, tudo o que no seguinte apareceu no céu não foi produzido por ele, ou parto seu, senão uns fragmentos ou pedaços da luz criada no primeiro dia, os quais foram postos no céu, não como filhos próprios e naturais, senão alheios e peregrinos; e por isso não disse Deus ao céu "germine", ou "produza". — O que diz o texto é "que pôs no firmamento do céu" (Gn 1,17) o que estava já produzido. Com que no mesmo firmamento ficou perpetuada a esterilidade natural que aos terceiros partos se segue, nem com o céu dispensada.

E, se quisermos inquirir curiosamente a razão fundamental deste limite posto por Deus à fecundidade do número ou parto terceiro, posto que não sempre observado, senão em casos maiores, acharemos que a causa mais conatural de tão notável providência não está menos radicada que na essência do supremo exemplar e eficiente de todas as coisas criadas, Deus enquanto trino. Diz Aristóteles, e com ele Santo Tomás, que "o modo de obrar segue naturalmente o modo de ser"[8]. E qual é o modo de ser da virtude divina em si mesma, ou, como falam os teólogos, *ad intra*? A primeira pessoa, que é o Pai, é fecunda, e gera o Filho; a segunda, que é o Filho, é também fecunda, e, juntamente com o Pai, produz o Espírito Santo; mas no Espírito Santo, que é a terceira, para e cessa de tal sorte a divina fecundidade, posto que infinita e imensa, que não pode gerar nem produzir outra que seja a quarta. Daqui se infere que, se a providência e onipotência divina, obrando fora de si, e *ad extra*, conservasse no modo de obrar a proporção do modo de ser, toda a natureza criada ficaria totalmente estéril no parto terceiro, sem jamais passar ao quarto; mas como à propagação do mundo era necessária esta passagem, para que nela desse a necessidade alguma satisfação à natureza ou lhe pagasse algum tributo, talvez entre um e outro extremo não só estende a mesma providência os intervalos do tempo, mas os carrega de tais trabalhos e perigos, que só por mercê de Deus quase milagrosa se pode escapar do meio deles, e, depois de terceiro parto, chegar ao quarto.

Dos três filhos de Noé, que dissemos, o terceiro era Jafet, de que nós descendemos. E como Deus os tinha guardados na Arca, e debaixo de chave, para a propagação do gênero humano, seguro estava nos segredos da sua providência que, sendo ele o terceiro filho, lhe havia de suceder o quarto e os demais. Mas de que modo, e quando? Por meio dos trabalhos, perigos e horrores do dilúvio, depois de flutuar muitos meses metido vivo e como morto naquele ataúde escuro, batido por todas as partes das montanhas das ondas, sem leme, sem farol, sem piloto, até que, por mercê do céu, chegou a salvamento e tomou porto em terra.

E quem, à vista deste espelho, se não lembra ainda agora com horror do que padeceu a saúde da rainha, nossa senhora, quase naufragante no largo intervalo do terceiro ao quarto parto, na nova qualidade do mal, no rigor e frequência dos sintomas, no descaimento das forças, no lento e habituado do calor, de cuja espécie só se duvidava, e sobretudo na desconfiança sempre mal declarada dos médicos, aonde o perigo ameaça às supremas cabeças? O amor, depois da perda, vê-se na dor; antes dela, no receio. E tal era a tristeza e desconsolação de todo o reino no receio daquela adorada e arriscada vida, em cuja respiração se sustentava a de todos. Do reino passavam estes lastimosos ecos às mais remotas partes da monarquia, onde muito antes tinha levado ou trazido a fama a das virtudes pessoais, reais e heroicas, com que todos estes vassalos se gloriavam de o ser de tão soberana senhora. E assim como na tempestade da Arca se aguardavam com suspensão as novas que traria o corvo ou a pomba, assim, suspensos nós entre temor e esperança em aparecendo ao longe navio de Portugal, subidos às torres mais altas, com os instrumentos que acrescentam a vista, palpitando entretanto os corações, vigiávamos se trazia bandeira, e de que cor: o temor receando que fosse da cor do corvo, para se cobrir de luto e de tristeza: e a esperança, confiando em Deus que fosse a de pomba, com o raminho verde da oliveira, para se vestir de gala e alegria.

Mas, passando da tempestade da arca à da barquinha dos apóstolos na tormenta do lago de Genezaré, também aqui, para maior propriedade, era a passagem entre os dois últimos quartos náuticos e militares, por outro nome vigias, isto é, entre o terceiro e o quarto: "Junto da quarta vigília" (Mc 6,48) — diz S. Marcos. — Estavam pois os apóstolos no sumo da aflição, como aqueles a quem mais doía o trabalho e o perigo; e porque a tempestade, por ser da sua mais particularmente Senhora, era também cordialmente mais sua. Oravam instantemente ao céu, mas cuidavam que Deus os não ouvia, e que passava de largo: "Queria passar-lhes adiante" (Ibid.). — E, sendo que nesta ocasião até o maior de todos os apóstolos duvidou e foi repreendido de pouca fé: "Homem de pouca fé, por que duvidaste?" (Mt 14,31). — só a fé, que Sua Majestade tinha no seu santo nunca vacilou e sempre esteve constante. É verdade que também ele por algum tempo parece que se ausentou e escondeu; mas enfim a perseverança da mesma fé o descobriu e achou tão propício, como se alegre e risonho lhe respondera com aquelas palavras divinas, e por isso suas: "Aquele que me achar achará a vida, e alcançará a salvação" (Pr 8,35). — Duas coisas lhe trouxe o seu santo, quando, enferma, só parece que necessitava de uma, que era a saúde; mas na saúde que lhe trouxe para si, lhe trouxe também a vida para o novo filho. A saúde fácil, como bebida: "alcançará a salvação" — e a vida difícil, como achada: "Achará a vida" — e tão difícil, como até agora ponderamos, havendo de ser esse filho o quarto: "Quarto irmão".

§ IV

Assim o provou o sucesso, em cujas circunstâncias mostrou bem Xavier que ele era o que obrava, mas com os poderes não só de Deus, mas do Deus seu. E começando pela do felicíssimo parto, foi coisa notável que primeiro se soube publicamente que era nascido o novo príncipe, do que precedesse notícia alguma de que estava para nascer, e se oferecessem a Deus as orações tão necessárias naquela hora, sinal manifesto de entrar ali o concurso dos poderes divinos. Conta ou revela Isaías, como quem nos segredos de Deus é o maior profeta dos maiores, que, falando uma vez o mesmo Deus consigo, disse desta maneira: "Porventura eu, que faço dar à luz a todos os outros, não darei eu mesmo à luz?" (Is 66,9). Basta que, sendo eu o autor da fecundidade, e que faço sair à luz todos os que nascem, não terei também um parto que seja propriamente meu? — Ora, não há de ser assim. Primeira, ou ultimamente, o nascido do meu parto será um filho varão, e o parto tão apressado, tão fácil e tão feliz que se diga dele: Antes de parturir pariu: "Antes que desse à luz, deu à luz, antes que acontecesse o seu parto, deu à luz um menino" (Ibid. 7). — A nossa língua não tem palavra que responda ao *parturire*, e em dia tão festivo permita-se-me "Jogar com as palavras" — e dizer que *parturire* é rir no parto. Tal é o parto da aurora, mãe do sol, o qual nasce alegrando o mundo, e ela o pare rindo. E tal foi o do nosso belo infante ao rir, não só de uma, mas de duas auroras, uma no céu, outra na terra, se não quisermos acrescentar a terceira do Oriente, festejando as maravilhas do seu apóstolo. Não podia ele obrar senão como Deus, pois exercitava os seus poderes. Só o mundo mistura o riso com dor: "O riso será misturado com a dor" (Pr 14,13). — As mercês de Deus são puras e alheias de toda a tristeza, e mais em casos tão alegres como o de nascer. Nasceu Eva de Adão, e por tal modo que parecia inevitável a dor, havendo ele de sofrer que se lhe arrancasse uma costa do lado. Mas, como a mão de Deus era a que obrava aquele parto — que assim lhe chama S. Agostinho — foi com tal tento e recato que primeiro adormeceu a Adão com um sono tão profundo, que nem por sonhos pudesse sentir dor: "Infundiu o Senhor Deus um profundo sono a Adão, e tirou uma das suas costelas" (Gn 2,21).

Assim obra Deus parecendo-se consigo, e assim Xavier parecendo-se com Deus: Deus no parto, que chamamos seu, evitando totalmente a dor; e Xavier no que também atribuímos a seus poderes, tirando-lhe o tempo das dores. Houve em um e outro parto dois privilégios notáveis. O primeiro, na dispensação de uma lei; o segundo, na moderação e reparo de outra. Na sentença da primeira mulher condenou-a Deus a ela e a todas a duas penas: uma, que parissem os filhos com dor: "Tu em dor parirás teus filhos" (Gn 3,16) — outra, que estivessem sujeitas ao varão: "E estarás sob o poder de teu marido" (Ibid.). — E como dispensou Deus a primeira e moderou, e reparou a segunda? A primeira dispensou-a, fazendo que o parto, que chamou seu, fosse sem dor: "Antes que tivesse dor de parto, pariu" (Is 66,7). — A segunda moderou-a e reparou-a, fazendo que o filho fosse varão: "Deu à luz um filho varão" (Ibid.) — porque no tal caso já o varão fica sujeito e debaixo do poder da mulher, tendo obrigação de a obedecer e reverenciar como mãe.

Além destes dois privilégios, houve no nascimento do nosso infante outro terceiro. E foi que as mães antes do parto não sabem se há de ser filho ou filha, e a rainha, nossa Senhora, por instinto ou inspiração do seu santo, soube certamente que havia de ser "varão". — Assim consta que o declarou Sua Majestade à sereníssima rainha da Grã-Bretanha, afirmando que lhe havia de dar afilhado, e não afilhada. E para mim não foi menor prova desta mesma presciência o voto ou devoto propósito com que Sua Majestade determinou, que tanto que o que trazia em suas entranhas se pudesse pôr em pé, o havia de vestir do hábito de S. Francisco Xavier. E daqui se infere que supunha a rainha, nossa Senhora, que havia de ser filho, e não filha? Sim. Porque, se o hábito houvesse de ser de S. Agostinho, S. Bernardo, S. Domingos ou S. Francisco, bem o podia vestir filha, como o vestem as filhas destes santos patriarcas, mas havendo de ser de Xavier e da Companhia, não o podia vestir senão sendo filho: "Deu à luz um menino".

A outra circunstância deste prodigioso nascimento foi ser no dia de quinze de março e na madrugada dele. Este dia, como consta do capítulo vinte e três do Levítico, era o da mais solene festa, assim pela memória e agradecimento da liberdade particular do cativeiro do Egito como pela significação da universal e futura do cativeiro do gênero humano e redenção do mundo. As palavras do Levítico são: "No primeiro mês, no dia décimo quarto do mês, sobre a tarde, é a páscoa do Senhor; e no dia quinze deste mês é a solenidade dos asmos do Senhor" (Lv 23,5s). — O primeiro mês, que se chamava *Nisã*, responde ao nosso março, e os dias naturais naquele tempo começavam ao pôr do sol no princípio da noite, e acabavam ao pôr do sol outra vez no fim do dia, como Deus os tinha instituído no primeiro dia da criação: "E da tarde e da manhã se fez o dia primeiro" (Gn 1,5). — Daqui se segue que o nosso infante, nascendo pela madrugada, nasceu quase ao meio-dia daquele dia. E, segundo as duas figuras do cordeiro pascal e pão asmo, saiu à luz deste mundo entre os dois maiores prodígios e mistérios da divindade humanada, que foram a instituição do Santíssimo Sacramento e a morte de Cristo na cruz. Porque o primeiro foi instituído à segunda hora da noite, que foi a da ceia; e o segundo sucedeu, conforme o nosso contar, às três da tarde do dia, que foi a da morte. Computando agora estas horas que passaram no intervalo de um mistério a outro, consta pontualmente que foram dezenove: as nove antecedentes ao nascimento do infante, e as dez seguintes a ele. Mas com que propriedade no mesmo cômputo? Verdadeiramente admirável. Como se no número das mesmas horas nos dissera S. Francisco Xavier, e nos apontara com o dedo, nas nove, os nove dias da sua novena, e na décima, os dez dias das suas sextas-feiras; e em ambos a hora de cada um deles, em que Sua Majestade, com tão constante e confiada devoção e fé — inda contra o parecer dos médicos, nas mesmas vésperas do parto — mereceu ao seu santo o felicíssimo nascimento de tão estimada prenda.

Que figura nos parece agora que fará neste mundo um príncipe, que entra nele acompanhado de um e outro lado daquelas mesmas insígnias com que, no mesmo mês e no mesmo dia, se representou o mesmo Cristo ao mundo, antes de vir a ele, nos dois maiores troféus da sua onipotência, o seu Sacramento e a sua cruz? Tremo de considerar na matéria, porque, em qualquer aplicação dela, quase periga a reverência de tão soberanos mistérios. No presépio nasce Cristo humilde entre dois animais, porque vinha a fazer de animais homens; e no Tabor aparece glorioso entre Moisés e Elias, que "foram vistos em majestade" (Lc 9,31). — Mas que majestade é a de Moisés comparada com a do Sacramento, e a de Elias com a da cruz? Se no nascimento do Batista diziam consigo os montanheses: "Quem julgais vós que virá a ser este menino? Por quê?" — que diremos nós do nascimento deste prodigioso menino, assistido não só com a mão do Senhor, senão com o mesmo Senhor duas vezes todo?

§ V

Mas não quero prognosticar mais grandezas, que as que cabem no meu tema, posto que tão pequeno: "Quarto irmão". — Atrever-me-ei a dizer deste quarto irmão o que disse Nabucodonosor, quando, além dos três que não quiseram adorar a sua estátua, viu passeando na fornalha, como em um jardim e entre as labaredas, como entre flores, outro quarto, que lhe pareceu semelhante ao Filho de Deus: "E o aspecto do quarto é semelhante ao do Filho de Deus" (Dn 3,92). — Mas Nabucodonosor era gentio, e parecerá espécie de gentilidade dizer tanto. O que só farei é que, imitando os santos Padres, os quais, fundados naquele grande texto: "Todas as coisas dispuseste com medida, conta e peso" (Sb 11,21) — dos números em que a sabedoria e providência divina dispôs todas as coisas, coligem as inteligências e mistérios que nelas se encerram. Tomado, pois, o peso e a medida ao lugar e ao número em que a mesma providência colocou o novo infante na ordem sucessiva de seus irmãos: "Quarto irmão" — vejamos do mesmo lugar e do mesmo número o que se pode e se deve conjecturar com fundamento.

O que mais estimam os príncipes em si e o que mais estima e celebra neles o mundo, para cujo governo nasceram, é serem sábios na paz e valorosos na guerra. E destas duas virtudes tão excelentes e verdadeiramente reais, nos oferece a História Sagrada dois famosos exemplos no mesmo nascimento de filhos, e no mesmo número de quartos. Salomão foi rei pacífico, e o mais sábio de todos os homens; e o mesmo Salomão, filho de Davi e quarto filho. Judas, tronco da tribo real, foi ele, e a mesma tribo, o mais valoroso e belicoso de todos; e o mesmo Judas, filho de Rúben, e filho quarto. Mas porque estas eminências, posto que tão altas — como as do Monte Apenino[9] — se não levantam da terra, de nenhum modo se podem igualar ao que eu conjecturo e espero do nosso quarto príncipe, e do muito mais que S. Francisco Xavier nos promete nele. Já não me fundo em exemplos das sagradas letras, senão em lei expressa do mesmo Deus.

No Capítulo 19 do Levítico, mandava Deus que os frutos da primeira, segunda e terceira novidade das árvores se não tocassem, e que todos no quarto ano e na quarta novidade se oferecessem e sacrificassem a ele: "No quarto ano, porém, todo o seu fruto será santificado e consagrado em honra do Senhor" (Lv 19,24). — A razão natural era porque só na quarta novidade estão os frutos perfeitos e sazonados, e por isso dignos de se oferecerem e sacrificarem ao Criador. E se Deus queria que se observasse esta lei na geração das árvores, quanto com maior direito nas árvores da geração? Estava a portuguesa no tronco real, não só estéril mas quase seca, e quando pelo peregrino enxerto, tão venturoso como augusto, depois do primeiro, segundo e terceiro fruto, se vê enriquecida do quarto, como pode deixar este de se consagrar todo a Deus? Ninguém cuide que prognostico às faixas do novo infante a púrpura eclesiástica, antes me lembro, e lembrados devemos estar, que junta esta púrpura com a real na nossa nação lhe foi causa da sua mais lamentável fatalidade. Tertuliano chegou a dizer que "nem os cristãos podiam ser Césares, nem os Césares cristãos"[10]. — Mas esse foi um dos erros em que caiu aquele profundo entendimento. O que eu quero dizer é que as virtudes do nosso novo príncipe serão tão cristãmente reais, e tão regiamente cristãs, que, não contente com a observância dos preceitos da lei de Cristo, remontando-se o seu espírito aos ápices altíssimos dos conselhos evangélicos, não só será um real e sublime exemplo da perfeição religiosa, mas consumadamente santo.

Estes foram os impulsos inspirados por S. Francisco Xavier, com que, desde as entranhas maternas, à semelhança do grande precursor, o determinou Sua Majestade vestir, não da púrpura em que eu falava, mas do hábito do mesmo apóstolo, para que com ele recebesse o mesmo espírito, e seja um Xavier segundo. Agora peço atenção. Pediu Eliseu a seu mestre Elias que nele se dobrasse o seu espírito: "Seja dobrado em mim o teu espírito" (4Rs 2,9) — não porque pedisse ou desejasse que o espírito de Elias fosse dobradamente maior nele, Eliseu, mas para que, multiplicado o mesmo espírito, sendo singular em cada um, fosse dobrado em ambos. Respondeu Elias que pedia uma coisa muito dificultosa: "Dificultosa coisa pediste" (Ibid. 10) — mas enfim lha concedeu, e o modo deste trespasso ou multiplicação do mesmo espírito foi lançar Elias o seu hábito sobre Eliseu, como mais expressamente declaram os Setenta Intérpretes: "E levou o hábito de Elias que caíra sobre ele". — E como o poder e vontade de Xavier está sempre certa para ouvir as orações e santos desejos da rainha, nossa Senhora, e nenhum pudesse ser mais santo que desejar ao filho o seu espírito, assim como Elias infundiu e dobrou o seu em Eliseu por meio dos seus vestidos, assim, com semelhante bênção do céu, quando a seu tempo o belíssimo infante, por conselho e inspiração do mesmo Xavier, se lhe presentar vestido da roupeta e barretinho que lhe vestirão nascendo, não há dúvida que o santo — pagando também nisso a sua mãe — o enfeitará por dentro de todas as joias e graças do seu apostólico espírito.

Mas não para aqui, e só nesta semelhança, o meu pensamento, antes o que nele parece dificultoso: Pediste "uma coisa difícil" se confirma admiravelmente pelo sucesso e escritura seguinte. Assim como disse S. Paulo: "Cumpro na minha carne o que resta a padecer a Jesus Cristo" (Cl 1,24) — assim diz o Eclesiástico, no cap. 48, que as coisas que o espírito e zelo de Elias tinha intentado, e não pôde conseguir e executar porque foi arrebatado ao céu, essas acabou depois e tiveram seu complemento em Eliseu: "Elias foi envolto num redemoinho, mas o seu espírito ficou todo em Eliseu" (Eclo 48,13). — Isto posto, saibamos agora que intentou o zelo e espírito de Xavier, e não pôde levar ao cabo, porque o céu o arrebatou como a Elias. É coisa certa e manifesta que Xavier acabou a vida na ilha de Sanchão, às portas da China, onde ele queria entrar, por ser a fonte das idolatrias do Oriente, e não pôde. Ó segredos da providência divina! Entre a conceição e nascimento do nosso infante chegam as novas a Portugal de que as portas da China, fechadas a Xavier, se abriram de par em par à pública pregação do Evangelho. E quem poderá negar que o concurso de tais e tão remotas circunstâncias de tempo a tempo, e de pessoa a pessoa, seja um prodigioso argumento de que este menino, sendo herdeiro do espírito de Xavier, como do seu hábito, será em maior idade o Eliseu que dê glorioso fim e complemento àquela grande empresa, intentada e não conseguida pelo seu amado Elias: "O seu espírito foi realizado em Eliseu"?

Ainda não está posta a coroa a esta famosa figura, que quase se pode chamar profética. Afirma Santo Epifânio que, no dia em que nasceu Eliseu, um dos bezerros de ouro que fabricou Jeroboão mugiu lamentavelmente, e foi o mugido tão forte como se fosse um trovão, que se ouviu em toda Jerusalém. Para inteligência deste prodígio, devem supor os que o não sabem que Jeroboão, criado de Roboão, rei das doze tribos, se levantou com a maior parte delas, e com o título também de rei fez a sua corte em Siquém; e para que os novos súditos, vindo a Jerusalém, onde estava o templo do verdadeiro Deus, se não unissem outra vez a seu legítimo senhor, fundiu dois bezerros de ouro como o do deserto, os quais, por seu mandado, todos adoravam. E um destes bezerros é o que mugiu no nascimento de Eliseu, como adivinhando-o e doendo-se lastimosamente de que aquele menino, então nascido, havia de ser o destruidor de toda a idolatria: "Por essa voz era significado que naquele dia nasceu um menino que destruiria os bezerros dourados e os demais ídolos"[11]. — Eu lhe chamei menino, e a declaração do bruto oráculo — que é do santo — lhe deu mais propriamente o nome de "infante". — Mas se os ídolos de ouro e os bezerros eram dois, por que mugiu um só? Porque ao outro já a espada de Elias lhe tinha cortado a cabeça, e as vozes do seu zelo o tinham emudecido; e o segundo, que ele ainda não pudera vencer, ficava para triunfo de Eliseu. Pode haver caso mais próprio da nossa conjectura? Chamemos a Xavier Elias, e ao infante nascido — a quem ainda não sabemos o nome — demos-lhe o de Eliseu, e está declarado o mistério de ser um só bezerro o que mugiu. O outro, ou a outra ametade da idolatria da Ásia, já Xavier a tinha derrubado, emudecido e convertido à confissão da verdadeira fé. A da China, que é o outro bezerro já meio rendido, como é de tantos milhões de gente, guarda a sua última vitória para o nosso infante, não mugindo tristemente no seu nascimento, mas berrando e chamando por ele, como desejoso e faminto.

§ VI

E se a alguém lhe parecer demasiada esta minha esperança, e que, tendo tanto de admirável, ainda tem mais de dificultosa, é porque não tem lido as nossas crônicas, ou se esquece delas. Esta navegação, estas viagens, este caminho marítimo para a Índia, China e toda a Ásia, havia, antigamente? Não, nem rasto ou pensamento humano de tal caminho; antes, os mais doutos e sábios entendimentos o tinham por impossível. Quem foi pois o que intentou e conseguiu esta tão notável e nunca imaginada empresa? É certo que o infante D. Henrique, filho de el-rei Dom João, o Primeiro, de Portugal, e irmão de el-rei Dom Duarte.[12] Desterrou-se da corte na flor da idade este heroico príncipe, foi-se viver entre o ruído das ondas nas praias mais remotas do reino; e dali, por meio dos seus fortíssimos argonautas, rompendo mares, vencendo promontórios, descobrindo novas terras, novos céus e novos climas, com imensos trabalhos e horrendos perigos, e com igual constância de quarenta anos, enfim mostrou ao mundo o que o mesmo mundo não conhecia de si, e não possibilitou somente, mas facilitou aquele natural impossível. Era governador da Ordem Militar de Cristo, instituída por el-rei seu pai contra os infiéis, e a estes fez novas guerras; era insigne cosmógrafo e matemático, e a esta ciência acrescentou a prática do que só tinha escuras opiniões ou não tinha chegado a ter suspeitas; era sobretudo varão de elevado espírito, vida santa e pureza, como dizem as histórias, virginal; e, ao passo que ia descobrindo novas gentes bárbaras e idólatras, o zelo ardentíssimo de as converter à fé lhe ministrava novos espíritos, e Deus, a quem tanto servia e agradava, maiores impulsos para prosseguir a empresa. E se a providência divina fiou e encarregou os princípios desta celestial conquista a um infante de Portugal, os fins dela, já tão facilitados, por que os não fiará a outro? Se um terceiro filho de el-rei D. João, o Primeiro, foi o que lançou a primeira pedra no edifício já tão levantado da Igreja oriental, o filho quarto de el-rei D. Pedro, o Segundo, do mesmo sangue real, e de pais tão zelosos da propagação da fé e piedade cristã, por que não será aquele para quem Deus tenha guardado o fechar as abóbadas do mesmo edifício, e levantar nelas por remate o troféu do Crucificado, com as cinco triunfantes divisas, que o mesmo Senhor, e da mesma cruz, nos mandou pintar nas nossas Bandeiras?

Este é o quarto irmão dos nossos príncipes: "Quarto irmão" — e este o quarto da árvore real, que Deus mandava lhe fosse consagrado nas outras árvores: "Todo fruto no quarto ano será consagrado ao Senhor". — A palavra "será consagrado" não declara quem há de consagrar e oferecer a Deus este quarto fruto da árvore, ato em que grandemente resplandeceu não só a real urbanidade, senão a ciência e sempre bem acordada atenção da rainha, nossa Senhora. Escrevem as cartas que, quando Sua Majestade quis oferecer e consagrar a Deus a seu quarto fruto no hábito de S. Francisco Xavier, pediu a el-rei, que Deus guarde, o seu consentimento, obséquio não só devido, mas em prudente teologia necessário, pelo domínio maior que o pai tem sobre o filho, ainda que seja alcançado por orações da mãe. "Porque Samuel foi alcançado por orações de Ana" — diz S. João Crisóstomo — "que Ana se podia chamar não só mãe, senão mãe e pai de Samuel"[13]. — Mas, ainda no tal caso, o direito paterno precede ao materno, e no concurso de ambos, quando é filho o que se sacrifica, consiste a perfeição do oferecimento. Esta faltou no sacrifício de Isac, porque Abraão não se atreveu a pedir o consenso de Sara. E, contudo, não passando o sacrifício a outro efeito mais que o da vontade, sendo esta só de um dos pais, daqui se infere quão grato seria à divina aceitação o devoto e religioso oferecimento de Suas Majestades no quarto fruto da mãe, e no quarto filho de ambos. Pelo oferecimento de Abraão, sendo só seu: "Já que fizeste esta ação" (Gn 22,16) — lhe prometeu Deus o aumento de sua casa, que foi o maior do mundo, a perpetuidade de sua descendência, a vitória de todos seus inimigos, e, sobretudo, a bênção de todas as gentes, que propriamente se cumpriu e vai cumprindo na fé e conhecimento do verdadeiro Deus em todas as gentilidades. E, assim como já prognosticamos, com tanto fundamento, a fé e conversão que resta das orientais aos felicíssimos auspícios do novo infante, assim podemos confiar que, pelo sacrifício e oferecimento que dele tem feito a Deus a piedade e voto de seus gloriosos pais, na real casa e prosápia de Suas Majestades se verifiquem todas as outras feitas à de Abraão.

E para eu dizer uma palavra, posto que não ouvido, à prodigiosa infância do mesmo príncipe, se a mesma palavra for tão venturosa que Sua Alteza a seu tempo a leia, o que só lhe protesto é que, quando se vir vestido do hábito e revestido do espírito de Xavier, todas as suas ações sejam referidas a ele, e não a si. Confiado Eliseu na virtude do vestido que tinha recebido de Elias, quis que o Jordão se lhe abrisse para que ele, como o mesmo Elias, o passasse a pé enxuto. Mas o rio não obedeceu. E que fez então Eliseu, quase desconfiado? Exclamou com alta voz: "Onde está o Deus de Elias?" (4Rs 2,14). — E tanto que o Jordão ouviu o nome de Elias, logo se dividiu. Invoque, pois, o discípulo ao mestre, o filho espiritual ao pai, o pequeno Xavier ao grande, que, como Deus, que lhe deu os poderes, é seu: "Deus de Elias" — assim quer que depois de se darem ao mesmo Deus todas as glórias, o mesmo príncipe, e todos, deem a Xavier todas as graças.

SERMÃO DO
Felicíssimo Nascimento da Sereníssima Infanta Teresa Francisca Josefa

"Gerou filhos e filhas."
(Gn 5,4)[1]

Vieira redige esse sermão em 1696 com a idade de 87 anos. O texto proposto fala do pai e da geração de toda a humanidade. No conceito geral do mundo não está bem avaliado o nascimento de filha. A infanta veio tanto a tempo, que não podia tardar mais, nem apressar-se menos (dá graças a Deus pelo bom sucesso do nascimento). O exemplo de Jó e da Casa Real e da Coroa. Em Lisboa, Madri e Viena de Áustria, as duas supremas cabeças da águia imperial e austríaca, a cesárea e a católica, festejavam por fé e de longe o mesmo nascimento (dá os parabéns aos pais do recém-nascido). Os dois nomes da princesa: Teresa e Francisca e o privilégio que ela trouxe da pia (prognostica o seu destino nos desígnios da Providência). Prece final.

§ I

Esta é a vez primeira que em toda a Escritura Sagrada se lê o nome de filha. E este nome, acrescentado à gloriosa descendência dos nossos augustíssimos monarcas, no felicíssimo e desejado nascimento da nova e sereníssima infanta Teresa Francisca Josefa, é a votiva solenidade de ação de graças em que as vem render ao soberano Autor do ser e da vida, com tão universal, luzido e festivo concurso, toda a corte eclesiástica e política da nossa metrópole.

Fala o texto que propus do pai e geração de todos os homens. E diz que, depois de Adão gerar a Set, gerou filhos e filhas: "Depois que Adão gerou a Set, gerou filhos e filhas" (Gn 5,4). — Breve narração para tão grande assunto! Nesta brevidade, porém, temos reduzida a compêndio toda a história do nosso caso, do nosso tempo e dos nossos príncipes. Set quer dizer o substituído, porque, quando nasceu, disse Eva: "Agora me substituiu Deus neste filho o meu Abel, que me roubou a morte" (Gn 4,25). — Pois, se este filho era substituto de Abel, por que lhe chamastes Set? Se Deus vos substituiu nele o filho, também vós havíeis de substituir nele o nome, e chamar-lhe Abel. Assim o fez alta e discretamente aquele real e soberano juízo, que em tudo emenda os erros de Eva. Chamava-se João o primeiro primogênito que me levou a morte; pois chame-se também João o segundo primogênito, que muitos anos viva.

É o nosso príncipe Set, mas com o nome emendado e substituído. Depois de Set não parou ali a geração. Continua o texto, dizendo que nasceu ao mesmo pai, não só um filho, mas "filhos". — Assim se seguiu, uma outra, a sucessão dos nossos dois belíssimos infantes, que já naquela idade temos com eleição de estado: o infante D. Francisco no hábito de cavaleiro de Malta, grão-prior do Crato; o infante D. Antônio[2]. — E agora, que falta, ou que faltava? Faltava, para coroa deste formosíssimo corpo, uma filha; mas não faltou. Pedia-a o desejo, prometia-a a esperança, e finalmente a trouxe e deu o céu: "E filhas".

Esta é a substância do tema, tão breve que não contém mais que duas palavras. A matéria ainda é mais breve, porque se reduz toda a um ponto, que é o de nascer. Mas a pessoa que nasce é tão grande, que para o discurso não sair do ponto e do tema, necessito de muita graça. *Ave Maria*.

§ II

Não há coisa neste mundo mais alegre para os pais que o nascimento dos filhos, se são filhos. Este é o caráter da alegria. Jeremias: "Nasceu-te um filho macho — e julgou que com isto lhe dava motivo para se alegrar" (Jr 20,15). — Isaías: "Antes que tivesse dor de parto, pariu; antes que chegasse o seu parto, deu à luz um filho varão" (Is 66,7). — S. João, no Apocalipse: "Sofria tormentos por parir. E pariu um filho varão, que havia de reinar sobre todas as gentes" (Ap 12,2.5). — Até os anjos, se o nascimento é de filho varão, folgam de o anunciar e ganhar as alvíçaras; assim anunciaram a Sara o nascimento de Isac, assim a Manué o nascimento de Sansão, assim a Zacarias o nascimento do maior dos nascidos. Mas se o nascimento é de filha, os oráculos não respondem, os profetas emudecem e até as Escrituras não falam. Em suma, que no conceito geral do mundo não está bem avaliado o nascimento de filha, e parece que com razão. Falo confiadamente, porque bem sabem os ouvintes que é artifício nosso afeiar a dificuldade, para fazer mais formosa a solução.

A família mais abençoada de Deus, com toda a mão de sua onipotência aberta, abençoada em Abraão, abençoada em Isac e abençoada em Jacó, foi a deste grande homem que, lutando com o mesmo Deus, saiu vencedor da luta. Teve Jacó doze filhos e uma só filha, e sendo tão igual ou sem igual a fortuna dos filhos, que todos doze foram patriarcas de outras tantas e numerosas tribos, bastou a filha, sendo uma só — e sem culpa — para cobrir de luto as cãs do pai, para tingir de sangue as mãos dos irmãos e para pôr a risco de se perder e perecer em um só dia toda a família, sem ficar dela mais que a triste memória. Ainda foi mais lastimoso o caso de Jefté. Tinha só uma filha única, e sendo ela tão obediente a seu pai, que voluntariamente se lhe ofereceu ao sacrifício, foi ele tão pouco ditoso em lograr esta imortal façanha da filha, que com as suas próprias mãos, e sem remédio, lhe tirou a vida.

E poderá haver exemplos em contrário, que desfaçam estes? Basta um, não só para desfazer e aniquilar esses, mas quantos são possíveis. Não tinha bem acabado de nascer o mundo, quando — quem tal imaginara! — estava já perdido e destruído. E desta tão súbita, tão universal e tão imensa ruína, foi porventura causa alguma filha? Não: antes, é caso notável, posto que não notado, que a causadora de tantos males não fosse filha. E podia não ser filha? Sim, porque Eva não teve pai nem mãe. E foi tal a má fortuna desta não filha, que bastou ela só para destruir o mundo. Pelo contrário, Joaquim e Ana tiveram uma filha, a qual entrou no mesmo mundo dotada de tanta graça, que ela, por ser filha, e a título de filha, o restaurou. Não é o pensamento meu, senão de toda a Igreja: "És filha abençoada do Senhor porque por teu favor comungamos o fruto da vida"[3]. — Cantava a Igreja os louvores da Mãe de Deus, e celebrando entre todos a glória de restauradora do mundo, não a atribui ao poder de Mãe, senão à bênção de filha: "És filha abençoada do Senhor". — Quanto vai de Maria a Eva, tanto vai de filha a não filha: não filha para destruir, filha para restaurar.

Outro exemplo da mesma Senhora. Profetiza-lhe seu pai Davi que será rainha: "Apresentou-se a rainha à tua destra" (Sl 44,10). — Profetiza-lhe que sairá da sua pátria, e da casa de seu pai: "Esquece-te do teu povo, e da casa de teu pai" (Ibid. 11). — Profetiza-lhe e declara-lhe que o Esposo é o adorado de todo o mundo: "Cobiçará o rei a tua beleza, porque ele é o Senhor teu Deus, e adorá-lo-ão" (Ibid. 12) — e tudo isto debaixo de que nome? Não de rainha nem de esposa, senão de filha: "Escuta, ó filha, e vê" (Ibid. 11). — Segue-se: "E inclina o teu ouvido" (Ibid.) — palavras em que se encerra o encarecimento dos mais elevados e sublimes espíritos que no heroico de uma filha se podem admirar. Tal filha, e tão filha que, sendo as bodas profetizadas não menos que do mesmo Deus, e pretendidas por ele, ela nem lhe deu ouvidos, nem admitiu no pensamento a menor inclinação a aceitar tão soberano estado; senão quando? Depois de seu pai lhe mandar que "ouvisse e se inclinasse". — Busquem agora os pais em algum filho semelhante fineza.

§ III

Limpa assim do engano do vulgo, e franqueada a estrada ao nosso tema, vejamos quão sabiamente o interpreta nas circunstâncias de seu felicíssimo nascimento a nova e suspirada filha, que só faltava à casa real para a última inveja do mundo, e satisfação, também última, de toda a monarquia: "Gerou filhos e filhas".

A primeira coisa que observam estas palavras é que primeiro põe os filhos e depois as filhas. E esta mesma foi a disposição e ordem que guardou a natureza, ou a graça, no sucessivo nascimento dos príncipes. Primeiro os filhos e os irmãos, depois a irmã e a filha. Se Sua Alteza, que Deus nos deu e ele nos guarde, tivera em seu arbítrio a oportunidade de nascer, não o pudera fazer com maior discrição nem mais a tempo. Só o Senhor dos tempos pode tomar as medidas a estas conjunturas, ou a quem ele tratar como a seu próprio filho. Nasceu o Filho de Deus neste mundo, e diz S. Paulo que apareceu nele quando chegou a oportunidade do tempo: "Mas quando veio a plenitude do tempo" (Gl 4,4) — E qual foi a oportunidade do tempo? Tardar o mesmo tempo, crescerem na tardança os desejos, e nascer o Filho desejado, e desejado de todos: "Virá o desejado de todas as nações" (Ag 2,8). — Se a nossa infanta nascera quando o nosso príncipe, não havia de ser tão aplaudido o seu nascimento. Se quando nasceu o infante D. Francisco, ainda havia de ter a alegria sua mistura de receio. Mas depois de estabelecida e confirmada com tantos fiadores a sucessão, veio desejada dos pais, veio desejada dos irmãos, desejada do reino, e também recebida, aplaudida e festejada de todos, como de todos desejada. Veio tanto a tempo, que não podia tardar mais nem apressar-se menos. Já a natureza tinha copiado a el-rei, que Deus guarde, em três retratos; e não era razão que faltasse à rainha, nossa Senhora, o seu dentro do mesmo quadro. Nos três via-se e revia-se o pai; a mãe também se revia, mas não se podia ver, porque faltava neles — sem ser falta — aquela tão singular e prezada diferença que só a mesma natureza pôs nas mães, e as mães só podem retratar nas filhas. Quando Estácio disse: "Se muito deves ao pai, é mais o que deves à mãe"[4] — nem soube adular como cortesão, nem desejar como discreto. No homem a gentileza que passa a ser formosura é deformidade; por isso nos filhos se há de ver a gentileza dos pais, e nas filhas a formosura das mães. E para retratar a proporção e harmonia desta imagem, que em seu original foi divina e na cópia em que estamos é mais que humana, como tanta jurisdição tenha nela o tempo, não podia vir mais a tempo, nem mais em seu lugar a discretíssima menina. Finalmente, a razão do mesmo tempo, e do mesmo lugar que elegeu para vir, se eu me não engano, toda consiste nesta disjuntiva: veio depois, e deixou entrar dantes os três irmãos, ou reverente, como menor, para lhes fazer cortesia, ou respeitosa, como dama, para que lhe fizessem corte: já dois o podem sustentar assim com a espada. E para estas cavalarias domésticas do gosto dos pais, não bastam só os filhos, se faltarem as filhas: "Filhos e filhas".

§ IV

𝒫assando ao sólido das considerações de estado para a satisfação do gosto e amor paterno e materno, tanto importava que o felicíssimo nascimento que celebramos fosse de filho como de filha, porque nos olhos do amor os meninos também são meninas. Mas para a conservação e aumento da casa real e da coroa, é necessária a inseparável união de ambos os sexos, como o pede e demonstra o tema. Não só filhos sem filhas, nem só filhas sem filhos, mas filhos e filhas na mesma geração: "Gerou filhos e filhas".

Neste privilégio da natureza, ou nesta graça do Autor de ambas, se correspondem maravilhosamente as duas gerações sucessivas: a do senhor rei D. João, o Quarto, que Deus tem, de gloriosa memória, e a de el-rei nosso senhor D. Pedro II, que o mesmo Deus nos guarde por muitos anos. A geração de el-rei D. João, multiplicada em filhos e filhas, a geração de el-rei D. Pedro até agora fecunda só de filhos, e já por esta nova mercê de Deus, fecunda de filhos e filha. E para que vejamos quanto devemos ao mesmo Deus por esta filha e seu felicíssimo nascimento, ouçamos com assombro quão perigosa é a conservação dos reinos e do mundo onde falta a união destes dois sexos. Desde o princípio do mundo, como largamente descreve Santo Agostinho nos Livros *De Civitate Dei*[5], dividia-se todo o gênero humano em duas gerações: pela via e descendência de Set uma, outra pela de Caim. Os de Set chamavam-se propriamente filhos de Deus, e os de Caim, com a mesma propriedade, filhos dos homens; e pelos mesmos nomes os distingue o texto sagrado, quando diz: "Vendo os filhos de Deus as filhas dos homens" (Gn 6,2). — Continuaram muitos anos havendo, de ambas as partes, filhos e filhas, até que, finalmente, prevalecendo a malícia contra a natureza, na geração dos filhos de Deus só nasciam filhos, e na geração dos filhos dos homens só filhas, de que dão a causa, ainda natural, graves autores. Mas em que vieram a parar estas duas fatais gerações, uma só com filhos, outra só com filhas? Porventura na perdição de algum reino? É nada. Na perdição de muitos reinos? É pouco. Na perdição de toda a Europa, de toda a África ou de toda a Ásia? Não basta. O que se seguiu desta diferença — fosse natural, ou castigo — foi a perdição, destruição e associação universal de todo o mundo, afogado e sepultado na inundação do dilúvio.

E teve toda esta universal ruína e perdição algum remédio? Maior maravilha. Reduzidas ambas as gerações a uma só geração, que foi a de Noé, este só homem, com três filhos e três filhas metidos em uma arca e nadando por cima do dilúvio, tiraram do fundo dele, e salvaram o mundo. Desembarquemos nós agora, não nos montes de Armênia, senão nas ribeiras do Tejo, e em Portugal, restaurado depois de perdido, e saibamos quem o restaurou. Um filho de el-rei D. João, ajudado e favorecido de uma filha do mesmo rei. É observação acreditada entre os historiadores que, quando na roda da fortuna fecham os reinos o círculo da sua duração, costumam muitas vezes acabar debaixo do mesmo nome que lhe deu princípio. Assim começou o império de Constantino em um Constantino e acabou em outro Constantino; e assim, dizem também os nossos cronistas, começou o reino de Portugal em um Henrique, o conde, e acabou em outro Henrique, o cardeal[6]. Mas enganam-se duas vezes: a primeira, que o reino de Portugal não começou no conde D. Henrique, senão em seu filho, el-rei D. Afonso, o Primeiro; a segunda, que não a fortuna, senão a providência que Deus tem do nosso reino, é que ele acabe a roda da sua duração debaixo do nome que o começou, senão que, se acaso se perdeu, debaixo do mesmo nome se restaure. Assim se fechou a roda da sua duração e restauração debaixo do mesmo nome de Afonso: El-rei D. Afonso, o Primeiro, que o fundou, e o invicto rei D. Afonso Sexto, que o repôs outra vez e restituiu à sua inteira e pacífica liberdade. Isto quanto ao filho de el-rei D. João[7] "Gerou filhos".

§ V

Quanto à filha do mesmo rei — "e filhas" — é ponto que requer maior prefação. Restituiu Deus a seu antigo e felicíssimo estado aquele famoso rei dos idumeus, exemplo de ambas as fortunas, Jó; e diz o texto sagrado que, entre os outros bens, ou sobre todos eles, lhe foram também restituídos os filhos e as filhas, quase pelas nossas mesmas palavras: "Teve também sete filhos e três filhas" (Jó 42,13). — Mas para a conservação e firmeza das felicidades antigas, que Jó tinha experimentado tão inconstantes, parece que era mais conveniente serem todos filhos varões, que cingissem a espada e embraçassem o escudo. Pois, por que lhe dá Deus a Jó, nesta universal restituição, também filhas? Orígenes[8], que ordinariamente é alegórico, neste caso quis ser político e falou sabiamente: "Deu Deus ao rei Jó filhos e filhas" — diz Orígenes — "porque assim o desejam todos os príncipes bem entendidos". — E por que, outra vez, o entendem assim? Vai a razão de um barrete teólogo, qual a não dera mais cabal o texto dos políticos. Tácito[9]: "Assim as esposas geram para fora as filhas e os filhos recebem para dentro as esposas: por isso têm no exterior parentes e no interior herdeiros". Os reinos e os impérios conservam-se e sustentam-se em duas raízes: das portas a dentro, com a sucessão dos reis naturais; das portas a fora, com a confederação dos reis estrangeiros. — Pois por isso dá Deus àquele rei, tão favorecido seu, filhos e mais filhas; os filhos, para que não faltassem reis ao reino próprio; e as filhas, para que pudesse dar rainhas aos reinos estranhos. Os filhos para que, por meio da sucessão, se conservasse o domínio dos vassalos; as filhas para que, por meio dos casamentos, se conservasse a amizade dos aliados. Como nenhum reino se pode conservar sem reis amigos e sem reis herdeiros, nos filhos lhe deu os herdeiros, e nas filhas lhe deu os amigos.

Assim deu Portugal ao sereníssimo Carlos, rei da Grã-Bretanha, a sereníssima infanta D. Catarina[10], além de outros grandes motivos, para que, com a união destas reais bodas, Portugal, posto então em campanha na terra e no mar, e o poderoso e belicoso reino e nação inglesa se dessem também as mãos, como deram forte e felizmente nas últimas batalhas; e, com a mediação de embaixadores também ingleses, assim na vitória como na paz, tivesse tanta parte el-rei Afonso como a rainha Catarina, e tanto a rainha Catarina como el-rei Afonso. E se neste caso, com nova consonância e harmonia das coisas, das pessoas e dos mesmos nomes, se neste caso, digo, um Afonso recuperou o direito de outro Afonso, também uma Catarina recuperou o de outra Catarina[11].

Quando el-rei D. Filipe Segundo[12], naquela catástrofe universal da nossa monarquia, veio a Portugal tomar posse dela e uni-la à sua, ouvindo sermão na igreja da Companhia de Jesus de Évora, em um dia de S. Filipe e Santiago, o pregador tomou o tema do Evangelho, e sem que a presença da majestade lhe impedisse a confiança, como se falasse com o rei por seu próprio nome, disse: "Filipe, quem me vê a mim, vê a meu pai" (Jo 14,9). — As palavras eram de Cristo, mas a alusão feria o direito da representação que estava vivo, mas violentado na sereníssima pessoa da senhora D. Catarina — nome sempre fatal e propício a nosso remédio — duquesa então de Bragança. Filipe, como varão — estando ambos no mesmo grau — dizia que preferia a Catarina como mulher; e Catarina, posto que mulher, como filha do infante D. Duarte, dizia que preferia a Filipe. E assim era, porque, sendo D. Duarte, e a imperatriz D. Isabel, irmãos, Filipe, posto que varão, representava a imperatriz, que era mulher; e Catarina, posto que mulher, representava ao infante, que era varão. Na tragicomédia destas duas representações, prevaleceu então a de Filipe, porque pleiteou armada; mas quando chegou o tempo decretado por Deus, levantando-se desarmada a razão, sentenciaram as armas por Catarina. E assim como na restauração do reino concorreram dois Afonsos, o primeiro com o direito, como fundador, e o sexto com a posse, como sucessor, assim concorreram também duas Catarinas: Catarina, Duquesa de Bragança, sustentando o direito; e Catarina, rainha da Grã-Bretanha, introduzindo a posse. Tal foi um dos filhos, e tal uma das filhas do mesmo pai: "Gerou filhos e filhas".

§ VI

Mas quem dissera então o que hoje vemos, ou o que viu Lisboa no grande dia da Encarnação deste feliz ano? Todas aquelas guerras convertidas em paz, todas aquelas demandas desfeitas em amizade e concórdia, e todo aquele sangue herdado dos mesmos avós e derramado na mesma pátria, vivo outra vez e restituído às suas veias naturais. Estas são as felicidades que trouxe consigo o felicíssimo nascimento da nossa recém-nascida infanta, por isso tão festejado.

Era a primeira hora da tarde na vigília de S. Matias[13], quando deram sinal as torres, como sentinelas mais vizinhas ao céu, do felicíssimo parto. Os repiques quebravam os bronzes, as salvas com os trovões da artilharia, as trombetas, caixas e atabales, os vivas e aplausos públicos, tudo eram batarias de alvoroço e gosto, que os ouvidos davam aos corações. As lágrimas de alegria competiam com os risos da aurora; os parabéns, com as aleluias; as galas, com a primavera; as luminárias, com as estrelas; e quando el-rei, que Deus guarde, pelo nascimento desta filha fez que ardessem em palácio mil e seiscentas tochas, bem mostrou D. Pedro II que não só era herdeiro da coroa, senão também do amor do primeiro.

Isto fazia Lisboa, mas que fazia em Lisboa, Madri e Viena de Áustria? Em ambas estas grandes cortes as duas supremas cabeças da águia imperial e austríaca, a cesárea e a católica, festejavam por fé e de longe o mesmo nascimento. A católica, em el-rei Carlos Segundo, cuja vida Deus guarde por muitos e felizes anos, como padrinho; e a cesárea na imperatriz Leonor Madalena, que os mesmos anos logre tão excelsa dignidade, como madrinha. Destas duas majestades, pela via materna mais próxima, como de irmãs, e pela paterna mais remota, como de primos, é real e imperial sobrinha a nossa também nascida infanta[14]. Mas o amor, o agrado, a estimação e os soberanos aplausos com que, depois de regenerada pela sagrada fonte do batismo, uma e outra majestade aceitaram e receberam o novo e sobrenatural parentesco, contraído com Sua Alteza, quem os poderá exprimir? E porque a expressão destes afetos se não podia compreender de longe, ao perto, e para os olhos do mundo, a cometeram toda à representação de seus embaixadores, ou, falando mais ao certo, à excelentíssima pessoa do magnífico marquês de Castel dos

Rios, embaixador extraordinário, único e duplicado de ambas as majestades.

Antes que passe adiante, o concurso do dia e do mistério me não permitem deixar em silêncio o admirável conselho desta duplicada eleição. O embaixador, que no dia da Encarnação trouxe a embaixada do céu a Nazaré, diz o evangelista S. Lucas que foi enviado por Deus: "Foi enviado por Deus o anjo Gabriel" (Lc 1,26). — Mas como em Deus há Deus Pai, Deus Filho e Deus Espírito Santo, em que Pessoa destas falou o anjo, que foi embaixador? Falou na pessoa do Pai: "A virtude do Altíssimo te cobrirá com a sua sombra" (Ibid. 35) — e falou na pessoa do Espírito Santo: "O Espírito Santo descerá sobre ti" (Ibid.). — Ao meu ponto agora, e vejamos como as deidades da terra imitaram neste caso a do céu. Assim como a majestade do Pai e a majestade do Espírito Santo uniram e duplicaram as suas embaixadas em um só embaixador, que isso quer dizer "ângelus", assim as duas majestades da Espanha e Alemanha uniram e duplicaram as suas em um só embaixador, e o mesmo, com extraordinária autoridade e poderes de ambas. E para maior energia e elegância da semelhança, vejam-se os motivos do céu e da terra. O motivo da embaixada do céu foi para anunciar o nascimento do Filho: "O que há de nascer de ti será chamado Filho de Deus" (Ibid.) — e o motivo da embaixada da terra, prevenir, assistir e festejar o nascimento de filha: "E filhas".

§ VII

Nas demonstrações de magnificência, grandeza, riqueza e real ostentação de duplicados e multiplicados triunfos, que puderam competir com os romanos, não só desempenhou a magnificência do duplicado embaixador a comissão de Suas Majestades, mas excedeu a expectação das nossas. Isto é o que cá trouxeram os ecos da fama; mas ainda que ela toda "seja ouvidos e línguas"[15] — o que eu considero é o que ela nem lá pode ouvir nem cá dizer. Na principal função da embaixada, quando o excelentíssimo substituto dos padrinhos estendeu a mão para aceitar em seu nome a filha, ou afilhada, o que em frase castelhana se chama *sacar de pila*, então, dando-lhe o parabém do novo e sobrenatural estado, a pôde saudar com as palavras do anjo, e dizer com toda a verdade: "Ave cheia de graça". — E a real menina, assim cheia de graça, se pudesse responder e falar, que diria? Não há dúvida que daria muitas graças ao marquês embaixador, pela liberalidade e grandeza com que, desde o dia de seu nascimento até aquele, com tão extraordinárias demonstrações, tinha assistido e festejado sua vinda à luz do mundo, e muito particularmente pelo afeto alheio de toda a estranheza, e tão português sem o ser, com que tudo tinha obrado. Até aqui diria o agradecimento natural, que nasce com os ânimos reais antes do uso de toda a outra razão.

Mas eu serei o intérprete ou comentador do seu silêncio, sem me sair do dia nem do mistério. Elegeu Deus para a embaixada do altíssimo mistério da Encarnação ao anjo Gabriel, e do mesmo nome Gabriel parece se argui que devera não ser anjo. Gabriel, como declarou o Concílio Efesino, significa "Deus homem". Pois, se Deus se vinha fazer homem, e não anjo, homem, e não anjo parece que devia ser o embaixador. Podia trazer a embaixada Adão, pois ele deu o motivo a

Deus se fazer homem; podia vir por embaixador Abraão ou Davi, pois eles eram os pais de quem vinha ser filho. Podia ser, com maior energia que todos, o profeta Isaías, e, abrindo o seu livro, mostrar à Senhora o famoso oráculo: "Eis que uma virgem conceberá, e parirá um filho e será chamado o seu nome Emanuel" (Is 7,14) — e anunciar à mesma Virgem que ela era a venturosa ali profetizada. Pois, se tantas conveniências havia para ser o embaixador não anjo, senão homem, por que foi anjo? Porque era embaixador do mistério da Encarnação. O mistério da Encarnação era muito suspeitoso no céu, porque, revelado por Deus a Lúcifer, que se havia de fazer homem, e não anjo — o que depois ponderou S. Paulo: "Em nenhum lugar tomou aos anjos, mas tomou a descendência de Abraão" (Hb 2,16) — esta desconfiança, e como desprezo, foi a ocasião das batalhas do céu, e de se perderem tantos príncipes de todas as hierarquias, e de estarem ainda vagas tantas cadeiras. Pois, para que conste ao mundo que já todas essas ocasiões de desgosto e discórdia se acabaram, e qualquer outra memória ou suspeita de menos sincero e verdadeiro amor estão totalmente mortas nos corações e sepultadas no esquecimento, venha por embaixador um anjo das maiores hierarquias, e mais empenhado nelas, o qual celebre, festeje e assista, e eficazmente concorra para o mesmo mistério da união de Deus com os homens, que causou a desunião dos anjos com Deus. De maneira que o maior realce da embaixada da Encarnação foi não ter o embaixador carne nem sangue. Se fora homem, obrara sem louvor, como interessado, e sem merecimento, como devido; mas, sendo anjo, e de estranha natureza, o não ser homem lhe acreditava a verdade, e o obrar como se o fora lhe qualificava a fineza.

§ VIII

Isto é o que quis dizer ao seu vice-padrinho e madrinha o agradecido silêncio da nossa discretíssima menina, saindo da matrícula da graça, e ficando a sua rubricada nos gloriosos nomes que dissemos. Quando estes excedem o número de dois, o primeiro e o segundo distinguem e determinam a pessoa; e esta precedência tem ao terceiro nome — que deixo e venero — o de Teresa e, Francisca; como um é de santo, outro de santa, eles nos tornam por outro modo a lembrar o "gerou filhos e filhas". — Ia sem dúvida o nascimento da nossa infanta fazendo-se com terra aos 3 de março, primeiro da Novena de seu Santo Xavier; mas porque é graça, e particular providência o que notou Isaías: "Antes que lhe viessem dores, ela deu à luz" (Is 66,7) — antecipando-se o felicíssimo parto — outra Novena pontualmente — saiu à luz na vigília, como dissemos, de S. Matias, substituindo um apóstolo a outro apóstolo, como um irmão a outro, Set a Abel. Mas, suposto que nasceu debaixo do predomínio e influência de uma das doze estrelas de que se coroa a Igreja: "E uma coroa de doze estrelas sobre a sua cabeça" (Ap 12,1) — que são os doze apóstolos, qual seria a providência por que, havendo de ser apóstolo, não foi dos da primeira eleição, senão da segunda? Os apóstolos da primeira eleição são os que Cristo, Senhor nosso, elegeu por sua própria pessoa, como aos doze na terra, e a S. Paulo descendo do céu; os da segunda eleição são os que elege o Sumo Pontífice e a Igreja, e assim foi S. Matias eleito por S. Pedro e pela Igreja de Jerusalém; e por semelhante modo S. Francisco Xavier, nomeado pelo Sumo Pontífice apóstolo do Oriente, e antes disso, pela Igreja de Lisboa, absolutamente apóstolo, donde se derivou o mesmo nome, ganhado por ele, a todos os filhos de Santo Inácio, chamados em Portugal apóstolos.

E poderei eu sobre este fundamento aplicar ao nosso santo patriarca o "Gerou filhos e filhas" do nosso tema? Parece que não, porque Santo Inácio só instituiu religião de religiosos, e não de religiosas. Mas é necessário distinguir. Uma coisa é o instituto, outra o espírito: no instituto não tem Santo Inácio filhas, senão filhos somente; no espírito tem filhos e filhas: "Gerou filhos e filhas". — Por sinal que nos dois nomes da nossa duas vezes bem fadada infanta se uniram, não acaso, senão com especial providência, o primogênito dos filhos em S. Francisco Xavier, e a primogênita das filhas na santa Madre Teresa. O primeiro não é necessário que eu o prove; o segundo repete muitas vezes em seus admiráveis livros a santa madre. E é esta filiação e irmandade de espírito tão pública no mundo, que, chamando em Castela, por equivocação, aos Padres da Companhia teatinos[16], aos religiosos de Santa Teresa, pela diferença da cor do hábito, chamam teatinos brancos.

§ IX

Renascida pois Sua Alteza, como Teresa e como Francisca debaixo deste signo de Gêminis, que lhe posso eu prognosticar ou desejar mais que uma felicidade em que estejam juntas todas? Posso mais? Não. E pode haver uma felicidade a que estejam resumidas todas as felicidades? Sim. Se for um privilégio de Deus, assinado em branco, de conceder tudo o que lhe pedirem. E este privilégio trouxe a nossa infanta da pia debaixo dos nomes de Teresa Francisca, por serem dois, e conformes, e santos. No capítulo dezoito de S. Mateus, promete Cristo, Senhor nosso, que seu Pai dará tudo o que lhe pedirem debaixo de três condições: primeira, que quem pedir não há de ser uma só pessoa, senão duas; segunda, que hão de ser conformes, e não diferentes no que pedirem; terceira, que hão de ser santas. Vai o texto: "Se dois de vós se unirem entre si sobre a terra, seja qual for a coisa que eles pedirem, meu Pai, que está nos céus, lha fará" (Mt 18,19). — Que haja de conceder Deus por este privilégio tudo o que lhe pedirem, as mesmas palavras o dizem sem exceção alguma: "Seja qual for a coisa que eles pedirem, lha fará". — Que não haja de ser uma só pessoa a que pedir, "senão duas". — Que hão de ser concordes entre si na mesma petição: "Se unirem entre si". — E onde está que hão de ser santos? No "de vós": "Se dois de vós se unirem entre si". — Falava Cristo com os apóstolos, e disse: Se dois de vós — excluindo do privilégio os que não fossem deles. — Expressamente Eutímio[17]: "Não disse simplesmente: Se dois unirem entre si — mas dois entre vós, isto é, que sejam semelhantes a vós no culto da virtude". — E se hão de ser duas pessoas, e concordes, e do mesmo espírito, e esse apostólico, onde se podiam estas achar e ajuntar senão em Santa Teresa de Jesus e em S. Francisco Xavier, também de Jesus?

Mas como Teresa e Xavier são dois tão grandes validos de Deus, que cada um sem o outro pode alcançar o que quiser, parece-me que os vejo ambos em grandes cumprimentos, não sobre qual há de levar a glória do despacho, senão sobre qual a há de renunciar, e dar toda um ao outro mais gloriosamente. Se buscarmos, porém, na Escritura Sagrada uma figura deste caso, creio que a acharemos em Bersabé e Natã. Tendo-se levantado Adonias, filho de Davi, mais velho que Salomão, com o reino, que remédio teria Bersabé, que era sua mãe, e o profeta Natã, para que Davi nomeasse a coroa em Salomão? As palavras que o profeta disse a Bersabé foram estas: "Entrai, senhora, a el-rei, propondo-lhe o vosso requerimento, e eu entrarei após vós, e, conformando as minhas palavras e razões com as vossas" (3Rs 1,13s), conseguiremos sem dúvida o que pedimos. — E assim foi. De sorte que nem Bersabé sem Natã, nem Natã sem Bersabé, senão Bersabé e Natã juntos, conseguiram o que pretendiam. E quem é Bersabé mãe, senão Teresa, a santa madre? E quem é o profeta Natã, senão Francisco Xavier, tão grande profeta? Se Teresa e Xavier conformes fizerem a mesma petição, ainda que seja necessário, não só fazer, senão desfazer reis e reinos, ao que ambos pedirem há de pôr Deus o "faça-se": "Faça-se qualquer coisa".

E não só tem Sua Alteza em santa Teresa e S. Francisco Xavier quem lhe alcance de Deus o que pedirem, senão quem saiba eleger o que hão de pedir. Este é um laço em que caem os juízos humanos, e com que atam as mãos à liberalidade de Deus para que lhes não conceda o que pedem. Até a S. João e a São Tiago, sendo tão validos seus, negou Cristo o que pediam, porque não souberam o que pediam: "Não sabeis o que pedis" (Mt 20,22). — O bom despacho das petições em Deus não consiste só em pedir, senão em saber pedir. No famoso templo de Jerusalém, dentro das cortinas do *Sancta Sanctorum*, era o lugar do oráculo divino, chamado Propiciatório. A um e outro lado dele estavam dois querubins com as asas estendidas para diante, e, olhando um para o outro, tinham os rostos voltados para o mesmo Propiciatório: "Estarão olhando um para o outro com os rostos virados para o propiciatório" (Ex 25,20). — E que significava a misteriosa arquitetura deste antigo sacrário? O Propiciatório era o trono onde a Majestade divina despachava as petições de graça, respondendo, ou mais própria e decentemente anuindo às súplicas dos que oravam, concedendo propício o que pediam. Os dois querubins de um e outro lado eram os santos validos de Deus, que pedem, não para si, senão para os que têm debaixo da sua proteção, que por isso tinham as asas estendidas, e olhavam para si e para Deus, porque em tudo o que pediam se conformavam com o divino beneplácito. Mas por que não eram serafins, ou outros espíritos angélicos da suprema hierarquia, senão querubins? Porque os querubins, entre todos, são os mais eminentes na sabedoria; e o acerto de conseguir de Deus propício o que se pede não está só no pedir, senão na ciência de saber pedir. Da dificuldade desta eleição e da contingência deste acerto aliviam a inocência da nossa infanta S. Francisco Xavier e Santa Teresa, tomando à sua conta o pedir e o que hão de pedir para Sua Alteza. Mas como isto é o que faziam os querubins para os que tinham debaixo da proteção das suas asas, parece que desfaz toda a harmonia da semelhança competir só o nome de querubim a Xavier, e não a Santa Teresa, pela diferença do sexo feminino. Mas para que até aqui nos acompanhe o "Gerou filhos e filhas", sendo Teresa filha, e Xavier filho do espírito de Santo Inácio, é de saber o que nem todos sabem, que "dos dois querubins do Propiciatório, um tinha rosto de mulher, e outro rosto de homem" — dizem Rabi Salomão e Arias Montano[18], eruditíssimos intérpretes do Testamento Velho.

§ X

$\mathcal{D}$escanse logo nas faixas e mantilhas reais a nossa grande infantinha, e deixe-se embalar sem cuidado do que há de pedir a Deus, porque isso pertence aos dois vigilantes querubins, que, nos nomes que recebeu com a graça batismal, tomaram também por sua conta, como se fossem outros anjos da guarda, a sua proteção e tutela. Mas eu não vejo o que S. Francisco Xavier nem Santa Teresa hajam de pedir neste mundo para quem veio a ele dotada de quanto o mesmo mundo pode dar. Como nasceu a infanta Teresa Francisca? Nasceu filha de el-rei D. Pedro Segundo de Portugal, e da rainha Maria Sofia Isabela, nossos senhores. Nasceu neta de el-rei D. João, o Quarto, e do sereníssimo príncipe Filipe Vilhelmo, eleitor palatino, ambos de imortal memória. Nasceu sobrinha da senhora rainha de Inglaterra, da senhora rainha de Castela, da senhora rainha de Polônia, e da senhora imperatriz da Alemanha. Nasceu irmã dos príncipes D. João, D. Francisco, D. Antônio, galhardíssimo ternário em que vivem e crescem as três graças disfarçadas em trajo varonil. E, finalmente, com digna cláusula de tal catálogo, nasceu última descendente da sereníssima e real casa de Bragança, de que descendem todos os príncipes soberanos e potentados da cristandade[19]. Quando el-rei D. Filipe Terceiro veio a Portugal, ofereceu ao duque D. Teodósio de Bragança que pedisse o que quisesse, e ele respondeu: — Os reis nossos avós deixaram tão dotada a casa de Bragança, que não têm que pedir. — O mesmo digo eu desta sua venturosa bisneta, S. Francisco Xavier e Santa Teresa não têm que lhe desejar nem pedir neste mundo, e assim só lhe poderão pedir as felicidades do outro. A maior felicidade ou fortuna deste mundo, como ele chama, é reinar; mas reinar neste mundo, e não reinar no outro, é a maior infelicidade e a maior desgraça. Pedirão, pois, e alcançarão de Deus, com toda a dobrada força do seu patrocínio, que, depois de lograr Sua Alteza neste mundo, por muitos e felizes anos, tudo o que com ele acaba, trocando uma coroa por outra, logre no céu, com grandes aumentos de glória, o que há de durar por toda a eternidade. Amém.

"Fim, Deus seja louvado".

NOTAS

APRESENTAÇÃO [p. 7-9]

1. Virgílio (70 a.C.-19 a.C.), em *Bucólicas*, Écogla I , 67. Cf. Odorico MENDES, *Bucólicas*. Ateliê Editorial; Campinas, Editora Unicamp, 2008, p. 33, verso 73, que assim traduz: "Do orbe inteiro aos Britanos separados".

SERMÃO DE SANTA CATARINA, VIRGEM E MÁRTIR [p. 11-32]

1. Zêuxis (464 a.C.-398 a.C.), lendário pintor grego, nascido em Heracleia, na Magna Grécia, atual Itália.
2. Gaio Júlio Vero Maximino [Maximino I] (173-238), imperador romano, o primeiro bárbaro que usou a púrpura imperial e o primeiro Imperador que nunca pôs os pés em Roma. Santa Catarina de Alexandria (287-305), mártir. É festejada em 25 de novembro.
3. Vitrúvio (80-70 a.C.-15 a.C.), escritor romano, arquiteto e engenheiro.
4. Boécio (480-524), ML 63 em *De Consolatione Philosophiae*, Liber 2, cap. 8.
5. Sêneca (4 a.C.-65 d.C.), em *Epistolae Morales ad Lucilium*, Epistola 91, 2.
6. Sesóstris: Heródoto (485?-420 a.C.), historiador, menciona Sesóstris como avô do rei Proteu, este contemporâneo da Guerra de Troia (entre 1300 a.C. e 1200 a.C.).
7. Sêneca (4 a.C.-65 d.C.), em *Tragédias Troades* (*As Troianas*), Ato I, v. 22.
8. Plínio, o Velho (23-79), em *Historia Naturalis*, Liber XXXV, cap. 59. Polignoto (séc. V a.C.), pintor grego, natural da ilha de Tassos, considerado por Teofrasto criador da pintura.
9. Maximino (173-238), cf. nota 2.
10. Sao Jerônimo (347-420), ML 29 em *Divina Bibliotheca*, Pars Tertia, 36, Liber Actuum Apostolorum.
11. Plutarco (45-120), época em que a dominação romana persistia por´dois séculos na Grécia. Em *Vidas paralelas*, biografias de famosos gregos e romanos.
12. Virgílio (70 a.C.-19 a.C.), em *Eneida*, livro I, versículo 282. Odorico MENDES, em *Eneida brasileira*, Campinas, Editora Unicamp, 2008, p. 33, traduz: "Metas nem tempos aos de Roma assino; / o Império dei sem fim".
13. Alarico (375-410) tomou a cidade de Roma em 410.
14. Átila, o Huno (406-453), é lembrado como o paradigma da crueldade e da rapina. Totila († 552), rei dos ostrogodos, duas vezes sitiou Roma, em 546 e 550.
15. São Bernardo de Claraval (1091-1153), ML 182 em *Epistolae*, Epístola CVII [referência do autor].

SERMÃO DO GLORIOSÍSSIMO PATRIARCA S. JOSÉ [p. 33-47]

1. Hino litúrgico "Iesu Christi Domini Pater nuncupatus" [referência do autor].
2. Ovídio (43 a.C.-18 d.C.), em *Metamorfoses* II, 328.
3. Santo Agostinho (354-430), ML 44. Em *Epistola ad Valerium Comitem*, Liber I De Nuptiis et Concupiscentia [referência do autor].
4. Santo Agostinho (354-430), ML 34. Em *De Consensu Evangelistarum Libri Quatuor*, Liber I, cap. I [referência do autor].

5. Cf. nota 4.
6. São Jerônimo (347-420), ML 24 em *Commentariorum in Isaiam Prophetam Libri Duodeviginti*. Cf. *Theologia Mariana Sive Certamina Litteraria*, auctore Christophoro de VEJA, S.J., Editio Prima Neapolitana, Tomus I, 1866. Certamen VI, 895.
7. Cristiano Drutmaro (séc. IX), ML 106, em *Expositio In Matthaeum Evangelistam* [referência do autor].
8. Santo Alberto Magno (1193-1280), teólogo, filósofo e cientista. Mestre de Santo Tomás de Aquino e professor em Paris e em Colônia. Sobre este lugar [referência do autor].
9. Hugo de São Vítor [Vitorino] († 1173), cardeal. Sobre o *Salmo 2* [referência do autor].
10. Ruperto [Tuitensis Abbas] (1075-1129) , ML 168 em *In Opus De Gloria Et Honore Filii Hominis*, Liber I Super Matthaeum [referência do autor].

SERMÃO DA PRIMEIRA SEXTA-FEIRA DA QUARESMA [p. 49-68]

1. São Justino (séc. II), MG 6 em *Apologia pro Christianis* [referência do autor].
2. Tertuliano (160-230), ML 1 em *Apologeticus Adversos Gentes Pro Christianis*, cap. 32.
3. Sêneca (4 a.C.-65 d.C.), em *Liber de providentia*, sive Quare bonis viris mala accideant, cum sit providentia, 45.
4. São Zeno Veronense († 375), ML 11 em *Tractatuum Liber I*, Tractatus VII, De Humilitate, 73.
5. Marcus Valerius Marcial (38-102), em *Epigrammata libri XII*, Liber IV, 27.
6. Plutarco (45-120), cf. *Moralia* (Ethika).
7. *Evangelho de Mateus*, cap. 5, 43 a 48 do Sermão da Montanha.
8. São João Crisóstomo (347-407), em *Expositio in Matthaeum*. Cf. Santo Tomás de Aquino (1225-1274), em *Catena aurea in quatuor Evangelia*, a capite XXI ad caput XXV Evangelii Mathaei, Lectio 2.
9. Aristóteles (384 a.C.-322 a.C.), em *II Rhetorica*, C.4: 1380, b. 35; 1381, a. 19. Cf. Santo Tomás de Aquino (1225-1274), em *Suma teológica*, II-2, q. 26, De Ordine Charitatis, art. 6, ad. 3, São Paulo, Edições Loyola, 2004, p. 367, vol. V.

SERMÃO DE SANTO ANTÔNIO [p. 69-83]

1. São Gregório IX (1170-1241), papa que instituiu a Inquisição. Publicou uma série de textos (Liber Extra) que seria a fonte do Direito Canônico até o início do séc. XX.
2. Cardeal Hugo de São Vítor († 1141). Em *Salmo 86,3*.
3. São Pedro Crisólogo (406-450), ML 52 em *Sermones* [referência do autor]. Atribui-se também a Santo Agostinho (354-430), ML 35. Cf. *In Ioannis Evangelium Tractatus CXXIV*, Tractatus 49, 5 (Jo 11,1-54).
4. Santo Astério (séc. V), bispo de Amaseia, no Ponto. Autor de homilias morais. Falando da ressurreição da filha de Jairo (Mc 5,21-43) [referência do autor].
5. Santo Hilário (c.315-367), ML 9, em *In Evangelium Matthaei Commentarius*.
6. Oleastro [Jerônimo de Azambuja] (séc. XVI), teólogo dominicano português. Em *Comentário ao Pentateuco de Jerônimo*, cap. 2 do Gênesis.
7. Teodorico, o Grande (454-526), em *Ao Senado da Cidade de Roma*, § 4. Cf. Cassiodoro (485-580), em *Doze livros de diversas cartas* sobre o reinado de Teodorico, o Grande, Livro II, cap. 16.
8. São João Crisóstomo (347-407), MG 57-58 em *Commentarius in Sanctum Matthaeum Evangelistam*.
9. Clemente de Alexandria († 215), teólogo e professor da Escola de Alexandria. MG 8-9. Cf. *Stromata*.
10. Cassiodoro (485-580), em *Doze livros de diversas cartas* sobre o reinado de Teodorico, o Grande, Livro I, cap. 6.
11. Plínio, o Velho (23-79). Sua obra mais citada é *Historia Naturalis*. Aristóteles (384 a.C.-322 a.C.), em *Physica*.

12. São Cromácio de Aquileia (séc. IV-V), bispo. ML 20 em *In Evangelium Sancti Matthaei*.
13. Juan Maldonado (1533-1583). Sua obra mais citada é *Comentário aos Evangelhos*. Aqui comenta a sentença de São João Crisóstomo (347-407) e de Eutímio (824-898), quando trata do Evangelho de Mateus.
14. Teofilato († 1118), arcebispo de Ochrida, na Bulgária. MG 123 em *Enarratio in Evangelium Matthaei*.
15. Caetano, Thomas de Vio (1469-1534), cardeal. Em *In libros Jehosuae, Judicum, Ruth, Regum, Paralipomenon, Hezrae, Nechemiae et Esther*.
16. Teodoreto de Ciro (393-460/466), MG 83 em *Quaestiones in libros Regnorum et Paralipomenon*.
17. Tertuliano (160-230), ML 1 em *Apologeticus Adversos Gentes Pro Christianis*, cap. XIII, 4.
18. Tanero [Matthias Tanner] (1630-1692), jesuíta alemão. Filósofo e teólogo, foi reitor da Universidade de Praga [referência do autor].
19. Adamus Conthzem [referência do autor].

SERMÃO DAS QUARENTA HORAS [p. 85-101]

1. "No jubileu das Quarenta Horas (Jubileu do Entrudo), que ainda se celebrava no tempo de D. João V, enfeitava-se a Igreja de São Roque (em Lisboa) com a maior pompa. No Domingo Gordo, saíam em procissão, os meninos que frequentavam as escolas, acompanhados pelos mestres. Na segunda-feira, outra procissão saía do Colégio de Santo Antão, organizada pelos estudantes desse colégio, levando cada classe um andor. Por fim, na terça-feira de Entrudo, saía outra procissão organizada pela Congregação de Nossa Senhora da Doutrina de São Roque, levando a imagem num andor de prata, indo o rei a uma das varas do pálio, seguido da corte. Tudo isto entretinha o povo, desviando-o dos folguedos carnavalescos." Cf. Lourenço Rodrigues, Boémia de Outros Tempos, *Almanaque*, Lisboa, maio de 1960, p. 97.
2. São Pedro Crisólogo (406-450), ML 52, em *Sermones*.
3. Santo Ambrósio (339-397), ML 16 em *De Institutione Virginis Et Sanctae Mariae Virginitate Perpetua*, cap. I, 6.
4. Cardeal Guzano [referência do autor].
5. Virgílio (70 a.C.-19 a.C.), em *Eneida*, livro I, vers. 152-156. Odorico Mendes, em *Eneida brasileira*, Campinas, Editora Unicamp, 2008, p. 29, traduz: "Como, enraivado em popular tumulto, / dispara ignóbil vulto, e o facho e o canto, / já voa, as armas o furor ministra; / Mas se um pio ancião preclaro a soma, / calam, para escutar o ouvido afiam".
6. É o modo pelo qual uma coisa está indivisivelmente toda em todo, e toda em qualquer parte. O *ubi definitivo* é próprio dos espíritos.
7. Dionísio de Rickel — ou o Cartusiano (1402-1471) — viveu como monge na cartuxa de Roermond, na Bélgica (daí o seu apelido). Suas numerosas obras abrangem a mística e a teologia na linha de Santo Alberto Magno e Santo Tomás de Aquino.
8. João Calvino (1509-1564), um dos iniciadores da Reforma protestante. Teodoro Beza (1519-1605), discípulo de Calvino. Ulrico Zwinglio (1484-1531), líder da Reforma protestante na Suíça.
9. Santo Agostinho (354-430), ML 35 em *In Ioannis Evangelium Tractatus CXXIV*, Tractatus CXX, 2.
10. Ruperto Abade de Deutz (1075-1129), ML 167 em *De Operibus Spiritus Sancti*, Liber 2, cap. 19 [referência do autor].
11. São João Crisóstomo (347-407), MG 67 em *Homilia in Joannem*, 84 [referência do autor].
12. Tertuliano (160-230), ML 2 em *De Baptismo et de Poenitentia Adnotationes*, cap. 16 [referência do autor].
13. Cf. nota 11.
14. São Cipriano (200-258), ML 4 em *Epistolae*, Epistola LXIII, 11. São Cirilo de Alexandria (380-444), MG 48 em *Expositio in Psalmos* 1 e 2. Santo Ambrósio (339-397), ML 14, em *De Cain et Abel*, Liber 1,19. São Bernardo de Claraval (1091-1153), ML 182 em *De Diligendo Deo*, cap. XI, 33.

15. Virgílio (70 a.C.-19 a.C.), em *Eneida*, livro VI, vers. 126. Odorico Mendes, em *Eneida brasileira*, Campinas, Editora Unicamp, 2008, p. 234, traduz: "Descer à Dite é fácil; dia e noite / seus cancelos o Tártaro franqueia: / Tornar atrás e à luz, eis todo o ponto, / Eis todo afã".

SERMÃO DO EVANGELISTA S. LUCAS [p. 103-123]

1. São Lucas foi evangelista, pintor e médico. Lucas é de origem grega — pagão — e provavelmente tornou-se cristão pela pregação dos discípulos de Jesus. Sua originalidade está em ter escrito uma dupla obra histórico-religiosa: O Evangelho, onde relata a vida de Jesus, e o Atos dos Apóstolos, em que fala dos primórdios da Igreja.
2. Cf. Paulo José Carvalho da Silva, Medicina do corpo e da alma: os males corporais e o exercício da palavra em escritos da antiga Companhia de Jesus. *Memorandum* 5, out. 2003, p. 55-68.
3. Glosas são comentários breves, ordinariamente com sentenças dos Padres da Igreja aplicadas literalmente aos textos bíblicos em suas entrelinhas (glosa interlinear) ou à margem deles (glosa marginal).
4. Marcus Valerius Marcial (38-102), em *Epigrammata* V, 24.
5. Apeles (séc. IV a.C.), pintor grego. Zeuxis (464 a.C.-398 a.C.), pintor grego. Esculápio, deus mitológico da Medicina. Hipócrates (460 a.C.-377 a.C.), "pai da medicina". É famoso o Juramento de Hipócrates.
6. Mitrídates VI ou o Grande (132 a.C.-63 a.C.), rei do Ponto. Andrômaco, antigo médico cretense e médico de Nero.
7. Plínio, o Velho (23-79), em *Historia Naturalis*, *Libri XXXVII*, Liber 24, cap. I [referência do autor].
8. São Jerônimo (347-420), ML 25 em *Commentariorum in Danielem Prophetam Liber Unus*.
9. Menandro (342 a.C.-291 a.C.), autor de comédias. No epitáfio do imperador Adriano.
10. Marcus Valerius Marcial (38-102), em *Epigrammata* 5, 9.
11. Homero (séc. IX a.C.) [referência do autor]. Citado por Cornélio A Lápide (1567-1637) em *Comentário ao Livro do Eclesiástico*, cap. 38.
12. Hipócrates (460 a.C.-377 a.C), médico da "Escola de Cós", conhecido pelo seu juramento. Entre os seus escritos mais conhecidos está a obra dos Aforismos. Bartolo da Sassoferrato (1313-1357) e Baldo de Ubaldis (1327-1406), juristas conhecidos pelos comentários ao *Corpus Iuris Civilis*.
13. São Pedro Damião (1007-1072), ML 144, *Sermones Ordine Mense Servato*, Sermo de S. Luca [referência do autor].
14. Ecumênio (séc. VI), filósofo e retórico, apelidado *escolástico*.
15. Galeno (129-200) nasceu em Pérgamo, na Grécia, quando esta era colônia romana e aí estudou Medicina. Passou a viver em Roma, onde foi médico de gladiadores.
16. Platão (428 a.C.-347 a.C.), em *De Legibus*, Liber I [referência do autor].
17. Zacarias 11,12s, referido por Mateus 27,9, que cita Jeremias 18,2s; 32,8s.
18. Teofilato († 1118), arcebispo de Ochrida, na Bulgária. MG 123-124, em *Enarratio in Evangelium Matthaei*.
19. Plínio, o Velho (23-79), em *Historia Naturalis*, Liber XXXV, cap. 9.
20. Hipócrates (460 a.C.-377 a.C.), "pai da medicina"; é famoso o Juramento de Hipócrates. Cf. nota 12. Abderitas — embora Abdera, na Trácia (norte da Grécia), tivesse sido a pátria de três pré-socráticos: Leucipo, Demócrito e Protágoras, o termo "abderitas" e a expressão "escola de Abdera" são aplicados somente a Leucipo (séc. V a.C.) e a Demócrito (460 a.C.-370 a.C).
21. Cornélio A Lápide (1567-1637), professor de exegese bíblica em Louvain e em Roma. Comentou grande parte dos livros canônicos.
22. Virgílio (70 a.C.-19 a.C.), em *Eneida*, livro V, vers. 80. Odorico Mendes, *Eneida brasileira*, Campinas, Editora Unicamp, 2008, p. 183, traduz: "Salve, disse, alma santa, ó sombra salve, / Cinzas do genitor, que em vão recobro".

23. São Gregório Nazianzeno (329-389), MG 36-37. Como arcebispo, participou do Concílio de Constantinopla. *Passim.*
24. Cláudio Eliano (175-235) foi autor e professor de retórica romano. Sua principal obra é *De Natura Animalium*.
25. Tertuliano (160-230), ML 1 em *Apologeticum*, cap. 27, 5.
26. Tomás Rodrigues da Veiga [Magnus Thomas] (1513-1579), cristão novo e professor de Medicina em Coimbra. Nenhum membro dessa família foi preso pela Inquisição.
27. Maximilianus Sandaeus [Maximilianus Van den Sanden] (1578-1656), jesuíta holandês. Vieira cita: in Dedic. lib. de Morte.
28. Provérbio atribuído a Aristóteles na *Ética a Nicômaco* (1096a — 16-17), repetido por Platão em *Fédon* (91c).
29. Citado por Juan Maldonado (1533-1583), jesuíta e exegeta. Sua obra principal é *Comentário aos Evangelhos*. Aqui em Comentário a Daniel [referência do autor].
(*) O original omite o § IX.
30. Na Oração Coleta da missa de São Lucas.

SERMÃO DO BEATO ESTANISLAU KOSTKA [p. 125-140]

1. Santo Estanislau Kostka nasceu em 1550, em Rostkow, a poucos quilômetros de Varsóvia. Faleceu em 15 de agosto de 1568. Foi beatificado em 1604 e canonizado em 13 de novembro de 1726.
2. Nome que o Senhor há de esculpir pela sua boca (esta é a versão hebraica do texto). A Bíblia TEB, São Paulo, Edições Loyola/Paulinas, 1995, p. 501, traduz: "Chamar-te-ão com um nome novo / que a boca do Senhor enunciará".
3. Santo Antonino (1389-1459), arcebispo de Florença, dominicano. É conhecido pelo seu escrito *Summa moralis*. Ubertino de Casalis (1259-1329), franciscano italiano. Defensor das regras mais rigorosas. Paulo Burgense [Pablo Garcia de Santa Maria] (1352-1435), judeu convertido, autor de *Scrutinium Scripturarum*. Pedro Galatino (1460-1540), franciscano italiano, confessor do Papa León X (1475-1521). Autor de *Arcanis Catholicae Veritatis*. Célio Panônio (?), religioso de Aracoeli, autor de *Colectánea*. Nicolau de Lira [Lirano] (1270-1349), franciscano e exegeta bíblico. Dionísio Cartusiano (1402-1471), monge na cartuxa de Roermond, na Bélgica. Sua obra mais conhecida é *Enarrationes piae ac eruditae, in quinque Mosaicae legis libros*. Serafino de Fermo (1496-1540), cônego lateranense, autor de *Obras Espirituais*. Francisco Ribera (1537-1591), jesuíta, doutor em teologia e autor de um comentário sobre o Apocalipse. Brás Viegas († 1599), jesuíta, autor de *Commentarii exegetici in Apocalypsim*. Manuel de Sá (1528-1596), jesuíta, autor de *Aphorismi confessiorum ex doctorum sententiis collecti*. Cornélio A Lápide (1567-1637), professor de exegese bíblica em Louvain e em Roma. Comentou grande parte dos livros canônicos.
4. Cedrino [referência do autor]. João Zonaras (séc. XII) foi historiador, canonista e jurista bizantino. Gilbert Genebrardo (1537-1649), exegeta beneditino. Capomzachio [referência do autor]. Ludovico de Leon [Frei Luis de Leon] (1527-1591), *Expositio in Ecclesiastem*.
5. Aurélio Cassiodoro (485-580), escritor e estadista romano. Heráclio (575-641), imperador bizantino. Cosroas II (séc. VI-VII), imperador persa, apoderou-se de Jerusalém e de lá levou a Santa Cruz. Readquiriu-a o imperador Heráclio e tornou a levá-la para Jerusalém.
6. São Jerônimo (347-420) [referência do autor]. Cf. *Instituto Concionatorum* de Noel Alexandre em *In Festivitate Sancti Joannis Apostoli et Evangelistae*, n. 579.
7. Arnoldo Carnotense [Arnaldo, Arnoldo ou Ernaldo de Bonneval] († 1156), beneditino. Abade de Saint-Florentin-de-Bonneval, em *De septem verbis Domini in Cruce*.
8. São Jacinto (1183-1257), frade dominicano, nasceu em Cracóvia, na Polônia. Semeou novas fundações pela Europa Oriental.
9. Segunda mãe, isto é, a Companhia de Jesus.

10. João III Sobieski (1629-1696), rei da Polônia. Em 11 de novembro de 1673, venceu os turcos na batalha de Chocim.
11. Clemente X (1590-1676). Preocupados com a ameaça turca à Polônia, o Papa e o Cardeal Odescalchi (futuro Inocêncio XI) deram ajuda financeira a João Sobieski, que derrotou os turcos às margens do rio Dniester, em 1673, e foi eleito rei em maio seguinte. Cf. Richard P. McBrien, *Os papas*, São Paulo, Edições Loyola, 2000, p. 316.
12. D. Manuel I (1469-1521), o Venturoso.
13. Afonso de Albuquerque (1453-1515) estabeleceu o império português no oceano Índico.

APÊNDICE: CARTA DO PADRE JOÃO PAULO OLIVA, Geral da Companhia, Pregador de Quatro Sumos Pontífices. Escrita ao Pe. Antônio Vieira, na ocasião em que em Roma, na Igreja do Noviciado de Santo André, pregou de tarde o Sermão do Beato Estanislau. Publicada no volume XIV dos Sermões, que não consta nesta coleção por ser volume apócrifo.

Ainda que fio do Padre Domingos de Marini que tenha expressado a V. Reverência perfeitamente as admirações com que ouvi o sermão que V. Reverência pregou em louvor do Beato Estanislau, contudo, acho-me obrigado a declarar-lhas melhor, representando-as neste papel. Eu admirei a V. Reverência quando o ouvi, ainda que percebi pouco, por causa das colunas do altar. Agora, que com todo o vagar li e tornei a ler a sua oração, quase que fiquei extático pelo assombro que qualquer dos seus parágrafos têm causado na minha alma, e que também se deixaram conhecer no meu rosto. Falo sinceramente a um filho, a quem tanto amo e a quem tão altamente estimo. Este panegírico de V. Reverência não cede a outro algum dos seus discursos, excetuando o das lágrimas, em que V. Reverência venceu não só a todos os seus companheiros, mas também a si mesmo, impossibilitando-se a sair à luz com outro parto igual. O meu panegírico é um vidro liso, e não de todo mal figurado, nem de desagradável aparência. O panegírico de V. Reverência, pelo contrário, é um cristal de roca, enriquecido de formosas figuras inexplicavelmente majestosas. A minha composição deu somente as folhas da vida do Beato Estanislau ao entendimento de V. Reverência, que, imitando o artifício de Baco, as transformou em finíssima seda para adornar o tabernáculo do adorado depósito. As três filiações que V. Reverência reconhece no nosso Beato fazem retirar da Academia as Graças, e formam um perpétuo eclipse a toda a arte dos oradores cristãos. As três mães que V. Reverência lhe dá, multiplicando ao Beato Estanislau os nascimentos, foram pela pena de V. Reverência esculpidas em diamantes com tanto primor, que cada uma das suas reflexões é um milagre da eloquência e da sabedoria. A diminuição da idade moral, que principia na varonil e passa à adolescência para acabar na infância, seria a fênix da mais sublime especulação, se a não excedessem as duas vontades do Verbo encarnado, quase excedidas pela identidade de infinitas vontades, reduzidas a uma só vontade divina no seio da obediência. Assim V. Reverência, no fim do panegírico, dá princípio aos princípios do seu discurso com a cabeça do santo, que se desfez para imortalizar-se e que omitiu um milagre para multiplicar infinitos. Em suma, aquelas considerações, que quando as ouvi me pareceram relâmpagos, quando as vi escritas se transformaram em planetas, mas todos semelhantes ao sol, que se não podiam ver pela veemência da luz e mal se podiam medir pelo excesso da altura. Dou graças a Deus por ter dado à Companhia um homem que pode falar tão divinamente, e que sabe proferir o seu conceito, e que todos confessam que é igualmente maravilhoso, assim no que entendemos como no que não penetramos, mas igualmente veneramos nas suas inteligências. Isto sirva a V. Reverência para explicar-lhe a duplicada obrigação que tem de amar com todo o excesso a Deus, que tanto o exaltou sobre os outros, e de comunicar ao mundo por meio da estampa o que Deus tem comunicado ao entendimento de V. Reverência. Lembre-se V. Reverência de mim em seus santos sacrifícios.

Santo André, 13 de março de 1675, de V. Reverência servo em Cristo, João Paulo Oliva.

SERMÃO DO DEMÔNIO MUDO [p. 141-160]
1. Odivelas: freguesia de Portugal, da província da Extremadura, em cujo convento professavam as freiras da aristocracia portuguesa religiosas de São Bernardo.
2. São Bernardo de Claraval (1091-1153), ML 183 em *Sermones super psalmum Qui habitat*, Sermo 13, 6.

3. São Cipriano (200-258), ML 4 em *Liber de Habitu Virginum*, III.
4. Inocêncio X (1574-1655), papa de 1544 a 1655, durante a primeira estadia de Vieira em Portugal.
5. Virgílio (70 a.C.-19 a.C.), em *Éclogas*, livro II, vers. 25. Odorico MENDES, em *Bucólicas*, Campinas, Editora Unicamp, 2008, p. 50, traduz: "Há pouco em mar quieto / Mirei-me".
6. Nono de Panópolis (séc. IV ou séc. V), poeta épico.
7. Diógenes Laércio (200-250), historiador e biógrafo dos antigos filósofos gregos. Teofrasto (372 a.C.-287 a.C.), sucessor de Aristóteles na escola peripatética.
8. Tertuliano (160-230), ML 1 em *De Cultu Foeminarum*, Liber I, cap. I, 1305.
9. Santa Blesila (363-383) pertencia à nobreza romana e era filha de Santa Paula e do senador Toxócio, e irmã de Santa Eustóquia. São Jerônimo (347-420), ML 22 em *Epistolae*, Epistola 38.
10. Cf. nota 9.
11. São Justino (séc. II), MG 6. Apologeta, defendeu os cristãos das acusações sobre os ritos e as celebrações.
12. Ovídio (43 a.C.-18 d.C.), em *Ars amatoria*, 3, v. 505-506.
13. Arquimedes (287 a.C.-212 a.C.) foi matemático, físico e inventor grego.
14. Arquipresbítero da Catedral da Antuérpia [referência do autor].
15. Pausânias (115-180) foi geógrafo e viajante grego, autor da *Descrição da Grécia*.
16. Filosofia conimbricense: em oposição às novas correntes, defendeu a tradição aristotélica e teve por centro o Colégio dos Jesuítas de Coimbra.
17. Sêneca (4 a.C.-65 d.C.). Cipião Africano Maior (236 a.C.-183 a.C.), comandante do exército romano na Segunda Guerra Púnica, terminou a guerra com a vitória de Zama.
18. Filo Hebreu [Filon de Alexandria] (20 a.C.-50 d.C.), em *De Vita Mosis*.
19. Umbelinas, religiosas como Santa Umbelina (irmã de São Bernardo) da ordem de Cister. Leogardes, religiosas como Santa Lutgarda (1182-1246), monja do mosteiro cisterciense da diocese de Namur (Bélgica). Edvigias, religiosas como Santa Edwiges da Silésia (1174-1243), mãe de Santa Isabel, rainha da Hungria. Após a morte do marido, fez-se monja num mosteiro de Treibnitz.
20. Apuleio ou Lucius Apuleius (125-164), filósofo e escritor satírico romano. Autor de *Apologia* e *Metamorphoseon Libri XI*, conhecida como *O asno de ouro*.
21. São Gregório Niceno (335-394), MG 79, em *Expositio Super Cantica Canticorum*.
22. São Bernardo de Claraval (1091-1153), ML 184 em *Speculum Monachorum*, 1. A obra é atribuída a Arnulfus De Boeriis (séc. XII).
23. Cf. nota 22.
24. Sancha (1171-1229), beata. Irmã das beatas Teresa e Mafalda. Morreu no convento de Lorvão. Teresa (1175-1250), beata. Como era prima de seu marido e casara-se sem dispensa papal, foi obrigada a separar-se. Recolheu-se ao mosteiro de Lorvão, onde morreu. Mafalda (1195-1256), beata. Por impedimento de consanguinidade, igualmente se separou de seu marido e se retirou para o mosteiro de Arouca.
25. São Bernardo de Claraval (1091-1153), ML 184 em *Speculum Monachorum*.
26. Oleastro [Frei Jerônimo de Azambuja] (séc. XVI), dominicano português, teólogo e exegeta, participou do Concílio de Trento. Inquisidor em Lisboa.
27. Santo Ambrósio (339-397), ML 16 em *De Virginibus Libri III*, Liber II, cap. 2, 164.
28. Drogo Hostiensis (séc. XI/XII), bispo e cardeal. ML 166 em *Sermo De Sacramento Dominicae Passionis*, 4 C.
29. Ovídio (43 a.C.-18 d.C.), em *Ars amatoria II*, verso 113.
30. Ovídio (43 a.C.-18 d.C.), em *Metamorfoses XV*, versos 232-233.

SERMÃO DOMÉSTICO [p. 161-171]

1. *Constituições da Companhia de Jesus*, cap. III [527] 3, São Paulo, Edições Loyola, 1997, p. 166.
2. São Gregório I Magno (540-604), papa. ML 75-76, *Moralium Libri Sive Expositio in Librum Beati Iob. Pars I-II*, Liber 35.

3. Santo Tomás de Aquino (1225-1274), em *Suma teológica* II-II, q. 4, art. 7, ad. 3, São Paulo, Edições Loyola, 2004, p. 110, vol. V.
4. Santo Inácio de Loyola (1491-1556). São duas as *Cartas da Obediência* aos jesuítas de Portugal: uma de 7 de maio de 1547, aos jesuítas de Coimbra, e a outra em 26 de março de 1553, aos padres e irmãos de Portugal. O texto citado pertence à obra: Santo Inácio de LOYOLA, *Cartas*, org. e sel. Antônio José Coelho, Braga, Editorial A. O., 2006, p. 201-213.
5. Sêneca (4 a.C.-65 d.C.), em *Epistularum Moralium ad Lucilium*, Liber V, Epist. L (1-2).
6. Epifânio († 403), bispo de Salamina [Chipre]. ML 41. Combateu as heresias, em particular o origenismo.
7. São Bernardo de Claraval (1091-1153), ML 183 em *Sermones De Tempore. In Circumcisione Domini*.

SERMÃO DE SANTO ANTÔNIO [p. 173-199]

1. Sêneca (4 a.C.-65 d.C.), em *De Beneficiis*, Liber II.
2. Ricardo de São Lourenço († 1250), em *De Laudibus beatae Mariae Virginis*, Liber 2.
3. Na Vulgata: O Senhor te abençoe e te guarde (Nm 6,24).
4. Na Vulgata: O Senhor te mostre a sua face (Nm 6,25).
5. Na Vulgata: E te dê a paz (Nm 6,26). Cf. Cardeal Hugo de São Vítor († 1141), ML 175 em *Adnotationes Elucidatoriae in Pentateuchon*.
6. Brás Viegas († 1599), jesuíta, autor de *Commentarii exegetici in Apocalypsim*, 6, sect. 5 [referência do autor].
7. Antonio Escobar (1589-1669), jesuíta espanhol, autor de *Universalia theologia moralis*.
8. Santo Agostinho (354-430), ML 42 em *De Trinitate Libri quindecim*, Liber 2.
9. Orígenes (185-253), MG 13/14 em *Homilia* 9, in Diversis Locis Evangeliorum [referência do autor].
10. São Bernardo de Claraval (1091-1153), ML 183 em *Sermones in Cantica Canticorum*, Sermo 73 [referência do autor].
11. Aulus Persius Flaccus (34-62), poeta satírico e moralista, em *Sátiras*, Livro I, verso 26.
12. Tertuliano (160-230), ML 2 em *Liber Adversus Praxeam* [referência do autor].
13. Dionísio Areopagita (séc. V-séc. VI), MG 3 em *De Divinis Nominibus*, cap. 12. [referência do autor].
14. Orígenes (185-253), cf. nota 9.
15. Francisco Suarez (1548-1619). Sua obra mais citada é *Disputationes Metaphysicae*. Em *De Trinitate*, Liber 2, cap. 5 [referência do autor].
16. São Bernardo de Claraval (1091-1153), ML 183 em *Sermo 4 Super Missus*, 70-71; [referência do autor]. Cf. ML 183, *Sermones De Tempore. De Laudibus Virginis Matris*.
17. Santo Agostinho (354-430), ML 35 em *In Ioannis Evangelium Tractatus CXXIV*, Tractatus CXXI.
18. Ruperto Abade de Deutz (1075-1129), ML 169 em *De Glorificatione Trinitatis Et Processione Sancti Spiritus*, Liber I, cap. 11 [referência do autor].
19. Santo Atanásio (295-373), MG 25-28, q. 79 [referência do autor].

SERMÃO DOS BONS ANOS [p. 201-217]

1. Sílio Itálico (25 ou 26-101) era político e poeta épico latino. Escreveu sobre as Guerras Púnicas. No século XII, a Península começa a ser descrita, mas não deixa de ser o fim do universo conhecido, onde, como julga Sílio Itálico, os homens acabam. Em João AMEAL, *História de Portugal*, 5. ed., Porto, Livraria Tavares Martins, 1962, p. 5.
2. São Cirilo de Alexandria (380- 444), MG 72, em *Commentarii in Lucam* I-II.
3. Glosas são comentários breves, ordinariamente com sentenças dos Padres da Igreja aplicadas literalmente aos textos bíblicos em suas entrelinhas (glosa interlinear) ou à margem deles (glosa marginal).
4. São Frei Gil [Dom Gil Rodrigues de Valadares ou São Frei Gil de Portugal] (séc. XII-XIII), frade dominicano, médico e teólogo, canonizado pelo papa Bento XIV em 1748.

5. São Gregório I Magno (540-604), ML 76 em *Quadraginta Homiliarum in Evangelia Libri duo*, Homilia XXV.
6. São Pedro Crisólogo (406-450), ML 52, em *Sermones*, Sermo CL, De Fuga in Aegyptum.
7. O Abulense [Alfonso de Madrigal — "El Tostado"] (1410-1455), bispo de Ávila. Cf. Comentários em latim a vários livros da Bíblia, inclusive ao Evangelho de Mateus.
8. São Bernardo de Claraval (1091-1153), ML 183 em *Sermones de Tempore*, in Circumcisione Domini. Sermo I. Eusébio Emisseno [De Emessa — Homs] (300-358), bispo e discípulo de Eusébio de Cesareia, escreveu comentários bíblicos (em parte perdidos) e numerosas homilias.
9. Santo Epifânio († 403), bispo de Salamina [Chipre]. MG 41. Cf. *Homilia in laudes Mariae deiparae*.
10. Tertuliano (160-230), ML 2, cf. *De Carne Christi*.
11. São Bernardo de Claraval (1091-1153), ML 183 em *Sermones de Tempore*, in Circumcisione Domini. Sermo II.
12. Fórmula com a qual se terminavam os sermões.

SERMÃO DA QUINTA DOMINGA DA QUARESMA [p. 219-237]
1. Santo Tomás de Aquino (1225-1274), em *Suma teológica*, Parte II-II, Questão IV, Artigo 1, ad. 1, São Paulo, Edições Loyola, 2004, p. 96, vol. V.
2. Cárcere do Santo Ofício (do tribunal da Inquisição). Casa de Orates (hospital psiquiátrico).
3. Epicuro (342 a.C.-271 a.C.), filósofo grego; o propósito de sua filosofia era atingir a felicidade. Mafoma [Maomé ou Muhammad] (570-632), líder político e religioso árabe. Lutero (1483-1546), em 1517, deu a público as 95 teses, afixadas na porta da igreja do castelo de Wittenberg, com as quais iniciou o movimento da Reforma. Calvino (1509-1564), reformador franco-suíço.
4. São Salviano de Marselha (séc. V), sua obra principal é *De Gubernatione Dei*.
5. Mulei Amet (séc. XVI), referência para a derrota do exército português na batalha de Alcácer Quibir (1578).
6. São Gregório I Magno (540-604), papa. ML 76 em *Quadraginta Homiliarum in Evangelia Libri duo*, Homilia 29.
7. Dídimo Cego ou de Alexandria (313-398). Foi encarregado por Santo Atanásio da Escola Catequética de Alexandria (Didascalia).
8. Santo Agostinho (354-430), ML 40 em *De Cognitione Vera Vitae Liber Unus*, cap. 37.
9. São Bernardo de Claraval (1091-1153), ML 183 em *Sermones in Cantica Canticorum*, Sermo 24 [referência do autor].

SERMÃO DAS DORES DA SACRATÍSSIMA VIRGEM MARIA [p. 239-244]
SEM NOTA.

SERMÃO DE AÇÃO DE GRAÇAS [p. 245-260]
1. D. Afonso VI (1656-1683) casou-se em 2 de agosto de 1666 com D. Maria Francisca Isabel de Saboia (1646-1683), duquesa de Neumours e de Aumale.
2. D. Filipe IV de Espanha (1605-1665), o Grande.
3. Maria Teresa da Áustria (1638-1683), infanta espanhola que foi rainha consorte da França. Era filha de Felipe IV, rei de Espanha, e de Isabel de Bourbon. Oitava filha do primeiro casamento do rei.
4. "Bigodes pretos" pode indicar que gostariam de ter um rei jovem ou simplesmente uma expressão irônica.
5. Vieira apresenta a seguir a missão que lhe confiou o rei com o objetivo de acertar o casamento do príncipe D. Teodósio (1634-1653), duque de Bragança. Essa missão teve lugar em Roma e Vieira a explicita longamente neste sermão até o resultado final, que foi o casamento de D. Pedro II com D. Maria Sofia de Neuburgo. Cf. João Lúcio Azevedo, *História de Antônio Vieira*, São Paulo, Alameda, 2008, p. 117; 203-219, tomo I.

6. Duque Del Infantado: Rodrigo Díaz de Vivar Sandoval y Mendoza (1614-1657), sétimo Duque, embaixador na Cúria Pontifícia. Padre Pedro González de Mendoza, tio do embaixador.
7. Alonso Velasques — Escola de Salamanca, professor da La Universidad de San Marcos de Lima. Prudencio de Montemayor († 1599), SJ, teólogo jesuíta. Fazia parte da escola de Salamanca. Iniciou a polêmica *De auxiliis* em 1582 .
8. Duque de Barcelos: Teodósio II de Bragança (1568-1630) foi o segundo duque de Barcelos. Era filho do duque João I e da infanta D. Catarina, neta do rei Manuel I. O título de *duque de Barcelos* foi criado pelo rei D. Sebastião de Portugal, por carta de 5 de agosto de 1562.
9. Cardeal Juan de Lugo (1583-1660), jesuíta e teólogo.
10. Capitólio Romano: templo romano de Júpiter construído sobre a colina homônima; ou monte Capitolino, uma das famosas sete colinas de Roma. Sede do poder temporal de Roma.
11. Filipe II (1527-1598), com seus sobrenomes: Filipe de Habsburgo e Avis foi rei de Espanha, a partir de 1556, e rei de Portugal, como D. Filipe I, a partir de 1580.
12. Manzanares é um rio no centro de Espanha, que flui a partir da Serra de Guadarrama, passa por Madri e finalmente deságua no rio Jarama.
13. São Basílio de Selêucia († 468), MG 85. Conserva-se uma série de 41 sermões sobre os temas da Sagrada Escritura.
14. Cf. nota 1.
15. Aristóteles (384 a.C.-322 a.C.), em *Liber de causis*, prop. 10, e Santo Tomás de Aquino (1225-1274), em I Sent. d. 8, q. 1, a. 2 , sc 2.
16. Sêneca (4 a.C.-65 d.C.), em *Omnia Opera Philosophica Declamatoria et Tragica*, Excerpta e Libris Senecae, p. 447. Excudebat Dondey-Dupré, 1829.
17. Gerião: personagem da mitologia grega.
18. Os Setenta Intérpretes — a tradução da língua hebraica para o grego (*koiné*) ficou conhecida como a Septuaginta (ou Versão dos Setenta). Setenta e dois rabinos trabalharam nela e teriam completado a tradução em setenta e dois dias.
19. D. Duarte I (1391-1438), sucessor do pai, D. João I (1345-1383), no trono português, poeta e escritor.
20. Quintiliano (30-95), em *Declamationes CXLV*, Declamatio 321.
21. Cartagena das Índias, na Colômbia, foi fundada em 1533 e tornou-se o porto de chegada dos escravos africanos. Potosi, na Bolívia, foi fundada em 1546 e em 1611 já era a maior produtora de prata do mundo. Etíopes: para Vieira o termo abrange todos os provenientes da África.
22. El-rei, Nosso Senhor: D. João IV de Portugal (1604-1656). Rainha da Grã-Bretanha: D. Catarina Henriqueta de Bragança (1638-1705), por seu casamento com o rei Carlos II, da casa de Stuart. Rainha Nossa Senhora: D. Luísa Francisca de Gusmão (1613-1666).
23. São Bernardo de Claraval (1091-1153), ML 182 em *Epistolae Numero CCCCXCV*, Epistola CLXXXI.
24. Santo Tomás de Aquino (1225-1274), em *Suma teológica*, Parte II-II, Questão 106, De Gratiae Sive Gratitudine, São Paulo, Edições Loyola, 2005, vol. VI.
25. Cardeal Hugo de São Vítor († 1141). Em *Salmo 34*.
26. Justo Lípsio [Joost Lips ou Justus Lipsius] (1547-1606), filólogo e filósofo belga, catedrático na universidade de Leyden. Entre as suas obras, *De religione una*, de 1590.
27. D. Manuel I de Portugal, conhecido também por D. Manuel de Bérrio (1469-1521), foi o 14º rei de Portugal.

SERMÃO GRATULATÓRIO A S. FRANCISCO XAVIER [p. 261-274]

1. Essas palavras da epístola de São Paulo aos Romanos, que Vieira aplica ao quarto irmão dos príncipes reais de Portugal, na realidade não tratam de um quarto irmão, mas de Quarto, cristão contemporâneo de São Paulo: "Saúda-vos Caio, meu hospedeiro, e toda a igreja. Como também Erasto, tesoureiro da cidade, e Quarto, irmão" (Rm 16,23). Cf. Padre Antônio Vieira, *Sermões*, São Paulo, Editora das Américas, 1957, p. 67, vol. 20.

2. D. João IV (1604-1656) foi o vigésimo primeiro rei de Portugal e o primeiro da quarta dinastia, fundador da dinastia de Bragança.
3. São Pedro Crisólogo (406-450), ML 52 em *Sermones*.
4. Orígenes (185-253), MG 12 em *Homiliae in Exodum*.
5. São Dionísio Areopagita (séc. V-séc. VI), MG 3 em *Nomes Divinos* (comentados por Santo Tomás de Aquino). Até o século XVI, acreditava-se que esse autor era realmente o Areopagita, discípulo de São Paulo, o que deu aos seus escritos imensa autoridade. Hoje, considera-se um pseudônimo de um autor do Oriente no final do século V. O Pseudo-Dionísio é um místico.
6. Aristóteles (384 a.C.-322 a.C.), em *Analytica posteriora*, C.2: 72, a, 29-30. Santo Tomás de Aquino (1225-1274), em *Suma teológica*, Parte I, Questão 16, art. 1 obj. 3, São Paulo, Edições Loyola, 2001, p. 358, vol. 1.
7. Santo Agostinho (354-430), ML 32 em *Confessionum Libri tredecim*, cf. Liber X passim.
8. Aristóteles (384 a.C.-322 a.C.), em *Metaphysica I*, 75: 2-5. Santo Tomás de Aquino (1225-1274), em *Suma teológica*, Parte I, Questão 25, art. 1, ad. 2, São Paulo, Edições Loyola, 2001, p. 476, vol. 1.
9. Monte Apenino: cadeia de montanhas que se estende ao longo de toda a península italiana. Seu ponto mais alto é o monte Corno, com 2.914 metros, na parte central dos Apeninos.
10. Tertuliano (160-230), ML 1 em *Apologeticus Adversos Gentes Pro Christianis*, cap. XXI, 403.
11. Santo Epifânio († 403), bispo de Salamina. MG 41-43. Sua obra mais importante se chama *Panario ou Arcula*, um tratado sobre as heresias.
12. D. Henrique (1394-1460), quinto filho do rei D. João I com Filipa de Lencastre (1359-1415). Conhecido como Duque de Viseu ou como O Navegador. Empregou sua fortuna em investigação relacionada com navegação, náutica e cartografia. D. João I (1358-1433) foi o décimo rei de Portugal. D. Duarte I (1391-1438), sucessor do pai no trono português, poeta e escritor.
13. São João Crisóstomo (347-407), MG 47-64 em *Homilia I De Fide Annae* [referência do autor].

SERMÃO DO FELICÍSSIMO NASCIMENTO DA SERENÍSSIMA INFANTA TERESA FRANCISCA JOSEFA [p. 275-286]

(*) Infanta Teresa Francisca Josefa: Dona Teresa Maria Francisca Xavier Josefa Leonor de Bragança (1696-1704)], sexta Filha de Pedro II e Maria Sofia Isabel de Neuburgo. "Neta do rei D. João IV e do príncipe Filipe Vilhemo, eleitor palatino. Sobrinha da rainha da Inglaterra, da rainha de Castela, da rainha de Polônia e da imperatriz da Alemanha. Irmã dos príncipes D. João, D. Francisco, D. Antônio e finalmente última descendência da casa de Bragança, de que descendem todos os príncipes soberanos e potentados da cristandade" (Vieira nesse sermão, § 10.)

1. Este versículo não se aplica de nenhum modo ao que Vieira pretende provar, pois seu sentido completo é o seguinte: *Maldito seja o homem que levou a nova ao meu pai dizendo: Nasceu-te etc.* (*Ibid.*).
2. O infante D. Francisco de Bragança (1691-1742) foi o terceiro filho de Pedro II e de sua segunda esposa, Maria Sofia Isabel de Neuburgo. E o quinto filho do rei Pedro II foi Antonio Francisco de Bragança (1695-1757).
3. Breviário Romano, em *Officium parvum Beatae Mariae Virginis*, Antiphona.
4. Públio Papínio Estácio (c. 45-96) foi um poeta da Roma Antiga. Em *Silvae* I.2: Epithalamion para Stella et Violentilla, v. 275.
5. Santo Agostinho (354-430), ML 41, *De Civitate Dei*.
6. Henrique Conde (1066-1112) recebe de Afonso VI de Espanha a região desde o Minho até o Tejo. Em 1095 é chamado por Senhor de Coimbra e em 1097 é Conde Portucalense. Cardeal D. Henrique I de Portugal (1512 -1580). É conhecido pelos cognomes de O Casto (por sua função eclesiástica, que o impediu de ter descendência legítima), O Cardeal-Rei (igualmente por ser eclesiástico) ou O Eborense/O de Évora (por ter sido também arcebispo dessa cidade e aí ter passado muito tempo, e inclusive fundado a primeira Universidade de Évora, entregue à guarda dos jesuítas).

7. D. Afonso I († 1185), casado com D. Mafalda de Mauriana e Saboia. Denominado Conquistador, O Fundador ou O Grande. D. Afonso VI de Portugal e II de Bragança (1643-1683) foi o segundo Rei de Portugal da Dinastia de Bragança, casado com D. Maria Francisca Isabel de Saboia.
8. Orígenes (185-253), MG 11-17 em *Homiliae in Job*.
9. Tácito (55-120), historiador romano.
10. D. Catarina Henriqueta de Bragança (1638-1705), filha de João IV de Portugal, casou-se com o rei Carlos II da Inglaterra (1630-1685) da casa de Stuart.
11. Cf. nota 7.
12. Filipe II (1527-1598) foi rei de Espanha, a partir de 1556, e rei de Portugal, como D. Filipe I, a partir de 1580.
13. Vigília de São Matias — sem uma data definida, a Igreja Católica comemorava o dia de São Matias em 24 ou 25 de fevereiro. Hoje a comemoração tem a data de 14 de maio.
14. Águia Imperial e Austríaca — Águia Cesárea — e a Católica. Águias — em Heráldica, as águias estão presentes entre as mais antigas formas utilizadas de identificação. Na Áustria, distinguiam-se dois títulos imperiais: o ordinário e o médio. O ordinário tinha como corpo principal uma representação de águia coroada com a coroa imperial. Desse modo, as demais águias se distinguiam por algum símbolo da região ou da família dele possuidora. A Católica em el-rei Carlos II da Espanha (1661-1700), como padrinho. A Cesárea na Imperatriz Leonor Madalena Madalena Teresa de Neuburgo [1655-1720]), imperatriz da Áustria em virtude de seu casamento com Leopoldo I, Sacro Imperador Romano-Germânico. Tiveram onze filhos, entre os quais dois futuros imperadores: José I e Carlos VI. Filha do eleitor Filipe Guilherme do Palatinado e de Isabel Amália de Hesse-Darmstadt. Entre seus irmãos, Maria Sofia, consorte de D. Pedro II de Portugal, e Maria Ana de Neuburgo, consorte de Carlos II da Espanha (1661-1700).
15. Virgílio (70 a.C.-19 a.C,), em *Eneida*, livro IV, vers. 184, Odorico MENDES, *Eneida brasileira*, Campinas, Editora Unicamp, 2008, p. 149, traduz:"Tantas línguas / Tantas vozes lhe soam, tende e alerta / ouvidos tantos".
16. Teatinos: ordem religiosa masculina católica fundada no dia 14 de setembro de 1524 por São Caetano, Bonifácio de Colli, Paulo Consiglieri e João Pedro Carafa, bispo de Chiete (Teati), da qual provém o nome Teatino. O cardeal Carafa seria mais tarde o Papa Paulo IV.
17. Euthymius Zigabeno (séc. XII), teólogo bizantino, autor de *Panóplia Dogmática* e comentários dos salmos, dos evangelhos e das epístolas de São Paulo.
18. Rabi Salomão de Oliveira († 1708), erudito rabino português, tradutor do Cânon de Ibn Sina. Arias Montano (1527-1598), orientalista. Em *Antiquitatum judaicarum*, Libris IX (Leyden, 1593).
19. Cf. nota 14.

NONA PARTE

Em Lisboa,
Na Oficina de Miguel Deslandes

Impressor de Sua Majestade.
À custa de Antônio Leite Pereira, Mercador de Livros.

MDCLXXXXVI

❦

Com todas as licenças necessárias e privilégio real.

CENSURAS

Censura do M. R. P. M. Fr. Manoel de São José e Santa Rosa, Qualificador do Santo Ofício.

Ilustríssimo Senhor.

Manda-me Vossa Ilustríssima dar o meu parecer nestes Sermões Vários do Pai Antônio Vieira, da Sagrada e Religiosíssima Companhia de Jesus, pregador de Sua Majestade, e sem eu os ler os havia de aprovar, porque bastava ver o nome do seu autor, a quem o mundo venera por oráculo dos pregadores, para não necessitarem de outra aprovação estes sermões; porém, como este obséquio ao seu nome é golpe da minha obrigação, por não ofender esta, os li com aquela atenção que merecem todos os escritos deste insigne pregador, e não achei mais que grandes motivos para passar de censor a ser seu panegirista, o que fizera, se não entendera que é todo o encarecimento curto, e todo o gabo limitado a tão sublime engenho, somente digo o que já em semelhante ocasião disse Plínio, *Lib. I Epist. 4*: "Esta obra bela, válida, sublime, diversa, elegante e pura". — São estes sermões vários nas matérias, sublimes nas empresas, elegantes no asseio e propriedade das palavras, sólidos nos discursos, agradáveis nos conceitos, puros, porque não têm coisa que possa fazer mínima dissonância à nossa santa fé e bons costumes. Lisboa, no Convento de S. Francisco da Cidade, 7 de janeiro de 1696.

Fr. Manoel de São José e Santa Rosa

Censura do M. R. P. M. Fr. Álvaro Pimentel, Qualificador do S. Ofício.

Ilustríssimo Senhor.

Mandou Cristo, nosso bem, que os seus apóstolos pregassem o seu Evangelho e a sua lei a toda a criatura, não só porque os apóstolos haviam de achar nas diversas partes do mundo homens com as condições de todas as criaturas, como disse o reverendo Pai Antônio Vieira, religioso da sempre ilustre e esclarecida Companhia de Jesus, cujos Sermões Vossa Ilustríssima me manda rever, mas, como a mim me parece, porque, como haviam de pregar a todos os homens, e estes sejam diversos nas condições, nas línguas e nos ofícios, era conveniente que os seus pregadores o fossem de sorte que, para pregarem a uma só espécie de racionais, soubessem tanto como se houvessem de pregar às criaturas todas. Lendo eu todos os sermões deste insigne pregador, o que nele mais admirava era o acerto e a propriedade com que falava nas matérias, como se acomodava com os Evangelhos, como deles tirava com naturalidade os assuntos, como media as orações nos tristes para enternecer os ouvintes, como era sentencioso nos graves, e como era de tal sorte para todos claro, que ainda os de menor esfera no juízo, quando o ouviam nos púlpitos ou quando o liam nos escritos, ficavam aproveitados na inteligência. Neste século, Ilustríssimo Senhor, só este pregador foi pregador do mundo todo, assim porque só ele pregou juntamente com fruto e admiração de todos, já em Portugal, já na América, já na Espanha, já na Itália com a pessoa, mas em todas as demais partes do Universo com os escritos, como porque só este pregador soube pregar nos nossos tempos pela própria língua a todas as criaturas. De muitos santos se lê que pregavam no mesmo auditório em várias línguas, e que os percebiam no mesmo auditório nações diversas; deste ilustre pregador se pode dizer que, sendo português na linguagem, não havia criatura, por diversa que fosse, que o não entendesse na sua língua e, posto que se não atribua isto a milagre, como nos santos, o atribuir-se somente a dom da natureza o faz parecer prodígio único. A vista deste meu parecer, fundado na minha lição e na minha experiência, principiei a revisão deste livro com temor e com seguro: com temor, porque me via com a obrigação de censurar uns sermões que, na opinião do mundo todo, somente com o nome de seu autor se defendem e se acreditam; com seguro, porque é seu autor tão ciente na doutrina dos santos Padres, que ainda aquilo que para os ouvintes mais inteligentes não só é novo, mas estranho, bem considerado, é doutrina irrefragável dos doutores, e não pode ninguém temer seguir a esta águia nos voos do discurso, quando sempre se estriba sobre o verdadeiro e sólido da Escritura, dos santos Padres, e razão. Finalmente, parece-me este tomo de sermões digníssimo de se imprimir em letras de ouro, porque também lhe não acho coisa contra nossa santa fé e bons costumes. Lisboa, no Convento de N. Senhora da Graça, 1º de março de 1696.

O Mestre Fr. Álvaro Pimentel

Censura do Ilustríssimo Senhor Dom Diogo da Anunciação Justiniano, Arcebispo de Cranganor.

Senhor.

Manda-me Vossa Majestade que veja este Livro do Pai Antônio Vieira, digníssimo pregador de Vossa Majestade, e benemérito filho da ilustríssima Companhia de Jesus. O nome do autor basta para sua aprovação, porque não pode haver juízo tão temerário, que nos escritos de um tão insigne orador possa deixar de reconhecer o brado geral que tem dado em todo o mundo a sua eloquência, e a veneração com que as nações estrangeiras confessam em a portuguesa a superior vantagem com que as excede em semelhante argumento, pois teve a glória de ter por seu filho em o Pai Vieira o mestre de todos os pregadores, ou neste pregador o mestre de todas as ciências, privilégio — que, segundo a doutrina do apóstolo — lhe deu, não só o seu singular engenho, mas também a fecundíssima mãe, que em Cristo o gerou: "Sois enriquecidos em toda a palavra e em toda a ciência, e sois chamados à companhia de Jesus" (1Cor 1,5.9). — O autor destes sermões verdadeiramente foi pregador real, ou o rei de todos os pregadores, porque não só teve o título de pregador de Vossa Majestade, mas em Roma lhe deu o mesmo título a gloriosa memória da Augustíssima Rainha de Suécia, não se contentando com o ouvir todas as vezes que havia de discorrer em a sua real presença, mas ainda, fora deste lugar, em todos aqueles grandes concursos onde ele era o panegirista; porém, se o rei faz corte em todo o lugar, o Pai Vieira, como rei de todos os engenhos, não é muito que com o seu discurso capacitasse a todo lugar para a majestade daquela rainha, atraindo-a os raios da sua doutrina, como generosa águia, para que ela fosse a primeira que, com a voz do seu aplauso, interrompesse o silêncio, para despertar a admiração nos ouvintes. Confesso a Vossa Majestade que todas as vezes que leio as obras deste grande homem, me persuado ser ele aquele de quem, admirado, disse Santo Tomás de Vila Nova: "Quase um monstro da natureza, pela agudeza de sua inteligência" — pois, se não pode negar ser monstruosidade que em onze partos sejam iguais todos os filhos, e que em onze livros sejam iguais todos os tomos. Luzir o sol na vizinhança do Ocaso, com aquele mesmo brio que luziu no Oriente, e ter tanta atividade nas portas do sepulcro como no trono do zênite, é monstruosidade, porque a experiência mostra que nestes estados não são iguais as luzes do sol. Até nisto foi sol o Pai Vieira, porque até nisto foi só, pois a vizinhança do seu Ocaso é a mesma que o berço do seu Oriente; e na verdade assim é, porque este tomo, que no número dos seus livros é o undécimo, ainda que pela idade do autor tenha o "Porque o gerara na sua velhice" (Gn 37,3) — de José, que também foi o undécimo filho de Jacó, não se lhe pode negar que, como undécimo, tem aquela mesma bênção a respeito das outras partes, que José teve entre os demais irmãos, porque, suposto que todas têm o mesmo pai, este tomo, porém, é o "José, filho que cresce, filho que se aumenta" (Gn 49,22) — pois, sendo todos grandes, este é o máximo; e se os outros foram capazes de inveja, bem poderiam contra este fazer aquela mesma queixa que contra o undécimo fizeram os demais irmãos: "Acaso virás a ser nosso rei, ou nós seremos sujeitos ao teu domínio?" (Gn 37,8) — porque este, a respeito dos outros, é o príncipe de todos os livros, ou este é aquele livro que, por undécimo, há de voar sobre os outros tomos, assim como Zacarias viu voar o volume das suas profecias — que foi o undécimo tomo dos profetas menores — sobre os livros que continham os vaticínios dos outros profetas: "Um livro que voava" (Zc 5,1) — só com a diferença que o tomo de Zacarias foi undécimo entre os menores, e este entre os maiores é o undécimo. Praza a Deus que dos sermões do Pai Antônio Vieira vejamos nós o seu último Benjamim, com que satisfaz a sua promessa no duodécimo tomo, que nos falta, e então confessaremos que este será o seu duodécimo e ditoso "Filho da mão direita" (Gn 35,18), quando, depois de sair à luz, deixa ainda vivo ao pai, para nos poder comunicar no seu célebre *Clavis Prophetarum* aquele monstruoso parto com que a sua ciência tem suspensa a nossa expectação. Onde concluo que Vossa Majestade não só deve conceder a licença que se lhe pede, mas ordenar ao autor que, por crédito da nossa nação, se anime a não deixar enterrado em o pó do esquecimento ainda aqueles fragmentos que tem apontado o seu incansável estudo, pois em cada um deles se perderá um tesouro. Este é o meu parecer. Vossa Majestade mandará o que for servido. Lisboa, 14 de março de 1696.

D. Arcebispo de Cranganor

LICENÇAS

DA RELIGIÃO

Alexandre de Gusmão, da Companhia de Jesus, Provincial da Província do Brasil, por comissão especial que tenho de nosso muito Reverendo Pai Tirso Gonzales, Prepósito Geral, dou licença para que se possa imprimir a Undécima Parte dos Sermões do Pai Antônio Vieira, da mesma Companhia, pregador de Sua Majestade, a qual foi revista e aprovada por religiosos doutos dela, por nós deputados para isso. E em testemunho de verdade, dei esta, subscrita com o meu sinal e selada com o selo do meu ofício. Dada neste Colégio da Bahia, aos 2 de julho de 1695.

Alexandre de Gusmão

DO SANTO OFÍCIO

O Pai Mestre, Frei Manoel de São José e Santa Rosa, Qualificador do Santo Ofício, veja o Tomo dos Sermões de que esta petição trata, e informe com seu parecer. Lisboa, 2 de setembro de 1695.

Castro. Foios. Azevedo. Pinna. Dinis

O Pai Mestre Frei Álvaro Pimentel, Qualificador do Santo Ofício, veja o Tomo dos Sermões de que esta petição trata, e informe com seu parecer. Lisboa, 10 de janeiro de 1696.

Foios. Azevedo. Pinna. Dinis

Vistas as informações, podem-se imprimir os Sermões de que esta petição trata, e, depois de impressos, tornarão para se conferir, e dar licença que corram, e sem ela não correrão. Lisboa, 2 de março de 1696.

Castro. Foios. Azevedo. Pinna. Dinis

DO ORDINÁRIO

Podem se imprimir, e depois tornarão para se conferirem e se dar licença para correrem, e sem ela não correrão. Lisboa, 8 de março de 1696.

Serrão

DO PAÇO

Manda el-rei, Nosso senhor, que o Arcebispo de Cranganor, Dom Diogo da Anunciação Justiniano, veja este livro, e informe com seu parecer. Lisboa, 9 de março de 1696.

Marchão. Azevedo. Ribeiro

Que se possa imprimir, vistas as licenças do Santo Ofício e Ordinário, e depois de impresso tornará à mesa para se taxar e conferir, e sem isto não correrá. Lisboa, 17 de março de 1696.

Marchão. Azevedo. Ribeiro

Está este livro conforme com o seu original. S. Francisco da Cidade, em 7 de dezembro de 1696.

Fr. Manoel de São José e Santa Rosa

Visto estar conforme com seu original, pode correr. Lisboa, 7 de dezembro de 1696.

Castro. Foios. Azevedo. Pinna. Dinis

Pode correr. Lisboa, 10 de dezembro de 1696.

Serrão

Taxam este Livro em treze tostões. Lisboa, 7 de dezembro de 1696.

Melo P. Roxas. Azevedo. Ribeiro. Sampaio

Este livro foi composto nas famílias tipográficas
Liberty e *Minion*
e impresso em papel *Bíblia 40g/m²*

Edições Loyola
editoração impressão acabamento
rua 1822 nº 341
04216-000 são paulo sp
T 55 11 3385 8500
F 55 11 2063 4275
www.loyola.com.br